ALLAN KARDEC

O LIVRO DOS MÉDIUNS

Tradução de J. HERCULANO PIRES

4ª edição
10.000 exemplares
Do 30º ao 40º milheiro
Dezembro/2023

Capa
Juliana Mollinari

Diagramação e projeto gráfico
Juliana Mollinari

Assistente Editorial
Ana Maria Rael Gambarini

Tradução
J. Herculano Pires

Coordenação Editorial
Ronaldo A. Sperdutti

Impressão
Lis Gráfica

O produto da venda desta obra é destinado à manutenção das atividades assistenciais da Sociedade Espírita Boa Nova, de Catanduva, SP.

1ª edição: Março de 2017 - 20.000 exemplares

ALLAN KARDEC

O LIVRO DOS MÉDIUNS

(Guia dos Médiuns e dos Doutrinadores)

Contém o ensino especial dos Espíritos sobre a teoria de todos os gêneros de manifestações, os meios de comunicação com o Mundo Invisível, o desenvolvimento da mediunidade, as dificuldades e os escolhos que se podem encontrar na prática do Espiritismo.

Continuação de O LIVRO DOS ESPÍRITOS

(Revista e corrigida com a ajuda dos Espíritos, e acrescida de numerosas instruções novas, dadas na época a Allan Kardec)

Contém 278 notas de rodapé feitas pelo tradutor

Tradução da segunda edição Francesa de Didier et Cie., Libraires-Éditeurs Paris, 1862.

Tradução de J. HERCULANO PIRES

EDICEL®

Editora Cultural Espírita Edicel
Instituto Beneficente Boa Nova
Entidade coligada à Sociedade Espírita Boa Nova
Av. Porto Ferreira, 1.031 | Parque Iracema
Catanduva/SP | CEP 15809-020
www.boanova.net | boanova@boanova.net
Fone 17.3531-4444

Dados Internacionais de Catalogação na Publicação (CIP)
(Câmara Brasileira do Livro, SP, Brasil)

Kardec, Allan, 1804-1869
O livro dos médiuns / Allan Kardec ; tradução J. Herculano Pires. -- Catanduva, SP : Instituto Beneficente Boa Nova, 2017.

Título original: Le livre des médiums

1. Doutrina espírita 2. Espiritismo

3. Mediunidade - Estudo e ensino 4. Médiuns
I. Pires, J. Herculano. II. Título.

17-02568 CDD-133.901

Índices para catálogo sistemático:

1. Doutrina espírita 133.901

SUMÁRIO

EXPLICAÇÃO

Este é o segundo volume da Codificação do Espiritismo. Logo após a publicação de *O Livro dos Espíritos,* obra básica da doutrina, em 1857, Kardec lançou, em 58, um livrinho intitulado ***Instruções Práticas sobre as Manifestações Espíritas.*** Era um ensaio para elaboração de ***O Livro dos Médiuns,*** que só pôde aparecer em 1861. Publicado este, Kardec suprimiu aquele. Apesar disso, 62 anos mais tarde, em 1923, Jean Meyer, então diretor da Casa dos Espíritas, resolveu reeditar o ***Instruções,*** para circular juntamente com este livro, por considerar aquele livrinho útil à iniciação nas questões mediúnicas. No Brasil, Cairbar Schutel, em sua gráfica de Matão, lançou também o ***Instruções*** em nossa língua.

A finalidade deste livro é desenvolver a parte prática da doutrina, em sequência à exposição teórica do livro básico. Por isso Kardec o considerou "continuação de ***O Livro dos Espíritos***", como se vê no frontispício. Mesmo porque, segundo declara na Introdução, este livro também pertence aos Espíritos. Foram eles que o orientaram na sua elaboração, eles que o reviram e modificaram inteiramente para a segunda edição de 1862, que ficou sendo a definitiva e que serviu para esta tradução.

Apesar de escrito há cento e tantos anos, *O Livro dos Médiuns* é atualíssimo. Nenhuma outra obra, espírita ou não, sobre a fenomenologia mediúnica, conseguiu superá-lo. É um tratado que tem por fundamento a pesquisa científica e a experiência, além da contribuição teórica dos Espíritos na explicação de vários problemas ainda inacessíveis à pesquisa científica. Essas explicações só eram aceitas por Kardec na medida da sua racionalidade, de acordo com o método de controle rigoroso que estabeleceu para o seu trabalho. Esse método é explicado neste livro e pode ser examinado em minúcias nos relatórios e registros de sessões publicadas na *Revista Espírita.*

As teorias explicativas dos fenômenos, formuladas por Kardec com os dados de sua investigação e a contribuição dos Espíritos, permanecem ainda como as mais viáveis. Basta um confronto entre essas teorias e as formuladas pelos parapsicólogos atuais para se verificar a solidez das primeiras, até hoje nunca desmentidas, e a fragilidade das segundas. Um exemplo típico é a teoria das aparições, que na atual Parapsicologia constitui um emaranhado de suposições curiosas e nada mais, enquanto neste livro se apresenta fundada em pesquisas, observações, deduções rigorosas e explicações dadas por numerosas entidades espirituais em ocasiões diversas, por meios diversos e com todas as provas de seriedade e coerência exigidas pelo método kardeciano.

Kardec e os Espíritos insistem numa posição ainda pouco compreendida pelos próprios espíritas: a Ciência Espírita teve como *vestíbulo* as manifestações físicas, mas sua finalidade é moral e suas pesquisas devem desenvolver-se nesse sentido. Provadas a sobrevivência espiritual e a comunicabilidade, o Espiritismo deve aprofundar-se na investigação dos processos de comunicação, da situação dos Espíritos após a morte, das leis que regulam as relações permanentes entre os Espíritos e os homens e suas consequências nesta vida, e assim por diante.

O leitor deve encarar este livro, portanto, como um tratado superior de fenomenologia paranormal, em que as fases metapsíquica e parapsicológica de pesquisa material estão superadas. *O Livro dos Médiuns* apresenta a solução dos problemas em que ainda se enredam as pesquisas atuais e convida os estudiosos a avançarem além. Mas tudo isso com critério e métodos científicos, segundo o próprio Richet o reconheceu ao se referir a Kardec no *Tratado de Metapsíquica.*

O problema está assim colocado: as pesquisas espíritas não se prendem aos fenômenos em si, ao mundo fenomênico ou material, e por isso mesmo exigem métodos diferentes dos utilizados nas ciências físicas. Kardec compreendeu isso em pleno século XIX e elaborou o método especial que lhe permitiu avançar sobre seu tempo. A prova disso é que toda a pesquisa metapsíquica e parapsicológica nada mais conseguiu, até agora, no tocante aos resultados positivos, do que referendar as teorias deste livro. Para ajudar o leitor e o estudante a verificarem isso, o presente volume apresenta grande quantidade de notas de pé de página com indicações bibliográficas.

J. Herculano Pires

INTRODUÇÃO

Diariamente a experiência confirma a nossa opinião de que as dificuldades e desilusões encontradas na prática espírita decorrem da ignorância dos princípios doutrinários. Sentimo-nos felizes ao verificar que foi eficiente o nosso trabalho para prevenir os adeptos para os perigos do aprendizado, e que muitos puderam evitá-los, com a leitura atenta desta obra.

Muito natural o desejo dos que se dedicam ao Espiritismo de entrarem pessoalmente em comunicação com os Espíritos. Esta obra destina-se a lhes facilitar isso, permitindo-lhes aproveitar os frutos de nossos longos e laboriosos estudos. Pois bem errado andaria quem julgasse que, para tornar-se perito no assunto, bastaria aprender a pôr os dedos numa mesa para fazê-la girar ou pegar um lápis para escrever.

Igualmente se enganaria quem pensasse encontrar nesta obra uma receita universal infalível para fazer médiuns. Embora cada qual já traga em si mesmo os germes das qualidades necessárias, essas qualidades se apresentam em graus diversos, e o seu desenvolvimento depende de causas estranhas à vontade humana. Não fazemos poetas, nem pintores ou músicos com as regras dessas artes, que servem apenas para orientar os dons de quem possui os respectivos talentos. Sua finalidade é indicar os meios de desenvolvimento da mediunidade em quem a possui, segundo as possibilidades de cada um, e, sobretudo, orientar o seu emprego de maneira proveitosa. Mas não é esse o nosso único objetivo.

Aumenta todos os dias, ao lado dos médiuns, o número de pessoas que se dedicam a manifestações espíritas. Orientá-las nas suas observações, apontar-lhes as dificuldades que certamente encontrarão, ensinar-lhes a maneira de se comunicarem com os Espíritos, obtendo boas comunicações, é o que também devemos fazer para completar o nosso trabalho. Ninguém estranhe, pois, se encontrar ensinamentos que poderão parecer descabidos. A experiência mostrará que são úteis. O estudo atencioso deste livro facilitará a compreensão dos fatos a observar. A linguagem de certos Espíritos parecerá menos estranha. Como instrução prática ele não se dirige exclusivamente aos médiuns, mas a todos que querem observar os fenômenos espíritas.

Desejariam alguns que publicássemos um manual prático mais sucinto, indicando em poucas palavras como entrar em comunicação com os Espíritos. Entendem que um livrinho assim, mais barato, podendo ser difundido com mais profusão, seria poderoso meio de propaganda, multiplicando o número de médiuns. Pensamos que isso seria mais nocivo que útil, pelo menos no momento. A prática espírita é difícil, apresentando escolhos que somente um estudo sério e completo pode prevenir. Uma exposição sucinta poderia facilitar experiências levianas, que levariam a decepções. São coisas com as quais não se deve brincar, e acreditamos que seria inconveniente pô-las ao alcance de qualquer estouvado que inventasse conversar com os mortos. Dirigimo-nos aos que veem no Espiritismo um objetivo sério, compreendendo toda a sua gravidade, e não pretendem brincar com as comunicações do outro mundo.

Chegamos a publicar uma Instrução Prática para os médiuns, que se encontra esgotada. Fizemo-la com objetivo sério e grave, mas apesar disso não a reimprimiríamos, pois já não corresponde à necessidade de esclarecimento completo das dificuldades que podem ser encontradas. Preferimos substituí-la por esta, em que reunimos todos os dados de uma longa experiência e de um estudo consciencioso. Ela contribuirá, esperamos, para mostrar o caráter sério do Espiritismo, que é a essência, e para afastar a ideia de frivolidade e divertimento.

Acrescentaremos uma importante consideração: a de que as experiências feitas com leviandade, sem conhecimento de causa, provocam péssimas impressões nos principiantes ou pessoas mal preparadas, tendo o inconveniente de dar uma ideia bastante falsa do mundo dos Espíritos, favorecendo a zombaria e dando motivos a críticas quase sempre bem fundadas. É por isso que os incrédulos saem dessas reuniões raramente convencidos e pouco dispostos a reconhecerem o aspecto sério do Espiritismo. A ignorância e a leviandade de certos médiuns têm causado maiores prejuízos do que se pensa na opinião de muita gente.

Vem progredindo bastante o Espiritismo, desde alguns anos, mas o seu maior progresso se verifica depois que entrou no rumo filosófico, porque despertou a atenção de pessoas esclarecidas. Hoje não é mais uma diversão, mas uma doutrina de que não riem os que zombavam das mesas girantes. Esforçando-nos por sustentá-lo nesse terreno, estamos certos de conquistar adeptos mais úteis do que através de manifestações levianas. Temos a prova disso todos os dias, pelo número de adeptos resultante da simples leitura de O LIVRO DOS ESPÍRITOS.

Depois da exposição do aspecto filosófico da ciência espírita em O LIVRO DOS ESPÍRITOS, damos nesta obra a sua parte prática, para aqueles que desejarem ocupar-se das manifestações, seja pessoalmente, seja pela observação de experiências alheias. Verão aqui os escolhos que poderão encontrar e estarão em condições de evitá-los. Essas duas obras, embora se completem, são até certo ponto independentes uma da outra. Mas, a quem quiser tratar seriamente do assunto, recomendamos primeiramente a leitura de O LIVRO DOS ESPÍRITOS, porque contém os princípios fundamentais, sem os quais talvez seja difícil a compreensão de algumas partes desta obra.

Esta segunda edição foi bem melhorada, apresentando-se mais completa do que a primeira. Foi corrigida com especial cuidado pelos Espíritos, que lhe acrescentaram grande número de observações e instruções do mais alto interesse. Como eles reviram tudo, aprovando ou modificando à vontade, podemos dizer que ela é, em grande parte, obra deles. Mesmo porque não se limitaram a intervir em algumas comunicações assinadas. Só indicamos os nomes, quando isso nos pareceu necessário para caracterizar algumas exposições mais extensas, como feitas textualmente por eles. De outra maneira, teríamos de mencioná-los quase em cada página, particularmente nas respostas dadas às nossas perguntas, o que nos pareceu inútil. Os nomes pouco importam, como se sabe, neste assunto. O essencial é que o trabalho corresponda, no seu conjunto, aos objetivos propostos. Esperamos assim que esta edição, mais perfeita que a primeira, seja tão bem recebida como aquela.

Como acrescentamos muitas coisas, e muitos capítulos inteiros, assim também suprimimos alguns trechos repetidos, como o da ESCALA ESPÍRITA, que já se encontra em O LIVRO DOS ESPÍRITOS.

Suprimimos ainda do vocabulário o que não se refere propriamente a esta obra, substituindo-o por coisas mais úteis. Esse vocabulário, aliás, não está completo, e pretendemos publicá-lo mais tarde, em separado, na forma de um pequeno dicionário da filosofia espírita. Conservamos nesta obra, tão somente, as palavras novas ou específicas, relativas ao assunto de que nos ocupamos.[1]

---

[1] A segunda edição, que serviu para esta tradução, constitui o texto definitivo do livro. As características que se notam entre este final do prefácio e o das nossas demais traduções de *O Livro dos Médiuns* decorrem de modificações nas edições francesas posteriores à morte de Kardec. É de particular interesse doutrinário a referência do Codificador ao seu desejo de publicar um Pequeno Dicionário da Filosofia Espírita, obra que continua a fazer falta na bibliografia doutrinária. (N. do T.)

PRIMEIRA PARTE

NOÇÕES PRELIMINARES

CAPÍTULO I

EXISTEM ESPÍRITOS?

1. A causa principal da dúvida sobre a existência dos Espíritos é a ignorância da sua verdadeira natureza. Imaginam-se os Espíritos como seres à parte na Criação, sem nenhuma prova da sua necessidade. Muitas pessoas só conhecem os Espíritos através das estórias fantasiosas que ouviram em crianças, mais ou menos como as que conhecem História pelos romances. Não procuram saber se essas estórias, desprovidas do pitoresco, podem revelar um fundo verdadeiro, ao lado do absurdo que as choca. Não se dão ao trabalho de quebrar a casca da noz para descobrir a amêndoa. Assim, rejeitam toda a estória, como fazem os religiosos que, chocados por alguns abusos, afastam-se da religião.

Seja qual for a ideia que se faça dos Espíritos, a crença na sua existência decorre necessariamente do fato de haver um princípio inteligente no Universo, além da matéria. Essa crença é incompatível com a negação absoluta do referido princípio. Partimos, pois, da aceitação da existência, sobrevivência e individualidade da alma, de que o Espiritualismo em geral nos oferece a demonstração teórica dogmática, e o Espiritismo a demonstração experimental. Mas façamos, por um instante, abstração das manifestações propriamente ditas, e raciocinemos por indução. Vejamos a que consequências chegaremos.

2. Admitindo a existência da alma e da sua individualidade após a morte, é necessário admitir também: 1º) que a sua natureza é diferente da corpórea, pois ao separar-se do corpo ela não conserva as propriedades materiais; 2º) que ela possui consciência própria, pois lhe atribuímos a capacidade de ser feliz ou sofredora, e que tem de ser assim, pois do contrário ela seria um ser inerte e de nada nos valeria a sua existência. Admitindo isso, é claro que a alma terá de ir para algum lugar. Mas para onde vai, e que é feito dela? Segundo a crença comum, ela vai para o Céu ou para o Inferno. Mas onde estão o Céu e o Inferno? Dizia-se antigamente que o Céu estava no alto e o Inferno embaixo. Mas que é o alto e o baixo no Universo, desde que sabemos que a Terra é redonda; que os astros giram, de maneira que o alto e o baixo se revezam cada doze horas para nós; e conhecemos o infinito do espaço, no qual podemos mergulhar a distâncias incomensuráveis?

É verdade que podemos entender por lugares baixos as profundezas da Terra. Mas que são hoje essas profundezas, depois das escavações geológicas? Que são, também, essas esferas concêntricas chamadas *céu de fogo, céu de estrelas,* depois que aprendemos não ser o nosso planeta o centro do Universo, e que o nosso próprio Sol nada mais é do que um entre milhões de sóis que brilham no infinito, sendo cada qual o centro de um turbilhão planetário? Que foi feito da antiga importância da Terra, agora perdida nessa imensidade? E por que estranho motivo este imperceptível grão de areia, que não se distingue pelo seu tamanho, nem pela sua posição, nem por qualquer papel particular no cosmo, seria o único povoado de seres racionais? A razão se recusa a admitir essa inutilidade do Infinito, e tudo nos diz que esses mundos também são habitados. E, se assim é, eles também fornecem os seus contingentes para o mundo das almas. Então, voltamos à pergunta: em que se tornam as almas, depois da morte do corpo, e para onde vão? A Astronomia e a Geologia destruíram as suas antigas moradas, e a teoria racional da pluralidade dos mundos habitados multiplicou-as ao infinito. Não havendo concordância entre a doutrina da localização das almas e os dados das ciências, temos de aceitar uma doutrina mais lógica, que não lhes marca este ou aquele lugar circunscrito, mas dá-lhes o espaço infinito: é todo um mundo invisível que nos envolve e no meio do qual vivemos, rodeados por elas.

Há nisso alguma impossibilidade, qualquer coisa que repugne à razão? Nada, absolutamente. Tudo nos diz, pelo contrário, que não pode ser de outra maneira. Mas em que se transformam as penas e recompensas futuras, se as almas não vão para determinado lugar? Vê-se que a ideia dessas penas e recompensas é absurda, e que dá motivo à incredulidade. Mas entendemos que as almas, em vez de penarem ou gozarem em determinado lugar, carregam, em seu íntimo, a felicidade ou a desgraça, pois a sorte de cada uma depende de sua condição moral, e que a reunião das almas boas e afins é um motivo de felicidade, e tudo se tornará mais claro. Compreendamos que, segundo o seu grau de pureza, elas percebem e têm visões inacessíveis às mais grosseiras; que somente pelos esforços que fazem para se melhorarem, e depois das provas necessárias, podem atingir os graus mais elevados; que os anjos são as almas humanas que chegaram ao grau supremo e que todos podem chegar até lá, através da boa vontade; que os anjos são os mensageiros de Deus, incumbidos de zelar pela execução de seus desígnios em todo o Universo, sendo felizes com essa missão gloriosa; e a felicidade de após morte será uma condição útil e aceitável, mais atraente que a inutilidade perpétua da contemplação eterna. E os demônios? Compreendamos que são almas das criaturas más, ainda não depuradas, mas que podem chegar, como as outras, ao estado de pureza, e a justiça e a bondade de Deus se tornarão racionais, ao contrário do que nos apresenta a doutrina dos seres criados para o mal de maneira irrevogável. Eis, afinal, o que a mais exigente razão, a lógica mais rigorosa, o bom senso, numa palavra, podem admitir.

Como vemos, as almas que povoam o espaço são precisamente o que chamamos de Espíritos. Assim, os Espíritos são apenas as almas humanas, despojadas do seu invólucro corporal. Se os Espíritos fossem seres à parte na Criação, sua existência seria mais hipotética. Admitindo a existência das almas, temos de admitir a dos Espíritos, que nada mais são do que as almas. E, se admitimos que as almas estão por toda parte, é necessário admitir que os Espíritos também estão. Não se pode, pois, negar a existência dos Espíritos sem negar a das almas.

3. Tudo isto não passa de uma teoria mais racional do que a outra. Mas já não é bastante ser uma teoria que a razão e a ciência não contradizem? Além disso, ela é corroborada pelos fatos e tem a sanção da lógica e da experiência. Encontramos os fatos nos fenômenos de manifestações espíritas, que nos dão a prova positiva da existência e da sobrevivência da alma. Há muita gente, porém, que nega a possibilidade dessas comunicações com os Espíritos. São pessoas que acreditam na existência da alma, e consequentemente na dos Espíritos, mas sustentam a teoria de que os seres imateriais não podem agir sobre a matéria. Trata-se de uma dúvida originada pela ignorância da verdadeira natureza dos Espíritos, da qual geralmente se faz uma ideia falsa, considerando-os seres abstratos, vagos e indefinidos, que não é verdade.

Consideremos o Espírito, antes de tudo, na sua união com o corpo. O Espírito é o elemento principal dessa união, pois é *o ser pensante e que sobrevive à morte. O* corpo não é mais que um acessório do Espírito, um invólucro, uma roupagem que ele abandona depois de usar. Além desse envoltório material o Espírito possui outro, semimaterial, que o liga ao primeiro. Na morte, o Espírito abandona o corpo, mas não o segundo envoltório, a que chamamos de *perispírito.* Este envoltório semimaterial, que tem a mesma forma humana do corpo, é uma espécie de corpo fluídico, vaporoso, invisível para nós no seu estado normal, mas possuindo ainda algumas propriedades da matéria.[1]

Não podemos, pois, considerar o Espírito como uma simples abstração, mas como um ser limitado e circunscrito, a que só falta ser visível e palpável para assemelhar-se às criaturas humanas. Por que não poderia ele agir sobre a matéria? Pelo fato de ser fluídico o seu corpo? Mas não é entre os fluidos mais rarefeitos, como a eletricidade, por exemplo, e os que se consideram mais imponderáveis, que encontramos as mais poderosas forças motoras? A luz imponderável não exerce ação química sobre a matéria ponderável? Não conhecemos ainda a natureza íntima do perispírito, mas podemos supô-lo constituído de substância elétrica, ou de outra espécie de matéria tão sutil como essa. Por que, separado, não poderia agir da mesma maneira, dirigido pela vontade?[2]

4. A existência de Deus e da alma, consequência uma da outra, constitui a base de todo o edifício do Espiritismo. Antes de aceitarmos qualquer discussão espírita, temos de assegurar-nos se o interlocutor admite essa base. Se ele responder negativamente às perguntas: *"Crê em Deus? Crê na existência da alma? Crê na sobrevivência da alma após a morte?"*, ou se responder simplesmente: *"Não sei; desejava que fosse assim, mas não estou certo"*, que geralmente equivale a uma negação delicada, disfarçada para não chocar bruscamente o que ele considera *preconceitos respeitáveis,* seria inútil prosseguir. Seria como querer demonstrar as propriedades da luz a um cego que não admitisse a existência da luz. As manifestações espíritas são os efeitos das propriedades da alma. Assim, com semelhante interlocutor, se não quisermos perder tempo, só nos resta seguir outra ordem de ideias. Admitidos os princípios básicos, não apenas como *probabilidade,* mas como coisa averiguada, incontestável, a existência dos Espíritos será uma decorrência natural.

---

[1] O apóstolo Paulo, como podemos ver na I Epístola aos Coríntios, chama o perispírito de corpo espiritual, que é o corpo da ressurreição. As investigações científicas da Metapsíquica e da Parapsicologia tiveram também de enfrentar, malgrado o materialismo dos pesquisadores, a existência desse corpo semimaterial. (N. do T.)

[2] Além das ações químico-físicas dos elementos imponderáveis, a Parapsicologia moderna provou, em experiências de laboratório, a ação da mente sobre a matéria. O prof. Joseph Banks Rhine, da Duke University, Estados Unidos, chegou à conclusão de que a mente não é física, mas age, por *via extrafísica*, sobre o mundo material. Os parapsicólogos soviéticos, materialistas, comprovaram a ação mental sobre a matéria, afirmando que o córtex cerebral deve possuir uma energia material ainda não conhecida pelas ciências. (N. do T.)

5. Resta saber se o Espírito pode comunicar-se com o homem, permutar pensamentos com os encarnados. Mas por que não? Que é o homem, senão um Espírito revestido de corpo material? Qual o motivo por que um Espírito livre não poderia comunicar-se com um Espírito cativo, como o homem livre se comunica com o prisioneiro? Admitida a sobrevivência da alma, seria racional negar-se a sobrevivência das suas afeições? Desde que as almas estão por toda parte, não é natural pensar que a de alguém que nos amou durante a vida venha procurar-nos desejando comunicar-se conosco, e se utilize dos meios que estão ao seu dispor? Quando viva na Terra, não agia ela sobre a matéria do seu corpo?

Não era ela, a alma, que dirigia os movimentos corporais? Por que, pois, não poderia ela, após a morte, servir-se de outro corpo, de acordo com o Espírito nele encarnado, para manifestar o seu pensamento, como um mudo se serve de uma pessoa que fala, para fazer-se compreender?

6. Afastemos por um instante os fatos que consideramos incontestáveis. Admitamos a comunicação como simples hipótese. Solicitamos aos incrédulos que nos provem, através de razões decisivas, que ela é impossível. Não basta a simples negação, pois seu arbítrio pessoal não é lei. Colocamo-nos no seu próprio terreno, aceitando a apreciação dos fatos espíritas através das leis materiais. Que eles assim possam tirar, do seu arsenal científico, alguma prova matemática, física, química, mecânica, fisiológica, demonstrando por *a* mais *b,* sempre a partir do princípio da existência e da sobrevivência da alma, que:

1º) ser pensante durante a vida terrena não deve mais pensar depois da morte;

2º) se ele pensa, não deve mais pensar nos que amou;

3º) se pensa nos que amou, não deve querer comunicar-se com eles;

4º) se pode estar em toda parte, não pode estar ao nosso lado;

5º) se está ao nosso lado, não pode comunicar-se conosco;

6º) por meio do seu corpo fluídico, não pode agir sobre a matéria inerte;

7º) se pode agir sobre a matéria inerte, não pode agir sobre um ser vivo;

8º) se pode agir sobre um ser vivo, não pode dirigir-lhe a mão para fazê-lo escrever;

9º) podendo fazê-lo escrever, não pode responder-lhe às perguntas nem lhe transmitir pensamento.

Quando os adversários do Espiritismo nos demonstrarem que isso tudo não é possível, através de razões tão evidentes como as de Galileu para provar que o Sol não girava em torno da Terra, então poderemos dizer que as suas dúvidas são fundadas. Mas até hoje, infelizmente, toda a sua argumentação se resume nestas palavras: *Não creio nisso, porque é impossível.* Eles retrucarão, sem dúvida, que cabe a nós provar a realidade das manifestações. Já lhes demos as provas, pelos fatos e pelo raciocínio; se recusam umas e outras, e se negam até mesmo o que veem, cabe a eles provar que os fatos são impossíveis e que o nosso raciocínio é falso.

CAPÍTULO II

O MARAVILHOSO E O SOBRENATURAL

7. Se a crença nos Espíritos e nas suas manifestações fosse uma concepção isolada, o produto de um sistema, poderia com certa razão ser suspeita de ilusória. Mas quem nos diria então por que ela se encontra tão viva entre todos os povos antigos e modernos, nos livros santos de todas as religiões conhecidas? Isso, dizem alguns críticos, é porque o homem, em todos os tempos, teve amor ao maravilhoso. – Mas que é o maravilhoso, segundo vós? – Aquilo que é sobrenatural. – E que entendeis por sobrenatural? – O que é contrário às leis da Natureza. – Então conheceis tão bem essas leis que podeis marcar limites ao poder de Deus? Muito bem! Provai então que a existência dos Espíritos e suas manifestações são contrárias às leis da Natureza; que elas não são e não podem ser uma dessas leis. Observai a Doutrina Espírita e vereis se no seu encadeamento elas não apresentam todas as características de uma lei admirável, que resolve tudo o que os princípios filosóficos até agora não puderam resolver.

O pensamento é um atributo do Espírito. A possibilidade de agir sobre a matéria, de impressionar os nossos sentidos e portanto de transmitir-nos o seu pensamento, é uma consequência, podemos dizer, da sua própria constituição fisiológica. Não há, pois, nesse fato, nada de sobrenatural, nada de maravilhoso.[1] Mas que um homem morto e bem morto possa ressuscitar corporalmente, que os seus membros dispersos se reúnam para restabelecer-lhe o corpo, eis o que é maravilhoso, sobrenatural, fantástico. Isso, sim, seria uma verdadeira derrogação, que Deus só poderia fazer através de um milagre. Mas não há nada de semelhante na Doutrina Espírita.

8. Não obstante, dirão, admitis que um Espírito pode elevar uma mesa e sustentá-la no espaço sem um ponto de apoio. Isso não é uma derrogação da lei da gravidade? – Sim, da lei conhecida; mas a Natureza já vos disse a última palavra? Antes das experiências com a força ascensional de certos gases, quem diria

---

[1] A Parapsicologia confirma hoje, cientificamente, através de pesquisas de laboratório, a naturalidade desses fenômenos. (N. do T.)

que uma pesada máquina, carregando muitos homens, poderia vencer a força de atração? Aos olhos do vulgo, isso não deveria parecer maravilhoso, diabólico? Aquele que se propusesse a transmitir, há um século, uma mensagem a quinhentas léguas de distância e obter a resposta em alguns minutos passaria por louco. Se o fizesse, acreditariam que tinha o Diabo às suas ordens, pois então só o Diabo era capaz de andar tão ligeiro. Por que, pois, um fluido desconhecido não poderia, em dadas circunstâncias, contrabalançar o efeito da gravidade, como o hidrogênio contrabalança o peso do balão? Isto, notemos de passagem, é apenas uma comparação, feita unicamente para mostrar, por analogia, que o fato não é fisicamente impossível. Não se trata de identificar uma coisa à outra. Ora, foi precisamente quando os sábios, ao observarem estas espécies de fenômenos, quiseram proceder por identificação que acabaram se enganando a respeito. De resto, o fato existe e todas as negações não poderiam destruí-lo, porque negar não é provar. Para nós, não há nada de sobrenatural e é tudo quanto podemos dizer por agora.

9. Se o fato está provado, dirão, nós o aceitamos. E aceitamos até mesmo a causa que lhe atribuís, ou seja, a de um fluido desconhecido. Mas quem prova a intervenção dos Espíritos? É nisso que está o maravilhoso, o sobrenatural.

Seria necessário, neste caso, toda uma demonstração que não seria cabível e constituiria, aliás, uma redundância, porque ela ressalta de todo o ensino. Entretanto, para resumi-la em duas palavras, diremos que teoricamente ela se funda neste princípio: todo efeito inteligente deve ter uma causa inteligente. Praticamente: sobre a observação de que os fenômenos ditos espíritas, tendo dado provas de inteligência, não podem ter sua causa na matéria; que essa inteligência, não sendo a dos assistentes – o que resultou das experiências –, devia ser independente deles; e, desde que não se via o ser que os produzia, devia tratar-se de um ser invisível, ao qual se deu o nome de Espírito, não sendo mais do que a alma dos que viveram corporalmente e aos quais a morte despojou de seu grosseiro envoltório visível, deixando-lhes apenas um envoltório etéreo, invisível no seu estado normal. Eis, pois, o maravilhoso e o sobrenatural reduzidos à mais simples expressão. Constatada a existência dos seres invisíveis, sua ação sobre a matéria resulta da natureza do seu envoltório fluídico. Esta ação é inteligente, porque, ao morrer, eles perderam apenas o corpo, conservando a inteligência que constitui a sua existência. Esta a chave de todos esses fenômenos considerados erroneamente sobrenaturais. A existência dos Espíritos não decorre, pois, de um sistema preconcebido, de uma hipótese imaginada para explicar os fatos, mas é o resultado de observações e a consequência natural da existência da alma. Negar essa causa é negar a alma e os seus atributos.[2] Os que pensarem que podem encontrar para esses efeitos inteligentes uma solução mais racional, podendo sobretudo explicar a razão de *todos os fatos,* queiram fazê-lo, e então poder-se-á discutir o mérito de ambas.[3]

10. Aos olhos daqueles que veem na matéria a única potência da Natureza, *tudo o que não pode ser explicado pelas leis materiais é maravilhoso ou sobrenatural* e, para eles, *maravilhoso* é sinônimo de *superstição.* Dessa maneira a religião, que se funda na existência de um princípio imaterial, é um tecido de superstições. Eles não ousam dizê-lo em voz alta, mas o dizem baixinho. E pensam salvar as aparências ao conceber que é necessária uma religião para o povo e para tornar as crianças acomodadas. Ora, de duas, uma: ou o princípio religioso é verdadeiro ou é falso. Se é verdadeiro, o é para todos; se é falso não é melhor para os ignorantes do que para os esclarecidos.

11. Os que atacam o Espiritismo em nome do maravilhoso se apoiam, portanto, em geral, no princípio materialista; desde que negando todo efeito de origem extramaterial, negam consequentemente a existência da alma. Sondai o futuro de seu pensamento, perscrutai o sentido de suas palavras e encontrareis quase sempre esse princípio que, se não se mostra categoricamente formulado, transparece sob a capa de uma pretensa filosofia moral com que eles se disfarçam. Rejeitando como maravilhoso tudo quanto decorre da existência da alma, eles são, portanto, consequentes consigo mesmos. Não admitindo a causa, não podem admitir o efeito. Daí o preconceito que os impede de julgar com isenção o Espiritismo, pois partem da negação de tudo o que não seja material. Quanto a nós, pelo fato de admitirmos os efeitos decorrentes da existência da alma, teríamos de aceitar todos os fatos qualificados de maravilhosos, teríamos de ser os campeões dos visionários, os adeptos de todas as utopias, de todos os sistemas excêntricos? Seria necessário conhecer bem pouco do Espiritismo para assim pensar. Mas os nossos adversários não se importam com isso; a necessidade de conhecer aquilo de que falam é o que menos lhes interessa.

---

[2] Hoje, os parapsicólogos chegam a essa mesma conclusão: o prof. Rhine afirma que o pensamento é extrafísico e age sobre a matéria; os profs. Carington, Soal, Price e outros admitem a ação de mentes desencarnadas na produção dos fenômenos *psikapa* (efeitos físicos). (N. do T.)

[3] O prof. Ernesto Bozzano chama a isto "convergência das provas", mostrando a necessidade científica de uma hipótese explicar todos os fenômenos da mesma natureza e não apenas alguns deles. (N. do T.)

Segundo eles, o maravilhoso é absurdo; ora, o Espiritismo se apoia em fatos maravilhosos; logo, o Espiritismo é absurdo: isto é para eles um julgamento inapelável. Creem apresentar um argumento sem resposta quando, após eruditas pesquisas sobre os convulsionários de Saint-Médard, os *camisards* das Cévennes ou as religiosas de Loudun, chegam à descoberta de evidentes trapaças, que ninguém contesta. Mas essas histórias são, por acaso, o evangelho do Espiritismo? Seus partidários teriam negado que o charlatanismo explorou alguns fatos em proveito próprio? Que a imaginação os tenha engendrado? Que o fanatismo tenha exagerado a muitos deles? O Espiritismo não é mais responsável pelas extravagâncias que se possam cometer em seu nome, do que a verdadeira Ciência pelos abusos da ignorância ou a verdadeira Religião pelos excessos do fanatismo. Muitos críticos só julgam o Espiritismo pelos contos de fadas e pelas lendas populares, que são apenas as formas da sua ficção. O mesmo seria julgar a História pelos romances históricos ou pelas tragédias.

12. Na lógica mais elementar, para discutir uma coisa é necessário conhecê-la, porque a opinião de um crítico só tem valor quando ele fala com conhecimento de causa. Somente assim, a sua opinião, embora errônea, pode ser levada em consideração. Mas que peso ela pode ter, quando emitida sobre matéria que ele desconhece? A verdadeira crítica deve dar provas, não somente de erudição, mas de conhecimento profundo do objeto tratado, de isenção no julgamento e de absoluta imparcialidade. A não ser assim, qualquer violeiro poderia se arrogar o direito de julgar Rossini e qualquer pintor de paredes, de censurar Rafael.

13. O Espiritismo não aceita todos os fatos considerados maravilhosos. Longe disso, demonstra a impossibilidade de muitos deles e o ridículo de algumas crenças que constituem, propriamente falando, a superstição. É verdade que entre os fatos por ele admitidos há coisas que, para os incrédulos, são inegavelmente do maravilhoso, o que vale dizer da superstição. Que seja. Mas, pelo menos, que limitem a eles a discussão, pois em relação aos outros nada têm que dizer e pregarão no deserto. Criticando o que o próprio Espiritismo refuta, demonstram ignorar o assunto e argumentam em vão. Mas até onde vai a crença do Espiritismo, perguntarão. Lede e observai, que o sabereis. A aquisição de qualquer ciência exige tempo e estudo. Ora, o Espiritismo, que toca nas mais graves questões da Filosofia, em todos os setores da ordem social, que abrange ao mesmo tempo o homem físico e o homem moral, é em si mesmo toda uma Ciência, toda uma Filosofia, que não podem ser adquiridas em apenas algumas horas.

Há tanta puerilidade em ver todo o Espiritismo numa mesa girante como em ver toda a Física em algumas experiências infantis. Para quem não quiser ficar na superfície, não são horas, mas meses e anos que terá de gastar para sondar todos os seus arcanos. Que se julgue, diante disso, o grau de conhecimento e o valor da opinião dos que se arrogam o direito de julgar porque viram uma ou duas experiências, quase sempre realizadas como distração ou passatempo. Eles dirão, sem dúvida, que não dispõem do tempo necessário para esse estudo. Que seja, mas nada os obriga a isso. E, quando não se tem tempo para aprender uma coisa, não se pode falar dela, e menos ainda julgá-la, se não se quiser ser acusado de leviandade. Ora, quanto mais elevada é a posição que se ocupe na Ciência, menos desculpável será tratar-se levianamente um assunto que não se conhece.

14. Resumimos nossa opinião nas proposições seguintes:

1º) Todos os fenômenos espíritas têm como princípio a existência da alma, sua sobrevivência à morte do corpo e suas manifestações.

2º) Decorrendo de uma lei da Natureza, esses fenômenos nada têm de maravilhoso nem de sobrenatural, no sentido vulgar dessas palavras.

3º) Muitos fatos são considerados sobrenaturais porque a sua causa não é conhecida; ao determinar-lhes a causa, o Espiritismo os devolve ao domínio dos fenômenos naturais.

4º) Entre os fatos qualificados de sobrenaturais, o Espiritismo demonstra a impossibilidade de muitos e os coloca entre as crenças supersticiosas.

5º) Embora o Espiritismo reconheça um fundo de verdade em muitas crenças populares, ele não aceita absolutamente que todas as estórias fantásticas criadas pela imaginação sejam da mesma natureza.

6º) Julgar o Espiritismo pelos fatos que ele não admite é dar prova de ignorância e desvalorizar por completo a própria opinião.

7º) A explicação dos fatos admitidos pelo Espiritismo, de suas causas e suas consequências morais, constitui toda uma Ciência e toda uma Filosofia que exigem estudo sério, perseverante e aprofundado.

8º) O Espiritismo só pode considerar como crítico sério aquele que tudo viu e estudou, em tudo se aprofundando com paciência e a perseverança de um observador consciencioso; que tenha tanto conhecimento do assunto como o adepto mais esclarecido; que não haja, portanto, adquirido seus conhecimentos nas ficções literárias da ciência; ao qual não se possa opor *nenhum* fato por ele desconhecido, nenhum argumento que ele não tenha meditado e que não tenha refutado apenas por meio da negação, mas por outros argumentos mais decisivos; aquele, enfim, que pudesse apontar uma causa mais lógica para os fatos averiguados. Esse crítico ainda está para aparecer.[4]

15. Referimo-nos há pouco à palavra milagre; uma breve observação sobre o assunto não estará deslocada num capítulo sobre o maravilhoso.

Na sua acepção primitiva e por sua etimologia, a palavra *milagre* significa *coisa extraordinária, coisa admirável de ver*. Mas essa palavra, como tantas outras, desviou-se do sentido original e hoje se diz (segundo a Academia): *de um ato da potência divina contrário às leis comuns da Natureza*. Essa é, com efeito, a sua acepção usual, e só por comparação ou metáfora se aplica às coisas vulgares que nos surpreendem e cuja causa desconhecemos.

Não temos absolutamente a intenção de examinar se Deus poderia julgar útil, em certas circunstâncias, derrogar as leis por ele mesmo estabelecidas. Nosso objetivo é somente o de demonstrar que os fenômenos espíritas, por mais extraordinários que sejam, não derrogam de maneira alguma essas leis e não têm nenhum caráter miraculoso, tanto mais que não são maravilhosos ou sobrenaturais. O milagre não tem explicação; os fenômenos espíritas, pelo contrário, são explicados da maneira mais racional. Não são, portanto, milagres, mas simples efeitos que têm sua razão de ser nas leis gerais. O milagre tem ainda outro caráter: o de ser insólito e isolado. Ora, desde que um fato se reproduz, por assim dizer, à vontade, e por meio de pessoas diversas, não pode ser um milagre.

A Ciência faz milagres todos os dias aos olhos dos ignorantes: eis por que antigamente os que sabiam mais do que o vulgo passavam por feiticeiros, e, como se acreditava que toda ciência sobre-humana era diabólica, eles eram queimados. Hoje, que estamos muito mais civilizados, basta enviá-los para os hospícios.

Que um homem realmente morto, como dissemos no início, seja ressuscitado por uma intervenção divina e teremos um verdadeiro milagre, porque isso é contrário às leis da Natureza. Mas, se esse homem tem apenas a aparência da morte, conservando ainda um resto de *vitalidade latente*, e a Ciência ou uma ação magnética consegue reanimá-lo, para as pessoas esclarecidas

---

[4] Realmente, esse crítico, ainda em nossos dias, está por aparecer. Basta uma rápida leitura dos livros e artigos publicados hoje contra o Espiritismo, para nos mostrar que a situação não mudou. Cientistas, filósofos, teólogos, sacerdotes, pastores e intelectuais, inclusive adeptos de instituições espiritualistas procedentes do antigo Ocultismo, continuam a criticar levianamente o Espiritismo, sem se darem ao trabalho preliminar de estudá-lo, a não ser ligeiramente e com segundas intenções. (N. do T.)

isso é um fenômeno natural. Entretanto, aos olhos do vulgo ignorante, o fato passará por milagroso e o seu autor será rechaçado a pedradas ou será venerado, segundo o caráter dos circunstantes. Que um físico solte um papagaio elétrico num meio rural, fazendo cair um raio sobre uma árvore, e esse novo Prometeu será certamente encarado como detentor de um poder diabólico. Aliás, diga-se de passagem, Prometeu nos parece sobretudo um antecessor de Franklin; mas Josué, fazendo parar o Sol, ou antes a Terra, nos daria o verdadeiro milagre, pois não conhecemos nenhum magnetizador dotado de tanto poder para operar esse prodígio.

De todos os fenômenos espíritas, um dos mais extraordinários é indiscutivelmente o da escrita direta, um dos que demonstram da maneira mais evidente a ação das inteligências ocultas. Mas, por ser produzido pelos seres ocultos, esse fenômeno não é mais miraculoso do que todos os demais, também devidos a agentes invisíveis. Porque esses seres invisíveis, que povoam os espaços, são uma das potências da Natureza, potência que age incessantemente sobre o mundo material, tão bem como sobre o mundo moral.

O Espiritismo, esclarecendo-nos a respeito dessa potência, dá-nos a chave de uma infinidade de coisas inexplicadas e inexplicáveis por qualquer outro meio, e que em tempos distantes puderam passar como prodígios. Ele revela, como aconteceu com o magnetismo, uma lei desconhecida ou pelo menos mal compreendida; ou, dizendo melhor, uma lei cujos efeitos eram conhecidos, porque produzidos em todos os tempos, mas, ela mesma sendo ignorada, isso deu origem à superstição. Conhecida essa lei, o maravilhoso desaparece e os fenômenos se reintegram na ordem das coisas naturais. Eis por que os espíritas, fazendo mover uma mesa ou com que os mortos escrevam, não fazem mais milagres do que o médico ao reviver um moribundo ou o físico ao provocar um raio. Aquele que pretendesse, com a ajuda desta Ciência, *fazer milagres* seria um ignorante da doutrina ou um trapaceiro.

16. Os fenômenos espíritas, como os fenômenos magnéticos, passaram por prodígios antes de lhes conhecerem a causa. Ora, os céticos, os espíritos fortes, que têm o privilégio exclusivo da razão e do bom senso, não creem naquilo que não podem compreender. Eis por que todos os fatos considerados prodigiosos são objeto de suas zombarias. Como a Religião está cheia de fatos desse gênero, eles não creem na Religião, e disso à incredulidade absoluta vai apenas um passo. O Espiritismo, explicando a maioria desses fatos, justifica a sua existência. Vem, portanto, em auxílio da Religião, ao demonstrar a possibilidade de alguns fatos que, por não serem milagrosos, não são menos extraordinários. E

Deus não é maior nem menos poderoso por não haver derrogado as suas leis.

De quantos gracejos não foram objeto as levitações de São Cupertino! Entretanto, a suspensão etérea dos corpos graves é um fato explicado pela lei espírita. Fomos *testemunha ocular desse* fato, e o sr. Home, além de outras pessoas nossas conhecidas, repetiram muitas vezes o fenômeno produzido por São Cupertino. Esse fenômeno, portanto, enquadra-se na ordem das coisas naturais.

17. No número dos fenômenos desse gênero temos de colocar em primeira linha as aparições, que são os mais frequentes. A da Salette, que dividiu o próprio clero, não tem para nós nada de insólito. Não podemos afirmar com segurança a realidade do fato, porque não temos nenhuma prova material, mas o consideramos possível, em vista dos milhares de fatos semelhantes e *recentes* que conhecemos. Acreditamos neles, não somente porque verificamos a sua realidade, mas sobretudo porque sabemos perfeitamente como se produzem. Queiram reportar-se à teoria das aparições, que damos mais adiante, e verão que esse fenômeno se torna tão simples e plausível como uma infinidade de fenômenos físicos que só parecem prodigiosos quando não temos a chave de sua explicação.

Quanto à personagem que se apresentou na Salette, é outra questão. Sua identidade não nos foi absolutamente demonstrada. Aceitamos apenas que uma aparição possa ter ocorrido; o resto não é de nossa competência. Cada qual pode guardar, a esse respeito, as suas convicções. O Espiritismo não tem de se ocupar com isso. Dizemos apenas que os fatos produzidos pelo Espiritismo revelam novas leis e nos dão a chave de uma infinidade de coisas que pareciam sobrenaturais. Se alguns desses fatos considerados miraculosos encontram assim uma explicação lógica, isso é motivo para que não se apressem a negar o que não compreendem.

Os fenômenos espíritas são contestados por algumas pessoas precisamente porque parecem escapar às leis comuns e não podem ser explicados. Dai-lhes uma base racional e a dúvida cessa. A explicação, neste século em que ninguém se satisfaz com palavras, é portanto um poderoso motivo de convicção. Assim vemos, todos os dias, pessoas que não presenciaram nenhum fato, não viram uma mesa mover-se nem um médium escrever, e que se tornaram tão convictas como nós unicamente porque leram e compreenderam. Se só devêssemos crer no que vemos com os nossos próprios olhos, nossas convicções seriam reduzidas a bem pouca coisa.

CAPÍTULO III

MÉTODO

18. O desejo muito natural e louvável dos adeptos, que não se precisaria estimular mais, é o de fazer prosélitos. Para facilitar-lhes a tarefa é que nos propomos a examinar aqui o meio mais seguro, segundo pensamos, de atingir esse objetivo poupando esforços inúteis.

Dissemos que o Espiritismo é toda uma Ciência, toda uma Filosofia. Quem desejar conhecê-lo seriamente deve pois, como primeira condição, submeter-se a um estudo sério e persuadir-se de que, mais do que qualquer outra ciência, não se pode aprendê-lo brincando. O Espiritismo, já o dissemos, se relaciona com todos os problemas da Humanidade. Seu campo é imenso e devemos encará-lo sobretudo quanto às suas consequências. A crença nos Espíritos constitui sem dúvida a sua base, mas não basta para fazer um espírita esclarecido, como a crença em Deus não basta para fazer um teólogo. Vejamos, pois, de que maneira convém proceder no seu ensino, para levar-se com mais segurança à convicção.

Que os adeptos não se assustem com a palavra *ensino*. Não se ensina apenas do alto da cátedra ou da tribuna, mas também na simples conversação. Toda pessoa que procura persuadir outra por meio de explicações ou de experiências, ensina. O que desejamos é que esse esforço dê resultados. Por isso julgamos nosso dever dar alguns conselhos, que poderão ser aproveitados pelos que desejam instruir-se a si mesmos e que terão aqui o meio de chegar mais segura e prontamente ao alvo.

19. Acredita-se geralmente que para convencer é suficiente apresentar os fatos. Esse parece realmente o procedimento mais lógico, e no entanto a experiência mostra que nem sempre é o melhor, pois frequentemente encontramos pessoas que os fatos mais evidentes não convencem de maneira alguma. A que se deve isso? É o que tentaremos demonstrar.

No Espiritismo, a questão dos Espíritos está em segundo lugar, não constituindo o seu ponto de partida. E é esse, precisamente, o erro em que se cai e que acarreta o fracasso com certas pessoas. Sendo os Espíritos simplesmente as almas dos homens, o verdadeiro ponto de partida é então a existência da alma. Como pode o materialista admitir a existência de seres que vivem fora do mundo material, quando ele mesmo se considera apenas material? Como pode crer na existência de Espíritos ao seu redor, se não admite seu próprio Espírito? Em vão se amontoarão aos seus olhos as provas mais palpáveis. Ele contestará a todas elas, porque não admite o princípio.

Todo ensino metódico deve partir do conhecido para o desconhecido. Para o materialista, o conhecido é a matéria. Parti, pois, da matéria e tratai de lhe demonstrar, antes de tudo, que há nele próprio alguma coisa que escapa às leis materiais. Numa palavra: *antes de torná-lo espírita procurai fazê-lo ESPIRITUALISTA.* Mas, para isso, é necessária outra ordem de fatos e se deve proceder, por outros meios, a uma forma especial de ensino. Falar-lhe de Espíritos antes que ele esteja convencido de ter uma alma é começar pelo fim, pois ele não pode admitir a conclusão se não aceita as premissas.

Antes, pois, de tentar convencer um incrédulo, mesmo por meio dos fatos, convém assegurar-se de sua opinião sobre a alma, ou seja, se ele crê na sua existência, na sua sobrevivência ao corpo, na sua individualidade após a morte. Se a resposta for negativa, será tempo perdido falar-lhe dos Espíritos. Eis a regra. Não dizemos que não haja exceção. Mas nesse caso deve existir outra razão que o torne menos refratário.

20. Devemos distinguir duas classes principais de materialistas: na primeira estão os que o são por sistema. Para eles não há dúvida, mas a negação absoluta, segundo a sua maneira de raciocinar. Aos seus olhos o homem não passa de uma máquina enquanto vivo, mas que se desarranja e depois da morte só deixa o esqueleto. Seu número é felizmente bastante restrito e em parte alguma representa uma escola abertamente declarada. Não precisamos acentuar os deploráveis efeitos que resultariam para a ordem social da vulgarização de semelhante doutrina. Estendemo-nos suficientemente a respeito em *O Livro dos Espíritos* (n.º 147 e parágrafo III da Conclusão).

Quando dissemos que a dúvida dos incrédulos cessa diante de uma explicação racional, é necessário excetuar os materialistas radicais, que negam toda potência e qualquer princípio inteligente fora da matéria. A maioria se obstina nessa opinião por orgulho e acha que deve mantê-la por amor-próprio. Persistem nela apesar de todas as provas contrárias porque não querem ficar por baixo. Nada se tem a fazer com eles. Nem se deve acreditar na falsa expressão de sinceridade dos que dizem: fazei-me ver e acreditarei. Há os que são mais francos e logo dizem: mesmo se eu visse não acreditaria.

21. A segunda classe de materialistas, muito mais numerosa, compreende os que o são por indiferença e, podemos dizer, *por falta de coisa melhor,* já que o materialismo real é um sentimento antinatural. Não o são deliberadamente e o que mais desejam é crer, pois a incerteza os atormenta. Sentem uma vaga aspiração do futuro, mas esse futuro foi-lhes apresentado de maneira que sua razão não pode aceitar, nascendo daí a dúvida e, como consequência da dúvida, a incredulidade. Para eles, pois, a incredulidade não se apoia num sistema. Tão logo lhes apresenteis alguma coisa de racional, eles a aceitarão com ardor. Esses podem nos compreender, porque estão mais próximos de nós do que poderiam supor.

Com os primeiros, não faleis de revelação, nem de anjos ou do Paraíso, pois não compreenderiam. Mas colocai-vos no seu próprio terreno e provai-lhes, primeiro, que as leis da Filosofia não podem explicar tudo: o resto virá depois. A situação é outra quando não se trata de incredulidade preconcebida, pois nesse caso a crença não foi totalmente anulada e permanece como germe latente, asfixiado pelas ervas daninhas, que uma centelha pode reanimar. É o cego a que se restitui a vista e que se alegra de rever a luz; é o náufrago a que se atira uma tábua de salvação.

22. Ao lado dos materialistas propriamente ditos há uma terceira classe de incrédulos que, embora espiritualistas, pelo menos no nome, não são menos refratários ao Espiritismo: são os *incrédulos de má vontade.* Esses não querem crer, porque isso lhes perturbaria o gozo dos prazeres materiais. Temem encontrar a condenação de sua ambição, do seu egoísmo e das vaidades humanas com que se deliciam. Fecham os olhos para não ver e tapam os ouvidos para não ouvir. Só podemos lamentá-los.

23. Somente para lembrá-la, falaremos de uma quarta categoria a que chamaremos de *incrédulos interesseiros ou de má-fé.* Estes sabem muito bem o que há de certo no Espiritismo, mas o condenam ostensivamente por motivos de interesse pessoal. Nada temos a dizer deles nem a fazer com eles. Se o materialista radical se engana, tem ao menos a desculpa da boa-fé; podemos corrigi-lo, provando-lhe o erro. Neste último, há uma determinação contra a qual se esboroam todos os argumentos. O tempo se encarregará de lhe abrir os olhos e lhe mostrar, talvez à sua própria custa, onde estavam os seus verdadeiros interesses. Porque, não podendo impedir a expansão da verdade, eles serão arrastados pela correnteza, juntamente com os interesses que pensavam salvaguardar.

24. Além dessas categorias de opositores há uma infinidade de variações, entre as quais se podem contar os *incrédulos por* *covardia,* que terão coragem quando verificarem que os outros não foram prejudicados; os *incrédulos por escrúpulo religioso,* que um ensino esclarecido fará ver que o Espiritismo se apoia nos próprios fundamentos da Religião e respeita todas as crenças, tendo como um de seus efeitos despertar os sentimentos religiosos nos descrentes, fortalecendo-os nos vacilantes; os *incrédulos por orgulho, por espírito de contradição, por negligência, por leviandade,* etc. etc.

25. Não podemos esquecer uma categoria que chamaremos de *incrédulos por decepção.* Abrange os que passaram de uma confiança exagerada à incredulidade, por terem sofrido desilusões. Assim, desencorajados, abandonaram tudo e tudo rejeitaram. São como aquele que negasse a boa-fé por ter sido enganado. São ainda a consequência de um estudo incompleto do Espiritismo e da falta de experiência. Aquele que é mistificado por Espíritos, geralmente é porque lhes fez perguntas indevidas ou que eles não podiam responder, ou porque não estavam bastante esclarecidos para distinguir a verdade da impostura. Muitos, aliás, só veem o Espiritismo como uma nova forma de adivinhação e pensam que os Espíritos existem para ler a *buena-dicha.* Ora, os Espíritos levianos e brincalhões não perdem a oportunidade de se divertirem à sua custa: é assim que anunciarão casamentos para as moças; honrarias, heranças e tesouros ocultos para os ambiciosos, e assim por diante. Disso resultam, frequentemente, desagradáveis decepções, de que o homem sério e prudente sabe sempre se preservar.

26. Uma classe muito numerosa, a mais numerosa de todas, mas que não poderia figurar entre os opositores, é a dos *vacilantes.* São geralmente espiritualistas por princípio. Na sua maioria têm uma vaga intuição das ideias espíritas e desejam alguma coisa que não podem definir. Falta-lhes apenas coordenar e formular os seus pensamentos. O Espiritismo aparece-lhes como um raio de luz: é a claridade que afugenta as névoas. Por isso o acolhem com sofreguidão, pois ele os liberta das angústias da incerteza.

27. Se lançarmos agora um olhar sobre as diversas categorias de crentes, encontraremos primeiro os *espíritas sem o saber.* São uma variedade ou uma subdivisão da classe dos *vacilantes.* Sem jamais terem ouvido falar da Doutrina Espírita, têm o sentimento inato dos seus grandes princípios, e esse sentimento se reflete em algumas passagens de seus escritos ou de seus discursos, de tal maneira que, ouvindo-os, acredita-se que sejam verdadeiros iniciados. Encontram-se numerosos desses exemplos entre os escritores sacros e profanos, entre os poetas, os oradores, os moralistas, os filósofos antigos e modernos.

28. Entre os que se convenceram estudando diretamente o assunto podemos distinguir:

1º) Os que acreditam pura e simplesmente nas manifestações. Consideram o Espiritismo como uma simples ciência de observação, apresentando uma série de fatos mais ou menos curiosos. Chamamo-los: *espíritas experimentadores.*

2º) Os que não se interessam apenas pelos fatos e compreendem o aspecto filosófico do Espiritismo, admitindo a moral que dele decorre, mas sem a praticarem. A influência da Doutrina sobre o seu caráter é insignificante ou nula. Não modificam em nada os seus hábitos e não se privariam de nenhum de seus prazeres. O avarento continua insensível, o orgulhoso cheio de amor-próprio, o invejoso e o ciumento sempre agressivos. Para eles, a caridade cristã não passa de uma bela máxima. São os *espíritas imperfeitos.*

3º) Os que não se contentam em admirar apenas a moral espírita, mas a praticam e aceitam todas as suas consequências. Convictos de que a existência terrena é uma prova passageira, tratam de aproveitar os seus breves instantes para avançar na senda do progresso, única que pode elevá-los de posição no Mundo dos Espíritos, esforçando-se para fazer o bem e reprimir as suas más tendências. Sua amizade é sempre segura, porque a sua firmeza de convicção os afasta de todo mau pensamento. A caridade é sempre a sua regra de conduta. São esses os verdadeiros espíritas, ou melhor, os *espíritas cristãos.*[1]

4º) Há, por fim, os *espíritas exaltados.* A espécie humana seria perfeita, se preferisse sempre o lado bom das coisas. O exagero é prejudicial em tudo. No Espiritismo ele produz uma confiança cega e frequentemente pueril nas manifestações do mundo invisível, fazendo aceitar muito facilmente e sem controle aquilo que a reflexão e o exame demonstrariam ser absurdo ou impossível, pois o entusiasmo não esclarece, ofusca. Esta espécie de adeptos é mais nociva do que útil à causa do Espiritismo. São os menos capazes de convencer, porque se desconfia com razão do seu julgamento. São enganados facilmente por Espíritos mistificadores ou por pessoas que procuram explorar a sua credulidade. Se apenas eles tivessem de sofrer as consequências, o mal seria menor, mas o pior é que oferecem, embora sem querer, motivos aos incrédulos, que mais procuram zombar do que se convencer e não deixam de imputar a todos o ridículo de alguns. Isso não é justo nem racional, sem dúvida, mas os adversários do Espiritismo, como se sabe, só reconhecem como boa a sua razão e pouco se importam de conhecer a fundo aquilo de que falam.

---

[1] Sendo o Espiritismo uma doutrina eminentemente cristã, essa designação de *espírita cristão* pode parecer redundante. Por outro lado, poderia sugerir a existência de uma forma de Espiritismo não cristão, que na verdade não existe. Kardec a emprega, porém, como designação do verdadeiro espírita, para distinguir estes daqueles que não seguem, como se vê acima, os princípios do Espiritismo. (N. do T.)

29. Os meios de convicção variam extremamente, segundo os indivíduos. O que persuade a uns não impressiona a outros. Se um se convence por meio de certas manifestações materiais, outro por comunicações inteligentes, a maioria é pelo raciocínio. Podemos mesmo dizer que, para a maior parte dos que não estão em condições de apreciá-los pelo raciocínio, os fenômenos materiais são de pouca significação. Quanto mais extraordinários são esses fenômenos, afastando-se bastante das leis conhecidas, maior oposição encontram. E isso por um motivo muito simples: é que somos naturalmente levados a duvidar daquilo que não tem uma sanção racional. Cada qual o encara a seu modo e dá sua explicação particular: o materialista descobre uma causa física ou uma trapaça; o ignorante e o supersticioso, uma causa diabólica ou sobrenatural. Entretanto, uma explicação antecipada tem o efeito de destruir as ideias preconcebidas e mostrar, se não a realidade, pelo menos a possibilidade do fato. Compreende-se antes de ver, pois, desde que aceitamos a possibilidade, três quartos da convicção foram realizados.

30. Será útil procurar convencer um incrédulo obstinado? Já dissemos que isso depende das causas e da natureza da sua incredulidade. Muitas vezes, nossa insistência em persuadi-lo o leva a crer na sua importância pessoal, que é uma razão para mais se obstinar. Aquele que não se convence pelo raciocínio nem pelos fatos deve ainda sofrer a prova da incredulidade. Devemos deixar à Providência o cuidado de encaminhá-lo a circunstâncias mais favoráveis. Há muita gente que só deseja receber a luz, para estarmos perdendo tempo com os que a repelem. Dirigi-vos, pois, aos homens de boa vontade, cujo número é maior do que se pensa, e o exemplo destes, multiplicando-se, vencerá mais facilmente as resistências do que as palavras. Ao verdadeiro espírita nunca faltará oportunidade de fazer o bem. Há corações aflitos a aliviar, consolações a dispensar, desesperos a acalmar, reformas morais a operar. Essa é a sua missão e nela encontrará a verdadeira satisfação. O Espiritismo impregna a atmosfera: expande-se pela própria força das circunstâncias porque torna felizes aqueles que o professam. Quando os seus adversários sistemáticos o ouvirem ressoando ao seu redor, entre os seus próprios amigos, compreenderão o isolamento em que se encontram e serão forçados a calar ou a se renderem.

31. Para se proceder, no ensino do Espiritismo, como se faz nas ciências ordinárias, seria necessário passar em revista toda a série de fenômenos que podem produzir-se, a começar dos mais simples até chegar, sucessivamente, aos mais complicados. Ora, isso é impossível, porque não se pode fazer um curso de Espiritismo experimental como se faz um curso de Física ou de Química. Nas Ciências Naturais opera-se sobre a matéria bruta, que se manipula à vontade e cujos efeitos quase sempre se consegue determinar. No Espiritismo, tem-se de lidar com inteligências dotadas de liberdade e que provam, a cada instante, não estarem sujeitas aos nossos caprichos. É necessário, pois, observar, esperar os resultados e colhê-los na ocorrência.

Por isso declaramos energicamente que: *todo aquele que se vangloriar de obtê-los à vontade não passa de ignorante ou impostor*. Eis por que o verdadeiro Espiritismo jamais servirá para exibições nem subirá jamais aos palcos. É mesmo ilógico supor que os Espíritos se entreguem a exibições e se submetam à pesquisa como objetos de curiosidade. Os fenômenos, por isso mesmo, podem não ocorrer quando mais os desejamos ou apresentar-se de maneira muito diversa da que pretendíamos. Acrescentemos ainda que, para obtê-los, necessitamos de pessoas dotadas de faculdades especiais, que variam ao infinito, segundo a aptidão de cada indivíduo. Ora, sendo extremamente raro que uma mesma pessoa tenha todas as aptidões, a dificuldade aumenta, pois seria necessário dispormos sempre de uma verdadeira coleção de médiuns, o que não é possível.

É muito simples o meio de evitar estes inconvenientes. Basta começar pela teoria. Nela, todos os fenômenos são passados em revista, são explicados e se pode conhecê-los e compreender a sua possibilidade, as condições em que podem ser produzidos e os obstáculos que podem encontrar. Dessa maneira, qualquer que seja a ordem em que as circunstâncias nos fizerem vê-los, nada terão que possa surpreender-nos. E há ainda outra vantagem: a de evitar muitas decepções ao experimentador. Prevenido quanto às dificuldades, pode manter-se vigilante e poupar-se das experiências à própria custa.

Desde que nos ocupamos do Espiritismo foram tantas as pessoas que nos acompanharam, que seria difícil presenciar o seu número. Entre elas, quantas permaneceram indiferentes ou incrédulas diante dos fatos mais evidentes, só se convencendo mais tarde através de uma explicação racional. Quantas outras foram predispostas a aceitar por meio do raciocínio; e quantas, afinal, acreditaram sem nada terem visto, levadas unicamente pela compreensão. Falamos, portanto, por experiência, e por isso afirmamos que o melhor método de ensino espírita é o que se dirige à razão e não aos olhos. É o que seguimos em nossas lições, do que só temos que nos felicitar.[2]

32. O estudo prévio da teoria tem ainda a vantagem de mostrar imediatamente a grandeza do objetivo e o alcance desta Ciência. Aquele que se inicia vendo uma mesa girar ou bater pode inclinar-se à zombaria, porque dificilmente imaginaria que de uma mesa possa sair uma doutrina regeneradora da Humanidade. Acentuamos sempre que os que creem sem ter visto, porque leram e compreenderam, ao invés de superficiais são os mais ponderados. Ligando-se mais ao fundo que à forma, o aspecto filosófico é para eles o principal, e os fenômenos propriamente ditos são apenas o acessório. Chegam mesmo a dizer que, se os fenômenos não existissem, nem por isso esta filosofia deixaria de ser a única que resolve tantos problemas até hoje insolúveis; a única que oferece ao passado e ao futuro humano a teoria mais racional. Preferem, assim, uma doutrina que realmente explica, àquelas que nada explicam ou que explicam mal.

Quem refletir a respeito compreenderá claramente que se pode fazer abstração das manifestações, sem que a doutrina tenha por isso de desaparecer. As manifestações corroboram, a confirmam, mas não constituem um fundamento essencial. O observador sério não as repele, mas espera as circunstâncias favoráveis para observá-las. A prova disso é que antes de ouvirem falar das manifestações muitas pessoas tiveram a intuição dessa doutrina, que veio apenas corporificar num conjunto as suas ideias.

33. Aliás, não seria certo dizer que, aos que começam pela teoria, faltem as observações práticas. Eles as possuem, pelo contrário, e certamente mais valiosas aos seus olhos que as produzidas nas experiências: são os fatos numerosos de *manifestações espontâneas,* de que trataremos nos capítulos seguintes. São poucas as pessoas que não as conhecem, ao menos por ouvir dizer, e muitas as que as obtiveram, sem prestar-lhes a devida atenção. A teoria vem lhes dar explicação, e consideramos esses fatos de grande importância, quando se apoiam em testemunhos irrecusáveis, porque não se pode atribuir-lhes qualquer preparação ou conivência. Se os fenômenos provocados não existissem, nem por isso os espontâneos deixariam de existir, e, se o Espiritismo só servisse para dar-lhes uma explicação racional, isto já seria bastante. Assim, a maioria dos que leem previamente referem os princípios a esses fatos, que são para eles uma confirmação da teoria.

---

[2] Ao pé da página, Kardec acrescentou esta nota: "Nosso ensino teórico e prático é sempre gratuito". Com isso, evitava interpretações maldosas e dava o exemplo que foi sempre seguido pelos espíritas responsáveis em todo o mundo. O verdadeiro ensino espírita é sempre gratuito. (N. do T.)

34. Seria absurdo supor que aconselhamos a negligenciar os fatos, pois foi pelos fatos que chegamos à teoria. É verdade que isso nos custou um trabalho assíduo de muitos anos e milhares de observações. Mas, desde que os fatos nos serviram e servem diariamente, seríamos incoerentes se lhes contestássemos a importância, sobretudo agora que fazemos um livro para ensinar como conhecê-los. Sustentamos apenas que, sem o raciocínio, eles não bastam para levar à convicção. Que uma explicação prévia, afastando as prevenções e mostrando que eles não são absurdos, *predispõe a* aceitá-los.

Isso é tão certo que, de dez pessoas estranhas ao assunto, que assistam a uma sessão de experimentação, das mais satisfatórias para os adeptos, nove sairão sem convencer-se, e algumas delas ainda mais incrédulas do que antes, porque as experiências não corresponderam ao que esperavam. Acontecerá o contrário com as que puderam informar-se dos fatos por um conhecimento teórico antecipado. Para estas, esse conhecimento servirá de controle e nada as surpreenderá, nem mesmo o insucesso, pois saberão em que condições os fatos se produzem e que não se lhes deve pedir o que eles não podem dar. A compreensão prévia dos fatos torna-as capazes de perceber todas as dificuldades, mas também de captar uma infinidade de pormenores, de nuanças quase sempre muito sutis, que serão para elas elementos de convicção que escapam ao observador ignorante. São esses os motivos que nos levam a só admitir em nossas sessões experimentais pessoas suficientemente preparadas para compreender o que se passa, pois sabemos que as outras perderiam o seu tempo ou nos fariam perder o nosso.

35. Para aqueles que desejarem adquirir esses conhecimentos preliminares através das nossas obras, aconselhamos a seguinte ordem:

1º) O QUE É O ESPIRITISMO: esta brochura, de apenas uma centena de páginas, apresenta uma exposição sumária dos princípios da Doutrina Espírita, uma visão geral que permite abranger o conjunto num quadro restrito. Em poucas palavras se percebe o seu objetivo e se pode julgar o seu alcance. Além disso, apresenta as principais perguntas ou objeções que as pessoas novatas costumam fazer. Essa primeira leitura, que exige pouco tempo, é uma introdução que facilita o estudo mais profundo.[3]

2º) O LIVRO DOS ESPÍRITOS: contém a doutrina completa ditada pelos Espíritos, com toda a sua Filosofia e todas as suas

[3] Apesar de já estarmos há mais de cem anos do lançamento desse pequeno livro, ele se conserva oportuno e até mesmo de leitura obrigatória para principiantes. E podemos acrescentar que mesmo os adeptos mais experimentados deviam relê-lo de vez em quando. (N. do T.)

consequências morais. É o destino do homem desvelado, a iniciação ao conhecimento da natureza dos Espíritos e os mistérios da vida de além-túmulo. Lendo-o, compreende-se que o Espiritismo tem um objetivo sério e não é um passatempo frívolo.

3º) O LIVRO DOS MÉDIUNS: destinado a orientar na prática das manifestações, proporciona o conhecimento dos meios mais apropriados de nos comunicarmos com os Espíritos. É um guia para os médiuns e para os evocadores, e o complemento de *O Livro dos Espíritos.*

4º) A REVISTA ESPÍRITA: uma variada coletânea de fatos, de explicações teóricas e de trechos destacados que completam a exposição das duas obras precedentes, e que representa de alguma maneira a sua aplicação. Sua leitura pode ser feita ao mesmo tempo que a daquelas obras, mas será mais proveitosa e mais compreensível sobretudo após a de *O Livro dos Espíritos.*

Isso no que nos concerne. Mas os que desejam conhecer completamente uma ciência devem ler necessariamente tudo o que foi escrito a respeito, ou pelo menos o principal, não se limitando a um único autor. Devem mesmo ler os prós e os contras, as críticas e as apologias, iniciar-se nos diferentes sistemas a fim de poder julgar pela comparação. Neste particular, não indicamos nem criticamos nenhuma obra, pois não queremos influir em nada na opinião que se possa formar. Levando nossa pedra ao edifício, tomamos apenas o nosso lugar. Não nos cabe ser ao mesmo tempo juiz e parte, e não temos a pretensão ridícula de ser o único a dispensar a luz. Cabe ao leitor separar o bom do mau, o verdadeiro do falso.[4]

---

[4] A conhecida modéstia de Kardec, bem demonstrada nestas palavras, leva algumas pessoas a não reconhecerem o valor fundamental da sua obra, que aliás não é apenas dele, mas principalmente dos Espíritos Superiores. Essa atitude, entretanto, reforça ainda mais a sua posição de Codificador, pois os verdadeiros missionários não se arrogam superioridade e os verdadeiros mestres querem, antes de mais nada, o desenvolvimento da compreensão própria e da capacidade de discernimento dos discípulos. (N. do T.) Cabe aqui acrescentar os demais livros da codificação, ou seja, *O Evangelho segundo o Espiritismo, O Céu e o Inferno (ou A Justiça Divina segundo o Espiritismo), A Gênese: os Milagres e as Predições segundo o Espiritismo e Obras Póstumas.* (N. da E.)

CAPÍTULO IV

SISTEMAS

36. Quando os estranhos fenômenos do Espiritismo começaram a se produzir, ou melhor, quando se renovaram nestes últimos tempos, suscitaram antes de mais nada a dúvida sobre a sua realidade e mais ainda sobre a sua causa.[1] Quando foram averiguados por testemunhos irrecusáveis e através de experiências que todos puderam fazer, aconteceu que cada qual os interpretou a seu modo, de acordo com suas ideias pessoais, suas crenças e seus preconceitos. Daí o aparecimento dos numerosos sistemas que uma observação mais atenta deveria reduzir ao seu justo valor.

Os adversários do Espiritismo logo viram, nessas divergências de opinião, um argumento contrário, dizendo que os próprios espíritas não concordavam entre si. Era uma razão bem precária, pois os primeiros passos de todas as ciências em desenvolvimento são necessariamente incertos, até que o tempo permita a reunião e coordenação dos fatos que possam fixar-lhes a orientação. À medida que os fatos se completam e são melhor observados, as ideias prematuras se desfazem e a unidade de opinião se estabelece, quando não sobre os detalhes, pelo menos sobre os pontos fundamentais. Foi o que aconteceu com o Espiritismo, que não podia escapar a essa lei comum, e que devia mesmo, por sua natureza, prestar-se ainda mais à diversidade de opiniões. Podemos dizer, aliás, que nesse sentido o seu avanço foi mais rápido que o de ciências mais antigas, como a Medicina, por exemplo, que ainda continua a dividir os maiores sábios.

37. Para seguir a ordem progressiva das ideias, de maneira metódica, convém colocar em primeiro lugar os chamados *sistemas negativos* dos adversários do Espiritismo. Refutamos essas objeções na introdução e na conclusão de *O Livro dos Espíritos,* bem como na pequena obra intitulada *O Que é o Espiritismo*. Seria inútil voltar ao assunto e nos limitaremos a lembrar, em duas palavras, os motivos em que eles se apoiam.

---

[1] As mesmas dúvidas suscitadas pelo Espiritismo repetiram-se, um século após o seu advento, e portanto em nosso tempo, com o reinício das pesquisas científicas dos fenômenos paranormais (na verdade fenômenos espíritas) pela Parapsicologia. E o desenvolvimento desta nova ciência renova aos nossos olhos as mesmas disparidades de opinião que caracterizaram o aparecimento do Espiritismo. (N. do T.)

Os fenômenos espíritas são de duas espécies: os de efeitos físicos e os de efeitos inteligentes. Não admitindo a existência dos Espíritos, por não admitirem nada além da matéria, compreende-se que eles neguem os efeitos inteligentes. Quanto aos efeitos físicos, eles os comentam à sua maneira e seus argumentos podem ser resumidos nos quatro sistemas seguintes.

38. SISTEMA DO CHARLATANISMO: muitos dos antagonistas atribuem esses efeitos à esperteza, pela razão de alguns terem sido imitados. Essa suposição transformaria todos os espíritas em mistificados e todos os médiuns em mistificadores, sem consideração pela posição, ou caráter, saber e honorabilidade das pessoas. Se ela merecesse resposta, diríamos que alguns fenômenos da Física são também imitados pelos prestidigitadores, o que nada prova contra a verdadeira ciência. Há pessoas, aliás, cujo caráter afasta toda suspeita de fraude, e seria preciso não se ter educação nem urbanidade para atrever-se a dizer-lhes que são cúmplices de charlatanice. Num salão bastante respeitável, um senhor que se dizia muito educado permitiu-se fazer uma observação dessa e a dona da casa lhe disse: "Senhor, desde que não está satisfeito, o dinheiro lhe será devolvido na porta", e com um gesto lhe indicou o melhor que tinha a fazer.

Devemos concluir disso que nunca houve abusos? Seria necessário admitir que os homens são perfeitos. Abusa-se de tudo, mesmo das coisas mais santas. Por que não se abusaria do Espiritismo? Mas o mau emprego que se pode fazer de uma coisa não deve levar-nos a prejulgá-la. Podemos considerar a boa-fé dos outros pelos motivos de suas ações. Onde não há especulação não há razão para o charlatanismo.

39. SISTEMA DA LOUCURA: alguns, por condescendência, querem afastar a suspeita de fraude e pretendem que os que não enganam são enganados por si mesmos, o que equivale a chamá-los de imbecis. Quando os incrédulos são menos maneirosos, dizem simplesmente que se trata de loucura, atribuindo-se sem cerimônias o privilégio do bom senso. É esse o grande argumento dos que não têm melhores razões a apresentar. Aliás, essa forma de crítica se tornou ridícula pela própria leviandade e não merece que se perca tempo em refutá-la. Por sinal que os espíritas pouco se importam com ela. Seguem corajosamente o seu caminho, consolando-se ao pensar que têm por companheiros de infortúnio muita gente de mérito incontestável. É necessário convir, com efeito, que essa loucura, se se trata de loucura, revela uma estranha característica: a de atingir de preferência a classe mais esclarecida, na qual o Espiritismo conta até o momento com a maioria absoluta de adeptos. Se nesse número se encontram alguns excêntricos, eles não depõem mais contra a Doutrina do que os fanáticos contra a Religião; do que os melomaníacos contra a Música; ou do que os maníacos calculadores contra a Matemática. Todas as ideias têm os seus fanáticos e seria necessário ser muito obtuso para confundir o exagero de uma ideia com a própria ideia. Para mais amplas explicações a respeito, enviamos o leitor à nossa brochura: *O Que é o Espiritismo* ou a *O Livro dos Espíritos*, parágrafo XV da Introdução.

40. SISTEMA DA ALUCINAÇÃO: outra opinião, menos ofensiva porque tem um leve disfarce científico, consiste em atribuir os fenômenos a uma ilusão dos sentidos. Assim, o observador seria de muita boa-fé, mas creria ver o que não vê. Quando vê uma mesa levantar-se e permanecer no ar sem qualquer apoio, a mesa nem se moveu. Ele a vê no espaço por uma ilusão ou por um efeito de refração, como o que nos faz ver um astro ou um objeto na água, deslocado de sua verdadeira posição. A rigor, isso seria possível, mas os que testemunharam esse fenômeno constataram a suspensão passando por baixo da mesa, que seria difícil se ela não houvesse sido elevada. Além disso, ela é elevada tantas vezes que acaba por quebrar-se ao cair. Seria isso também uma ilusão de ótica?

Uma causa fisiológica bem conhecida pode fazer, sem dúvida, que se veja rodar uma coisa que nem se mexeu, ou que nos sintamos rodar quando estamos imóveis. Mas, quando várias pessoas que estão ao redor de uma mesa são arrastadas por um movimento tão rápido que é difícil segui-la, e algumas são até mesmo derrubadas, teriam acaso sofrido vertigens, como o ébrio que vê a casa passar-lhe pela frente?[2]

41. SISTEMA DO MÚSCULO ESTALANTE: se assim fosse no que toca à visão, não seria diferente para o ouvido. Mas, quando os golpes são ouvidos por toda uma assembleia, não se pode razoavelmente atribuí-los à ilusão. Afastamos, bem entendido, qualquer ideia de fraude, considerando uma observação atenta em que se tenha constatado que não havia nenhuma causa fortuita ou material.

É verdade que um sábio médico deu ao caso uma explicação decisiva, segundo pensava: "A causa", disse ele, "está nas contrações voluntárias ou involuntárias do tendão muscular do pequeno

[2] Conta Simone de Beauvoir, em *A Força da Idade*, uma experiência de tiptologia com Jean Paul Sartre, em que ela fez a mesa bater à vontade, iludindo a todos, inclusive o próprio filósofo. Como se vê por essa brincadeira entre filósofos ateus e céticos, a posição da inteligência francesa ainda não mudou a respeito do assunto. E pena que em vez de brincar não tenham feito uma experiência séria. (N. do T.)

perônio".[3] E entra nas mais completas minúcias anatômicas para demonstrar o mecanismo dessa produção de estalos, que pode imitar o tambor e mesmo executar árias ritmadas. Chega assim à conclusão de que os que ouvem os golpes numa mesa são vítimas de uma mistificação ou de uma ilusão. O fato nada apresenta de novo. Infelizmente para o autor dessa pretensa descoberta, sua teoria não pode explicar todos os casos. Digamos primeiramente que os dotados da estranha faculdade de fazer estalar à vontade o músculo do pequeno perônio, ou outro qualquer, e tocar árias musicais por esse meio, são criaturas excepcionais, enquanto a de fazer estalar as mesas é muito comum, e os que a possuem só muito raramente podem possuir aquela. Em segundo lugar, o sábio doutor esqueceu-se de explicar como podem esses estalos musculares de uma pessoa imóvel e distanciada da mesa produzir nesta vibrações sensíveis ao tato; como esses estalos podem repercutir, à vontade dos assistentes, em lugares diversos da mesa, em outros móveis, nas paredes, no forro, etc., e como, enfim, a ação desse músculo pode estender-se a uma mesa que não se toca e fazê-la mover-se sozinha. Esta explicação, aliás, se realmente explicasse alguma coisa, só poderia infirmar o fenômeno dos golpes, não podendo referir-se aos demais modos de comunicação. Concluímos, pois, que o seu autor julgou sem ter visto, ou sem ter visto tudo de maneira suficiente. É sempre lamentável que os homens de ciência se apressem a dar, sobre o que não conhecem, explicações que os fatos podem desmentir. O seu próprio saber deveria torná-los tanto mais ponderados em seus julgamentos, quanto mais esse saber lhes amplia os limites do desconhecido.

42. SISTEMA DAS CAUSAS FÍSICAS: saímos aqui dos sistemas de negação absoluta. Averiguada a realidade dos fenômenos, o primeiro pensamento que naturalmente ocorreu ao espírito dos que os viram foi o de atribuir os movimentos ao magnetismo, à eletricidade ou à ação de um fluido qualquer, em uma palavra, a uma causa exclusivamente física, material. Essa opinião nada tinha de irracional e prevaleceria se o fenômeno se limitasse aos efeitos puramente mecânicos. Uma circunstância parecia mesmo corroborá-la: era, em alguns casos, o aumento da potência na razão do número de pessoas presentes, pois cada uma delas podia ser considerada como elemento de uma pilha elétrica humana. O

---

[3] Médico Jobert, de Lamballe. Para sermos justos devemos dizer que essa descoberta se deve ao sr. Schiff. O sr. Jobert apenas desenvolveu as suas consequências perante a Academia de Medicina para dar o golpe decisivo nos Espíritos batedores. Todos os detalhes podem ser encontrados na *Revista Espírita* de junho de 1859. (Nota de Kardec.)

que caracteriza uma teoria verdadeira, já o dissemos, é a possibilidade de explicar todos os fatos. Se um único fato a contraditar, é porque ela é falsa, incompleta ou demasiado arbitrária. Foi o que não tardou a acontecer no caso. Os movimentos e os golpes revelaram inteligência, pois obedeciam a uma vontade e respondiam ao pensamento. Deviam, pois, ter uma causa inteligente. E, desde que o efeito cessava de ser apenas físico, a causa, por isso mesmo, devia ser outra. Assim o sistema de ação exclusiva de um agente material foi abandonado e só se renova entre os que julgam *a priori*, sem nada terem visto. O ponto capital, portanto, é a constatação da ação inteligente, e é por ele que se pode convencer quem quiser se dar ao trabalho da observação.

43. SISTEMA DO REFLEXO: reconhecida a ação inteligente, restava saber qual seria a fonte dessa inteligência. Pensou-se que poderia ser a do médium ou dos assistentes, que se refletiria como a luz ou as ondas sonoras. Isso era possível e somente a experiência poderia dar a última palavra a respeito. Mas notemos, desde logo, que esse sistema se afasta completamente das ideias puramente materialistas: para a inteligência dos assistentes poder reproduzir-se de maneira indireta, seria necessário admitir a existência no homem de um princípio independente do organismo.[4]

Se o pensamento manifestado fosse sempre o dos assistentes, a teoria da reflexão estaria confirmada. Mas o fenômeno, mesmo assim reduzido, não seria do mais alto interesse? O pensamento a repercutir num corpo inerte e a se traduzir por movimento e ruído não seria admirável? Não haveria nisso o que excitar a curiosidade dos sábios? Por que, pois, eles desprezaram esse fato, eles que se esgotam na procura de uma fibra nervosa?

Somente a experiência, dissemos, poderia dar a última palavra sobre essa teoria, e a experiência a deu condenando-a, porque ela demonstra a cada instante, e pelos fatos mais positivos, que o pensamento manifestado pode ser, não só estranho aos assistentes, mas quase sempre inteiramente contrário ao deles; que contradiz todas as ideias preconcebidas e desfaz todas as previsões. De fato, quando eu penso *branco* e me respondem *preto*, não posso acreditar que a resposta seja minha. Alguns se apoiam em casos de identidade entre o pensamento manifestado e o dos assistentes, mas que é que isso prova, senão que os assistentes podem pensar como a inteligência comunicante? Não se pode exigir que estejam sempre em oposição. Quando, numa conversação, o interlocutor emite um pensamento semelhante ao vosso,

[4] Ernesto Bozzano defenderia mais tarde esta tese em *Animismo e Espiritismo*, num sentido mais amplo. Ver esse livro. (N. do T.)

direis por isso que ele o tirou de vós? Bastam alguns exemplos contrários e bem constatados para provar que essa teoria não pode ser decisiva.

Como, aliás, explicar pelo reflexo do pensamento a escrita feita por pessoas que não sabem escrever? As respostas do mais elevado alcance filosófico obtidas através de pessoas iletradas? E aquelas dadas a perguntas mentais ou formuladas numa língua desconhecida do médium? E mil outros fatos que não podem deixar dúvida quanto à independência da inteligência manifestante? A opinião contrária só pode resultar de uma deficiência de observação. Se a presença de uma inteligência estranha é moralmente provada pela natureza das respostas, materialmente o é pelo fenômeno da escrita direta, ou seja, da escrita feita espontaneamente, sem caneta nem lápis, sem contato e apesar de todas as precauções tomadas para evitar qualquer ardil. O caráter inteligente do fenômeno não poderia ser posto em dúvida; logo, há mais do que uma simples ação fluídica. Além disso, a espontaneidade do pensamento manifestado independente de toda expectativa e de qualquer questão formulada não permite que se possa tomá-lo como um reflexo do que pensam os assistentes.

O sistema do reflexo é muito desagradável em certos casos. Quando, por exemplo, numa reunião de pessoas sérias ocorre uma comunicação de revoltante grosseria, atribuí-la a um dos assistentes seria cometer uma grave indelicadeza, e é provável que todos se apressassem em repudiá-la. (Ver *O Livro dos Espíritos,* parágrafo XVI da Introdução.)

44. SISTEMA DA ALMA COLETIVA: é uma variante do precedente. Segundo este sistema, somente a alma do médium se manifesta, mas identificando-se com a de muitas outras pessoas presentes ou ausentes, para formar um todo coletivo que reuniria as aptidões, a inteligência e os conhecimentos de cada uma delas. Embora a brochura que expõe essa teoria se intitule *A Luz*[5] pareceu-nos de um estilo bastante obscuro. Confessamos haver compreendido pouco do que vimos e só a citamos para registrá-la. Trata-se, aliás, de uma opinião individual como tantas outras e que fez poucos adeptos. Ema Tirpse é o nome usado pelo autor para designar o ser coletivo que representa. Ele toma por epígrafe: *Não há nada oculto que não venha a ser revelado*. Essa proposição é evidentemente falsa, pois há uma infinidade de coisas que o homem não pode e não deve saber. Bem presunçoso seria o que pretendesse penetrar todos os segredos de Deus.

---

[5] *Comunhão. A luz do fenômeno do Espírito. Mesas falantes, sonâmbulos, médiuns, milagres. Magnetismo espiritual: poder da prática na fé. Por Ema Tirpse, uma alma coletiva escrevendo por intermédio de uma prancheta.* Bruxelas, 1858, edição Devroye.

45. SISTEMA SONAMBÚLICO: este sistema teve mais partidários, mas ainda agora conta com alguns. Como precedente, admite que todas as comunicações inteligentes procedem da alma ou Espírito do médium. Mas, para explicar como o médium pode tratar de assuntos que estão fora do seu conhecimento, em vez de considerá-lo dotado de uma alma coletiva, atribui essa aptidão a uma superexcitação momentânea de suas faculdades mentais, a uma espécie de estado sonambúlico ou extático, que exalta e desenvolve a sua inteligência. Não se pode negar, em certos casos, a influência dessa causa, mas é suficiente haver presenciado como opera a maioria dos médiuns para compreender que ela não pode resolver todos os casos, constituindo pois a exceção e não a regra. Poderia ser assim, se o médium tivesse sempre o ar de inspirado ou extático, aparência que ele poderia, aliás, simular perfeitamente, se quisesse representar uma comédia. Mas como crer na inspiração, quando o médium escreve como uma máquina, sem a menor consciência do que obtém, sem a menor emoção, sem se preocupar com o que faz, inteiramente distraído, rindo e tratando de assuntos diversos?

Concebe-se a excitação das ideias, mas não se compreende que ela faça escrever aquele que não sabe escrever, e ainda menos quando as comunicações são transmitidas por pancadas ou com a ajuda de uma prancheta ou de uma cesta. Veremos, no curso desta obra, o que se deve atribuir à influência das ideias do médium. Mas os casos em que a inteligência estranha se revela por sinais incontestáveis são tão numerosos e evidentes, que não podem deixar dúvidas a respeito. O erro da maior parte dos sistemas surgidos na origem do Espiritismo é tirar conclusões gerais de alguns fatos isolados.[6]

46. SISTEMA PESSIMISTA, DIABÓLICO OU DEMONÍACO: entramos aqui em outra ordem de ideias. Constatada a intervenção de uma inteligência estranha, tratava-se de saber de que natureza era essa inteligência. O meio mais fácil era sem dúvida lhe perguntar, mas algumas pessoas não viam nisso uma garantia suficiente e só quiseram ver em todas as manifestações uma obra diabólica. Segundo elas, somente o Diabo ou os Demônios podem comunicar-se. Embora esse sistema tenha hoje pouca aceitação, gozou por certo tempo de algum crédito, em virtude da

[6] O sistema da excitação das ideias é hoje renovado pela hipótese igualmente falsa do "inconsciente excitado", que pseudoparapsicólogos procuram difundir contra as manifestações espíritas. Como se vê, os meios e as armas de combate ao Espiritismo continuam os mesmos, apenas com algumas adaptações às novas condições culturais. Mas, em compensação, as respostas já estão praticamente dadas nas obras de Kardec. O espírita que as estuda com atenção refutará facilmente essas repetições de velhos sistemas superados. (N. do T.)

condição especial daqueles que procuravam fazê-lo prevalecer. Assinalaremos, porém, que os partidários do sistema demoníaco não devem ser considerados entre os adversários do Espiritismo, antes pelo contrário. Os seres que se comunicam, quer sejam demônios ou anjos, são sempre seres incorpóreos. Ora, admitir a manifestação dos demônios é sempre admitir a possibilidade de comunicação com o mundo invisível, ou pelo menos com uma parte desse mundo.

A crença na comunicação exclusiva dos demônios, por mais irracional que seja, não pareceria impossível quando se consideravam os Espíritos como seres criados fora da Humanidade. Mas, desde que sabemos que os Espíritos são apenas as almas dos que já viveram, ela perdeu todo o seu prestígio, e podemos dizer toda a verossimilhança. Porque a consequência seria que todas essas almas eram demônios, fossem elas de um pai, de um filho ou de um amigo, e que nós mesmos, ao morrer, nos tornaríamos demônios, doutrina pouco lisonjeira e pouco consoladora para muita gente. Será muito difícil convencer uma mãe de que uma criança querida que ela perdeu, e que após a morte lhe vem dar provas de sua afeição e de sua identidade, seja um suposto satanás. É verdade que entre os Espíritos existem os que são muito maus e não valem mais do que os chamados demônios, e isso por uma razão bem simples: é que existem homens muito maus e que a morte não os melhora imediatamente. A questão é saber se só eles podem comunicar-se. Aos que pensam assim, propomos as seguintes questões:

1º) Há Espíritos bons e maus?

2º) Deus é mais poderoso do que os maus Espíritos, ou do que os Demônios, se quiserdes?

3º) Afirmar que só os maus se comunicam é dizer que os bons não podem fazê-lo. Se assim é, de duas uma: isso acontece pela vontade ou contra a vontade de Deus. Se é contra a sua vontade, os maus Espíritos são mais poderosos que Ele. Se é pela sua vontade, por que razão, na sua bondade, não permitiria a comunicação dos bons, para contrabalançar a influência dos outros?

4º) Que provas podeis dar da impossibilidade de se comunicarem os bons Espíritos?

5º) Quando vos opomos a sabedoria de certas comunicações, respondeis que o Demônio usa todas as máscaras para melhor seduzir. Sabemos, realmente, que há Espíritos hipócritas que dão à sua linguagem um verniz de sabedoria. Mas admitis que a ignorância possa representar o verdadeiro saber e uma natureza má substituir a virtude, sem deixar transparecer a fraude?

6º) Se é só o Demônio que se comunica, e sendo ele o inimigo de Deus e dos Homens, por que recomenda orar a Deus, submissão à sua vontade, sofrer sem queixas as atribulações da vida, não ambicionar honras nem riquezas, praticar a caridade e todas as máximas do Cristo; em uma palavra, fazer tudo o que é necessário para destruir o seu império? Se é o Demônio quem dá esses conselhos, temos de convir que, por mais ardiloso seja, se mostra bastante inábil ao fornecer armas contra ele mesmo.[7]

7º) Desde que os Espíritos se comunicam, é que Deus o permite. Vendo as boas e as más comunicações, não é mais lógico pensar que Deus permite umas para nos provar e outras para nos aconselhar o bem?

8º) Que pensaríeis de um pai que deixasse o filho à mercê dos exemplos e dos conselhos perniciosos, e que afastasse dele, proibindo-o de vê-las, as pessoas que pudessem desviá-lo do mal? O que um bom pai não faria, devemos pensar que Deus, a bondade por excelência, estaria fazendo, menos compreensivo que um homem?

9º) A Igreja reconhece como autênticas algumas manifestações da Virgem e de outros santos, nas aparições, visões, comunicações orais, etc.; essa crença não está em contradição com a doutrina da comunicação exclusiva dos Demônios?

Acreditamos que algumas pessoas aceitaram de boa-fé essa teoria. Mas acreditamos também que muitas o fizeram apenas para evitar a preocupação com essas coisas, por causa das más comunicações que todos estão sujeitos a receber. Dizendo que somente o Diabo se manifesta, quiseram assustar, assim como se faz a uma criança: "Não pegue nisso, que queima!" A intenção pode ser louvável, mas não atingiu o objetivo, porque a proibição só serve para excitar a curiosidade e o temor do Diabo abrange poucas pessoas. Em geral querem vê-lo, nem que seja apenas para saber como ele é, e acabam se admirando de não encontrá-lo tão feio como pensavam.

Não se poderia ainda encontrar outro motivo para esta teoria das comunicações exclusivas decorrentes do Diabo? Há pessoas que consideram errados todos os que não pensam como elas. Ora, as que pretendem que as comunicações são do Demônio não estariam com medo de encontrar Espíritos que as contrariem, muito mais no tocante aos interesses deste mundo que aos do

[7] Esla questão foi tratada em *O Livro dos Espíritos* (números 128 e seguintes), mas recomendamos a respeito, como para tudo que se refere à parte religiosa, a brochura intitulada: *Carta de um católico sobre o Espiritismo*, do Dr .Grand, antigo cônsul da França (edição Ledoyen), e a que publicamos com o título de *Os Contraditores do Espiritismo do Ponto de Vista da Religião, da Ciência e do Materialismo.* (N. de Kardec.)

outro? Não podendo negar o fato, quiseram apresentá-lo de maneira assustadora. Mas esse meio não deu mais resultados que os outros, e, onde o medo do ridículo é importante, o melhor é deixar as coisas correrem.

O muçulmano que ouvisse um espírito falar contra algumas leis do Alcorão pensaria seguramente que era um mau Espírito. O mesmo aconteceria com um judeu, no tocante a algumas práticas da lei de Moisés. Quanto aos católicos, ouvimos um deles afirmar que o Espírito comunicante era o Diabo, porque se atrevia a pensar diferente dele sobre o poder temporal, embora só pregasse a caridade, a tolerância, o amor ao próximo, o desinteresse pelas coisas mundanas, de acordo com as máximas pregadas por Cristo.

Os Espíritos são as almas dos homens, e, como os homens não são perfeitos, há também Espíritos imperfeitos, cujo caráter se reflete nas comunicações. É incontestável que há Espíritos maus, astuciosos, profundamente hipócritas, contra os quais devemos nos prevenir. Mas por encontrar os perversos entre os homens devemos fugir da vida social? Deus nos deu a razão e o discernimento para apreciarmos os Espíritos e os Homens. A melhor maneira de evitar os possíveis inconvenientes da prática espírita não é impedi-la, mas esclarecê-la. Um temor imaginário pode impressionar por um instante e não atinge a todos, enquanto a realidade claramente demonstrada é compreensível para todos.

47. SISTEMA OTIMISTA: ao lado dos sistemas que só veem nos fenômenos a ação dos Demônios, há outros que só veem a dos Espíritos bons. Partem do princípio de que, liberta da matéria, a alma está livre de qualquer véu e deve possuir a soberana ciência e a soberana sabedoria. Essa confiança cega na superioridade absoluta dos seres do mundo invisível tem sido, para muitas pessoas, a fonte de numerosas decepções. Elas tiveram de aprender à própria custa a desconfiar de alguns Espíritos, tanto como desconfiavam de alguns homens.

48. SISTEMA UNIESPÍRITO OU MONOESPÍRITO: uma variedade do sistema otimista é a crença de que um único Espírito se comunica com os homens e que esse Espírito é o Cristo, protetor da Terra. Quando as comunicações são da mais baixa trivialidade, de uma grosseria revoltante, cheias de malevolência e de maldade, seria impiedade e profanação supor que pudessem provir do espírito do bem por excelência. Ainda se poderia admitir a ilusão, se os que assim creem só tivessem obtido comunicações excelentes. Mas a maioria deles declara ter recebido comunicações muito más, explicando tratar-se de uma prova a que o Espírito bom os submete ao ditar-lhes coisas absurdas. Assim, enquanto uns atribuem todas as comunicações ao Diabo, que pode fazer bons ditados para tentá-los, outros pensam que Jesus é o único a se manifestar e que pode fazer maus ditados para experimentá-los. Entre essas duas opiniões tão diversas, quem decidirá? O bom senso e a experiência. E citamos a experiência, porque é impossível que os que adotam essas ideias tenham verificado tudo suficientemente.

Quando lhes advertimos com os casos de identificação, que atestam a presença de parentes, amigos ou conhecidos pelas comunicações escritas, visuais e outras, respondem que é sempre o mesmo Espírito: o Diabo, segundo uns, o Cristo, segundo outros, que tomam aquelas formas. Mas não dizem por que razão os outros Espíritos não podem comunicar-se, com que fim o Espírito da Verdade viria nos enganar sob falsas aparências, abusar de uma pobre mãe ao fingir-se o filho por ela chorado. A razão se recusa a admitir que o Espírito mais santo de todos venha a representar semelhante comédia. Além disso, negar a possibilidade de qualquer outra comunicação não é tirar do Espiritismo o que ele tem de mais agradável: a consolação dos aflitos? Declaramos simplesmente que semelhante sistema é irracional e não pode resistir a um exame sério.

49. SISTEMA MULTIESPÍRITA OU POLIESPÍRITA: todos os sistemas que examinamos, sem excetuar os negativos, fundamentam-se em algumas observações, mas incompletas ou mal interpretadas. Se uma casa é vermelha de um lado e branca do outro, quem a vir só de um lado afirmará que é apenas vermelha ou branca e estará ao mesmo tempo errado e certo; mas quem a vir de todos os lados dirá que tem as duas cores e só ele estará realmente com a verdade. Acontece o mesmo com as opiniões sobre o Espiritismo: pode ser verdadeira sobre certos aspectos e falsa se a generalizarem, tomando como regra o que é apenas exceção, interpretando como tal o que é somente uma parte. Por isso dizemos que quem desejar estudar seriamente esta ciência deve aprofundar-se bastante e durante longo tempo, pois só o tempo lhe permitirá perceber os detalhes, notar as nuanças delicadas, observar uma infinidade de fatos característicos que serão como raios luminosos. Mas se permanecer na superfície expõe-se a julgar prematuramente e portanto de maneira errônea.

Vejamos os resultados gerais a que chegamos através de uma observação completa, e que hoje formam a crença, podemos dizer, da universalidade dos Espíritos, porque os sistemas restritivos não passam de opiniões isoladas:

1º – Os fenômenos espíritas são produzidos por inteligências extracorpóreas, ou seja, pelos Espíritos.

2º – Os Espíritos constituem o mundo invisível e estão por toda parte; povoam os espaços até o infinito; há Espíritos incessantemente ao nosso redor e com eles estamos em contato.

3º – Os Espíritos agem constantemente sobre o mundo físico e sobre o mundo moral, sendo uma das potências da Natureza.

4º – Os Espíritos não são entidades à parte na Criação: são as almas dos que viveram na Terra ou em outros Mundos, desprovidas do seu envoltório corporal; do que se segue que as almas dos homens são Espíritos encarnados e que ao morrer nos tornamos Espíritos.

5º – Há Espíritos de todos os graus de bondade e de malícia, de saber e de ignorância.

6º – Estão submetidos à lei do progresso e todos podem chegar à perfeição, mas como dispõem do livre-arbítrio alcançam-na dentro de um tempo mais ou menos longo, segundo os seus esforços e a sua vontade.

7º – São felizes ou infelizes, conforme o bem ou mal que fizeram durante a vida e o grau de desenvolvimento a que chegaram; a felicidade perfeita e sem nuvens só é alcançada pelos que chegaram ao supremo grau de perfeição.

8º – Todos os Espíritos, em dadas circunstâncias, podem manifestar-se aos homens, e o número dos que podem comunicar-se é indefinido.

9º – Os Espíritos se comunicam por meio dos médiuns, que lhes servem de instrumento e de intérpretes.

10º – Reconhecem-se a superioridade e inferioridade dos Espíritos pela linguagem: os bons só aconselham o bem e só dizem coisas boas; os maus enganam e todas as suas palavras trazem o cunho da imperfeição e da ignorância.

Os diversos graus por que passam os Espíritos constam da *Escala Espírita (O Livro dos Espíritos,* II parte, cap. VI, nº 100). O estudo dessa classificação é indispensável para se avaliar a natureza dos Espíritos que se manifestam e suas boas e más qualidades.

50. SISTEMA DA ALMA MATERIAL: consiste apenas numa opinião particular sobre a natureza íntima da alma, segundo a qual a alma e o perispírito não seriam distintos, ou melhor, o perispírito seria a própria alma em depuração gradual por meio das transmigrações, como o álcool se depura nas distilações. Na Doutrina Espírita, entretanto, o perispírito é considerado como simples envoltório fluídico da alma ou Espírito. Constituindo-se o perispírito de uma forma de matéria, embora muito eterizada, para o sistema em causa a alma seria também de natureza material, mais ou menos essencial, segundo o grau de sua depuração.

Este princípio não invalida nenhum dos princípios fundamentais da Doutrina Espírita, pois nada modifica em relação ao destino da alma. As condições de sua felicidade futura são as mesmas, a alma e o perispírito formando um todo sob denominação de Espírito, como o germe e o perisperma formam uma unidade sob o nome de fruto. Toda a questão se reduz em considerar o todo como homogêneo em vez de formado por duas partes distintas.

Como se vê, isto não leva a nenhuma consequência e não falaríamos a respeito se não houvéssemos encontrado pessoas inclinadas a ver uma escola nova no que não é, de fato, mais que uma simples questão de palavras. Esta opinião, aliás muito restrita, mesmo que fosse mais generalizada, não representaria uma cisão entre os espíritas, da mesma maneira que as teorias da emissão ou das ondulações da luz não dividem os físicos. Os que desejassem separar-se por uma questão assim pueril provariam dar mais importância ao acessório do que ao principal e estar impulsionados por Espíritos que não podem ser bons, porque os bons Espíritos não semeiam jamais o azedume e a cizânia. Eis por que concitamos todos os verdadeiros espíritas a se manterem em guarda contra semelhantes sugestões e não ligarem a alguns detalhes maior importância do que merecem, pois o fundo é que é o essencial.

Cremos, não obstante, dever dizer em algumas palavras no que se funda a opinião dos que consideram a alma e o perispírito como distintos. Ela se apoia no ensino dos Espíritos, que jamais variaram a esse respeito. Aludimos aos Espíritos esclarecidos, pois entre os Espíritos em geral há muitos que não sabem mais e até mesmo conhecem menos do que os homens. Aliás, essa teoria contrária é uma concepção humana. Não fomos nós que inventamos nem que supusemos a existência do perispírito para explicar os fenômenos. Sua existência nos foi revelada pelos Espíritos e a observação no-la confirmou (*O Livro dos Espíritos*, nº 93). Ela se apoia ainda no estudo das sensações dos Espíritos (*O Livro dos Espíritos*, nº 257). E sobretudo no fenômeno das aparições tangíveis que para outros implicariam a solidificação e a desagregação dos elementos constitutivos da alma, e consequentemente a sua desorganização.

Além disso, seria necessário admitir que essa matéria, que pode tornar-se perceptível aos nossos sentidos, fosse o próprio princípio inteligente, que não é mais racional do que confundir o corpo com a alma ou a roupa com o corpo. Quanto à natureza íntima da alma, nada sabemos. Quando se diz que ela é imaterial, devemos entendê-lo em sentido relativo e não absoluto, porque a imaterialidade absoluta seria o nada. Ora, a alma ou Espírito é alguma coisa. O que se quer dizer, portanto, é que a sua essência é de tal maneira superior que não apresenta nenhuma analogia com o que chamamos matéria, e que por isso ela é, para nós, imaterial (*O Livro dos Espíritos*, ns. 23 e 82).[8]

51. Eis a resposta de um Espírito a respeito do assunto:

– "O que uns chamam perispírito é o mesmo que outros chamam de envoltório fluídico. Eu diria, para me fazer compreender de maneira mais lógica, que esse fluido é a perfectibilidade dos sentidos, a extensão da vista e do pensamento. Mas me refiro aos Espíritos elevados.

Quanto aos Espíritos inferiores, estão ainda completamente impregnados de fluidos terrenos; portanto, são materiais, como podeis compreender. Por isso sofrem fome, frio, etc., sofrimentos que não podem atingir os Espíritos superiores, visto que os fluidos terrenos já foram depurados no seu pensamento, quer dizer, na sua alma. Para progredir, a alma necessita sempre de um instrumento, sem o qual ela não seria nada para vós, ou melhor, não o poderíeis conceber. O perispírito, para nós, Espíritos errantes, é o instrumento pelo qual nos comunicamos convosco, seja indiretamente, por meio do vosso corpo ou do vosso perispírito, seja diretamente com a vossa alma. Vem daí a infinita variedade de médiuns e de comunicações.

Resta agora o problema científico, referente à própria essência do perispírito, que é outro assunto. Compreendei primeiro a sua

---

[8] O Espírito é definido no n.º 23 de *O Livro dos Espíritos* como *princípio inteligente*, em comparação com *princípio material*. O n.º 27 explica que esses dois princípios, tendo Deus como a sua fonte, formam a trindade universal, princípio de todas as coisas. Isto nos mostra que a concepção espírita do Universo é monista, num sentido espiritual. As ciências atuais estão chegando a essa concepção, como vemos pelo conceito moderno de matéria como concentração de energia. Alguns estudiosos não compreenderam bem esta posição doutrinária e pensam que matéria e Espírito são a mesma coisa. Kardec e os Espíritos negam a concepção abstrata do Espírito, conforme a teologia e a metafísica antiga, porque essa concepção torna o Espírito inacessível ao pensamento humano. Por isso Kardec afirma que a *alma* (Espírito encarnado, que anima o corpo) ou o *Espírito* (o ser desencarnado) é *alguma coisa*. O mesmo acontece hoje na Parapsicologia, quando Rhine e seus companheiros, constatando que o pensamento não se sujeita às leis físicas, afirmam a sua natureza *extrafísica*, evitando adotar a expressão *espiritual*, que levaria muitos a uma interpretação teológica. O estudante de Espiritismo deve atentar bem para este problema. (N. do T.)

possibilidade lógica.[9] Resta, a seguir, a discussão da natureza dos fluidos, que é por enquanto inexplicável, pois a Ciência não conhece o suficiente a respeito, mas chegará a conhecê-lo se quiser avançar com o Espiritismo. O perispírito pode variar de aparência, modificar-se ao infinito; a alma é a inteligência, não muda sua natureza.[10] Neste assunto não podeis avançar, pois é uma questão que não pode ser explicada. Julgais que também não investigo, como vós? Vós pesquisais o perispírito, e nós atualmente pesquisamos a alma. Esperai, pois." – LAMENNAIS.

Assim, os Espíritos que podemos considerar adiantados ainda não puderam sondar a natureza da alma. Como poderíamos fazê-lo? É pois uma perda de tempo perscrutar o princípio das coisas que, como ensina *O Livro dos Espíritos* (ns. 17 e 49), pertence aos segredos de Deus. Pretender descobrir, por meio do Espiritismo, o que ainda não é do alcance da Humanidade seria desviá-lo do seu verdadeiro objetivo, fazer como a criança que quisesse saber tanto quanto o velho. O essencial é que o homem aplique o Espiritismo no seu aperfeiçoamento moral. O mais é apenas curiosidade estéril e quase sempre orgulhosa, cuja satisfação não o faria avançar sequer um passo. O único meio de avançar é tornar-se melhor.

Os Espíritos que ditaram o livro que traz o seu nome provaram a própria sabedoria ao respeitarem, no tocante ao princípio das coisas, os limites que Deus não nos permite passar, deixando aos Espíritos sistemáticos e presunçosos a responsabilidade das teorias prematuras e errôneas, mais fascinantes do que sérias, e que um dia cairão ao embate da razão, como tantas outras oriundas do cérebro humano. Só disseram o justamente necessário para que o homem compreenda o seu futuro e assim encorajá-lo na prática do bem. *(Ver a seguir, na Segunda Parte, cap. I: Ação dos Espíritos sobre a Matéria.)*

---

[9] *Comprenez d'abord moralement*, diz o original. A tradução geralmente usada: *Compreendei primeiro moralmente,* é literal, mas não corresponde ao sentido do texto, pois *moralmente* não tem, na nossa língua, todas as acepções do francês. No original isso quer dizer, segundo o leitor pode verificar num bom dicionário francês: segundo as possibilidades do campo das opiniões ou do sentimento. (Ver, por exemplo, os dicionários *Larousse* ou *Quillet*.) (N. do T.)

[10] O texto francês disse: *Le perisprit peut varier et changer à l'Infinit; l'âme est la pensée: elle ne change pas de nature.* As traduções, em geral, são literais, mas não correspondem ao sentido do texto. *La pensée,* no caso, quer dizer *inteligência,* segundo a proposição cartesiana vigente na época: o pensamento é o atributo essencial do Espírito e a extensão é o da matéria. Consulte-se o verbete *pensée* num bom dicionário francês. Dizer hoje, e particularmente em português, que a alma é o pensamento equivale a deixar o leitor em dúvida quanto ao sentido da frase e quanto ao significado da palavra *pensamento* no Espiritismo, onde a alma, como o Espírito, são o princípio *inteligente* e portanto a inteligência em sentido lato, origem do pensamento. (N. do T.)

SEGUNDA PARTE

DAS MANIFESTAÇÕES ESPÍRITAS

CAPÍTULO I

AÇÃO DOS ESPÍRITOS SOBRE A MATÉRIA

52. Excluída a interpretação materialista, ao mesmo tempo rejeitada pela razão e pelos fatos, resta apenas saber se a alma, após a morte, pode manifestar-se aos vivos. Assim reduzida à sua mais simples expressão, torna-se a questão bastante fácil. Poderíamos perguntar, primeiro, por que motivo os seres inteligentes, que de alguma maneira vivem entre nós, embora naturalmente invisíveis, não poderiam demonstrar-nos a sua presença por algum meio? O simples raciocínio mostra que isto nada tem de impossível, o que já é alguma coisa. Essa crença, aliás, tem a seu favor a aceitação de todos os povos, pois a encontramos em toda parte e em todas as épocas. Ora, uma intuição não poderia ser tão generalizada, nem sobreviver através dos tempos, sem ter alguma razão. Ela é ainda sancionada pelo testemunho dos livros sagrados e dos Pais da Igreja, e foi necessário o ceticismo e o materialismo do nosso século para relegá-la ao campo das superstições. Se estamos, pois, em erro, essas autoridades também estão.

Mas estas são apenas considerações lógicas. Uma causa, acima de tudo, contribui para fortalecer a dúvida, numa época tão positiva como a nossa, em que tudo se quer conhecer, onde se quer saber o porquê e o como de todas as coisas: a ignorância da natureza dos Espíritos e dos meios pelos quais podem manifestar-se. Conquistado esse conhecimento, o fato das manifestações nada apresenta de surpreendente e entra na ordem dos fatos naturais.

53. A ideia que geralmente se faz dos Espíritos torna a princípio incompreensível o fenômeno das manifestações. Elas não podem ocorrer sem a ação do Espírito sobre a matéria. Por isso, os que consideram o Espírito completamente desprovido de matéria perguntam, com aparente razão, como pode ele agir materialmente.

E nisso precisamente está o erro. Porque o Espírito não é uma abstração, mas um ser definido, limitado e circunscrito. O Espírito encarnado é a alma do corpo; quando o deixa pela morte, não sai desprovido de qualquer envoltório. Todos eles nos dizem que conservam a forma humana e, com efeito, quando nos aparecem, é sob essa forma que os reconhecemos.

Observamo-los atentamente no momento em que acabavam de deixar a vida. Acham-se perturbados; tudo para eles é confuso; veem o próprio corpo perfeito ou mutilado, segundo o gênero de morte; por outro lado, veem a si mesmos e se sentem vivos. Alguma coisa lhes diz que aquele corpo lhes pertencia e não compreendem como possam estar separados. Continuam a se ver em sua forma anterior, e essa visão provoca em alguns, durante certo tempo, uma estranha ilusão: julgam-se ainda vivos. Falta-lhes a experiência desse novo estado para se convencerem da realidade. Dissipando-se esse primeiro momento de perturbação, o corpo lhes aparece como velha roupa de que se despiram e que não querem mais. Sentem-se mais leves e como livres de um fardo. Não sofrem mais as dores físicas e são felizes de poderem elevar-se e transpor o espaço, como faziam muitas vezes em vida nos seus sonhos.[1] Ao mesmo tempo, apesar da falta do corpo, constatam a inteireza da personalidade: têm uma forma que não os constrange nem os embaraça e têm a consciência do eu, da individualidade. Que devemos concluir disso? Que a alma não deixa tudo no túmulo mas leva com ela alguma coisa.

54. Numerosas observações e fatos irrecusáveis, de que trataremos mais tarde, demonstraram a existência no homem de três componentes: 1º) a alma ou Espírito, princípio inteligente em que se encontra o senso moral; 2º) o corpo, invólucro material e grosseiro de que é revestido temporariamente para o cumprimento de alguns desígnios providenciais; 3º) o perispírito, invólucro fluídico, semimaterial, que serve de liame entre a alma e o corpo.

A morte é a destruição, ou melhor, a desagregação do envoltório grosseiro que a alma abandona. O outro envoltório desprende-se e vai com a alma, que dessa maneira tem sempre um instrumento. Este último, embora fluídico, etéreo, vaporoso, invisível, para

---

[1] Quem se reportar ao que dissemos em O *Livro dos Espíritos* sobre os sonhos e o estado do Espírito durante o sono (ns. 400 a 418) compreenderá que os sonhos que quase todos têm, vendo-se transportados através do espaço e como que voando, são a lembrança da sensação do Espírito durante o seu desprendimento do corpo, levando o corpo fluídico, o mesmo que conservará após a morte. Esses sonhos podem pois nos dar a ideia do estado do Espírito quando se desembaraçar dos entraves que o retêm na Terra. (Nota de Kardec).

nós em seu estado normal, é também material, apesar de não termos, até o presente, podido captá-lo e submetê-lo à análise.

Este segundo envoltório da alma ou *perispírito* existe, portanto, na própria vida corpórea. É o intermediário de todas as sensações que o Espírito percebe, e através do qual o Espírito transmite a sua vontade ao exterior, agindo sobre os órgãos do corpo. Para nos servirmos de uma comparação material, é o fio elétrico condutor que serve para a recepção e a transmissão do pensamento. É, enfim, esse agente misterioso, inapreensível, chamado fluido nervoso, que desempenha tão importante papel na economia orgânica e que ainda não se considera suficientemente nos fenômenos fisiológicos e patológicos. A Medicina, considerando apenas o elemento material ponderável, priva-se do conhecimento de uma causa permanente de ação na apreciação dos fatos. Mas não é aqui o lugar de examinar essa questão; lembraremos somente que o conhecimento do *perispírito* é a chave de uma infinidade de problemas até agora inexplicáveis.[2]

O *perispírito* não é uma dessas hipóteses a que se recorre nas ciências para explicação de um fato. Sua existência não foi somente revelada pelos Espíritos, pois resulta também de observações, como teremos ocasião de demonstrar. Por agora, e para não antecipar questões que teremos de tratar, nos limitaremos a dizer que, seja durante a sua união com o corpo ou após a separação, a alma jamais se separa do seu perispírito.

55. Já se disse que o Espírito é uma flama, uma centelha.[3] Isto se aplica ao Espírito propriamente dito, como princípio intelectual e moral, ao qual não saberíamos dar uma forma determinada. Mas, em qualquer de seus graus, ele está sempre revestido de um invólucro ou perispírito, cuja natureza se eteriza à medida que ele se purifica e se eleva na hierarquia. Dessa maneira, a ideia de forma é para nós inseparável da ideia de Espírito, a ponto de não concebermos este sem aquela. O perispírito, portanto, faz parte integrante do espírito, como o corpo faz parte integrante do homem. Mas o perispírito sozinho não é o homem, pois o perispírito não pensa. Ele é para o Espírito o que o corpo é para o Homem: o agente ou instrumento de sua atividade.

56. A forma do perispírito é a forma humana, e quando ele nos aparece é geralmente a mesma sob a qual conhecemos o espírito na vida física. Poderíamos crer, por isso, que o perispírito,

---

[2] O desenvolvimento da Psicoterapêutica, e mais recentemente da Medicina psicossomática, confirma o acerto de Kardec nesta observação. (N. do T.)

[3] *O Livro dos Espíritos,* n.º 88. Respondendo a uma pergunta de Kardec sobre a forma dos Espíritos, os seus instrutores espirituais disseram: "Eles são, se o quiserdes, uma flama, um clarão ou uma centelha etérea". (N. do T.)

desligado de todas as partes do corpo, se modela de alguma maneira sobre ele e lhe conserva a forma. Mas não parece ser assim. A forma humana, com algumas diferenças de detalhes e as modificações orgânicas exigidas pelo meio em que o ser tem de viver, é a mesma em todos os globos. É, pelo menos, o que dizem os Espíritos. E é também a forma de todos os Espíritos não encarnados, que só possuem o perispírito. A mesma sob a qual em todos os tempos foram representados os anjos ou Espíritos puros. De onde devemos concluir que a forma humana é a forma típica de todos os seres humanos, em qualquer grau a que pertençam. Mas a matéria sutil do perispírito não tem a persistência e a rigidez da matéria compacta do corpo. Ela é, se assim podemos dizer, flexível e expansível. Por isso, a forma que ela toma, mesmo que decalcada do corpo, não é absoluta. Ela se molda à vontade do espírito, que pode lhe dar a aparência que quiser, enquanto o invólucro material lhe ofereceria uma resistência invencível.

Desembaraçado do corpo que o comprimia, o perispírito se distende ou se contrai, se transforma, em uma palavra: presta-se a todas as modificações, segundo a vontade que o dirige. É graças a essa propriedade do seu invólucro fluídico que o Espírito pode fazer-se reconhecer, quando necessário, tomando exatamente a aparência que tinha na vida física, e até mesmo com os defeitos que possam servir de sinais para o reconhecimento.

Os Espíritos, portanto, são seres semelhantes a nós, formando ao nosso redor toda uma população que é invisível no seu estado normal. E dizemos *no estado normal* porque, como veremos, essa invisibilidade não é absoluta.

57. Voltemos a tratar da natureza do perispírito, que é essencial para a explicação que devemos dar. Dissemos que, embora fluídico, ele se constitui de uma espécie de matéria, e isso resulta dos casos de aparições tangíveis, aos quais voltaremos. Sob a influência de certos médiuns, verificou-se a aparição de mãos, com todas as propriedades das mãos vivas, dotadas de calor, podendo ser apalpadas, oferecendo a resistência dos corpos sólidos, e que de repente se esvaneciam como sombras. A ação inteligente dessas mãos, que evidentemente obedecem a uma vontade ao executar certos movimentos, até mesmo ao tocar músicas num instrumento, prova que elas são parte visível de um ser inteligente invisível. Sua tangibilidade, sua temperatura, a impressão sensorial que produzem, chegando mesmo a deixar marcas na pele, a dar pancadas dolorosas, a acariciar delicadamente, provam que são materialmente constituídas. Sua desaparição instantânea prova, entretanto, que essa matéria é extremamente sutil e se comporta como algumas substâncias que podem, alternativamente, passar do estado sólido ao fluídico e vice-versa.

58. A natureza íntima do Espírito propriamente dito, ou seja, do ser pensante, é para nós inteiramente desconhecida. Ele se revela a nós pelos seus atos, e esses atos só podem tocar os nossos sentidos por um intermediário material. O Espírito precisa, pois, de matéria, para agir sobre a matéria. Seu instrumento direto é o perispírito, como o do homem é o corpo. O perispírito, como acabamos de ver, constitui-se de matéria. Vem a seguir o fluido universal, agente intermediário, espécie de veículo sobre o qual ele age como nós agimos sobre o ar para obter certos efeitos através da dilatação, da compressão, da propulsão ou das vibrações.

Assim considerada, a ação do Espírito sobre a matéria é fácil de admitir-se. Compreende-se então que os efeitos pertencem à ordem dos fatos naturais e nada têm de maravilhoso. Só pareciam sobrenaturais porque sua causa era desconhecida. Desde que a conhecemos, o maravilhoso desaparece, pois a causa se encontra inteiramente nas propriedades semimateriais do perispírito. Trata-se de uma nova ordem de coisas, que novas leis vêm explicar. Dentro em pouco ninguém mais se espantará com esses fatos, como ninguém hoje se espanta de poder comunicar-se à distância, em apenas alguns minutos, por meio da eletricidade.

59. Talvez se pergunte como pode o Espírito, com a ajuda de uma matéria tão sutil, agir sobre corpos pesados e compactos, erguer mesas, etc. Certamente não será um homem de ciências que fará essa objeção, porque, sem falar das propriedades desconhecidas que esse novo agente pode ter, não vimos com os próprios olhos exemplos semelhantes? Não é nos gases mais rarefeitos, nos fluidos imponderáveis, que a indústria encontra as mais poderosas forças motrizes? Quando vemos o ar derrubar edifícios, o vapor arrastar massas enormes, a pólvora gaseificada elevar rochedos, a eletricidade despedaçar árvores e perfurar muralhas, que há de estranho em admitir que o Espírito, servindo-se do perispírito, possa erguer uma mesa, sobretudo quando se sabe que esse perispírito pode tornar-se visível, tangível e comportar-se como um corpo sólido?

CAPÍTULO II

MANIFESTAÇÕES FÍSICAS E MESAS GIRANTES

60. Chamam-se manifestações físicas as que se traduzem por efeitos sensíveis, como os ruídos, o movimento e a deslocação de corpos sólidos. Umas são espontâneas, independentes da vontade humana, e outras podem ser provocadas. Trataremos inicialmente apenas das últimas.

O efeito mais simples, e um dos primeiros a serem observados, foi o do movimento circular numa mesa. Esse efeito se produz igualmente em qualquer outro objeto. Mas, sendo a mesa o mais empregado, por ser o mais cômodo, o nome de *mesas girantes* prevaleceu na designação desta espécie de fenômenos.

Quando dizemos que este efeito foi um dos primeiros a serem observados, referimo-nos aos últimos tempos, pois é certo que todos os gêneros de manifestações são conhecidos desde os tempos mais distantes, e nem podia ser de outra maneira. Desde que são efeitos naturais, teriam de produzir-se em todas as épocas. Tertuliano refere-se de maneira clara às mesas girantes e falantes.[1]

Este fenômeno entreteve durante algum tempo a curiosidade dos salões, que depois se cansaram e passaram a outras distrações, porque servia apenas nesse sentido. Dois foram os motivos do abandono das mesas girantes: para os frívolos, a moda, que raramente lhes permite o mesmo divertimento em dois invernos, e que prodigiosamente lhe dedicaram três ou quatro! Para as pessoas sérias e observadoras foi um motivo sério: abandonaram as mesas girantes para ocupar-se das consequências muito mais importantes que delas resultavam. Deixaram o aprendizado do alfabeto pela Ciência, eis todo o segredo desse aparente abandono, de que fazem tanto barulho os zombadores.

Seja como for, as mesas girantes não deixam de ser o ponto de partida da Doutrina Espírita e por isso devemos tratá-las com maior desenvolvimento. E tanto mais quanto apresentando esses fenômenos na sua simplicidade, o estudo das causas será mais

---

[1]Tertuliano, famoso doutor da Igreja, nascido em Cartago, considerado grande apologista, mas que acabou caindo em heresia, depois de havê-las condenado ardentemente. Viveu entre 160 a 240 da nossa época. (N. do T.)

fácil e a teoria, uma vez estabelecida, nos dará a chave dos efeitos mais complicados.

61. Para a produção do fenômeno é necessária a participação de uma ou muitas pessoas dotadas de aptidão especial e designadas pelo nome de médiuns. O número dos participantes é indiferente, a menos que entre eles se encontrem alguns médiuns ainda ignorados. Quanto às pessoas cuja mediunidade é nula, sua presença não dá qualquer resultado, podendo mesmo ser mais prejudicial do que útil, pela disposição de espírito com que frequentemente se apresentam.[2]

Os médiuns gozam de maior ou menor poder na produção dos fenômenos, produzindo efeitos mais ou menos pronunciados. Um médium possante quase sempre produz muito mais do que vinte outros reunidos, bastando pôr as mãos na mesa para que ela no mesmo instante se movimente, se eleve, revire, salte ou gire com violência.

62. Quando não há nenhum indício da faculdade mediúnica somente a experiência pode revelá-la. Quando se quer fazer uma experiência, numa reunião, basta simplesmente sentar-se em torno de uma mesa e colocar as mãos espalmadas sobre ela, sem pressão nem contenção muscular. No princípio, como as causas do fenômeno eram ignoradas, indicavam-se numerosas precauções, depois reconhecidas como inúteis. Por exemplo: a alternância de sexos, o contato dos dedos mínimos das pessoas para formar uma cadeia ininterrupta. Esta última precaução parecia necessária porque se acreditava na ação de uma espécie de corrente elétrica, mas a experiência mostrou a sua inutilidade. A única prescrição realmente obrigatória é a do recolhimento, do silêncio absoluto, e sobretudo a paciência, quando o efeito demora. Pode acontecer que ele se produza em alguns minutos, como pode tardar meia hora ou uma hora. Isso depende da capacidade mediúnica dos participantes.

63. Acrescentamos que a forma da mesa, o material de que é feita, a presença de metais, da seda nas vestes dos assistentes, os dias, as horas, a obscuridade, a luz, etc. são tão indiferentes como a chuva e o bom tempo. Só o peso da mesa pode ter alguma importância, mas apenas nos casos em que a potência mediúnica não seja suficiente para movê-la. Noutros casos, basta uma pessoa, até mesmo uma criança, para erguer uma mesa de cem quilos,

---

[2] A observação de Kardec sobre as pessoas "cuja mediunidade é nula" se explica pela referência final à "disposição de Espírito" com que participam. Mesmo pessoas sem essa mediunidade específica, mas sinceras e convictas, podem participar de experiências, como adiante se verá. O que torna as pessoas *negativas* são as vibrações negativas do seu pensamento, que afetam prejudicialmente a reunião. (N. do T.)

enquanto em condições menos favoráveis doze pessoas não fariam mover-se uma mesinha de centro.[3]

Assim preparada a experiência, quando o efeito começa a produzir-se é muito frequente ouvir-se um pequeno estalo na mesa, sente-se um estremecimento como prelúdio do movimento, a mesa parece lutar para se desamarrar, depois o movimento de rotação se inicia e se acelera a tal ponto que os assistentes se veem em apuros para segui-lo. Desencadeado assim o movimento, pode-se mesmo deixar a mesa livre que ela continua a mover-se sem contato em várias direções.

De outras vezes a mesa se ergue e se firma, ora num pé, ora noutro, e depois retoma suavemente sua posição natural. De outras, ainda, ela se balança para a frente e para trás e de um lado para outro, imitando o balanço de um navio. E de outras, por fim, mas sendo necessária para isso considerável potência mediúnica, ela se levanta inteiramente do soalho e se mantém em equilíbrio no espaço, sem qualquer apoio, chegando mesmo em certas ocasiões até o forro, de maneira que se pode passar por baixo; a seguir desce lentamente, balançando-se no ar como uma folha de papel, ou cai violentamente e se quebra. Isso prova, de maneira evidente, que não houve uma ilusão de ótica.

64. Outro fenômeno que se produz com muita frequência, conforme a natureza do médium, é o das pancadas no cerne da madeira, no seu interior, sem provocar qualquer movimento da mesa. Esses golpes, que às vezes são bem fracos e outros muito fortes, estendem-se a outros móveis do aposento, às portas, às paredes e ao forro. Voltaremos logo a este caso. Quando se produzem na mesa, provocam uma vibração que se percebe muito bem pelos dedos e que se torna sobretudo muito distinta se aplicarmos o ouvido contra a mesa.

---

[3] A expressão francesa é *guéridon*, que corresponde a uma mesinha antiga de centro, redonda, com uma perna central única e três pés na ponta. (N. do T.)

CAPÍTULO III

MANIFESTAÇÕES INTELIGENTES

65. Nada certamente nos revela, nesses fatos que acabamos de examinar, a intervenção de uma potência oculta. Esses efeitos poderiam ser perfeitamente explicados pela possível ação de uma corrente elétrica ou magnética ou pela de um fluido qualquer. Foi essa, com efeito, a primeira solução proposta para esses fenômenos, e que realmente podia passar por muito lógica. E ela teria sem dúvida prevalecido, se outros fatos não viessem demonstrar a sua insuficiência. Esses novos fatos consistem na prova de inteligência dada pelos fenômenos. Ora, como todo efeito inteligente deve ter uma causa inteligente, tornou-se evidente que, mesmo admitindo-se a ação da eletricidade ou de qualquer outro fluido, havia a presença de outra causa. Qual seria? Qual era essa inteligência? Foi o que o prosseguimento das observações revelou.

66. Para que uma manifestação seja inteligente, não precisa ser convincente, espiritual ou sábia. Basta ser um ato livre e voluntário, revelando uma intenção ou correspondendo a um pensamento. Quando vemos um papagaio de papel agitar-se, sabemos que apenas obedece a um impulso do vento; mas, se reconhecêssemos nos seus movimentos sinais intencionais, se girasse para a direita ou a esquerda, rápida ou lentamente, obedecendo às nossas ordens, teríamos de admitir, não que o papagaio tenha inteligência, mas que obedece a uma inteligência. Foi o que aconteceu com a mesa.

67. Vimos a mesa mover-se, elevar-se, dar pancadas sob a influência de um ou de vários médiuns. O primeiro efeito inteligente que se observou foi precisamente o de obediência às ordens dadas. Sem mudar de lugar, a mesa se erguia sobre os pés que lhes eram indicados. Depois, ao abaixar-se, dava um determinado número de pancadas para responder a uma pergunta. De outras vezes, sem o contato de ninguém, a mesa passeava sozinha pelo aposento, avançando para a direita ou a esquerda, para a frente ou para trás e executando diversos movimentos que os assistentes ordenavam. É claro que afastamos qualquer suspeita de fraude, aceitando a perfeita lealdade dos assistentes, atestada por sua honorabilidade e absoluto desinteresse. Trataremos logo mais das fraudes contra as quais é prudente prevenir-se.[1]

68. Por meio de pancada, e principalmente dos estalidos no interior da madeira, de que já tratamos, obtêm-se efeitos ainda mais inteligentes, como a imitação do rufar dos tambores, da fuzilaria de descarga por fila ou de pelotão, de canhoneios, e também a do ruído de uma serra, das batidas de um martelo, dos ritmos de diversas músicas, etc. Todo um vasto campo, portanto, aberto à investigação. Observou-se que, se havia uma inteligência oculta, ela podia responder a perguntas. E realmente ela respondeu, por *sim* ou por *não,* segundo o número de pancadas convencionado. Sendo essas respostas de pouca significação, lembrou-se de estabelecer um sistema de pancadas correspondentes às letras do alfabeto, para a formação de palavras e de frases.

69. Repetidos à vontade por milhares de pessoas, em todos os países, esses fatos não podiam deixar dúvidas sobre a natureza inteligente das manifestações. Foi então que surgiu um novo sistema de interpretação, atribuindo a inteligência manifestante ao próprio médium, ao interrogante e mesmo aos assistentes. A dificuldade estava em explicar de que maneira essa inteligência podia refletir-se na mesa e traduzir-se por meio de pancadas. Verificando-se que os golpes não eram dados pelo médium, deviam ser dados pelo pensamento. Mas o pensamento dando pancadas seria um fenômeno ainda mais prodigioso do que todos os que se haviam observado.

A experiência não tardou a demonstrar que essa opinião era inadmissível. Com efeito, as respostas se mostravam muito frequentemente em completa oposição ao pensamento dos assistentes, fora do alcance intelectual do médium e até mesmo em idiomas ignorados por ele ou relatando fatos desconhecidos de todos. São tão numerosos esses exemplos, que é quase impossível alguém se haver ocupado de comunicações espíritas sem os ter muitas vezes testemunhado. Citaremos apenas um, que nos foi relatado por uma testemunha ocular.

70. Num navio da Marinha Imperial Francesa, nos mares da China, toda a equipagem, dos marinheiros até o comando, ocupava-se das mesas falantes. Resolveram evocar o Espírito de um tenente do mesmo navio, morto há dois anos. Ele atendeu, e, após diversas comunicações que espantaram a todos, disse o seguinte por meio de pancadas: "Peço-vos insistentemente que

---

[1] O problema das fraudes, que tanta celeuma provoca ainda hoje, decorre apenas da falta de observação criteriosa do processo de desenvolvimento dos fenômenos. Numa sessão preparada segundo as indicações de Kardec e realizada por pessoas sérias, os próprios resultados demonstram a impossibilidade de fraudes e ilusões. (N. do T.)

paguem ao capitão a soma de... (indicou a quantia) que lhe devo e que lamento não ter podido pagar antes de morrer". Ninguém sabia do fato. O próprio capitão se havia esquecido da dívida, que aliás era mínima. Mas, verificando nas suas contas, encontrou o registro da dívida do tenente, na exata importância indicada. Perguntamos: do pensamento de quem essa indicação podia ter sido refletida?[2]

71. Aperfeiçoou-se essa arte de comunicação pelo sistema alfabético de pancadas, mas o meio era sempre muito moroso. Não obstante, obtiveram-se algumas de certa extensão, assim como interessantes revelações sobre o Mundo dos Espíritos. Desse meio surgiram outros, e assim se chegou ao de comunicações escritas.

As primeiras comunicações desse gênero foram obtidas por meio de uma pequena e leve mesa a que se adaptava um lápis, colocando-a sobre uma folha de papel. Movimentada sob a influência do médium, essa mesinha começou traçando algumas letras, e depois escreveu palavras e frases. Esse processo foi gradualmente simplificado com a utilização de mesas ainda menores, feitas especialmente, do tamanho da mão, a seguir de cestinhas, de caixas de papelão, e por fim de simples pranchetas.[3]

A escrita era tão fluente, rápida e fácil como a manual, mas reconheceu-se mais tarde que todos esses objetos serviam apenas de apêndices da mão, verdadeiros porta-lápis, que podiam ser dispensados. De fato, a própria mão do médium, impulsionada de maneira involuntária, escrevia sob a influência do Espírito, sem o concurso da vontade ou do pensamento daquele. Desde então as comunicações de além-túmulo não têm mais dificuldades do que a correspondência habitual entre os vivos.

Voltaremos a tratar desses diferentes meios, para explicá-los com detalhes. Fizemos um rápido esboço para mostrar a sucessão dos fatos que levaram à constatação da interferência, nesses fenômenos, de inteligências ocultas, ou seja, dos Espíritos.

---

[2] O problema do *inconsciente* deu margem no passado, e continua a dá-la ainda hoje, a numerosas hipóteses fantásticas sobre a possibilidade de serem telepáticas essas transmissões. Mas os fatos são mais complicados do que o citado acima e essas hipóteses não abrangem a todos. As pesquisas parapsicológicas atuais, longe de beneficiarem essas hipóteses fantásticas, como querem os adversários do Espiritismo, vêm confirmando progressivamente a explicação espírita. O estudante deve precaver-se contra os explicadores tendenciosos e prosseguir seriamente o estudo para obter respostas mais positivas. (N. do T.)

[3] Esse desenvolvimento gradual do processo de psicografia representa um dos episódios mais significativos da Ciência Espírita, mostrando a naturalidade do fenômeno. A prancheta, como se vê, não é mais do que uma miniatura da mesa girante, conservando-se assim a forma do instrumento primitivo através da evolução para a escrita manual. O aparecimento da cesta e da caixa de papelão assinala o momento de transição dos meios materiais para o meio psíquico. Aliás, o fenômeno da psicografia é reconhecido pela Psicologia como *escrita automática,* estudado principalmente por Pierre Janet. (N. do T.)

CAPÍTULO IV

TEORIA DAS MANIFESTAÇÕES FÍSICAS

MOVIMENTOS DE SUSPENSÃO – RUÍDOS – AUMENTO E DIMINUIÇÃO DE PESO DOS CORPOS

72. Demonstrada a existência dos Espíritos, pelo raciocínio e pelos fatos, e a possibilidade de agirem sobre a matéria, devemos agora saber como se efetua essa operação e como eles agem para mover as mesas e outros corpos inertes.

O pensamento que naturalmente nos ocorre é aquele que tivemos. Como os Espíritos o contestaram e nos deram uma explicação inteiramente diversa, que não podíamos esperar, é evidente que sua teoria não provinha de nós. Ora, a ideia que tivemos, todos a podiam ter, como nós. Quanto à teoria dos Espíritos, não acreditamos que pudesse jamais ocorrer a alguém. Facilmente se reconhecerá quanto é superior à nossa, embora mais simples, porque oferece a solução de numerosos outros fatos que não tinham uma explicação satisfatória.

73. O conhecimento da natureza dos Espíritos, de sua forma humana, das propriedades semimateriais do perispírito, da ação mecânica que podem exercer sobre a matéria, e o fato de nas aparições as mãos fluídicas e até mesmo tangíveis pegarem objetos e os carregarem, naturalmente nos faziam crer que o Espírito se servisse das mãos para girar a mesa e que a erguesse pelos braços. Mas, nesse caso, qual a necessidade de médiuns? O Espírito não poderia agir sozinho? Porque o médium que frequentemente pousa as mãos na mesa em sentido contrário ao do movimento, ou mesmo nem chega a pousá-las, não pode evidentemente ajudar o Espírito por ação muscular. Ouçamos primeiro os Espíritos que interrogamos a respeito.

74. As respostas seguintes nos foram dadas pelo Espírito São Luís e depois confirmadas por muitos outros:

1. O fluido universal é uma emanação da Divindade?

– Não.

2. É uma criação da Divindade?

– Tudo foi criado, exceto Deus.

3. O fluido universal é o próprio elemento universal?

– Sim, é o princípio elementar de todas as coisas.

4. Tem alguma relação com o fluido elétrico, cujos efeitos conhecemos?

– É o seu elemento.

5. Como o fluido universal se nos apresenta na sua maior simplicidade?

– Para encontrá-lo na simplicidade absoluta seria preciso remontar aos Espíritos puros. No vosso mundo ele está sempre mais ou menos modificado, para formar a matéria compacta que vos rodeia. Podeis dizer, entretanto, que ele mais se aproxima dessa simplicidade no fluido que chamais *fluido magnético animal.*[1]

6. Afirmou-se que o fluido universal é a fonte da vida: seria ao mesmo tempo a fonte da inteligência?

– Não; esse fluido só anima a matéria.

7. Sendo esse fluido que forma o perispírito, parece encontrar-se nele numa espécie de condensação que de certa maneira o aproxima da matéria propriamente dita?

– De certa maneira, dizeis bem, porque ele não possui todas as propriedades da matéria e a sua condensação é maior ou menor, segundo a natureza dos mundos.

8. Como um Espírito pode mover um corpo sólido?

– Combinando uma porção de fluido universal com o fluido que se desprende do médium apropriado a esses efeitos.

9. Os Espíritos erguem a mesa com a ajuda dos braços, de alguma maneira solidificados?

– Esta resposta não te dará ainda o que desejas. Quando uma mesa se move é porque o Espírito evocado tirou do fluido universal o que anima essa mesa de uma vida factícia. Assim preparada, o Espírito a atrai e a movimenta, sob a influência do seu próprio fluido, emitido pela sua vontade. Quando a massa que deseja mover é muito pesada para ele, pede a ajuda de outros Espíritos da sua mesma condição. Por sua natureza etérea, o Espírito propriamente dito não pode agir sobre a matéria grosseira sem intermediário, ou seja, sem o liame que o liga à matéria. Esse liame, que chamas *perispírito,* oferece a chave de todos os fenômenos espíritas materiais. Creio me haver explicado com bastante clareza para fazer-me compreender.

---

[1] As teorias científicas atuais, no campo da Fisiologia e da Psicologia, tentam negar a existência do *fluido magnético*. A palavra *fluido* tornou-se uma heresia científica. Mas o Espiritismo a conserva e já agora estamos vendo a sua volta ao campo científico sob outras formas, como na teoria física de campo, na dos elétrons livres e assim por diante. (N. do T.)

Observação – *Chamamos a atenção para a primeira frase: "Esta resposta não te dará ainda o que desejas". O Espírito compreendera perfeitamente que todas as questões anteriores só tinham por fim chegar a essa. E se refere ao nosso pensamento, que esperava, com efeito, outra resposta, que confirmasse a nossa ideia sobre a maneira por que o Espírito movimenta as mesas.*

10. Os Espíritos que ele chama para ajudá-lo são inferiores a ele? Estão sob as suas ordens?

– Quase sempre são seus iguais e acodem espontaneamente.

11. Todos os Espíritos podem produzir esses fenômenos?

– Os Espíritos que produzem esses efeitos são sempre inferiores, ainda não suficientemente livres das influências materiais.

12. Compreendemos que os Espíritos superiores não se ocupem dessas coisas, mas perguntamos se, sendo mais desmaterializados, teriam o poder de fazê-lo, se o quisessem?

– Eles possuem a força moral, como os outros possuem a força física. Quando necessitam desta última, servem-se dos que a possuem. Já não dissemos que eles se servem dos Espíritos inferiores como vós dos carregadores?

Observação – A *densidade do perispírito, se assim se pode dizer, varia de acordo com a natureza dos mundos, como já foi ensinado* (O Livro dos Espíritos, ns. 94 e 187). *Parece variar também no mesmo mundo, segundo os indivíduos. Nos Espíritos moralmente adiantados ele é mais sutil e se aproxima do perispírito das entidades elevadas; nos Espíritos inferiores aproxima-se da matéria e é isso que determina a persistência das ilusões da vida terrena nas entidades de baixa categoria, que pensam e agem como se ainda estivessem na vida física, tendo os mesmos desejos e quase poderíamos dizer a mesma sensualidade. Essa densidade maior do perispírito, estabelecendo maior afinidade com a matéria, torna os Espíritos inferiores mais aptos para as manifestações físicas. É por essa razão que um homem refinado, habituado aos trabalhos intelectuais, de corpo frágil e delicado, não pode erguer pesados fardos como um carregador. A matéria de seu corpo é de alguma maneira menos compacta, os órgãos são menos resistentes, o fluido nervoso menos intenso. O perispírito é para o Espírito o que o corpo é para o homem. Sua densidade está na razão da inferioridade do Espírito. Essa densidade, portanto, substitui nele a força muscular, dando-lhe maior poder sobre os fluidos necessários às manifestações do que o possuem os de natureza mais etérea. Se um Espírito elevado quer produzir esses efeitos, faz o que fazem entre* *nós os homens refinados: incumbe disso um* Espírito carregador.[2]

13. Se bem compreendemos o que disseste, o princípio vital provém do fluido universal. O Espírito tira desse fluido o envoltório semimaterial do seu perispírito, e é por meio desse fluido que ele age sobre a matéria inerte. É isso?

– Sim, quer dizer que ele anima a matéria de uma vida factícia, artificial: a matéria se impregna de vida animal. A mesa que se move sob as vossas mãos vive como animal e obedece por si mesma ao ser inteligente. Não é o Espírito que a empurra como se fosse um fardo. Quando ela se eleva, não é o Espírito que a ergue com os braços: é a mesa animada que obedece à impulsão dada pelo Espírito.

14. Qual o papel do médium nesse fenômeno?

– Eu já disse que o fluido próprio do médium se combina com o fluido universal do Espírito. É necessária a união de ambos, do fluido animalizado e do fluido universal, para dar vida à mesa. Mas não se deve esquecer que essa vida é apenas momentânea, extinguindo-se com a mesma ação, e muitas vezes antes que a ação termine, quando a quantidade de fluido já não é mais suficiente para animar a mesa.[3]

15. O Espírito pode agir sem o concurso do médium?

– Pode agir à revelia do médium. Isso quer dizer que muitas pessoas ajudam os Espíritos na realização de certos fenômenos, sem o saberem. O Espírito tira dessas pessoas, como de uma fonte, o fluido animal de que necessita. É dessa maneira que o concurso de um médium, como o entendes, nem sempre é necessário, o que acontece sobretudo nos fenômenos espontâneos.

16. A mesa animada age com inteligência? Pensa?

– É como o bastão com que fazes um sinal inteligente a alguém. Não pensa, mas a vitalidade de que está animado lhe permite obedecer ao impulso de uma inteligência. É bom saber que a mesa em movimento não se torna *Espírito* e não tem pensamento

---

[2] Esta referência de Kardec à densidade do perispírito dos encarnados em nosso mundo mostra o sentido progressivo da Codificação. O problema do perispírito em *O Livro dos Espíritos* limitou-se mais à evolução nos diferentes mundos, embora se possa deduzir de várias passagens o aspecto aqui acentuado. É o que podemos ver no próprio comentário de Kardec à pergunta 182 do *L.E.*, ou no comentário final à pergunta 196, acentuando que o perispírito se purifica à medida que o Espírito se aperfeiçoa. Aqui, porém, Kardec trata especificamente do assunto e se refere também à evolução do corpo material. (N. do T.)

[3] Isto explica as interrupções inesperadas de comunicações. A falta de fluido faz a mesa cessar de mover-se, como se o Espírito comunicante se houvesse ausentado. (N. do T.)

nem vontade.[4]

Observação – *Servimo-nos frequentemente de uma expressão semelhante na linguagem usual: de uma roda que gira com velocidade dizemos que está animada de um movimento rápido.*

17. Qual a causa preponderante na produção deste fenômeno: o Espírito ou o fluido?

– O Espírito é a causa e o fluido é o seu instrumento; ambos são necessários.

18. Qual o papel da vontade do médium?

– Chamar os Espíritos e ajudá-los a impulsionar os fluidos.

18a. É indispensável a vontade do médium?

– Ela aumenta a potência, mas nem sempre é necessária, desde que pode haver o movimento, malgrado ou contra a vontade do médium, o que é uma prova da existência de uma causa independente.

Observação – *Nem sempre é necessário o contato das mãos para mover um objeto. Ele basta, quase sempre, para dar o primeiro impulso. Iniciado o movimento, o objeto pode obedecer à vontade sem contato material. Isso depende da potência mediúnica ou da natureza dos Espíritos. Aliás, o primeiro contato nem sempre é necessário: temos a prova disso nos movimentos e deslocamentos espontâneos, que ninguém pensou em provocar.*

19. Por que motivo não podem todos produzir o mesmo efeito e todos os médiuns não têm a mesma potência?

– Isso depende do organismo e da maior ou menor facilidade na combinação dos fluidos, e ainda da maior ou menor simpatia do médium com os Espíritos que nele encontram a potência fluídica necessária. Esta potência, como a dos magnetizadores, é maior ou menor. Encontramos, nesse caso, pessoas inteiramente refratárias, outras em que a combinação só se verifica pelo esforço da sua própria vontade, e outras, enfim, em que ela se dá tão natural e facilmente que nem a percebem, servindo de instrumentos sem o

[4] O bastão, como apêndice da mão, é animado facticiamente por esta. Lançado ao chão, não tem vida, não dá mais qualquer sinal inteligente. No mundo espiritual os objetos são de outra natureza. A mão pode pegar um bastão e movimentá-lo, mas o pensamento não pode fazer assim. Misturando o fluido animal do médium com o fluido universal do Espírito, temos um pouco da natureza humana e um pouco da espiritual, formando um elemento intermediário. Impregnada a mesa com esse elemento, o fluido material se liga à madeira e o fluido espiritual fica ligado ao pensamento do Espírito. Essa, ao que parece, a mecânica da levitação e essa a natureza do ectoplasma. Os parapsicólogos Wathely Carington e G. S. Soal, em sessão realizada na Universidade de Cambridge, na Inglaterra, obtiveram o fenômeno de voz direta, com levitação do megafone. A comunicação foi interrompida em meio, sem que eles pudessem explicar o motivo. Como vemos nestas explicações, deve ter sido a falta de fluido ectoplásmico. (N. do T.)

saberem, como já dissemos. *(Ver, a seguir, o cap. sobre as Manifestações Físicas Espontâneas.)*

Observação – *O magnetismo é, não há dúvida, o princípio desses fenômenos, mas não como geralmente se pensa. Temos a prova disso na existência de poderosos magnetizadores que não movimentam uma mesinha de centro, e de pessoas que não sabem magnetizar, até mesmo crianças, que bastam pousar os dedos numa mesa pesada para que ela se agite. Logo, se a potência mediúnica não depende da magnética, é que tem outra causa.*[5]

20. As pessoas ditas elétricas podem ser consideradas médiuns?

– Essas pessoas tiram de si mesmas o fluido necessário à produção dos fenômenos e podem agir sem auxílio dos Espíritos. Não são propriamente médiuns, no sentido exato da palavra. Mas pode ser também que um Espírito as assista e aproveite as suas disposições naturais.[6]

Observação – *Essas pessoas seriam como os sonâmbulos, que podem agir com ou sem o auxílio dos Espíritos.* (Ver, no cap. XIV, Os Médiuns, a parte relativa aos sonâmbulos.)

21. Ao mover os corpos sólidos, os Espíritos penetram na substância dos mesmos ou permanecem fora dela?

– Fazem uma coisa e outra. Já dissemos que a matéria não é obstáculo para os Espíritos, que tudo penetram. Uma porção do seu perispírito se identifica, por assim dizer, com o objeto em que penetra.[7]

22. Como o Espírito bate? Com um objeto material?

– Não, como não usa os braços para erguer a mesa. Sabes que ele não dispõe de martelos. Seu martelo é o fluido combinado que ele põe em ação, pela sua vontade, para mover ou bater. Quando move, a luz vos transmite a visão do movimento; quando bate, o ar vos transmite o som.

23. Concebemos isso quando se trata de um corpo duro. Mas,

---

[5] Ver o n.º 131, cap. VIII da II Parte, e o subtítulo Médiuns Curadores, do cap. XIV, sobre *Os Médiuns*. (N. do T.)

[6] Ainda hoje se tenta negar a mediunidade alegando a existência dessas pessoas. Como se vê, o Espiritismo distingue perfeitamente a ação pessoal ou anímica dessas criaturas da ação impessoal dos médiuns. A sra. Blavatsky, fundadora da Sociedade Teosófica, era uma dessas pessoas e quis negar a ação mediúnica nos fenômenos físicos, em virtude da sua capacidade de produzi-los. O animismo, como demonstrou Ernesto Bozzano (ver *Animismo ou Espiritismo*) e como hoje admite o parapsicólogo Rhine (ver *O Novo Mundo da Mente*), prova a existência do Espírito no homem ou de um elemento não físico, que supera as condições orgânicas. (N. do T.)

[7] Da mesma maneira que nossa mão penetra num tubo para erguê-lo ou pega numa vara para sacudi-la. Não esquecer que o perispírito é o corpo espiritual. O Espírito faz aí uma comparação para dar-nos a explicação possível. (N. do T.)

como pode nos fazer ouvir ruídos ou sons através do ar?

– Desde que age sobre a matéria, pode agir tanto sobre o ar como sobre a mesa. Quanto aos sons articulados, pode imitá-los como a todos os demais ruídos.

24. Dizes que o Espírito não usa as mãos para mover a mesa, mas em certas manifestações apareceram mãos a dedilhar teclados, movimentando as teclas e produzindo sons. Não pareceria, nesse caso, que as teclas eram movimentadas pelos dedos? E a pressão dos dedos não é também direta e real, quando a sentimos em nós mesmos, quando essas mãos deixam marcas na pele?

– Não poderias compreender a natureza dos Espíritos e sua maneira de agir por meio dessas comparações, que dão apenas uma ideia incompleta. É um erro querer sempre assemelhar às vossas as maneiras de eles procederem. Os processos dos Espíritos devem estar sempre em relação com a sua organização. Já não dissemos que o fluido do perispírito penetra na matéria e se identifica com ela, dando-lhe uma vida factícia? Pois bem, quando o Espírito movimenta as teclas com os dedos ele o faz realmente. Mas não é pela força muscular que faz a pressão. Ele anima a tecla, como faz com a mesa, e a tecla obedece à sua vontade e vibra a corda. Neste caso também ocorre um fato de difícil compreensão para vós. É que certos Espíritos são ainda tão atrasados e de tal forma materiais, em comparação com os Espíritos elevados, que conservam as ilusões da vida terrena e julgam agir como quando estavam no corpo. Não percebem a verdadeira causa dos efeitos que produzem, como um pobre homem não compreende a teoria dos sons que pronuncia. Se perguntares como tocam o piano, dirão que com os dedos, pois assim creem fazer. Produzem o efeito de maneira instintiva, sem o saberem, e não obstante pela sua vontade. Quando falam e se fazem ouvir, é a mesma coisa.

Observação – *Compreende-se, assim, que os Espíritos podem fazer tudo quanto fazemos, mas pelos meios correspondentes ao seu organismo. Algumas forças que lhes são próprias substituem os nossos músculos, da mesma maneira que a mímica substitui, nos mudos, a palavra que lhes falta.*

25. Entre os fenômenos citados como provas da ação de uma potência oculta, há os que são evidentemente contrários a todas as leis conhecidas da Natureza. A dúvida, então, não parece justa?

– Acontece que o homem está longe de conhecer todas as leis da Natureza; se as conhecesse, seria Espírito superior. Cada dia, entretanto, oferece um desmentido aos que tudo pensam saber, pretendendo impor limites à Natureza, e nem por isso eles se mostram menos orgulhosos. Desvendando incessantemente novos mistérios, Deus adverte ao homem que deve desconfiar das suas próprias luzes, pois chegará um dia em que a *ciência do mais sábio será confundida.* Não vê todos os dias o exemplo de corpos dotados de movimento capazes de superar a força de gravitação? A bala de um canhão não supera momentaneamente essa força? "Pobres homens que vos considerais tão sábios, cuja tola vaidade é a todo instante confundida, sabei que sois ainda muito pequeninos!"

75. Essas explicações são claras, categóricas, sem ambiguidades. Delas ressalta o ponto capital de que o fluido universal, que encerra o princípio da vida, é o agente principal das manifestações, e que esse agente recebe seu impulso do Espírito, quer seja encarnado ou errante. O fluido condensado constitui o perispírito ou invólucro semimaterial do Espírito.[8] Na encarnação, o perispírito está ligado à matéria do corpo; na erraticidade está livre. Quando o Espírito está encarnado, a substância do perispírito está mais ou menos fundida com a matéria corpórea, mais ou menos colada a ela, se assim podemos dizer.[9] Em algumas pessoas há uma espécie de emanação desse fluido, em consequência de condições especiais de sua organização, e é disso, propriamente falando, que resultam os médiuns de efeitos físicos. A emissão do fluido animalizado pode ser mais ou menos abundante e sua combinação mais ou menos fácil, e daí os médiuns mais ou menos possantes. Mas essa emissão não é permanente, o que explica a intermitência da força.[10]

76. Façamos uma comparação. Quando queremos atingir alguma coisa situada à distância de nós, é pelo pensamento que o tentamos, mas o pensamento sozinho não poderia realizar o nosso intento. Precisamos de um instrumento que o pensamento dirigirá: um bastão, um projétil, um assobio, etc. Note-se ainda que o pensamento não age diretamente sobre o bastão, que precisamos pegar. A

---

[8] A teoria da condensação do fluido foi posta em ridículo por muitas pessoas, e ainda hoje o é. Mas convém assinalar que essa teoria é precisamente a da física atômica de hoje, para explicar a formação da matéria, que se dá *pela condensação da energia.* (N. do T.)

[9] Preferimos as palavras fundida e colada, em substituição às palavras *ligada e aderente,* usadas literalmente em várias traduções, porque aquelas nos parecem corresponder melhor, em nossa língua, ao sentido real do texto. (N. do T.)

[10] Esta teoria da emanação e da emissão do fluido animalizado ou fluido perispirítico do médium, e de sua combinação mais ou menos fácil com o fluido universal do Espírito, para a produção dos fenômenos de efeitos físicos e consequentemente de materializações, exige atenção do leitor, para bem compreender o desenvolvimento dos fenômenos. A última frase é de grande importância para explicar as intermitências das funções mediúnicas, cuja causa é muitas vezes orgânica e se costuma atribuir a motivos morais. (N. do T.)

inteligência, que é o próprio Espírito encarnado em nosso corpo, está unida ao corpo pelo perispírito e não pode agir sobre o corpo sem perispírito, da mesma maneira que não pode agir sobre o bastão sem o corpo. Assim: ela age sobre o perispírito, que é a substância com que tem mais afinidade, o perispírito age sobre os músculos, estes fazem a mão pegar o bastão e o bastão atinge o alvo. Quando o Espírito não está encarnado necessita de um instrumento que não pertence ao seu organismo: esse instrumento é o fluido, com o auxílio do qual torna o objeto apropriado a realizar o impulso da sua vontade.

77. Quando, pois, um objeto é movido, erguido ou atirado no ar, o Espírito não o pegou, não o ergueu nem o atirou como nós o fazemos com as mãos. Ele o *saturou,* por assim dizer, com o seu fluido, combinado com o do médium. O objeto, assim momentaneamente vivificado, age como um ser vivo, com a diferença de não ter vontade própria e obedecer ao impulso da vontade do Espírito.

Assim, o fluido vital, dirigido pelo Espírito, dá uma vida artificial e momentânea aos corpos inertes. Sendo o perispírito formado por esse fluido, segue-se que o Espírito encarnado, por meio do seu perispírito, é quem dá vida ao corpo, mantendo-se unido a ele enquanto o organismo o permite. Quando ele se retira, o corpo morre. Então, se em lugar de uma mesa fizéssemos uma estátua de madeira, teríamos, sob a ação mediúnica, uma estátua que se moveria e daria pancadas, respondendo às nossas perguntas. Numa palavra: teríamos uma estátua animada por uma vida artificial. E, como se diz *mesas falantes,* também se poderia dizer *estátuas falantes.* Quanta luz lança esta teoria sobre uma infinidade de fenômenos até agora inexplicáveis! Quantas alegorias e efeitos misteriosos vem explicar![11]

78. Os incrédulos objetam, apesar de tudo, que o levantamento das mesas sem apoio é impossível, por contrariar a lei da gravitação. Responderemos, primeiro, que a negação não é uma prova; depois, que, existindo o fato, estranhamente contrário a todas as leis conhecidas, isso apenas provaria que ele se apoia em alguma lei desconhecida, pois os negadores não podem ter a pretensão de conhecer todas as leis da Natureza. Explicamos essa lei, mas isso não basta para que eles a aceitem, pois a explicação

---

[11] As *estátuas falantes de Kardec* não são uma hipótese fantástica, bastando lembrar-se as materializações em miniatura, os megafones das experiências de voz direta, as ideoplastias falantes das experiências de Imoda, na Itália, além do fenômeno clássico das mesas. O sr. A. P. Sinnet, teósofo de renome, relata em seu livro *Incidentes da Vida da Sra. Blavatsky* o fato curioso de um lustre, de cristal, em forma de aranha, do Palácio do Metropolita de Moscou, que se desprendeu do teto e andou no ar, como se fosse vivo, numa visita de Blavatsky ao prelado. (N. do T.)

é dada por Espíritos que deixaram as vestes terrenas, em lugar daqueles que ainda as têm e envergam o fardão da Academia. Dessa maneira, se o Espírito de Arago, em vida, lhes tivesse dado essa lei, eles a aceitariam de olhos fechados, mas, dada pelo mesmo Espírito, depois da morte, é apenas uma utopia. E isso por quê? Porque a morte de Arago é para eles absoluta. Não temos a pretensão de dissuadi-los disso, mas, como esta objeção poderia embaraçar algumas pessoas, tentaremos responder-lhes do seu mesmo ponto de vista, ou seja, fazendo abstração, por um instante, da teoria da animação factícia.

79. Quando se faz o vácuo na campânula da máquina pneumática é impossível erguê-la, tal a força de adesão que lhe dá a pressão do ar sobre ela. Deixando-se entrar o ar, a campânula se eleva com a maior facilidade, porque o ar de baixo contrabalança o de cima. Entretanto, abandonada a si mesma, permanecerá no prato em virtude da lei da gravitação. Comprima-se, porém, o ar interior, dando-lhe uma densidade maior que o de cima, e a campânula se levantará apesar da gravitação. Se a corrente de ar for rápida e violenta, ela poderá manter-se no espaço sem nenhum *apoio visível,* como os bonecos que giram sobre os jatos de um repuxo. Por que, pois, o fluido universal, que é o *elemento básico de toda a matéria*, acumulando-se em torno da mesa, não teria a propriedade de aumentar ou diminuir o seu peso específico relativo, como faz o ar com a campânula, o hidrogênio com os balões, sem que fique derrogada a lei da gravitação? Conheceis todas as propriedades e toda a força desse fluido? Não. E então? Como negar um fato que não podeis explicar?

80. Voltemos à teoria do movimento da mesa. Se um Espírito pode erguer uma mesa pelo meio indicado, pode erguer qualquer outra coisa: uma poltrona, por exemplo. E, se pode erguer esta, poderá também erguê-la com uma pessoa sentada, havendo força suficiente. Eis, pois, a explicação desse fenômeno, cem vezes produzido pelo sr. Home, consigo mesmo e com outras pessoas. Ele o repetiu durante uma viagem recente a Londres e, para provar que os assistentes não eram vítimas de uma ilusão de ótica, fez no teto um sinal a lápis e deixou que passassem por baixo dele. Sabe-se que o sr. Home é um potente médium de efeitos físicos. Nesse caso, ele era a causa eficiente e o objeto.[12]

81. Tratamos há pouco do possível aumento de peso. É um fe-

[12] Daniel Dunglas Home, famoso médium inglês que realizava especialmente fenômenos de levitação e foi estudado pelo físico sir William Crookes. A *causa eficiente* é uma das causas da classificação de Aristóteles e corresponde à que se relaciona diretamente com o efeito, produzindo-o. No caso, Home era a causa eficiente, porque produzia o fenômeno, e era o objeto, porque estava levitando. (N. do T.)

nômeno que às vezes se produz e não tem nada de mais anormal do que a prodigiosa resistência da campânula sob a pressão da coluna atmosférica. Sob a influência de certos médiuns, objetos muito leves têm oferecido a mesma resistência, cedendo de repente ao menor esforço. Na experiência da campânula, ela realmente não pesa mais nem menos que o seu peso normal, mas parece mais pesada por efeito da causa exterior que a pressiona. O mesmo provavelmente acontece com a mesa. Ela tem sempre o seu peso natural, pois a sua massa não foi aumentada, mas uma força exterior se opõe ao seu movimento, e essa causa pode estar nos fluidos ambientes que a penetram, como a da campânula está na pressão atmosférica. Faça-se a experiência da campânula diante de um homem ignorante: não compreendendo que o agente é o ar, que ele não vê, será fácil persuadi-lo de que se trata do Diabo.

Talvez se diga que o fluido, sendo imponderável, sua acumulação não poderá aumentar o peso de um objeto. De acordo. Mas é preciso notar que só nos servimos da palavra *acumulação* com finalidade comparativa e não para identificação do fluido com o ar. Ele é imponderável, seja; mas a verdade é que nada o prova, sua natureza íntima nos é desconhecida e estamos longe de conhecer todas as suas propriedades. Antes de conhecer o peso do ar, ninguém podia suspeitar dos efeitos desse peso. A eletricidade é também classificada entre os fluidos imponderáveis. No entanto, um corpo pode ser fixado por uma corrente elétrica e resistir fortemente a quem pretender erguê-lo. Aparentemente, portanto, torna-se mais pesado. Do fato de não se ver o suporte, seria ilógico concluir que ele não existe. O Espírito pode, pois, ter alavancas que desconhecemos. A Natureza nos prova diariamente que o seu poder não se limita ao testemunho dos nossos sentidos.

Não se pode explicar senão por uma causa semelhante o estranho fenômeno, de que há tantos exemplos, de um jovem débil e delicado erguer com dois dedos, sem esforço e como uma pena, um homem forte e robusto com a cadeira em que se assenta. E as intermitências da faculdade provam que a sua causa é estranha à pessoa que a possui.[13]

---

[13] A faculdade mediúnica está sujeita a intermitências e variações que mostram a sua independência da vontade pessoal do médium. Essa independência poderia ser determinada por condições orgânicas ou psíquicas, como Kardec já acentuou, mas acusam também, em muitas ocasiões, a participação ou não de inteligências estranhas ao médium, sem as quais ele não consegue a produção dos fenômenos de maneira satisfatória. É o que se verá na sequência deste livro. (N. do T.)

CAPÍTULO V

MANIFESTAÇÕES FÍSICAS ESPONTÂNEAS

RUÍDOS, BARULHOS E PERTURBAÇÕES – LANÇAMENTO DE OBJETOS – O FENÔMENO DE TRANSPORTE

82. Os fenômenos de que tratamos são provocados. Mas acontece às vezes que ocorrem de maneira espontânea. Não intervém então a vontade dos participantes, e longe disso, pois se tornam quase sempre muito importunos. O que exclui, além disso, a suposição de serem efeitos de uma imaginação superexcitada pelas ideias espíritas é que ocorrem entre pessoas que nunca ouviram falar a respeito e quando menos elas podiam esperar. Esses fenômenos, cuja manifestação se poderia considerar como de prática espírita natural, são muito importantes porque excluem as suspeitas de conivência. Recomendamos, por isso, às pessoas que se ocupam de fenômenos espíritas, coletarem todos os fatos desse gênero de que tiverem conhecimento, mas sobretudo constatarem cuidadosamente a sua realidade através de minucioso estudo das circunstâncias, para se assegurarem de não se tratar de simples ilusão ou mistificação.[1]

83. De todas as manifestações espíritas, as mais simples e frequentes são os ruídos e as pancadas. Mas é sobretudo nesses casos que devemos temer a ilusão, pois há muitas causas naturais que podem produzi-las: o vento que assobia ou sacode um objeto, algo que a gente mesmo está movendo sem perceber, um efeito acústico, um animal oculto, um inseto e assim por diante, e até mesmo brincadeiras de mau gosto. Os ruídos espíritas têm, aliás, características inconfundíveis, com intensidade e timbre muito variados. São facilmente reconhecíveis e não podem ser confundidos com os estalidos da madeira, o crepitar do fogo ou o tique-taque de um relógio. São golpes secos, às vezes surdos, fracos e leves, de outras vezes claros, distintos, até mesmo barulhentos, que mudam de lugar e se repetem sem nenhuma regularidade

[1] Esse mesmo processo está sendo empregado na Parapsicologia atual. Veja-se a respeito a coleta de casos espontâneos efetuada pela profª Louise Rhine e apresentada em seu livro *Os Canais Ocultos da Mente*. (N. do T.)

mecânica. De todos os meios de controle, o mais eficaz e que não deixa nenhuma dúvida quanto à origem é submetê-los à nossa vontade. Se eles se fizeram ouvir do lado que indicarmos, se responderem ao nosso pensamento dando o número que pedimos, aumentando ou diminuindo sua intensidade, não podemos negar a presença de uma causa inteligente. Mas a falta de resposta nem sempre prova o contrário.

84. Admitindo, porém, depois de minuciosa constatação, que os ruídos ou qualquer outro efeito são manifestações reais, seria racional que nos amedrontássemos? Seguramente não. Porque em caso algum oferecerão o menor perigo. Só podem ser afetadas de maneira prejudicial as pessoas que acreditam tratar-se do Diabo, como as crianças que temem o lobisomem ou o bicho-papão. Essas manifestações, em certas circunstâncias, aumentam e adquirem persistência desagradável. É necessária uma explicação a respeito, pois é natural que então se queira afastá-las.

85. Já dissemos que as manifestações físicas têm por fim chamar a nossa atenção para alguma coisa e convencer-nos da presença de um poder superior ao homem. Dissemos também que os Espíritos elevados não se ocupam dessas manifestações, servindo-se dos inferiores para produzi-las, como nos servimos de criados para serviços grosseiros, e por isso com a finalidade que acima indicamos. Atingida essa finalidade, cessa a manifestação, que não é necessária. Um ou dois exemplos tornarão a questão mais compreensível.

86. Há muitos anos, quando iniciava meus estudos de Espiritismo, trabalhando uma noite nesse assunto, ouvi golpes que soaram ao meu redor durante quatro horas seguidas. Era a primeira vez que isso me acontecia. Verifiquei que não tinham nenhuma causa acidental, mas no momento não pude saber nada mais. Nessa época eu me encontrava sempre com um excelente médium escrevente. Logo no dia seguinte perguntei ao Espírito que se comunicava por ele qual era a causa dos golpes. Respondeu-me: – *Era o teu Espírito Familiar que queria falar-te.* – E o que queria dizer-me? – Resposta: – *Podes perguntar a ele mesmo, que está aqui.* Interroguei-o e ele se deu a conhecer por um nome alegórico. (Soube, depois, por outros Espíritos, que ele pertence a uma ordem muito elevada e que desempenhou na Terra um papel importante.) Indicou erros no meu trabalho, apontando as linhas em que eu os encontraria, deu-me úteis e sábios conselhos e acrescentou que estaria sempre comigo e me atenderia quando eu quisesse interrogá-lo. Desde então, realmente, esse Espírito jamais me deixou.[2] Deu-me numerosas provas de grande superioridade e sua intervenção *benévola* e *eficaz* socorreu-me tanto nos problemas da vida material quanto nos metafísicos. Mas desde essa primeira conversa os golpes cessaram. O que desejava ele, com efeito? Estabelecer comunicação regular comigo, e para isso precisava me avisar. Dado o aviso, explica a sua razão e, estabelecidas as relações regulares, os golpes não eram mais necessários. Não se toca mais o tambor para acordar os soldados, quando eles já se levantaram.

Caso quase semelhante ocorreu com um de nossos amigos. Há tempos que no seu quarto ressoavam barulhos diversos, que já se tornavam cansativos. Tendo a oportunidade de interrogar o Espírito de seu pai por um médium escrevente, soube o que dele queriam, atendeu o pedido e não ouviu mais os barulhos. Assinalemos que as pessoas que dispõem de meio regular e fácil de comunicação com os Espíritos, como se compreende, estão muito menos sujeitas a manifestações desse gênero.

87. As manifestações espontâneas nem sempre se limitam a ruídos e batidas. Degeneram às vezes em verdadeira barulheira e em perturbações. Móveis e objetos são revirados, projéteis diversos são atirados de fora, portas e janelas são abertas e fechadas por mãos invisíveis, vidraças se quebram e tudo isso não pode ser levado à conta de ilusão.

Toda essa desordem é muitas vezes real, mas algumas vezes é apenas aparente. Ouve-se gritaria num cômodo ao lado, barulho de louça que cai e se despedaça, de achas de lenha rolando no assoalho. Corre-se para ver e encontra-se tudo tranquilo e em ordem. Mas a gente se retira, porém, e o tumulto recomeça.

88. Essas manifestações não são raras nem novas. São poucas as crônicas locais que não incluem alguma estória desse gênero. O medo, sem dúvida, frequentemente exagerou esses fatos, dando-lhes proporções enormemente ridículas em sua transmissão oral. Com a ajuda das superstições, as casas em que se verificaram foram consideradas como assombradas pelo Diabo. Daí todos os contos maravilhosos ou terríveis de fantasmas. A trapaça, por sua vez, não perdeu a ocasião de explorar a credulidade, quase sempre em proveito pessoal. Compreende-se ainda a impressão

[2] Tratava-se do Espírito da Verdade, como se vê pelo relato mais extenso deste fato que o leitor pode encontrar em *Obras Póstumas*, segunda parte, comunicação de 25 de março de 1856, sob o título de *Meu Guia Espiritual*. Importante assinalar a afirmação de Kardec de que esse Espírito jamais o abandonou, o que põe por terra a teoria errônea que se lançou no meio espírita, segundo a qual esse Espírito deixou a Terra depois de escrito *O Livro dos Espíritos*. Pelo contrário, toda a Codificação e todos os trabalhos de Kardec foram por ele orientados. (N. do T.)

que fatos dessa espécie, mesmo reduzidos à realidade, podem produzir em caracteres fracos e predispostos pela educação às ideias supersticiosas. O meio mais seguro de prevenir os inconvenientes que possam acarretar, pois não se pode impedi-los, é dar a conhecer a verdade. As coisas mais simples tornam-se assustadoras quando ignoramos as causas. Havendo familiaridade com os Espíritos, e os que recebem suas comunicações não mais acreditando que se trata de demônios, o medo desaparecerá.[3]

Muitos fatos autênticos desse gênero podem ser lidos na *Revista Espírita.* Entre outros, o do Espírito batedor de Bergzabern, cujas estrepolias duraram mais de oito anos (números de maio, junho e julho de 1858); o de Dibbelsdorp (agosto de 1858); o do Padeiro das Grandes Vendas, próximo a Dieppe (março de 1860); o da Rua de Noyers, em Paris (agosto de 1860); o do Espírito de Castelnaudary, sob o título de *História de um Danado* (fevereiro de 1860); o da fabricante de São Petersburgo (abril de 1860), e assim por diante.[4]

89. Essas manifestações frequentemente assumem o caráter de verdadeira perseguição. Conhecemos seis irmãs que moravam juntas e que, durante muitos anos, encontravam de manhã suas roupas esparramadas, às vezes escondidas no teto, rasgadas e cortadas em pedaços, apesar das precauções que tomavam, guardando-as a chave. Tem acontecido muitas vezes que pessoas deitadas, *mas perfeitamente acordadas,* viram sacudir as cortinas, arrancarem-lhes violentamente as cobertas e os travesseiros, sendo erguidos no ar e às vezes até mesmo atirados fora do leito. Esses fatos são mais frequentes do que se pensa, mas a maioria das vítimas não os contam por medo do ridículo. Soubemos que tentaram curar algumas pessoas, por entenderem que se tratava de alucinações, submetendo-as ao tratamento dos alienados, o

---

[3] Esta afirmação de Kardec é plenamente sancionada pela Psicologia atual. Bastaria o caso do tabu sexual, cujos inconvenientes só podemos evitar pela educação nesse sentido, para provar a verdade dessa asserção. O desconhecimento do problema mediúnico, a negação sistemática da ação dos Espíritos, a ignorância do assunto, enfim, são os responsáveis pelo tabu espírita, criador de neuroses e perturbações mentais. Ao lado das superstições, que agravam as consequências das manifestações inevitáveis, temos ainda o preconceito cultural, o falso saber de pessoas que se julgam orgulhosamente detentoras, como diz Kardec, de todas as leis naturais. A divulgação teórica e prática do Espiritismo é a única maneira possível de evitar todos esses inconvenientes, familiarizando as criaturas com esse aspecto inegável da realidade. Inútil e prejudicial toda tentativa de negar os fatos ou escamoteá-los através de explicações imaginárias. (N. do T.)

[4] Nesta citação de Kardec, como em outras tantas deste livro e das demais obras da Codificação, vê-se a importância da *Revista Espírita* para o estudo sério e aprofundado do Espiritismo. Realmente, a *Revista,* na coleção redigida por Kardec, é fonte de fatos e de esclarecimentos doutrinários indispensáveis ao estudioso. (N. do T.)

que as deixou realmente loucas. A Medicina não pode compreender esses fatos, porque só admite causas materiais, do que resultaram negligências funestas. A História relatará um dia certos tratamentos do século XIX como hoje se relatam certos processos da Idade Média.[5]

Admitimos perfeitamente que alguns casos são obra da malícia ou da malvadez, mas, quando se averiguou suficientemente que não são produzidos por ninguém, temos de convir que são, para uns, obra do Diabo, e para nós dos Espíritos. Mas de que Espíritos?

90. Os Espíritos superiores, como os homens sérios entre nós, não gostam de fazer travessuras. Muitas vezes interpelamos esses Espíritos sobre o motivo de perturbarem o sossego alheio. A maioria quer apenas divertir-se. São Espíritos antes levianos do que maus. Riem dos sustos que pregam e do trabalho que dão para descobrir a causa do tumulto. Muitas vezes apegam-se a uma pessoa e se divertem a incomodá-la por toda parte. De outras vezes se apegam a um lugar por simples capricho. Algumas vezes também se trata de uma vingança, como veremos. Em certos casos sua intenção é a mais louvável: querem chamar a atenção e estabelecer comunicação, seja para transmitir à pessoa um aviso útil, seja para fazer um pedido. Vimo-los muitas vezes pedir preces, o cumprimento de um voto que em vida não puderam realizar, e outros quererem, para o seu próprio sossego, reparar uma maldade praticada em vida. Em geral, é um erro amedrontar-se com a sua presença, que pode ser importuna mas não perigosa.

Compreende-se o desejo de livrar-se deles, mas para isso geralmente se faz o contrário do que se deve. Quando se trata de Espíritos que se divertem, quanto mais se levá-los a sério, mais persistirão, como as crianças traquinas que impacientam as pessoas e assustam os medrosos. Se, pelo contrário, as pessoas também rirem com as suas peças, acabarão por se cansar e deixá-las-ão em paz. Conhecemos alguém que em vez de se irritar os excitava, os desafiava a fazer isto ou aquilo, de maneira que em alguns dias se afastaram. Mas, como dissemos, há os que agem por motivos menos frívolos. Por isso é sempre útil saber o que eles desejam. Se pedem alguma coisa, é certo que cessarão suas visitas quando forem satisfeitos. O melhor meio de informação é evocá-los através

---

[5] Os casos de obsessão, de possessão e de simples perturbação por Espíritos, quando tratados como loucura, geralmente se agravam. A rede de Hospitais Espíritas hoje existentes no Brasil, com mais de vinte só no Estado de São Paulo, constitui a mais evidente prova disso. Nesses hospitais têm sido curados numerosos casos dados por incuráveis no tratamento comum. Leia-se *Novos Rumos à Medicina,* do Dr. Ignácio Ferreira, do Hospital Espírita de Uberaba, e, no campo da experiência estrangeira, *Trinta Anos entre os Mortos,* do prof. dr. Karl Wickland, da Faculdade de Medicina de Chicago, Estados Unidos. (N. do T.)

de um bom médium escrevente. Pelas suas respostas, logo se verá quem são e se poderá agir convenientemente. Se for um Espírito infeliz, a caridade manda tratá-lo com as atenções que merece; se um brincalhão, podemos tratá-lo sem rodeios; se um malvado, devemos pedir a Deus que o melhore. Em todos os casos, a prece só pode dar bons resultados. Mas a solenidade das fórmulas de exorcismo lhes provoca o riso: não lhe dão nenhuma importância. Se se puder entrar em comunicação com eles, é preciso desconfiar dos qualificativos burlescos ou assustadores que algumas vezes se dão, para se divertirem com a credulidade dos ouvintes.

Voltaremos a tratar deste assunto com mais detalhes, bem como das causas que frequentemente tornam as preces ineficazes, nos capítulos: *Locais Assombrados* (IX) e *Da Obsessão* (XXIII).

91. Embora produzidos por Espíritos inferiores, esses fenômenos são frequentemente provocados por Espíritos de ordem mais elevada, com o objetivo de demonstrar a existência dos seres incorpóreos, dotados de poderes superiores aos humanos. A repercussão que alcançam, o próprio horror que chegam a causar, despertam a atenção para o assunto e acabam por abrir os olhos dos mais incrédulos. Estes acham mais simples considerar os fenômenos como efeitos da imaginação, explicação muito cômoda e que dispensa a busca de outras. Mas, quando os objetos são revirados ou atirados à cabeça das pessoas, só uma imaginação muito complacente poderia estar em jogo para que os fatos não fossem reais. Se alguma coisa acontece, tem forçosamente uma causa, e, se uma *fria e serena observação* demonstra que esse efeito independe da vontade humana e de toda causa material, e que além disso apresenta sinais evidentes de inteligência e vontade próprias, *o que é o seu traço mais característico,* somos forçados a atribuí-la a uma inteligência oculta. Mas que seres misteriosos são esses? É o que os estudos espíritas nos revelam de maneira dificilmente contestável, graças aos meios que nos proporcionam de nos comunicarmos com eles.

Aliás, os estudos espíritas nos ensinam também a distinguir o que há de real, de falso ou de exagerado nos fenômenos que examinamos. Quando um efeito estranho se produz: um ruído, um movimento, ou mesmo uma aparição, o primeiro pensamento que devemos ter é o de que a sua causa é natural, porque é a mais provável. Devemos então procurar essa causa com o maior cuidado, não admitindo a intervenção dos espíritos senão quando bem averiguada. Esse o meio de evitarmos a ilusão. Aquele, por exemplo, que recebesse uma bofetada ou bordoada nas costas, sem estar perto de ninguém, como já se tem visto, não poderia duvidar da presença de um ser invisível.[6]

Devemos acautelar-nos contra os relatos que podem ser considerados muito ou pouco exagerados, e também contra as nossas próprias impressões, para não atribuirmos origem oculta a tudo quanto não pudermos explicar. Há muitas causas simples e naturais que podem produzir efeitos estranhos à primeira vista, e seria evidentemente supersticioso ver Espíritos por toda a parte, ocupados em derrubar móveis, quebrar louças, provocar todos esses distúrbios domésticos que é mais razoável atribuirmos ao descuido.

92. A explicação do movimento dos corpos inertes aplica-se naturalmente a todos os efeitos de que acabamos de tratar. Os ruídos, embora mais fortes que os golpes na mesa, têm a mesma causa; o lançamento ou deslocação de objetos são produzidos pela mesma força que levanta objetos. Há mesmo uma circunstância que serve de apoio a essa teoria. Poderíamos perguntar onde se encontra o médium nesses casos. Os Espíritos explicaram que há sempre alguém cujas forças são usadas à sua revelia. As manifestações espontâneas raramente ocorrem em lugares isolados. É quase sempre em casas habitadas que elas se verificam, em virtude da presença de certas pessoas que exercem sem querer a sua influência. Trata-se de verdadeiros médiuns que ignoram as suas faculdades e por isso os chamamos de *médiuns naturais.* Estão para os outros médiuns na condição dos sonâmbulos naturais para os sonâmbulos magnéticos, e são como eles dignos de observação.

93. A intervenção voluntária ou involuntária de pessoa dotada de aptidão especial parece necessária, na maioria dos casos, para a produção desses fenômenos, embora haja aqueles em que o Espírito parece agir sozinho. Mas ainda nesses casos ele poderia tirar o fluido animalizado de uma pessoa distante. Isso explica por que os Espíritos que nos cercam incessantemente não produzem perturbações a cada instante. É necessário primeiro que o Espírito queira, que tenha um objetivo, um motivo para fazê-lo. A seguir, que encontre, precisamente no lugar em que pretende agir, uma pessoa apta a ajudá-lo, coincidência que só raramente ocorre. Se essa pessoa aparece inesperadamente,

---

[6] Veja-se a *História de um Danado*, no volume III da *Revista Espírita*. Um homem, sozinho em casa, recebe uma bofetada do Espírito que mais tarde é identificado. É a casos como esse que Kardec se refere, nos quais a intervenção do Espírito não pode ser posta em dúvida. (N. do T.)

ele a aproveita. Mas, apesar das circunstâncias favoráveis, ele poderia ainda ser impedido por uma vontade superior que não lhe permitisse agir como quer. Pode também só lhe ser permitido agir dentro de certos limites, nos casos em que essas manifestações sejam consideradas úteis, seja para servirem como meio de convicção ou de experiência para a pessoa que as suporta.

94. Citaremos a respeito a conversação suscitada pelos fatos verificados em junho de 1860 na rua Des Noyers, em Paris. Os pormenores se encontram na *Revista Espírita* de agosto de 1860.

1. *(A São Luís)* Terias a bondade de nos dizer se os fatos que dizem ter ocorrido na rua *Des Noyers* são reais? Quanto à sua possibilidade não temos dúvidas.

– Sim, esses fatos são verdadeiros, mas a imaginação do povo os exagerou, seja por medo ou por ironia. Entretanto, repito, são verdadeiros. Foram manifestações de um Espírito que se diverte um pouco com os moradores.

2. Há alguém, na casa, que dê motivo a essas manifestações?

– Elas são sempre provocadas pela presença de uma pessoa detestada. O Espírito perturbador se aborrece com o habitante do lugar em que ele se encontra e quer pregar-lhe algumas peças ou fazê-lo mudar-se.

3. Perguntamos se há, entre os moradores, alguém que seja a causa dos fenômenos, em virtude de mediunidade espontânea e involuntária.

– Isso é necessário, pois *sem isso, o fato não poderia se dar.* Um Espírito mora num lugar de sua predileção. Enquanto ali não aparece uma pessoa de que se possa servir, fica sem ação. Quando essa pessoa aparece, então ele se diverte quanto pode.

4. A presença dessa pessoa no próprio lugar é indispensável?

– É o mais comum e foi o que aconteceu no caso citado. Por isso eu disse que sem isso o fato não teria ocorrido. Mas não quis generalizar. Há casos em que a presença no local não é necessária.

5. Sendo esses Espíritos de ordem inferior, a aptidão para lhes servir de auxiliar é uma indicação desfavorável para a pessoa? Indica uma simpatia de sua parte para com os seres dessa natureza?

– Não precisamente, porque essa aptidão decorre de uma disposição física. Mas indica quase sempre uma tendência material que seria preferível não possuir, pois, quanto mais elevada moralmente, mais a pessoa atrai os bons Espíritos, que necessariamente afastam os maus.

6. Onde o Espírito vai buscar os objetos que atira?

– Esses objetos são quase sempre encontrados no próprio lugar ou na vizinhança. Uma força que sai do Espírito os lança no espaço e os faz cair onde ele quer.

7. Desde que as manifestações espontâneas são muitas vezes permitidas e até mesmo provocadas com o fim de convencer, parece-nos que se alguns incrédulos fossem o seu alvo seriam forçados a render-se à evidência. Eles às vezes se queixam de não haver testemunhado fatos concludentes. Não dependeria dos Espíritos dar-lhes alguma prova sensível?

– Os ateus e os materialistas não testemunham a cada instante os efeitos do poder de Deus e do pensamento? Mas isso não os impede de negar a Deus e a Alma. Os milagres de Jesus converteram todos os seus contemporâneos? Os Fariseus que lhe diziam: "Mestre, fazei-nos ver algum prodígio" não se pareciam com esses que hoje vos pedem para ver manifestações? Se não se deixam convencer pelas maravilhas da Criação, não seriam mais tocados pelo aparecimento de um Espírito, mesmo da maneira mais evidente, pois o seu orgulho os transforma em animais empacados. Não lhes faltariam ocasiões de ver, se eles as procurassem de boa-fé. É por isso que Deus não julga conveniente fazer por eles mais do que não faz nem mesmo para aqueles que sinceramente buscam instruir-se, porque Ele só recompensa os homens de boa vontade. Essa incredulidade não impedirá que se cumpra a vontade de Deus. Já vistes que ela não impediu a expansão da doutrina. Não vos inquieteis, pois, com a sua oposição, que é para a doutrina como a sombra numa pintura: dá-lhe maior relevo. Que mérito teriam eles se fossem convencidos à força? Deus lhes deixa a responsabilidade da teimosia, e essa responsabilidade é mais pesada do que pensais. Felizes os que creem sem ter visto, disse Jesus, porque eles não duvidam do poder de Deus.

8. Achas conveniente evocar esse Espírito para lhe pedirmos algumas explicações?

– Evoca-o se o quiseres, mas é um Espírito inferior, que só dará respostas de pouca significação.

95. Conversação com o Espírito perturbador da rua *Des Noyers:*

1. Evocação.

– Por que me chamaste? Queres, acaso, umas pedradas? Então é que se veria um belo corre-corre, apesar do teu ar de bravura!

2. Mesmo que nos desses pedradas, isso não nos assustaria. Pedimos até, se puderes, que nos dês algumas.

– Aqui talvez eu não pudesse. Tendes um guardião que vela bem por vós.

3. Na rua *Des Noyers* havia alguém que te servia de auxiliar nas peças que pregavas aos moradores?

– Certamente. Encontrei um bom instrumento. E não havia nenhum Espírito douto, sábio e prudente para me impedir. Porque eu sou alegre e gosto, às vezes, de me divertir.

4. Quem te serviu de instrumento?

– Uma criada.

5. Ela te auxiliava sem saber?

– Oh, sim! Pobre moça! Era a mais assustada.

6. Tinhas algum propósito hostil?

– Eu? Eu não tinha nada contra ninguém. Mas os homens que de tudo se apossam torcerão a coisa em seu proveito.

7. Que queres dizer? Não te compreendemos.

– Eu procurava me divertir, mas vós estudareis a coisa e tereis mais um fato para provar que nós existimos.

8. Dizes que não tinhas propósito hostil, mas quebraste todas as vidraças do apartamento, causando um prejuízo real.

– Isso é um detalhe.

9. Onde encontraste os objetos que atiravas?

– São muito comuns. Achei-os no pátio e nos jardins vizinhos.

10. Achaste *todos* ou fabricaste alguns? (Ver o Cap. VIII.)

– Eu não criei nada, nada compus.

11. Se não os encontrasses, terias podido fabricá-los?

– Teria sido mais difícil. Mas, em último caso, a gente mistura matérias e faz qualquer coisa.

12. Agora, conta-nos como os atiraste.

– Ah, isso é mais difícil de dizer! Servi-me da natureza elétrica daquela moça, ligada à minha, que é menos material. Assim pudemos, os dois, transportar aqueles diversos materiais.

13. Penso que concordarás em nos dar algumas informações sobre a tua pessoa. Diga-nos primeiro se morreste há muito tempo.

– Faz muito tempo, há bem uns cinquenta anos.

14. Que foste em vida?

– Não era grande coisa. Catava bugigangas neste bairro e às vezes me atiravam injúrias porque eu gostava muito do licor vermelho do bom velho Noé. Eu também queria pô-los a correr.

15. Por ti mesmo e de tua plena vontade que respondeste às nossas perguntas?

– Eu tinha um instrutor

16. Quem é esse instrutor?

– Vosso bom rei Luís.

Nota – *Esta pergunta foi feita por causa da natureza de algumas respostas que pareciam além da capacidade do Espírito,* *tanto pelas ideias quanto pela forma da linguagem. Nada demais que ele tenha sido ajudado por um Espírito mais esclarecido, que queria aproveitar a ocasião para nos instruir. Esse é o fato comum. Mas uma particularidade notável deste caso é que a influência do outro Espírito se fez presente na própria escrita. Nas respostas em que ele interferiu a escrita é mais regular e corrente; nas do trapeiro é angulosa, grossa, irregular, muitas vezes pouco legível, revelando um caráter muito diverso.*[7]

17. Que fazes agora? Cuidas do futuro?

– Ainda não. Ando errante. Pensam tão pouco em mim na Terra, que ninguém ora por mim: assim não tenho ajuda e não trabalho.

Nota – *Veremos logo quanto se pode contribuir para o progresso e o alívio dos Espíritos inferiores através da prece e dos conselhos.*

18. Qual era teu nome em vida?

– Jeannet.

19. Muito bem, Jeannet, faremos preces por ti. Diga-nos se a evocação te deu prazer ou te contrariou.

– Antes prazer, porque sois boa gente, alegres viventes, embora um pouco severos. Pouco importa: me escutastes e estou contente.

Jeannet.

O FENÔMENO DE TRANSPORTE[8]

96. Este fenômeno só difere dos que tratamos acima pela intenção benévola do Espírito que o produz, pela natureza dos objetos quase sempre graciosos e pela maneira suave e quase sempre delicada por que são transportados. Consiste no transporte espontâneo de objetos que não existem no lugar da reunião. Trata-se geralmente de flores, algumas vezes de frutos, de confeitos, de joias, etc.

97. Digamos logo que esse fenômeno é dos que mais se prestam à imitação e portanto é necessário estar prevenido contra o embuste. Sabe-se até onde pode chegar a arte da prestidigitação ante experiências desse gênero. Mesmo, porém, que não tenhamos de

[7] Nota-se o rigor das observações de Kardec nessas experiências, que provam irrefutavelmente a comunicabilidade dos espíritos. (N. do T.)

[8] A palavra *aporte* também serve para designar esse tipo de fenômeno. A tradição espírita incorporou o termo francês *apport* à língua portuguesa, como aconteceu no inglês, para designar também essa forma especial de transporte de objetos a recintos fechados. (N. do T.)

enfrentar um profissional, poderíamos ser facilmente enganados por uma manobra hábil e interessada. A melhor de todas as garantias é o *caráter, a honestidade notória, o desinteresse absoluto* da pessoa que obtém esses efeitos. Em segundo lugar, o exame atento de todas as circunstâncias em que os fatos se produzem. Por fim, o conhecimento esclarecido do Espiritismo, único meio de se descobrir o que houvesse de suspeito.

98. A teoria do fenômeno de transporte e das manifestações físicas em geral foi resumida, de maneira notável, na seguinte dissertação de um Espírito, cujas comunicações trazem o cunho incontestável da profundeza e da lógica. Muitas delas aparecerão no curso desta obra. Ele se dá a conhecer com o nome de Erasto, discípulo de São Paulo, e como Espírito protetor do médium que lhe serve de intérprete:

É indispensável, para obter fenômenos dessa ordem, dispor de médiuns que chamarei de sensitivos, ou seja, dotados no mais alto grau de faculdades medianímicas de expansão e de penetrabilidade. Porque o sistema nervoso desses médiuns, facilmente excitável, por meio de certas vibrações, projeta profusamente ao seu redor o fluido animalizado.

As naturezas impressionáveis, as pessoas cujos nervos vibram à menor emoção, à mais leve sensação que a influência moral ou física, interna ou externa, sensibiliza, são as mais aptas a se tornarem excelentes médiuns de efeitos físicos de tangibilidade e de transporte. Com efeito, seu sistema nervoso, quase inteiramente desprovido do invólucro refratário que isola esse sistema na maioria dos encarnados, torna-as apropriadas ao desenvolvimento desses diversos fenômenos. Assim, com um sujeito dessa natureza, e cujas demais faculdades não sejam hostis à mediunização, mais facilmente se obterão os fenômenos de tangibilidade, os golpes nas paredes e nos móveis, os movimentos inteligentes, e até mesmo a suspensão no espaço da mais pesada matéria inerte. Com maior razão, os mesmos resultados serão obtidos se, em vez de um médium, se dispuser de numerosos e igualmente bem-dotados.

Mas da obtenção desses fenômenos à obtenção dos chamados transportes há todo um abismo. Porque, neste caso, não só o trabalho do Espírito é mais complexo, mais difícil, como ainda o Espírito só pode operar com um único aparelho medianímico. Isso quer dizer que muitos médiuns não podem contribuir simultaneamente para a produção do mesmo fenômeno. Acontece mesmo, ao contrário, que a presença de certas pessoas antipáticas ao Espírito operador entrava radicalmente a sua ação. A esses motivos que, como se vê, são importantes, acrescentemos que os transportes exigem sempre maior concentração, e ao mesmo tempo maior difusão de certos fluidos que só podem ser obtidos com médiuns muito bem-dotados, médiuns, numa palavra, cujo aparelho eletromedianímico *seja bem condicionado.*

Em geral, os fenômenos de transporte são e continuarão a ser excessivamente raros. Não preciso demonstrar por que eles são e serão menos frequentes que os demais fenômenos de tangibilidade; do que já ficou dito podeis deduzi-lo. Aliás, esses fenômenos são de tal natureza que, além de nem todos os médiuns servirem para produzi-los, nem todos os Espíritos podem também realizá-los. É necessário que exista entre o Espírito e o médium uma certa afinidade, uma certa analogia, numa palavra, uma determinada semelhança que permita à parte expansível do fluido perispirítico[9] *do encarnado misturar-se, unir-se, combinar-se com o do Espírito que deseja fazer o transporte. Essa fusão deve ser de tal maneira que a força dela resultante se torne por assim dizer una: da mesma maneira que uma corrente elétrica, agindo sobre o carvão, produz um foco, uma claridade única. Por que essa união, essa fusão?, perguntareis. É que, para a produção desses fenômenos, é necessário que as propriedades essenciais do Espírito agente sejam aumentadas com algumas das propriedades do mediunizado. Porque o fluido vital, apanágio exclusivo do encarnado, deve obrigatoriamente impregnar o Espírito agente. Só então ele pode, por meio de algumas propriedades do vosso ambiente, desconhecidas para vós, isolar, tornar invisíveis e movimentar alguns objetos materiais e mesmo os encarnados.*

Não me é permitido, por agora, desvendar-vos as leis particulares que regem os gases e fluidos que nos envolvem. Mas antes que os anos se escoem, antes que uma existência do homem seja concluída, a explicação dessas leis e desses fenômenos ser-vos-á revelada. E vereis surgir e se desenvolver uma nova variedade de médiuns, que cairão num estado cataléptico particular ao serem mediunizados.

Vede de quantas dificuldades está cercada a produção dos transportes. Podeis logicamente concluir que os fenômenos dessa espécie são bastante raros, como já disse, e com mais razão que os Espíritos se prestam muito pouco a produzi-los, porque isso

[9] Vemos que quando se trata de exprimir uma ideia nova, para a qual a língua não possui termo, os Espíritos podem perfeitamente criar neologismos. Estas palavras: *eletromedianímico, perispirítico,* não são nossas. Aqueles que nos criticam por havermos criado as palavras *espírita, espiritismo, perispírito,* que não tinham termos análogos, poderão agora fazer a mesma crítica aos Espíritos. (Nota de Kardec)

exige de sua parte um trabalho quase material, que lhes causa aborrecimento e fadiga. Além disso, acontece que muito frequentemente, malgrado sua energia e sua vontade, o estado do próprio médium lhes opõe uma barreira intransponível.

É portanto evidente, e não tenho dúvida de que o aceitais, que os fenômenos sensíveis de golpes, movimentos e levitação são de natureza simples, realizando-se pela concentração e a dilatação de certos fluidos, e podem ser provocados e obtidos pela vontade e o trabalho de médiuns aptos, quando secundados por Espíritos amigos e benevolentes, enquanto os fenômenos de transporte são complexos, de natureza múltipla, exigindo a existência de condições especiais. Esses fenômenos só podem ser realizados por um só Espírito e um único médium, e necessitam, além dos recursos para a produção da tangibilidade, uma combinação muito especial para isolar e tornar invisíveis o objeto ou os objetos a serem transportados.[10]

Todos vós, espíritas, compreendeis as minhas explicações e percebeis perfeitamente o que seja essa concentração de fluidos especiais para produzir a mobilidade e a tactilidade da matéria inerte. Aceitais isso, como aceitais os fenômenos da eletricidade e do magnetismo, tão análogos aos mediúnicos, que são, por assim dizer, a confirmação e o desenvolvimento daqueles. Quanto aos incrédulos e aos sábios, estes piores que aqueles, nada tenho para convencê-los e nem me interessam. Serão convencidos um dia pela evidência dos fatos, porque terão de se curvar ante o testemunho unânime dos fenômenos espíritas, como já tiveram de fazer em relação a outros fenômenos que a princípio rejeitaram.

Para resumir: se os fenômenos de tangibilidade são frequentes, os de transporte são muito raros, porque as condições para a sua produção são bastante difíceis. Em consequência, nenhum médium pode dizer: em tal hora ou em tal momento obterei um transporte, porque muitas vezes o próprio Espírito se encontra impedido de fazê-lo. Devo acrescentar que esses fenômenos se tornam duplamente difíceis em público, onde quase sempre se encontram os elementos energeticamente refratários que paralisam os esforços dos Espíritos e com mais forte razão a ação do médium.

Sabei que, pelo contrário, esses fenômenos quase sempre se produzem espontaneamente nas reuniões particulares, no mais

---

[10] O problema da tangibilidade refere-se ao Espírito, que através da combinação de seus fluidos com os do médium consegue o grau de materialização necessária para tocar e sentir os objetos. Estes são naturalmente tangíveis, mas o Espírito não tem o sensório físico para senti-los. Por isso necessita, como diz Erasto, impregnar-se do fluido vital do médium, que lhe dá a tangibilidade ou a possibilidade de agir sobre os objetos materiais e movimentá-los. (N. do T.)

das vezes à revelia dos médiuns e sem que se espere, dando-se muito raramente quando aqueles estão prevenidos. Disso deveis concluir que há motivo legítimo de suspeita todas as vezes que um médium se vangloria de obtê-los à vontade ou de dar ordens aos Espíritos como se fossem seus empregados, o que é simplesmente absurdo. Tende ainda por regra que os fenômenos espíritas não servem para espetáculos e para divertir os curiosos. Se alguns Espíritos se prestam a isso, só pode ser através de fenômenos simples e não dos que, como o transporte, exigem condições excepcionais.

Lembrai-vos, espíritas, que, se é absurdo repelir sistematicamente todos os fenômenos de além-túmulo, também não é prudente aceitá-los a todos de olhos fechados. Quando um fenômeno de tangibilidade, de aparição, de transporte se verifica espontaneamente e de improviso, aceitai-o. Mas nunca será demasiado repetir: não aceiteis nada cegamente. Que cada fato seja submetido a um exame minucioso, aprofundado e severo. Porque, acreditai-me, o Espiritismo, tão rico de fenômenos sublimes e grandiosos, nada tem a ganhar com essas insignificantes manifestações que hábeis prestidigitadores podem imitar.[11]

Bem sei o que ireis me dizer: que esses fenômenos são úteis para convencer os incrédulos. Mas sabei que, se não tivésseis outros meios de convicção, não teríeis hoje a centésima parte de espíritas com que podeis contar. Falai aos corações: é esse o caminho da maioria das conversões sérias. Se achais conveniente, para certas pessoas, utilizar-vos dos fenômenos materiais, pelo menos apresentai-os de tal maneira que não possam dar motivo a falsas interpretações. E, sobretudo, observai as condições normais desses fenômenos, porque apresentados de maneira imprópria eles servem de argumentos para os incrédulos, em vez de convencê-los. – ERASTO.

99. Esse fenômeno apresenta uma particularidade bem característica: a de que alguns médiuns só o obtêm em estado sonambúlico, o que facilmente se explica. O sonâmbulo apresenta um desprendimento natural, uma espécie de isolamento do Espírito e seu perispírito em relação ao corpo, que deve facilitar a combinação dos fluidos necessários. É o caso dos transportes que presenciamos.

As questões seguintes foram apresentadas ao Espírito que os produzia, mas suas respostas às vezes se ressentem da sua falta

[11] Nada aceitar cegamente nem fazer alarde de fenômenos corriqueiros ou de natureza duvidosa, suscetíveis de ser imitados por trapaceiros, é uma condição de boa divulgação da Doutrina. Erasto adverte contra as infrações dessa regra, que até hoje se verificam por toda parte. O Espiritismo, que se funda na verdade, não precisa de recursos fúteis. (N. do T.)

de conhecimentos. Submetemo-las ao Espírito Erasto, muito mais esclarecido do ponto de vista teórico, que as completou com anotações bastante judiciosas. Um é o artesão, outro é o sábio. A própria comparação dessas duas inteligências é um estudo instrutivo, pois demonstra que não basta ser Espírito para tudo compreender.

1. Queres dizer-nos por que os transportes que produzes só se realizam durante o sono magnético do médium?

– Por causa da natureza do médium. Os fatos que produzo quando ele dorme, poderia igualmente produzir no estado de vigília de outro médium.

2. Por que demoras tanto a trazer os objetos, e por que excitas a cobiça do médium, excitando-lhe o desejo de obter o objeto prometido?

– Necessito de tempo para preparar os fluidos que servem ao transporte. Quanto à excitação, muitas vezes tem apenas o fim de divertir os presentes e a sonâmbula.

Nota de Erasto – *O Espírito que respondeu sabe apenas isso. Não tem consciência do motivo dessa excitação da cobiça, que provoca instintivamente e sem compreender-lhe o efeito. Ele pensa divertir, quando na verdade estimula, sem o saber, maior emissão de fluido. É uma decorrência das dificuldades que o fenômeno apresenta, dificuldades maiores quando ele não é espontâneo, e particularmente com outros médiuns.*

3. A produção do fenômeno depende da natureza especial do médium, e seria possível obtê-lo com mais facilidade e presteza por outro médium?

– A produção do fenômeno depende da natureza do médium, e só se pode produzi-lo por meio de médiuns dessa natureza. Para a presteza, vale-nos muito o hábito adquirido no trato frequente do mesmo médium.

4. A influência das pessoas presentes pode embaraçá-lo de alguma maneira?

– Quando há incredulidade, oposição, da parte delas, podem criar-nos sérias dificuldades. Preferimos realizar nossas experiências com pessoas crentes e versadas no Espiritismo. Mas não quero dizer, com isso, que a má vontade nos pudesse paralisar por completo.

5. Onde pegaste as flores e os bombons que trouxeste?

– As flores, nos jardins, onde elas me agradem.

6. E os bombons? O confeiteiro deve ter percebido a sua falta?

– Tomo-os onde quero. O confeiteiro não percebeu nada, porque pus outros no lugar.

7. Mas os anéis têm preço; onde os tomaste? Não ficou prejudicado aquele de quem os tiraste?

– Tirei-os de lugares que ninguém conhece, e o fiz de maneira que não prejudicará a ninguém.

Nota de Erasto – *Creio que o fato foi explicado de maneira incompleta, por falta de conhecimento do Espírito que respondeu. Sim, pode ter havido no caso um prejuízo real, mas o Espírito não quis passar por haver desviado alguma coisa. Um objeto só pode ser substituído por outro idêntico, da mesma forma e do mesmo valor. Assim, se um Espírito tivesse a possibilidade de substituir um objeto tirado, não haveria razão para o tirar, pois poderia dar o que serve de substituto.*

8. É possível transportar flores de outro planeta?

– Não, para mim isso não é possível.

– *(A Erasto)* Outros Espíritos teriam esse poder?

– Não, isso não é possível em razão das diferenças de meio ambiente.

9. Podereis transportar flores de outro hemisfério; dos trópicos, por exemplo?

– Desde que seja da Terra, posso.

10. Os objetos que trouxeste podereis fazê-los desaparecer e devolvê-los?

– Tão bem como os trouxe; posso devolvê-los, se quiser.

11. A produção do fenômeno de transporte não te exige um sacrifício, não te causa dificuldades?

– Não nos causa nenhuma dificuldade quando temos a devida permissão. Poderia causar-nos muitas se quiséssemos produzi-los sem estar autorizados.

Nota de Erasto – *Ele não quer dizer que é penosa embora o seja, pois é forçado a realizar uma operação por assim dizer material.*

12. Quais as dificuldades que encontras?

– Nenhuma além das más disposições fluídicas, que podem ser contrárias.

13. Como trazes o objeto? Carregando-o com as mãos?

– Não; envolvo-o em mim mesmo.

Nota de Erasto – *Ele não explica claramente a sua operação, pois na verdade não envolve o objeto na sua pessoa. Como o seu fluido pessoal pode dilatar-se, é penetrável e expansível, ele combina uma porção desse fluido com uma porção do fluido animalizado do médium, e é nessa mistura que oculta e transporta o objeto. Não é certo dizer, portanto, que o envolve nele mesmo.*

14. Transportarias com mesma facilidade um objeto mais pesado: de cinquenta quilos, por exemplo?

– O peso nada é para nós. Trago flores porque elas podem ser mais agradáveis que um objeto volumoso.

Nota de Erasto – *É certo. Ele pode transportar cem ou duzentos quilos de objetos, porque a gravidade que existe para vós não existe para ele. Mas neste caso também ele não percebe o que se passa. A massa de fluidos combinados é proporcional à massa de objetos. Numa palavra: a força deve estar na proporção da resistência. Assim, se o Espírito só transporta uma flor ou um objeto leve, é frequentemente por não encontrar no médium ou nele mesmo os elementos necessários para um maior esforço.*

15. Alguns casos de desaparecimento de objetos, por motivo ignorado, serão devidos aos Espíritos?

– Isso acontece com frequência, muito mais frequentemente do que pensais, e poderia ser remediado pedindo-se ao Espírito a devolução do objeto.

Nota de Erasto – *É verdade, mas às vezes o que foi levado, levado está. Porque esses objetos que somem da casa são quase sempre levados para muito longe. Mas, como a subtração de objetos exige quase as mesmas condições fluídicas dos transportes, só pode se dar com a ajuda de médiuns dotados de faculdades especiais. Por isso, quando alguma coisa desaparecer, é mais provável que se deva ao vosso descuido que à ação dos Espíritos.*

16. Há efeito da ação de certos Espíritos que consideramos como fenômenos naturais?

– Vossos dias estão cheios desses fatos que não compreendeis, porque não pensastes neles, e que um pouco de reflexão vos faria ver com clareza.

Nota de Erasto – *Não se deve atribuir aos Espíritos o que é obra humana. Mas acreditai na sua influência oculta e constante, produzindo ao vosso redor mil circunstâncias, milhares de incidentes necessários à realização dos vossos atos e da vossa existência.*[12]

17. Entre os objetos usados nos transportes não há os que podem ser fabricados pelos Espíritos? Quer dizer: produzidos espontaneamente pelas modificações que eles podem provocar no fluido ou elemento universal?

– Não por mim, que não tenho permissão para isso. Só um Espírito elevado pode fazê-lo.

---

[12] Os Espíritos estão por toda a parte; são uma das forças da Natureza em constante ação no Universo. (Ver o n.º 87 de *O Livro dos Espíritos*.) A resposta de Erasto se refere a essa atividade natural dos espíritos, que agem também ao nosso redor e dariam condições para o cumprimento dos nossos destinos. Não se trata de nada sobrenatural ou misterioso, mas de um aspecto da Natureza que o Espiritismo vem esclarecer. (N. do T.)

18. Como introduziste outro dia esses objetos na sala que estava fechada?

– Levei-os comigo, envolvidos, por assim dizer, na minha substância. Não posso dizer mais, porque isso não é explicável.

19. Como fizeste para tornar visíveis esses objetos, que estavam invisíveis?

– Tirei a matéria que os envolvia.

Nota de Erasto – *Não é a matéria propriamente dita que os envolve, mas um fluido tirado em parte do perispírito do médium e em parte (metade de cada um) do Espírito operador.*

20. *(A Erasto)* Um objeto pode ser transportado para um lugar completamente fechado; numa palavra, o Espírito pode espiritualizar um objeto material de maneira que ele possa penetrar a matéria?

– Esta questão é complexa. O Espírito pode tornar invisíveis os objetos transportados, mas não penetráveis. Não pode desfazer a agregação da matéria, o que seria a destruição do objeto. Tornando-o invisível, pode carregá-lo quando quiser e só o largar no momento conveniente para fazê-lo aparecer. Bem diverso o que se passa com os objetos que compomos. Nestes introduzimos apenas os elementos da matéria, e como esses elementos são essencialmente penetráveis, assim como atravessamos os corpos mais densos com a mesma facilidade dos raios solares atravessando as vidraças, podemos perfeitamente dizer que introduzimos o objeto num lugar, por mais fechado que ele esteja. Mas isto somente nesse caso.[13]

---

[13] Ver adiante, sobre a teoria da formação espontânea dos objetos, o cap. VIII, intitulado *Laboratório do Mundo Invisível.* (N. de Kardec.)

CAPÍTULO VI

MANIFESTAÇÕES VISUAIS

PERGUNTAS SOBRE AS APARIÇÕES – ENSAIO TEÓRICO – ESPÍRITOS GLÓBULOS – TEORIA DA ALUCINAÇÃO

100. De todas as manifestações espíritas, as mais interessantes são sem dúvida aquelas pelas quais os Espíritos podem se tornar mais visíveis. Pela explicação desse fenômeno veremos que ele, como os outros, nada tem de sobrenatural. Damos inicialmente as respostas dos Espíritos a respeito do assunto.

1. Os Espíritos podem se tornar visíveis?

– Sim, sobretudo durante o sono. Entretanto, certas pessoas os veem também no estado de vigília, mas isso é mais raro.

Nota – *Enquanto o corpo repousa, o Espírito se desprende dos laços materiais, fica mais livre e pode mais facilmente ver os outros Espíritos e entrar em comunicação com eles. O sonho é uma recordação desse estado. Quando não nos lembramos de nada, dizemos que não sonhamos, mas a alma não deixou de ver e de gozar da sua liberdade. Tratamos aqui mais particularmente das aparições no estado de vigília. – Sobre o estado do Espírito durante o sono, ver o nº409 de O Livro dos Espíritos.*

2. Os Espíritos que se manifestam pela visão pertencem a uma determinada categoria?

– Não; podem pertencer a todas as categorias, das mais elevadas às mais inferiores.

3. É permitido a todos os Espíritos manifestarem-se visivelmente?

– Todos o podem, mas nem sempre têm a permissão nem o desejo de fazê-lo.

4. Com que fim os Espíritos se manifestam visivelmente?

– Isso depende; segundo sua natureza, o fim pode ser bom ou mau.

5. Como pode ser permitido, quando o fim é mau?

– É então para pôr à prova aqueles que os veem. A intenção do Espírito pode ser má, mas o resultado pode ser bom.

6. Qual o objetivo dos Espíritos que se fazem ver com má intenção?

– Assustar e muitas vezes vingar-se.

7. Qual o objetivo dos Espíritos que aparecem com boa intenção?

– Consolar os que lamentam a sua partida; provar-lhes que continuam a existir e estão perto deles; dar conselhos e algumas vezes pedir assistência para si mesmos.

8. Que inconveniente haveria em ser permanente e geral a possibilidade de ver os Espíritos? Não seria essa uma forma de tirar a dúvida aos mais incrédulos?

– Estando o homem constantemente cercado de Espíritos, o fato de vê-los sem cessar o perturbaria, constrangendo-o nas suas atividades, e lhe tiraria a iniciativa na maioria dos casos, enquanto que, julgando-se só, pode agir com mais liberdade. Quanto aos incrédulos, dispõem de muitos meios para se convencerem, caso queiram aproveitá-los e se não estiverem cegos pelo orgulho. Sabes de pessoas que viram e nem por isso acreditam, pois dizem que se trata de ilusões. Não te inquietes por essa gente, de que Deus se encarrega.

Nota – *Haveria tanto inconveniente de estarmos sempre na presença dos Espíritos, como em vermos o ar que nos cerca ou as miríades de animais microscópicos que pululam ao nosso redor. Do que devemos concluir que o que Deus faz é bem-feito e que Ele sabe melhor do que nós o que nos convém.*

9. Se a visão dos Espíritos tem inconvenientes, por que é permitida em alguns casos?

– Para dar uma prova de que nem tudo morre com o corpo e de que a alma conserva a sua individualidade após a morte. Essa visão passageira é suficiente para dar a prova e atestar a presença dos amigos ao vosso lado, não tendo os inconvenientes da visão incessante.

10. Nos mundos mais adiantados que o nosso, a visão dos Espíritos é mais frequente?

– Quanto mais o homem se aproxima da natureza espiritual, mais facilmente entra em relação com os Espíritos. É a grosseria do vosso corpo que torna mais difícil e mais rara a percepção dos seres etéreos.

11. É racional assustar-se com a aparição de um Espírito?

– Aquele que refletir a respeito há de compreender que um Espírito, seja qual for, é menos perigoso que um vivo. Os Espíritos, aliás, estão por toda parte e não tens a necessidade de vê-los para saber que podem estar ao teu lado. O Espírito que desejar prejudicar alguém pode fazê-lo sem ser visto, e até com mais segurança. Ele não é perigoso por ser Espírito, mas pela influência que pode exercer no pensamento do homem, desviando-o do bem e impelindo-o ao mal.

Nota - *As pessoas que têm medo da solidão e do escuro raramente compreendem a causa do seu pavor. Elas não saberiam dizer do que têm medo, mas certamente deviam recear-se mais de encontrar homens do que Espíritos, porque um malfeitor é mais perigoso em vida do que após a morte. Uma senhora de nosso conhecimento teve uma noite, em seu quarto, uma aparição tão bem definida que acreditou estar na presença de alguém e sua primeira sensação foi de pavor. Certificando-se de que ali não havia nenhuma pessoa, disse a si mesma: parece que se trata apenas de um Espírito; posso dormir tranquila.*

12. Aquele que vê um Espírito poderia conversar com ele?

– Perfeitamente. E é justamente o que se deve fazer nesse caso, perguntando quem é o Espírito, o que deseja e o que se pode fazer por ele. Se o Espírito for infeliz e sofredor, o testemunho de comiseração o aliviará. Se for um Espírito benévolo, pode acontecer que tenha a intenção de dar bons conselhos.

13. Como o Espírito poderia responder?

– Às vezes falando, como uma pessoa viva; a maioria das vezes por uma transmissão de pensamento.

14. Os Espíritos que aparecem com asas realmente as têm, ou essas asas são apenas uma aparência simbólica?

– Os Espíritos não têm asas. Não precisam delas, pois podem transportar-se por toda parte como Espíritos. Aparecem dessa forma porque querem impressionar a pessoa a que se mostram. Uns aparecerão com suas roupas habituais, outros envolvidos em panos, alguns com asas, como atributo da categoria espiritual que representam.

15. As pessoas que vemos em sonho são sempre as que aparentam ser?

– São quase sempre as mesmas pessoas que o teu Espírito vai encontrar ou que te vêm encontrar.

16. Os Espíritos zombadores não poderiam tomar a aparência das pessoas que nos são caras e nos iludirem?

– Tomam aparências fantasiosas para se divertirem a vossa custa, mas há coisas com as quais não lhes é permitido brincar.

17. Como o pensamento é uma espécie de evocação, compreende-se que possa atrair o Espírito. Mas por que, quase sempre, as pessoas em que mais pensamos, que ardentemente desejamos rever, jamais aparecem nos sonhos, enquanto vemos outras que não nos interessam e nas quais nunca pensamos?

– Os Espíritos nem sempre têm a possibilidade de manifestar-se visivelmente, mesmo em sonhos e apesar do desejo que tenhamos de vê-los. Causas independentes da sua vontade podem impedi-los. Quase sempre é também uma prova que o mais ardente desejo não pode afastar. Quanto às pessoas que não interessam, embora não penseis nelas, é possível que pensem em vós. Aliás, não podeis fazer uma ideia das relações no Mundo dos Espíritos, onde reencontrais uma multidão de conhecidos íntimos, antigos e novos, dos quais nem tendes a menor ideia quando acordados.

Nota – *Quando não há nenhum meio de controlar as visões ou aparições, podemos sem dúvida levá-las à conta de alucinações, mas quando elas são confirmadas pelos acontecimentos não poderíamos atribuí-las à imaginação. Essas são, por exemplo, as aparições do momento da morte, em sonho ou no estado de vigília, de pessoas em quem não pensávamos e que, por diversos sinais, revelam as circunstâncias absolutamente inesperadas do seu falecimento. Viram-se tantas vezes cavalos empinarem e empacarem diante de aparições que assustavam os cavaleiros. Se a imaginação é alguma coisa entre os homens, seguramente nada é para os animais. Aliás, se as imagens que vemos em sonho fossem sempre consequência das preocupações de vigília, nada explicaria o fato, tão frequente, de jamais sonharmos com as coisas em que mais pensamos.*

18. Por que certas visões são mais frequentes nas doenças?

– Elas ocorrem igualmente no estado de perfeita saúde, mas na doença os laços materiais se afrouxam e a fraqueza do corpo deixa mais livre o Espírito, que entra mais facilmente em comunicação com outros Espíritos.

19. As aparições espontâneas parecem mais frequentes em certas regiões. Alguns povos são melhor dotados que outros para essas manifestações?

– Fizeste um relatório geral das aparições? As aparições, os ruídos e todas as manifestações expandem-se igualmente por toda a Terra, mas apresentam características próprias segundo os povos em que se verificam. Entre alguns, por exemplo, a escrita é pouco desenvolvida e não há médiuns escreventes; entre outros eles abundam; além disso há mais frequência de manifestações ruidosas e de movimento de objetos que de comunicações inteligentes, porque estas são menos apreciadas e procuradas.

20. Por que as aparições se verificam mais à noite?

– Pela mesma razão que vês as estrelas à noite e não em pleno dia. A claridade intensa pode ofuscar uma aparição delicada. Mas é errôneo supor que a noite tenha algo de especial para isso. Interpela todos os que as viram, e constatarás que a maioria ocorre de dia.

Nota – *Os fenômenos de aparição são muito mais frequentes e gerais do que se pensa, mas muitas pessoas não os revelam por medo do ridículo e outras os atribuem à ilusão. Se parecem mais abundantes em certos povos é porque esses conservam mais cuidadosamente as tradições verdadeiras ou falsas, quase ampliadas pelo fascínio do maravilhoso, a que o aspecto das localidades se presta mais ou menos. A credulidade faz ver, então, efeitos sobrenaturais nos fenômenos mais vulgares: o silêncio da solidão, o escarpamento dos caminhos, o rumorejar das florestas, o estrépito das tempestades, o eco das montanhas, a forma fantástica das nuvens, as sombras, as miragens, tudo enfim se presta à ilusão das imaginações simples e ingênuas, que propagam de boa-fé aquilo que viram ou que acreditam ter visto. Mas ao lado da ficção há o real, que o estudo sério do Espiritismo consegue livrar dos acessórios ridículos da superstição.*

21. A visão dos Espíritos ocorre no estado normal ou somente durante o êxtase?

– Pode ocorrer em condições perfeitamente normais; entretanto, as pessoas que os veem estão quase sempre num estado especial, próximo do êxtase, que lhes dá uma espécie de dupla vista. (Ver *O Livro dos Espíritos*, n.º 447.)

22. Os que veem os Espíritos o fazem com os olhos?

– Eles pensam que sim, mas na realidade é a alma que vê. A prova é que podem vê-los de olhos fechados.

23. Como o Espírito pode tornar-se visível?

– O princípio é o mesmo de todas as manifestações e está nas propriedades do perispírito, que pode sofrer diversas modificações, à vontade do Espírito.

24. O Espírito propriamente dito pode fazer-se visível ou só o faz com a ajuda do perispírito?

– Na vossa situação material, o Espírito só pode manifestar-se com a ajuda do seu invólucro semimaterial. É este o intermediário pelo qual eles agem sobre os vossos sentidos. Graças a esse invólucro é que eles aparecem algumas vezes com a forma humana ou outra qualquer, seja nos sonhos ou no estado de vigília, assim a plena luz como na obscuridade.

25. Poderíamos dizer que é pela condensação do fluido do perispírito que o Espírito se torna visível?

– Condensação não é o termo. Trata-se apenas de uma comparação que pode ajudar a compreender o fenômeno, pois não há realmente uma condensação. Pela combinação dos fluidos produz-se no perispírito uma disposição especial, sem possibilidade de analogia para vós, e que o torna perceptível.

26. Os Espíritos que aparecem são sempre inacessíveis ao fato e não podemos pegá-los?

– No estado normal de Espíritos não podemos pegá-los, como não pegamos os sonhos. Não obstante, podem impressionar o nosso tato e deixar sinais de sua presença. Podem mesmo, em alguns casos, tornar-se momentaneamente tangíveis, o que prova a existência de matéria entre eles e vós.

27. Todos são aptos a ver os Espíritos?

– Durante o sono, todos. Mas não quando estão acordados. No sono, a alma vê diretamente; quando estais acordados ela sofre em maior ou menor grau a influência dos órgãos. Eis por que as condições não são as mesmas nos dois casos.

28. Como podemos ver os Espíritos em estado de vigília?

– Isso depende do organismo, da facilidade maior ou menor do fluido do vidente de se combinar com o do Espírito. Assim, não basta o Espírito querer mostrar-se; é também necessário que a pessoa a quem se quer mostrar tenha a aptidão para vê-lo.

29. Essa faculdade pode desenvolver-se pelo exercício?

– Pode, como todas as outras faculdades. Mas é daquelas cujo desenvolvimento natural é melhor do que o provocado, quando corremos o risco de superexcitar a imaginação. A visão geral e permanente dos Espíritos é excepcional e não pertence às condições normais do homem.[1]

30. Pode-se provocar a aparição dos Espíritos?

– Pode-se algumas vezes, mas muito raramente. Ela é quase sempre espontânea. Para provocá-la é necessário que se possua uma faculdade especial.

31. Os Espíritos podem fazer-se visíveis com outra aparência, além da humana?

– A forma humana é a sua forma normal. O Espírito pode variá-la na aparência, mas conservando sempre o tipo humano.

32. Não podem manifestar-se com a forma de flamas?

– Podem produzir flamas, clarões, como qualquer outro efeito para demonstrar a sua presença, mas essas coisas não são o próprio Espírito. A flama é quase sempre apenas um efeito óptico ou uma emanação do perispírito. Em todos os casos é somente uma parte do perispírito, que só aparece inteiramente nas visões.[2]

---

[1] O respeito às leis naturais é um dos princípios espíritas. A mediunidade, como todas as faculdades humanas, deve desenvolver-se normalmente, nunca de maneira forçada. (N. do T.)

[2] O perispírito só aparece integral nas visões, compreendendo-se o termo *visões* como manifestações visuais do Espírito em corpo inteiro. Nas outras formas de manifestação ele apenas projeta as imagens que deseja, como nesse caso das chamas. (N. do T.)

33. Que pensar da crença de que os fogos-fátuos são almas ou Espíritos?

– Superstição produzida pela ignorância. A causa física dos fogos-fátuos é bem conhecida.

34. A chama azul que apareceu sobre a cabeça de Servius Tullius, na infância, foi real ou apenas uma lenda?

– Era real, produzida pelo Espírito Familiar que desejava advertir a mãe. Esta, médium vidente, percebeu uma irradiação do Espírito protetor de seu filho. Os médiuns videntes variam de grau no tocante à percepção, como os médiuns escreventes variam na escrita. Enquanto essa mãe via uma chama, outro médium poderia ver o próprio Espírito.[3]

35. Os Espíritos poderiam se apresentar com a forma de animais?

– Isto pode acontecer, mas são sempre Espíritos inferiores os que tomam essas aparências. Mas seriam sempre, em todos os casos, aparências passageiras, pois seria absurdo acreditar que um animal pudesse ser a encarnação de um Espírito. Os animais são sempre animais e nada mais do que isso.[4]

Nota – *Somente a superstição pode levar a crer que certos animais são encarnações de Espíritos. É necessário ter uma imaginação muito condescendente ou muito impressionável para ver algo de sobrenatural nas atitudes às vezes um pouco estranhas que eles tomam, mas o medo frequentemente faz ver aquilo que não existe. Aliás o temor nem sempre é a fonte dessa ideia. Conhecemos uma senhora, por sinal muito inteligente, que estimava demais um gato preto, acreditando que ele possuía uma natureza superanimal. Nunca, entretanto, ouvira falar de Espiritismo. Se o tivesse conhecido, compreenderia o ridículo da causa de sua predileção, pois a doutrina lhe provaria a impossibilidade dessa metamorfose.*

ENSAIO TEÓRICO SOBRE AS APARIÇÕES

101. As manifestações mais comuns de aparições ocorrem durante o sono, pelos sonhos: são as visões. Não podemos examinar aqui todas as particularidades que os sonhos podem apresentar.

[3] Servius Tullius, sexto rei de Roma (578-534 a.C.), nasceu escravo de Tarquínio Prisco, que o fez educar, e sucedeu a ele no trono por decisão popular. Ampliou Roma, aumentou suas muralhas, estruturou as classes e realizou grandes obras. Era um predestinado. (N. do T.)

[4] Essa afirmação não contraria o princípio espírita da evolução. Pelo contrário, o endossa, mostrando apenas que o Espírito (a palavra escrita assim, com "E" maiúsculo, representa o ser espiritual do homem) não pode encarnar no reino animal. Ver *Metempsicose,* ns. 611 a 613 de O *Livro dos Espíritos.* (N. do T.)

Resumiremos dizendo que eles podem ser: uma visão atual de coisas presentes ou distantes; uma visão retrospectiva do passado; e, em alguns casos excepcionais, um pressentimento do futuro. Frequentemente são também quadros alegóricos que os Espíritos nos apresentam como úteis advertências ou salutares conselhos, quando são Espíritos bons; ou para nos enganarem e entreterem as nossas paixões, se são Espíritos imperfeitos. A teoria abaixo se aplica aos sonhos, como a todos os outros casos de aparições. (Ver *O Livro dos Espíritos*, ns. 400 e seguintes.)

Não ofenderemos o bom senso dos leitores refutando o que há de absurdo e ridículo no que vulgarmente se chama de interpretação dos sonhos.[5]

102. As aparições propriamente ditas ocorrem no estado de vigília, no pleno gozo e completa liberdade das faculdades da pessoa. Apresentam-se geralmente com uma forma vaporosa e diáfana, algumas vezes vaga e indecisa. Quase sempre, a princípio, é um clarão esbranquiçado, cujos contornos vão se desenhando aos poucos. De outras vezes as formas são claramente acentuadas, distinguindo-se os menores traços do rosto, a ponto de se poder descrevê-las com precisão. As maneiras, o aspecto, são semelhantes aos do Espírito quando encarnado.

Podendo tomar todas as aparências, o Espírito se apresenta com aquela que melhor o possa identificar, se for esse o seu desejo. Assim, embora não tenha, como Espírito, nenhum defeito corporal, ele se mostra estropiado, coxo, corcunda, ferido, com cicatrizes, se isso for necessário para identificá-lo. Esopo, por exemplo, não é disforme como Espírito, mas, se o evocarmos como Esopo, por mais existências posteriores que tenha tido, aparecerá feio e corcunda, com seus trajes tradicionais. Uma particularidade a notar é que, exceto em circunstâncias especiais, as partes menos precisas da aparição são os membros inferiores, enquanto a cabeça, o tronco, os braços e as mãos aparecem nitidamente. Assim, não os vemos quase nunca andar, mas deslizar como sombras. Quanto às vestes, ordinariamente se constituem de um planejamento que termina em longas pregas flutuantes. São essas, em resumo, acrescentadas por uma cabeleira ondulante e graciosa, as características da aparência dos Espíritos que nada conservam da vida terrena. Mas os Espíritos comuns, das pessoas

[5] Kardec se refere à arte vulgar de interpretação dos sonhos e não aos processos psicológicos hoje empregados na terapêutica. Quanto a esses processos, referem-se apenas a um aspecto dos sonhos, realmente significativo do ponto de vista psicológico, mas muitas vezes mal interpretado, por falta de visão de conjunto e que escolas como a de Karl Jung já procuram atingir. (N.do T.)

que conhecemos, vestem-se geralmente como o faziam nos últimos dias de sua existência.

Há os que muitas vezes se apresentam com símbolos da sua elevação, como uma auréola ou asas, pelo que são considerados anjos. Outros carregam instrumentos que lembram suas atividades terrenas: assim um guerreiro poderá aparecer com uma armadura, um sábio com seus livros, um assassino com seu punhal, e assim por diante. Os Espíritos superiores apresentam uma figura bela, nobre e serena. Os mais inferiores têm algo de feroz e bestial, e algumas vezes ainda trazem os vestígios dos crimes que cometeram ou dos suplícios que sofreram. O problema das vestes e dos objetos acessórios é talvez o mais intrigante. Voltaremos a tratar disso num capítulo especial, porque ele se liga a outras questões muito importantes.

103. Dissemos que a aparição tem algo de vaporoso. Em alguns casos poderíamos compará-la à imagem refletida num espelho sem aço, que apesar de nítida deixa ver através dela os objetos de trás. É geralmente assim que os médiuns videntes as distinguem. Eles as veem ir e vir, entrar num apartamento ou sair, circular por entre a multidão com ares de quem participa, ao menos os Espíritos vulgares, de tudo o que se faz ao seu redor, de se interessarem por tudo e ouvirem o que se diz. Muitas vezes se aproximam de uma pessoa para lhe assoprar ideias, influenciá-la, quando são Espíritos bons, zombar dela, quando são maus, mostrando-se tristes ou contentes com o que obtiveram. São, em uma palavra, a contraparte do mundo corporal.

É assim esse mundo oculto que nos envolve, no meio do qual vivemos sem o perceber, como vivemos entre as miríades de seres do mundo microscópico. A revelação do mundo dos infinitamente pequenos, de que não suspeitávamos, foi feita pelo microscópio; o Espiritismo, servindo-se dos médiuns videntes, nos revelou o mundo dos Espíritos, que é também uma das forças ativas da Natureza. Com a ajuda dos médiuns videntes pudemos estudar o mundo invisível, iniciar-nos nos seus hábitos, como um povo de cegos poderia estudar o mundo dos que veem com o auxílio de algumas pessoas que gozassem da faculdade da visão. (Ver adiante, no cap. XIV, "Os Médiuns", o tópico referente aos médiuns videntes.)

104. O Espírito que deseja ou pode aparecer reveste algumas vezes uma forma ainda mais nítida, com todas as aparências de um corpo sólido, a ponto de dar uma ilusão perfeita e fazer crer que se trata de um ser corpóreo. Em alguns casos, e dentro de certas circunstâncias, a tangibilidade pode tornar-se real, o que quer dizer que podemos tocar, palpar, sentir a resistência e o calor de um corpo vivo, o que não impede a aparição de se esvanecer com a rapidez de um relâmpago. Nesses casos, já não é só pelos olhos que se verifica a presença, mas também pelo tato.

Se pudéssemos atribuir à ilusão ou a uma espécie de fascinação a ocorrência de uma aparição simplesmente visual, a dúvida já não é mais possível quando a podemos pegar, e quando ela mesma nos segura e abraça. As aparições tangíveis são as mais raras. Mas as que tem havido nestes últimos tempos, pela influência de alguns médiuns potentes[6], inteiramente autenticadas por testemunhos irrecusáveis, provam e explicam os relatos históricos sobre as pessoas que reapareceram após a morte com todas as aparências da realidade. De resto, como já acentuamos, por mais extraordinários que sejam semelhantes fenômenos, perdem todo o caráter de maravilhoso quando se conhece a maneira pela qual se produzem e se compreende que, longe de representarem uma derrogação das leis naturais, apresentam apenas uma nova aplicação dessas leis.

105. O perispírito, por sua própria natureza, é invisível no estado normal. Isso é comum a uma infinidade de fluidos que sabemos existirem e que jamais vimos. Mas ele pode também, à semelhança de certos fluidos, passar por modificações que o tornem visível, seja por uma espécie de condensação ou por uma mudança em suas disposições moleculares, e é então que nos aparece de maneira vaporosa. A condensação pode chegar ao ponto de dar ao perispírito as propriedades de um corpo sólido e tangível, mas que pode instantaneamente voltar ao seu estado etéreo e invisível.

(É necessário não tomar ao pé da letra a palavra condensação, pois só a empregamos por falta de outra e como simples recurso de comparação.) Podemos entender esse processo ao compará-lo ao do vapor, que pode passar da invisibilidade a um estado brumoso, depois ao líquido, a seguir ao sólido e vice-versa.

Esses diversos estados do perispírito, entretanto, resultam da vontade do Espírito, e não de causas físicas exteriores, como acontece com os gases. O Espírito nos aparece quando deu ao seu perispírito a condição necessária para se tornar visível. Mas a simples vontade não basta para produzir esse efeito, porque a modificação do perispírito se verifica mediante a sua combinação com o fluido específico do médium. Ora, essa combinação nem

---

[6] Entre outros, o Dr. Home. (A esta nota de Kardec devemos acrescentar os fatos atuais, constantes de experiências e observações parapsicológicas. Ver, entre outros, *Canais Ocultos da Mente* de Louise Rhine.) (N. do T.)

sempre é possível, e isso explica por que a visibilidade dos Espíritos não é comum.

Assim, não é suficiente que o Espírito queira aparecer, nem apenas que uma pessoa o queira ver: é necessário que os fluidos de ambos possam combinar-se, para o que tem de haver entre eles uma espécie de afinidade. É necessário ainda que a emissão de fluido da pessoa seja abundante para operar a transformação do perispírito, e provavelmente há outras condições que desconhecemos. Por fim, é preciso que o Espírito tenha a permissão de aparecer para aquela pessoa, o que nem sempre lhe é concedido, ou pelo menos não o é em certas circunstâncias, por motivos que não podemos apreciar.[7]

106. Outra propriedade do perispírito é a penetrabilidade, inerente à sua natureza etérea. Nenhuma espécie de matéria lhe serve de obstáculo: ele atravessa a todas, como a luz atravessa os corpos transparentes. Não há, pois, meios de impedir a entrada dos Espíritos, que vão visitar o prisioneiro em sua cela com a mesma facilidade com que visitam um homem no meio do campo.[8]

107. As aparições no estado de vigília não são raras nem constituem novidade. Verificaram-se em todos os tempos. A História oferece-nos grande número de casos. Mas, sem remontar ao passado, encontramo-las com frequência nos nossos dias. Muitas pessoas as tiveram e as tomaram, no primeiro instante, pelo que se convencionou chamar de alucinações. São frequentes sobretudo de pessoas distantes, que vêm visitar parentes e amigos. Muitas vezes não têm um objetivo claro, mas podemos dizer que em geral os Espíritos que assim aparecem são atraídos por simpatia. Que examine cada um as suas lembranças e verá que são poucos os que não conhecem fatos dessa espécie, cuja autenticidade não se poderia pôr em dúvida.

ESPÍRITOS GLÓBULOS

108. Acrescentaremos às considerações precedentes o exame de alguns efeitos ópticos que deram lugar ao estranho sistema dos Espíritos Glóbulos.

Nem sempre o ar está inteiramente límpido. É então que as correntes de moléculas aeriformes e sua movimentação, produzida

[7] Entre esses motivos figuram as condições da prova por que passa a pessoa ou o Espírito, os inconvenientes emocionais para a pessoa, as complicações familiais que poderia resultar e assim por diante. (N. do T.)

[8] As pesquisas parapsicológicas da atualidade confirmam plenamente essa explicação. A escola de Rhine sustenta a inexistência de barreiras físicas para a transmissão do pensamento e a percepção à distância, e a escola russa tentou em vão provar o contrário. (N. do T.)

pelo calor, se tornam perfeitamente visíveis. Algumas pessoas tomaram isso por conjuntos de Espíritos agitando-se no espaço. Basta-nos mencionar esta opinião para a refutar. Mas há outra espécie de ilusão, não menos bizarra, contra a qual se deve também precaver.

O humor aquoso do olho tem alguns pontos mal perceptíveis que perderam algo de sua transparência. Esses pontos são como corpos opacos em suspensão no líquido que os movimenta. Eles projetam no ar ambiente e à distância, aumentados pela retração, pequenos discos aparentes, de um a dez milímetros de diâmetro, que parecem nadar na atmosfera. Vimos pessoas tomarem esses discos por Espíritos que as seguiam por toda parte, e no seu entusiasmo veem figuras nas nuanças da irisação, o que é quase o mesmo que ver uma figura na Lua. Bastaria uma simples observação, feita por elas mesmas, para reconduzi-las à realidade.

Esses discos ou medalhões, dizem elas, além de acompanhá-las, repetem os seus movimentos: vão para a direita e para esquerda, para cima e para baixo, segundo elas movem a cabeça. Isso nada tem de estranho, desde que os discos são projetados pelo globo ocular e devem naturalmente obedecer aos seus movimentos. Se fossem Espíritos, deveriam estar adstritos a um movimento demasiado mecânico para seres inteligentes e livres. Papel, aliás, bem cansativo, mesmo para Espíritos inferiores, e com mais forte razão incompatível com a ideia que fazemos dos Espíritos superiores. É verdade que alguns tomam por maus Espíritos os pontos negros ou moscas amauróticas.[9]

Os discos, assim como as manchas negras, têm um movimento ondulatório restrito a um certo ângulo, e o que aumenta a ilusão é que eles não seguem bruscamente os movimentos da linha visual. A razão é muito simples. Os pontos opacos do humor aquoso, causa primeira do fenômeno, estão em suspensão no líquido e tendem a descer. Sobem com o movimento dos olhos, mas atingindo certa altura, se fixamos o olhar, vemos os discos descerem por si mesmos e depois pararem. Sua mobilidade é extrema, pois basta um movimento imperceptível do olho para mudá-los de direção e fazê-los percorrer rapidamente toda a amplitude do arco no espaço em que a imagem se produz. Enquanto não se provar que essa imagem tem movimento próprio, espontâneo e inteligente, só se pode ver nisso um fenômeno óptico e fisiológico.

---

[9] Moscas amauróticas são pontos negros que aparecem na visão por motivo de atrofia do nervo óptico, produzindo cegueira parcial ou total sem prejuízo do globo ocular. Amaurose ou gota-serena. (N. do T.)

Acontece o mesmo com as centelhas produzidas pela contração dos músculos dos olhos, que aparecem em feixes mais ou menos compactos, e que são provavelmente devidos à eletricidade fosforescente da íris, pois em geral se circunscrevem ao círculo desse disco.

Semelhantes ilusões só podem resultar de observação imperfeita. Quem tiver seriamente estudado a natureza dos Espíritos, através dos meios oferecidos pela prática doutrinária, compreenderá quanto elas têm de pueril. Assim como combatemos as teorias temerárias com as quais atacam as comunicações, pois que decorrem da ignorância dos fatos, também devemos procurar destruir as ideias falsas que decorrem mais do entusiasmo do que da reflexão, e que por isso mesmo produzem mais mal do que bem junto aos incrédulos, já naturalmente dispostos a procurar o lado ridículo.

109. O perispírito, como se vê, é o princípio de todas as manifestações. Seu conhecimento nos deu a chave de numerosos fenômenos, permitindo um grande avanço à Ciência Espírita e fazendo-a entrar numa nova senda, ao tirar-lhe qualquer resquício de maravilhoso. Nele encontramos, graças aos próprios Espíritos, pois é bom notar que foram eles que nos indicaram o caminho, a explicação da possibilidade de ação do Espírito sobre a matéria, da movimentação dos corpos inertes, dos ruídos e das aparições. Nele encontraremos a explicação de muitos outros fenômenos ainda por examinar, antes de passar ao estudo das comunicações propriamente ditas. Tanto melhor as compreenderemos, quanto mais nos inteirarmos de suas causas fundamentais. Se bem compreendermos esse princípio, facilmente poderemos aplicá-lo aos diversos fatos que se apresentarem à observação.

110. Longe de nós considerar a teoria que apresentamos como absoluta e como sendo a última palavra na questão. Ela será sem dúvida completada ou retificada mais tarde através de novos estudos. Mas, por mais incompleta ou imperfeita que hoje se apresente, pode sempre ajudar a se compreender a possibilidade dos fenômenos por meios que nada têm de sobrenatural. Se é uma hipótese, não se lhe pode entretanto negar o mérito da racionalidade e da probabilidade, e que vale tanto quanto todas as explicações tentadas pelos negadores para provar que tudo não passa de ilusão, fantasmagoria e evasiva nos fenômenos espíritas.[10]

TEORIA DA ALUCINAÇÃO

[10] A posição de Kardec é inegavelmente científica. Essa teoria do perispírito não foi desmentida nestes cento e tantos anos. Pelo contrário, as hipóteses psicológicas atuais confirmam essa teoria no campo da Parapsicologia. Vejam-se as hipóteses de Carington sobre as estruturas de sensas e psicons, as de Soal, Broad, Tishner e outros. (N. do T.)

111. Os que não admitem a existência do mundo incorpóreo e invisível pensam tudo explicar pela palavra alucinação. A definição dessa palavra é conhecida: quer dizer um engano, uma ilusão de quem pensa ter percepções que na realidade não tem (do latim *allucinari,* errar, formado de *ad lucem*). Mas os sábios ainda não deram, que o saibamos, a sua razão fisiológica.

A Óptica e a Fisiologia, não tendo mais segredos para eles, ao que parece, como não puderam explicar ainda a natureza e a origem das imagens que se apresentam ao Espírito em determinadas circunstâncias? Eles querem tudo explicar pelas leis da matéria. Que o façam, mas que deem, através dessas leis, uma teoria da alucinação. Boa ou má, será pelo menos uma explicação.

112. A causa dos sonhos não foi jamais explicada pela Ciência. Ela os atribui a um efeito da imaginação, mas não nos diz o que é a imaginação nem como ela produz essas imagens tão claras e nítidas que às vezes nos aparecem. Isso é explicar uma coisa desconhecida por outra que não o é menos. Tudo fica na mesma.[11]

Dizem tratar-se de uma lembrança das preocupações do estado de vigília. Mas, mesmo admitindo esta solução, que nada resolve, restaria saber qual é esse espelho mágico que conserva assim a impressão das coisas. Como explicar sobretudo as visões reais jamais vistas no estado de vigília, e nas quais jamais se pensou? Só o Espiritismo nos pode dar a chave desse estranho fenômeno que passa despercebido por ser muito comum, como todas as maravilhas da Natureza que menosprezamos.

Os sábios não quiseram ocupar-se com a alucinação, mas, quer seja real ou não, trata-se de um fenômeno que a Fisiologia deve poder explicar, sob pena de confessar a sua incompetência. Se um dia um sábio resolver dar, não uma definição, mas uma explicação fisiológica desse fenômeno, teremos de ver se a teoria resolve todos os casos, se não omite os fatos tão comuns de aparições de pessoas no momento da morte, se esclarece a razão da coincidência da aparição com a morte da pessoa. Se fosse um fato isolado poder-se-ia atribuí-lo ao acaso, mas como é bastante frequente o acaso não o explica. Se aquele que viu a aparição houvesse tido a ideia de que a pessoa estava para morrer, ainda bem. Mas a aparição é na maioria das vezes da pessoa de quem menos se pensa: a imaginação, portanto, nada tem com isso.

Ainda menos se pode explicar pela imaginação o conhecimento das circunstâncias da morte, de que nada se sabia. Os partidários

---

[11] As explicações atuais ainda são incompletas. Somente com as pesquisas parapsicológicas a Ciência começou a avançar, recentemente, no rumo certo que o Espiritismo indicou há mais de um século: às razões psicofisiológicas é necessário acrescentar as espirituais. (N. do T.)

da alucinação dirão que a alma (se é que admitem a alma) tem momentos de superexcitação em que as suas faculdades são exaltadas? Estamos de acordo, mas, quando o que ela vê é real, não se trata de ilusão. Se na sua exaltação a alma vê à distância, é que ela se transporta, e, se a nossa alma pode se transportar, por que a da outra pessoa não se transportaria para nos ver? Que na sua teoria da alucinação queiram levar em conta esses fatos, não se esquecendo de que uma teoria a que se podem opor fatos que a contrariem é necessariamente falsa ou incompleta. Enquanto esperamos a sua explicação, vamos tentar emitir algumas ideias a respeito.[12]

113. Os fatos provam que há aparições verdadeiras, que a teoria espírita explica perfeitamente, e que só podem negar os que nada admitem fora do organismo. Mas ao lado dessas visões reais existem alucinações, no sentido que se dá à palavra? Não se pode duvidar. Qual a sua origem? São os Espíritos que nos colocam na pista, pois a explicação nos parece estar inteira nas respostas às seguintes perguntas:

1. As visões são sempre reais, ou são algumas vezes efeito da imaginação? Quando vemos em sonho, ou de outra maneira, o Diabo ou outras coisas fantásticas, que portanto não existem, não se trata apenas de imaginação?

– Sim, algumas vezes, quando a pessoa está chocada por certas leituras ou por estórias de feitiçaria, lembra-se delas e acredita ver o que não existe. Mas já dissemos também que o Espírito, através do seu envoltório semimaterial, pode tomar todas as formas para se manifestar. Um Espírito brincalhão pode aparecer com chifres e garras, se o quiser, para zombar da credulidade, como um Espírito bom pode aparecer de asas e de maneira radiosa.

2. Podem-se considerar como aparições os rostos e outras imagens que muitas vezes se mostram quando cochilamos ou simplesmente quando fechamos os olhos?

– Quando os sentidos se entorpecem, o Espírito se libera e pode ver, perto ou à distância, o que não podia ver com os olhos. Essas imagens quase sempre são visões, mas podem ser também o efeito de impressões que a vista de certos objetos deixou no

[12] Kardec já mostrava, há cento e tantos anos, a insuficiência das hipóteses do inconsciente excitado com que ainda hoje alguns adversários, travestidos de parapsicólogos, tentam explicar fenômenos tipicamente espirituais. Veja-se a precisão da frase: *a alma tem momentos de superexcitação em que as suas faculdades são exaltadas.* Os teóricos atuais, ainda confirmando a previsão de Kardec, referem-se à mente, procurando excluir a alma dos fenômenos para não dar margem às interpretações espíritas. Mas a verdade é que as teorias deste livro estão sendo confirmadas dia a dia nas pesquisas parapsicológicas, queiram ou não queiram os contraditores. (N. do T.)

cérebro, que conserva os seus traços como conserva os sons. O Espírito liberto vê então no seu próprio cérebro as impressões ali fixadas como numa chapa fotográfica. A variedade e a mistura dessas impressões formam conjuntos bizarros e fugidios, que se esfumam quase imediatamente, malgrado os esforços que se façam para retê-los. É a uma causa semelhante que se devem atribuir certas aparições fantásticas que nada têm de real e se produzem frequentemente nas doenças.

Admite-se que a memória é o resultado das impressões conservadas pelo cérebro. Mas por que estranho fenômeno essas impressões tão variadas e múltiplas não se confundem? Eis um mistério impenetrável, mas não mais estranho que o das ondas sonoras que se cruzam no ar e se conservam distintas. Num cérebro são e bem organizado essas impressões são nítidas e precisas; num estado menos favorável se diluem e se confundem; daí a perda de memória ou a confusão de ideias. Isso parece menos estranho quando se admite, como na frenologia, uma destinação especial para cada parte e mesmo para cada fibra do cérebro.

As imagens transmitidas ao cérebro pelos olhos deixam ali a sua impressão, que permite lembrar-se de um quadro como se ele estivesse presente, embora se trate de uma questão de memória, pois nada se vê. Ora, num estado de emancipação, a alma pode ver o cérebro e nele reencontra essas imagens, sobretudo as que mais a tocaram, segundo a natureza das suas preocupações ou disposições íntimas. É assim que reencontra a impressão das cenas religiosas, diabólicas, dramáticas, mundanas, das figuras de animais bizarros que viu outrora em pintura ou ouviu em narrações, porque estas deixam também as suas impressões. Assim, a alma vê realmente, mas apenas uma imagem fotográfica no cérebro.

No estado normal essas imagens são fugitivas, efêmeras, porque todas as seções cerebrais funcionam livremente. Mas na doença o cérebro se enfraquece, desaparece o equilíbrio geral dos órgãos cerebrais, somente alguns se mantêm ativos enquanto outros de certa maneira são paralisados. Decorre disso permanência de certas imagens que não se esvaem, como no estado normal, com as preocupações da vida exterior. Essa a verdadeira alucinação e a causa primária das ideias fixas.

Como se vê, explicamos essa anomalia por uma lei fisiológica muito conhecida, que é a das impressões cerebrais. Mas foi sempre necessário fazer intervir a alma. Ora, se os materialistas ainda não puderam dar uma solução satisfatória desse fenômeno, é por não quererem admitir a alma. Por isso dirão que a nossa explicação é má, pois nos apoiamos num princípio que é contestado. Mas contestado por quem? Por eles, e admitido pela imensa maioria, desde que há homens na Terra. A negação de alguns não pode constituir-se em lei.

Nossa explicação é boa? Damo-la pelo que possa valer na falta de outra e, se quiserem, a título de simples hipótese, à espera de melhor. Como está, pode explicar todos os casos de visões? Certamente não, mas desafiamos todos os fisiologistas a apresentarem uma que, segundo as suas opiniões exclusivas, expliquem todos. Porque nada apresentam quando pronunciam as palavras sacramentais de superexcitação e exaltação. Pois se todas as teorias sobre a alucinação são insuficientes para explicar todos os fatos, é que há no caso algo mais do que a alucinação propriamente dita. Nossa teoria seria falsa se a aplicássemos a todos os casos de visões, pois alguns poderiam contradizê-la. Pode ser justa, se aplicada a apenas alguns efeitos.[13]

---

[13] As teorias atuais da alucinação referem-se em geral a alterações do sistema nervoso, com excitação dos neurônios sensoriais, especialmente os da visão e da audição. Insiste-se na explicação fisiológica de todos os casos. Mas a recente aceitação científica dos fenômenos paranormais abriu novas perspectivas nesse campo. Os casos referidos por Kardec são aceitos como de natureza extrafísica por toda a escola psicológica de Rhine, e mesmo as escolas fisiológicas admitem a veracidade das percepções à distância, da transmissão do pensamento, das previsões e da retrocognição ou visão do passado. Pratt e outros, nos Estados Unidos, pesquisam com o nome de fenômenos *theta* os casos de comunicação espírita. A alma, como afirma Kardec, mostra-se novamente indispensável à formulação de uma teoria satisfatória da alucinação. (N. do T.)

CAPÍTULO VII

BICORPOREIDADE E TRANSFIGURAÇÃO

APARIÇÕES DE ESPÍRITOS DE VIVOS – HOMENS DUPLOS – SANTO AFONSO DE LIGUORI E SANTO ANTÔNIO DE PÁDUA – VESPASIANO – TRANSFIGURAÇÃO – INVISIBILIDADE

114. Esses dois fenômenos são variedades de manifestações visuais. Por mais maravilhosos que possam parecer à primeira vista, facilmente se reconhecerá, pelas explicações que deles se podem dar, que não saem da ordem dos fenômenos naturais. Ambos se fundam no princípio de que tudo o que foi dito sobre as propriedades do perispírito após a morte se aplica ao perispírito dos vivos.

Sabemos que o Espírito, durante o sono, recobra em parte a sua liberdade, ou seja, que ele se afasta do corpo. E é nesse estado que muitas vezes temos a ocasião de observá-lo. Mas o Espírito, tanto do vivo quanto do morto, tem sempre o seu envoltório semimaterial, que pelas mesmas causas já referidas pode adquirir a visibilidade e a tangibilidade. Há casos bastante positivos que não podem deixar nenhuma dúvida a esse respeito. Citaremos somente alguns exemplos de nosso conhecimento pessoal, cuja exatidão podemos garantir, pois todos estão em condições de acrescentar outros, recorrendo às suas lembranças.

115. A mulher de um nosso amigo viu repetidas vezes, durante a noite, entrar no seu quarto, com luz acesa ou no escuro, uma vendedora de frutas da vizinhança que ela conhecia de vista, mas com a qual nunca havia falado. Essa aparição a deixou muito apavorada, tanto mais que a senhora, na época, nada conhecia de Espiritismo e o fênomeno se repetia com frequência. A vendedora estava perfeitamente viva e decerto dormia naquela hora. Enquanto o seu corpo material estava em casa, seu Espírito e seu corpo fluídico estavam na casa da senhora. Qual o motivo? Não se sabe. Nesse caso, um espírita já experimentado lhe teria feito a pergunta, mas a senhora nem sequer teve essa ideia. A aparição sempre se desfazia sem que ela soubesse como, e sempre, após o seu desaparecimento, ela ia ver se todas as portas estavam bem fechadas, assegurando-se de que ninguém poderia ter entrado no seu quarto.

Essa precaução mostra que ela estava bem acordada e não era iludida por um sonho. De outra vez ela viu, da mesma maneira, um homem desconhecido, mas um dia viu seu irmão, que então se encontrava na Califórnia. A aparência era tão real que, no primeiro momento, pensou que ele havia regressado e quis falar-lhe, mas ele desapareceu sem lhe dar tempo. Uma carta recebida depois lhe provou que ele não havia morrido. Esta senhora era o que se pode chamar um médium vidente natural. Mas nessa época, como já dissemos, ela nunca ouvira falar de médiuns.

116. Outra senhora que reside na província, estando gravemente enferma, viu certa noite, cerca das dez horas, um senhor idoso da sua mesma cidade, que encontrava às vezes na sociedade mas com o qual não tinha intimidade. Estava sentado numa poltrona ao pé da sua cama e de vez em quando tomava uma pitada de rapé. Parecia velar por ela. Surpresa com essa visita àquela hora, quis perguntar-lhe o motivo, mas o senhor lhe fez sinal para não falar e dormir. Várias vezes tentou falar-lhe, e de cada vez ele repetia a recomendação. Acabou por adormecer.

Alguns dias depois, já restabelecida, recebeu a visita do mesmo senhor, mas em hora conveniente e de fato em pessoa. Estava vestido da mesma maneira, com a mesma tabaqueira e precisamente com os mesmos gestos. Certa de que ele a visitara durante a doença, agradeceu-lhe o trabalho que tivera. O senhor, muito espantado, disse que há tempos não tinha o prazer de vê-la. A senhora, que conhecia os fenômenos espíritas, compreendeu o que se passara, mas, não querendo entrar em explicações a respeito, contentou-se em dizer que provavelmente sonhara.

O provável é isso, dirão os incrédulos, os espíritos fortes, os que por essa expressão entendem pessoas esclarecidas. Mas o que consta é que essa senhora não dormia tanto como a outra. – Então sonhava acordada, ou seja, teve uma alucinação. – Eis a palavra final, a explicação de tudo o que não se compreende. Como já refutamos suficientemente essa objeção, prosseguiremos para aqueles que podem compreender-nos.

117. Eis, porém, um caso mais característico, e gostaríamos de ver como se poderia explicá-lo por um simples jogo de imaginação.

Um senhor, residente na província, jamais quis se casar, malgrado as instâncias da família. Haviam principalmente insistido a favor de uma jovem de cidade vizinha, que ele nunca vira. Certo dia, em seu quarto, foi surpreendido com a presença de uma jovem vestida de branco, a fronte ornada por uma coroa de flores.

Ela lhe disse que era a sua noiva, estendeu-lhe a mão, que ele tomou nas suas e notou que tinha um anel. Em poucos instantes tudo desapareceu. Surpreso com essa aparição, e seguro de que estava bem acordado, procurou informar-se se alguém havia chegado durante o dia. Responderam-lhe que ninguém fora visto na casa.

Um ano depois, cedendo a novas solicitações de um parente, decidiu-se a ir ver aquela que lhe propunham. Chegou no Dia de Corpus Christi. Todos voltavam da procissão e uma das primeiras pessoas que viu, ao entrar na casa, foi uma jovem que reconheceu como a que lhe aparecera. Estava vestida da mesma maneira, pois o dia da aparição havia sido também o de Corpus Christi. Ficou atônito, e a moça, por sua vez, gritou de surpresa e sentiu-se mal. Voltando a si, ela explicou que já vira aquele senhor, nesse mesmo dia, no ano anterior. O casamento se realizou. Estava-se em 1835. Nesse tempo não se tratava dos Espíritos, e além disso ambos são pessoas extremamente positivas, dotadas da imaginação menos exaltada que pode haver no mundo.

Poderão dizer que ambos estavam tocados pela ideia da união proposta e que essa preocupação provocou uma alucinação. Mas não se deve esquecer que o futuro marido permanecera tão indiferente ao caso, que passou um ano sem ir ver a noiva que lhe ofereciam. Mesmo admitindo-se essa hipótese, restaria a explicar a semelhança da aparição, a coincidência das vestes com o Dia de Corpus Christi, e finalmente o reconhecimento físico entre pessoas que jamais se haviam visto, circunstâncias que não podem ser produzidas pela imaginação.[1]

118. Antes de prosseguir, devemos responder a uma pergunta que inevitavelmente será feita: como o corpo pode viver enquanto o Espírito se ausenta? Poderíamos dizer que o corpo se mantém pela vida orgânica, que independe da presença do Espírito, como se prova pelas plantas, que vivem e não têm Espírito. Mas devemos acrescentar que, durante a vida, o Espírito jamais se retira completamente do corpo.

Os Espíritos, como alguns médiuns videntes, reconhecem o Espírito de uma pessoa viva por um traço luminoso que termina

[1] Tenta-se hoje explicar os casos dessa natureza pela telepatia, como se vê no livro de Tyrrell: *Aparições*. Mas essas teorias parapsicológicas são apenas tentativas de escapar à explicação espírita e se tornam ridículas pelos expedientes absurdos de que têm de servir-se. Como notou o prof. Harry Price, da Universidade de Oxford, Inglaterra, o próprio Tyrrell reconhece que sua teoria "deixa grande quantidade de casos sem explicar". Isso no prefácio do livro. Na verdade, só a teoria espírita explica até hoje todos os casos, sem as incongruências dessas "hipóteses engenhosas", como Price chamou a de Tyrrell. (Ver: *Apparitions*, G. N. M. Tyrrell, Pantheon Books, New York, 1952, ou tradução castelhana: *Apariciones*, Editorial Paidós, Buenos Aires, Argentina, 1965, versão de Juan Rojo.) (N. do T.)

no seu corpo, fenômeno que jamais se verifica se o corpo estiver morto, pois então a separação é completa. É por meio dessa ligação que o Espírito é avisado, a qualquer distância que estiver, da necessidade de voltar ao corpo, o que faz com a rapidez do relâmpago. Disso resulta que o corpo nunca pode morrer durante a ausência do Espírito, e que nunca pode acontecer que o Espírito, ao voltar, encontre a porta fechada, como têm dito alguns romancistas em estórias para recrear. (*O Livro dos Espíritos,* ns. 400 e seguintes.)

119. Voltemos ao nosso assunto. O espírito de uma pessoa viva, afastado do corpo, pode aparecer como o de um morto, com todas as aparências da realidade. Além disso, pelos motivos que já explicamos, pode adquirir tangibilidade momentânea. Foi esse fenômeno, designado por bicorporeidade, que deu lugar às estórias de homens duplos, indivíduos cuja presença simultânea se constatou em dois lugares diversos. Eis dois exemplos tirados, não das lendas populares, mas da História Eclesiástica.

Santo Afonso de Liguori foi canonizado antes do tempo exigido por se haver mostrado simultaneamente em dois lugares diferentes, o que passou por milagre.

Santo Antônio de Pádua estava na Espanha e, no tempo em que ali pregava, seu pai, que se encontrava em Pádua, ia sendo levado ao suplício, acusado de assassinato. Nesse momento Santo Antônio aparece, demonstra a inocência do pai e dá a conhecer o verdadeiro criminoso que, mais tarde, sofreu o castigo. Constatou-se que naquele momento Santo Antônio não havia deixado a Espanha. Santo Afonso, evocado e interrogado por nós sobre o fato referido, deu as seguintes respostas:[2]

1. Poderias dar-nos a explicação desse fenômeno?

– Sim. Quando o homem se desmaterializou completamente por sua virtude, tendo elevado sua alma a Deus, pode aparecer em dois lugares ao mesmo tempo. Eis como: o Espírito encarnado, sentindo chegar o sono, pode pedir a Deus para se transportar a algum lugar. Seu Espírito ou sua alma, como quiseres, abandona então o corpo, seguido de uma porção do seu perispírito, e deixa a matéria imunda num estado vizinho da morte. Digo vizinho da morte porque o corpo permanece ligado ao perispírito e a alma à matéria, por um liame que não pode ser definido. O corpo aparece então no lugar pedido. Creio que é tudo o que desejas saber.

[2] Os Espíritos elevados não se recusam a ensinar os que sinceramente desejam aprender. A evocação é um apelo humilde e não uma fórmula exigente. Kardec só fazia as evocações que fossem aprovadas pelo guia da Sociedade Parisiense de Estudos Espíritas, que era São Luís. Veja-se, na *Revista Espírita*, a seção Palestras Familiares de Além-túmulo e a seção de boletins dos trabalhos da Sociedade. (N. do T.)

2. Isso não nos dá a explicação da visibilidade e da tangibilidade do perispírito?

– Estando desligado da matéria, segundo o seu grau de elevação, o Espírito pode se tornar tangível à matéria.

3. É indispensável o sono do corpo para o aparecimento do Espírito em outros lugares?

– A alma pode se dividir quando se deixa levar para longe do corpo. Pode ser que o corpo não durma, embora seja isso muito raro, mas então não estará em perfeita normalidade. Estará sempre mais ou menos em êxtase.[3]

Nota – *A alma não se divide, no sentido literal da palavra. Ela irradia em várias direções e pode assim manifestar-se em muitos lugares, sem se fragmentar. É o mesmo que se dá com a luz ao refletir-se em muitos espelhos.*

4. Estando um homem mergulhado no sono, enquanto seu Espírito aparece ao longe, que aconteceria se fosse subitamente despertado?

– Isso não aconteceria, porque se alguém tivesse a intenção de acordá-lo o Espírito voltaria ao corpo, antecipando a intenção, pois o Espírito lê o pensamento.

Nota – *Explicação inteiramente idêntica nos foi dada muitas vezes por Espíritos de pessoas mortas ou vivas. Santo Afonso explica o fato da presença dupla, mas não oferece a teoria da visibilidade e da tangibilidade.*

120. Tácito refere-se a um caso semelhante.

Durante os meses que Vespasiano passou em Alexandria, esperando a volta periódica dos ventos estivais e da estação em que o mar oferece segurança, muitos prodígios aconteceram, pelos quais se manifestaram a proteção do céu e o interesse dos deuses por aquele príncipe.

Esses prodígios aumentaram o desejo de Vespasiano de visitar a morada dos deuses para consultá-los a respeito do Império. Ordenou que o templo fosse fechado para todos. Entrou e estava inteiramente atento ao que o oráculo ia pronunciar, quando percebeu atrás dele um dos egípcios mais importantes, chamado

---

[3] Ernesto Bozzano relata casos de comunicações por psicografia ou aparição de pessoas em estado de vigília, mas sempre em momentos de distração ou cochilo. As pesquisas parapsicológicas atuais consideram esses casos como de telepatia, mas sempre admitindo um estado de inconsciência ou semiconsciência como condição necessária. Muitos parapsicólogos já admitem o fenômeno de "projeção do eu", que corresponde à "irradiação da alma" de que trata Kardec na nota seguinte à explicação de Santo Afonso. (N. do T.)

Basilido, que ele sabia estar doente em lugar distante muitos dias de Alexandria. Perguntou aos sacerdotes se Basilido viera ao templo naquele dia, informou-se com os transeuntes se o tinham visto na cidade e enviou homens a cavalo e assegurou-se de que, no momento, ele se encontrava a oitenta milhas de distância. Então não teve mais dúvidas de que a visão era sobrenatural e o nome de Basilido ficou sendo para ele um oráculo. (Tácito, *Histórias*, livro IV, caps. 81 e 82, tradução de Burnouf.)[4]

121. A pessoa que se mostra simultaneamente em dois lugares diversos tem portanto dois corpos. Mas desses corpos só um é real, o outro não passa de aparência. Pode-se dizer que o primeiro tem a vida orgânica e o segundo a anímica. Ao acordar os dois corpos se reúnem e a vida anímica penetra o corpo material. Não parece possível, pois não temos exemplos, e a razão parece demonstrar que, quando separados, os dois corpos possam gozar simultaneamente e no mesmo grau da vida ativa e inteligente. Ressalta, ainda, o que acabamos de dizer, que o corpo real não poderia morrer enquanto o corpo aparente permanece visível: a aproximação da morte chama sempre o Espírito para o corpo, mesmo que só por um instante. Disso resulta também que o corpo aparente não poderia ser assassinado, pois não é orgânico e nem formado de carne e osso: desaparece no momento em que se quiser matá-lo.[5]

122. Passemos a tratar do segundo fenômeno, o da transfiguração, que consiste na modificação do aspecto de um corpo vivo. Eis, a respeito, um caso cuja perfeita autenticidade podemos garantir, ocorrido entre os anos de 1858 e 1859, nas cercanias de Saint-Étienne.

Uma jovem de uns quinze anos gozava da estranha faculdade de se transfigurar, ou seja, de tomar em dados momentos todas as aparências de algumas pessoas mortas. A ilusão era tão completa que se acreditava estar na presença da pessoa, tamanha a semelhança dos traços do rosto, do olhar, da tonalidade da voz e até mesmo

---

[4] Este episódio histórico adquire maior importância quando sabemos que os egípcios se dedicavam a práticas de desdobramento ou "projeção do eu", servindo-se até mesmo de drogas alucinógenas em seus templos. Experiências atuais confirmam esses fatos. (N. do T.)

[5] Ver, na *Revista Espírita* de janeiro de 1859, o artigo "O Duende de Bayonne"; de maio de 1859, "O liame entre o Espírito e o corpo"; de novembro de 1859, "A alma errante"; de janeiro de 1860, "Espírito de um lado e corpo de outro"; de março de 1860, "Estudos sobre o Espírito de pessoas vivas, o doutor V e a senhorita I"; de abril de 1860, "O fabricante de São Petersburgo, aparições tangíveis"; de novembro de 1860, "História de Maria d'Agreda"; de julho de 1861, "Uma aparição providencial". (Nota de Allan Kardec.)

das expressões usuais na linguagem. Esse fenômeno repetiu-se centenas de vezes, sem qualquer interferência da vontade da jovem. Muitas vezes tomou a aparência de seu irmão, falecido alguns anos antes, reproduzindo-lhe não somente o semblante, mas também o porte e a corpulência.

Um médico local, que muitas vezes presenciara esses estranhos fenômenos, querendo assegurar-se de que não era vítima de ilusão, fez interessante experiência. Colhemos as informações dele mesmo, do pai da moça e de muitas outras testemunhas oculares, bastante honradas e dignas de fé. Teve ele a ideia de pesar a jovem no seu estado normal e durante a transfiguração, quando ela tomava a aparência do irmão que morrera aos vinte anos e era muito maior e mais forte do que ela. Pois bem: verificou que na transfiguração o peso da moça era quase o dobro.

A experiência foi conclusiva, sendo impossível atribuir a aparência a uma simples ilusão de óptica. Tentemos explicar esse fato, que sempre foi chamado de milagre, mas que chamamos simplesmente de fenômeno.

123. A transfiguração pode ocorrer, em certos casos, por uma simples contração muscular, que dá à fisionomia expressão muito diferente, a ponto de tornar a pessoa irreconhecível. Observamo-la frequentemente com alguns sonâmbulos. Mas, nesses casos, a transformação não é radical. Uma mulher poderá parecer jovem ou velha, bela ou feia, mas será sempre mulher e seu peso não aumentará nem diminuirá. No caso de que tratamos é evidente que há algo mais. A teoria do perispírito nos vai pôr no caminho.

Admite-se em princípio que o Espírito pode dar ao seu perispírito todas as aparências. Que, por uma modificação das disposições moleculares, pode lhe dar a visibilidade, a tangibilidade e, em consequência, a opacidade. Que o perispírito de uma pessoa viva, fora do corpo, pode passar pelas mesmas transformações e que essa mudança de estado se realiza por meio da combinação dos fluidos.

Imaginemos então o perispírito de uma pessoa viva, não fora do corpo, mas irradiando ao redor do corpo de maneira a envolvê-lo como uma espécie de vapor. Nesse estado ele pode sofrer as mesmas modificações de quando separado. Se perder a transparência, o corpo pode desaparecer, tornar-se invisível, velar-se como se estivesse mergulhado num nevoeiro. Poderá mesmo mudar de aspecto, ficar brilhante, de acordo com a vontade ou o poder do Espírito. Outro Espírito, combinando o seu fluido com esse, pode substituir a aparência dessa pessoa, de maneira que o corpo real desapareça, coberto por um envoltório físico exterior cuja aparência poderá variar como o Espírito quiser.

Essa parece ser a verdadeira causa do fenômeno estranho e raro, convém dizer, da transfiguração. Quanto à diferença de peso, explica-se da mesma maneira que a dos corpos inertes. O peso do próprio corpo não varia, porque a sua quantidade de matéria não aumenta, mas o corpo sofre a influência de um agente exterior que pode aumentar-lhe ou diminuir-lhe o peso relativo, segundo explicamos nos números 78 e seguintes. É provável, portanto, que a transfiguração na forma de uma criança diminua o peso de maneira proporcional.

124. Concebe-se que o corpo possa tomar uma aparência maior que a sua ou das mesmas dimensões, mas como poderia tornar-se menor, do tamanho de uma criança, como acabamos de dizer? Nesse caso, o corpo real não deveria ultrapassar os limites do corpo aparente? Por isso não dizemos que o fato se tenha verificado, mas quisemos apenas mostrar, referindo-nos à teoria do peso específico, que o peso aparente poderia também diminuir.

Quanto ao fenômeno em si, não afirmamos nem negamos a sua possibilidade. No caso de ocorrer, o fato de não se poder explicá-lo satisfatoriamente não o infirmaria. É preciso não esquecer que estamos no começo desta ciência e que ela ainda está longe de haver dito sua última palavra sobre este ponto, como sobre muitos outros. Aliás, as partes excedentes do corpo poderiam perfeitamente ser tornadas invisíveis.

A teoria do fenômeno da invisibilidade ressalta naturalmente das explicações precedentes e das que se referem ao fenômeno de transportes, ns. 96 e seguintes.[6]

125. Teríamos ainda de falar do estranho fenômeno dos agêneres, que, por mais extraordinário que possa parecer à primeira vista, não é mais sobrenatural do que os outros. Mas, como já o explicamos na *Revista Espírita* (fevereiro de 1859), achamos inútil repetir aqui os seus detalhes.[7]

Diremos apenas que é uma variedade de aparições tangíveis. É uma condição em que certos Espíritos podem revestir

[6] Há numerosos casos de observação de uma máscara transparente sobre o rosto do médium, reproduzindo o rosto do Espírito comunicante. Observamos um desses casos em 1946, em São Paulo, com o médium Urbano de Assis Xavier. Nesses casos, como se vê acima, a máscara se forma pela combinação fluídica do perispírito do médium com o do Espírito comunicante. É fenômeno de sintonia e não de penetração do Espírito no corpo do médium. (N. do T.)

[7] Como se vê, a *teoria dos agêneres* se encontra apenas na *Revista Espírita,* o que ressalta a importância dessa coleção de Kardec, somente agora publicada em nossa língua. (N. do T.)

momentaneamente as formas de uma pessoa viva, a ponto de produzir perfeita ilusão. (Do grego: a, privativo, e *géine*, *géinomai*, gerado: não gerado.)[8]

[8] Estas explicações de Kardec foram posteriormente confirmadas por numerosas experiências científicas e ocorrências espontâneas, em todas as partes do mundo. Nada, a não ser hipóteses gratuitas, que caíram sucessivamente por si mesmas, até hoje pôde contradizer as teorias apresentadas neste capítulo. As experiências metapsíquicas, desde as realizadas pelo prof. Karl Friedrik Zölner, da Universidade de Leipzig, na Alemanha, com notável equipe de pesquisadores, até as experiências famosas de Richet, Gustave Geley, Eugene Osty, Paul Gibier, na França, explicam-se por estas teorias. Recentemente, no campo das pesquisas parapsicológicas, mais restritas e cautelosas, a confirmação vem se fazendo da mesma maneira. As experiências de Soal e Wathely Carington, na Universidade de Cambridge, Inglaterra, com levitação e voz direta; as de Harry Price, da Universidade de Oxford, com telecinesia (movimento, ocultação e reaparecimento de objetos); os relatos de Louise Rhine, da Duke University, EUA, sobre "alucinações visuais referentes a mortos"; e os de Karl Gustav Jung no mesmo sentido provam isso. (N. do T.)

CAPÍTULO VIII

LABORATÓRIO DO MUNDO INVISÍVEL

VESTUÁRIO DOS ESPÍRITOS – FORMAÇÃO ESPONTÂNEA DE OBJETOS TANGÍVEIS – MODIFICAÇÃO DAS PROPRIEDADES DA MATÉRIA – AÇÃO MAGNÉTICA CURADORA

126. Dissemos que os Espíritos se apresentam vestidos de túnicas, envoltos em panos flutuantes ou com as roupas comuns. Os panos flutuantes parecem ser de uso geral no mundo dos Espíritos. Mas pergunta-se onde eles encontram roupas inteiramente semelhantes às que usavam em vida, com todos os acessórios do traje. É evidente que não levaram esses objetos com eles, pois que ainda se encontram conosco. De onde provêm então os que eles usam no outro mundo?

Esta questão era bastante intrigante, mas para muitas pessoas não passava de simples curiosidade. Não obstante, implicava um problema de grande importância, pois sua solução nos encaminhou à descoberta de uma lei geral que igualmente se aplica ao nosso mundo corpóreo. Numerosos fatos vieram complicar o assunto e demonstrar a insuficiência das teorias aventadas.

Até certo ponto seria admissível a existência do traje porque se pode considerá-lo como de alguma maneira fazendo parte do indivíduo. Já não se dá o mesmo, porém, com os objetos acessórios, como a tabaqueira do visitante da senhora doente de que tratamos no n.º 116. Notemos que naquele caso não se tratava de um morto, mas de um vivo, e que o visitante ao voltar em pessoa tinha uma tabaqueira inteiramente igual. Onde, pois, o seu Espírito encontrara a que usava ao pé do leito da senhora doente? Poderíamos citar numerosos casos em que Espíritos de mortos ou de vivos apareceram com diversos objetos, como bengalas, armas, cachimbos, lanternas, livros, etc.

Tivemos então a ideia de que os corpos inertes poderiam possuir correspondentes etéreos no mundo invisível, que a matéria condensada que forma os objetos poderia ter uma parte quintessenciada inacessível aos nossos sentidos.[1] Essa doutrina

[1] Essa teoria do *duplo etéreo* das coisas seria verdadeira tanto para o Espiritismo quanto para outras correntes espiritualistas, mas não se aplica ao caso das aparições. A explicação dos Espíritos revela mais uma vez a sua independência em relação às ideias admitidas, mesmo tradicionalmente, em nossos sistemas. (N. do T.)

não era destituída de verossimilhança, mas não podia explicar todos os fatos. Havia um, sobretudo, que parecia desafiar todas as interpretações. Até então se tratava apenas de imagens ou aparências, e já vimos que o perispírito pode adquirir as propriedades da matéria e tornar-se tangível. Mas essa tangibilidade é passageira e os corpos sólidos se desvanecem como sombras.

Não há dúvida de que se trata de fenômeno extraordinário, mas o que o ultrapassa é a produção de matéria sólida persistente, provada por numerosos fatos autênticos, notadamente os de escrita direta de que trataremos com minúcias em capítulo especial. Entretanto, como esses fenômenos se ligam intimamente ao assunto em causa, representando uma das suas manifestações mais positivas, anteciparemos a ordem em que deviam aparecer.

127. A escrita direta ou *pneumatografia* é a que se produz espontaneamente, sem o concurso das mãos do médium nem do lápis.[2] Basta tomar uma folha de papel em branco, o que se pode fazer com todas as precauções necessárias para se prevenir qualquer fraude, dobrá-la e depositá-la em algum lugar, numa gaveta ou sobre um móvel. Se houver condições, dentro de algum tempo aparecerão, traçados no papel, letras ou sinais diversos, palavras, frases e até mesmo comunicações. Na maioria das vezes com uma substância escura, semelhante à grafita, e de outras com lápis vermelho, tinta comum e mesmo tinta de impressão.

Eis o fato em toda a sua simplicidade e cuja reprodução, embora pouco comum, não é tão rara, pois há pessoas que a conseguem com muita facilidade. Pondo-se um lápis junto com o papel, poder-se-ia crer que o Espírito o utilizou, mas se o papel estiver só é evidente que a escrita foi produzida por matéria nele depositada. De onde o Espírito tomou essa matéria? Essa a questão a cuja solução fomos levados pela tabaqueira a que há pouco nos referimos.

128. Foi o Espírito São Luís que nos deu a solução, com as seguintes respostas:

1. Citamos um caso de aparição do Espírito de pessoa viva. Esse Espírito tinha uma tabaqueira e tomava pitadas. Experimentava ele a sensação que experimentamos no caso?

– Não.

2. A tabaqueira tinha a mesma forma da que ele usava habitualmente e que estava em sua casa. Que era essa tabaqueira nas mãos desse homem?

---

[2] Posteriormente admitiu-se a escrita direta por meio de lápis e outros instrumentos, mas sem o uso das mãos. Ver as experiências de Zölner com o médium Slade, em *Provas Científicas da Sobrevivência*. (N. do T.)

– Uma aparência. Era para ser notada, como foi, e para que a aparição não fosse tomada por alucinação produzida pelo estado de saúde da vidente. O Espírito queria que a senhora acreditasse na realidade da sua presença e tomou todas as aparências da realidade.

3. Disseste que era uma aparência, mas uma aparência nada tem de real, é como uma ilusão de óptica. Queremos saber se essa tabaqueira era uma imagem irreal ou se havia nela algo de material.

– Certamente. É com a ajuda desse princípio material que o Espírito aparenta vestir-se com roupas semelhantes às que usava quando vivo.

Observação – *É evidente que devemos entender a palavra aparência no seu sentido de aspecto, de imitação. A tabaqueira real não estava com o Espírito. A que ele segurava era apenas a sua representação. Era, pois, uma aparência, em relação ao original, embora constituída por um princípio material.*

A experiência nos ensina que não devemos tomar sempre ao pé da letra as expressões usadas pelos Espíritos. Interpretando-as segundo as nossas ideias, expomo-nos a grandes decepções. É por isso que precisamos aprofundar o sentido de suas palavras quando apresentam a menor ambiguidade.

Essa recomendação os próprios Espíritos nos fazem constantemente. Sem a explicação que provocamos, a palavra aparência, sempre repetida nos casos semelhantes, poderia ser falsamente interpretada.[3]

4. Seria um desdobramento da matéria inerte? Haveria no mundo invisível uma matéria essencial que revestiria as formas dos objetos que vemos? Numa palavra, esses objetos teriam o seu duplo etéreo no mundo invisível, como os homens são ali representados pelos Espíritos?

– Não é assim que isso se dá. O Espírito dispõe, sobre os elementos materiais dispersos por todo o espaço da vossa atmosfera, de um poder que estais longe de suspeitar. Ele pode concentrar esses elementos pela sua vontade e dar-lhe a forma aparente que convenha às suas intenções.

Observação – *Essa pergunta, como se vê, era a tradução do nosso pensamento, da ideia que havíamos formado sobre a natureza desses objetos. Se as respostas fossem, como pretendem alguns,*

---

[3] Esta observação de Kardec é da maior importância para todos os que se dedicam ao Espiritismo prático. Os Espíritos estão num mundo diferente do nosso e mesmo quando usam a nossa linguagem esta nem sempre corresponde à nossa maneira de ver. Precisamos estar atentos ao que dizem e provocar todos os esclarecimentos que nos parecem necessários. O problema da linguagem dos Espíritos, já levantado por Kardec, requer estudos aprofundados que ainda estão por ser feitos. (N. do T.)

o reflexo do pensamento do interpelante, teríamos obtido a confirmação da nossa teoria, em vez da teoria contrária.

5. Coloco de novo a questão de maneira categórica, a fim de evitar qualquer equívoco: as roupas dos Espíritos são alguma coisa?

– Parece-me que a resposta precedente resolve a questão. Não sabes que o próprio perispírito é alguma coisa?

6. Resulta desta explicação que os Espíritos submetem a matéria etérea às transformações que desejam. Assim, por exemplo, no caso da tabaqueira, o Espírito não a encontrou feita, mas ele mesmo a produziu, quando dela necessitou, por um ato da sua vontade, e da mesma maneira a desfez. É isso mesmo que se dá com todos os outros objetos, como as roupas, as joias, etc.?

– Mas é evidente.

7. Essa tabaqueira foi vista pela senhora como se fosse real. O Espírito poderia torná-la tangível para ela?

– Poderia.

8. Se fosse o caso, a senhora poderia pegá-la, acreditando ter nas mãos uma tabaqueira real?

– Sim.

9. Se ela abrisse, provavelmente encontraria tabaco, e se o tomasse espirraria?

– Sim.

10. Então o Espírito pode dar não somente a forma do objeto, mas também as suas propriedades especiais?

– Se o quiser. Foi em virtude desse princípio que respondi afirmativamente às perguntas anteriores. Terás provas da ação poderosa que o Espírito exerce sobre a matéria e que estás longe de supor, como já disse.

11. Suponhamos que ele quisesse fazer uma substância venenosa e que uma pessoa a tomasse. Ficaria envenenada?

– O Espírito poderia fazê-la, mas não a faria porque isso não lhe é permitido.

12. Poderia fazer uma substância salutar, apropriada à cura de uma doença, e isso já aconteceu?

– Sim, muitas vezes.

13. Poderia então, da mesma maneira, fazer uma substância alimentar? Suponhamos que fizesse uma fruta ou uma iguaria qualquer. Alguém poderia comê-la e sentir-se saciado?

– Sim, sim. Mas não procures tanto para achar o que é tão fácil de compreender. Basta um raio de sol para tornar perceptíveis aos vossos órgãos grosseiros as partículas materiais que enchem o espaço no meio do qual vives. Não sabes que o ar contém vapores d'água? Condensa-os e voltarão ao estado normal. Priva-os de calor e verás que essas moléculas impalpáveis e invisíveis se transformam num corpo sólido e bem sólido. Assim muitas outras substâncias de que os químicos ainda tirarão maravilhas mais espantosas. Mas acontece que o Espírito possui instrumentos mais perfeitos que os vossos: a vontade e a permissão de Deus.

Observação – *A questão da saciedade é neste caso muito importante. Como uma substância que só tem existência e propriedades temporárias e de certa maneira convencionais pode produzir a saciedade? Essa substância, em seu contato com o estômago, produz a sensação da saciedade, mas não a saciedade propriamente dita que resulta da plenitude. Se essa substância pode agir na economia orgânica e modificar um estado mórbido, pode também agir sobre o estômago e provocar uma sensação de saciedade. Mas pedimos aos senhores farmacêuticos e donos de restaurantes para não se enciumarem nem pensarem que os Espíritos lhes venham fazer concorrência. Esses casos são raros, excepcionais, e não dependem jamais da vontade de alguém, pois do contrário todos se alimentariam e curariam de maneira vantajosa.*

14. Os objetos que a vontade do Espírito tornou tangíveis poderiam permanecer nesse estado e ser usados?

– Isso poderia acontecer, mas isso não se faz porque é contrário às leis.

15. Todos os Espíritos têm no mesmo grau o poder de produzir objetos tangíveis?

– O certo é que o Espírito, quanto mais elevado, mais facilmente o consegue, mas isso também depende das circunstâncias: os Espíritos inferiores podem ter esse poder.

16. O Espírito tem sempre consciência da maneira pela qual produz as suas roupas ou os objetos que torna aparentes?

– Não. Muitas vezes ajuda a formá-los por uma ação instintiva, que ele mesmo não compreende, se não estiver suficientemente esclarecido para isso.

17. Se o Espírito pode tirar do elemento universal os materiais para essas produções, dando a essas coisas uma realidade temporária, com suas propriedades, pode também tirar o necessário para escrever, o que nos daria a chave do fenômeno de escrita direta?

– Afinal, chegaste onde querias!

Observação – *Com efeito, era a isso que desejávamos chegar com todas as nossas perguntas preliminares. A resposta prova que o Espírito lera o nosso pensamento.*

18. Se a matéria de que o Espírito se serve não tem persistência, como os traços da escrita direta não desaparecem?

– Não tires conclusões das palavras. Para começar, eu não disse: jamais. Tratava-se de objeto material volumoso. Nesse caso, são sinais escritos que é útil conservar e se conservam. O que eu quis dizer é que os objetos assim compostos pelo Espírito não poderiam tornar-se de uso, porque na realidade não possuem a mesma densidade material dos vossos corpos sólidos.

129. A teoria acima pode ser resumida assim: o Espírito age sobre a matéria; tira da matéria cósmica universal os elementos necessários para formar, como quiser, objetos com a aparência dos diversos corpos da Terra. Pode também operar, pela vontade, sobre a matéria elementar, uma transformação íntima que lhe dê certas propriedades. Essa faculdade é inerente à natureza do Espírito, que a exerce muitas vezes de maneira instintiva e, portanto, sem o perceber, quando se faz necessário. Os objetos formados pelo Espírito são de existência passageira, que depende da sua vontade ou da necessidade: ele pode fazê-los e desfazê-los a seu bel-prazer. Esses objetos podem, em certos casos, parecer para os vivos perfeitamente reais, tornando-se momentaneamente visíveis e mesmo tangíveis. Trata-se de formação e não de criação, pois o Espírito não pode tirar nada do nada.

130. A existência de uma matéria elementar única é hoje quase geralmente admitida pela ciência e os Espíritos a confirmam, como acabamos de ver. Essa matéria dá origem a todos os corpos da Natureza. As suas transformações determinam as diversas propriedades dos corpos. É assim que uma substância salutar pode tornar-se venenosa por uma simples modificação. A Química nos oferece numerosos exemplos nesse sentido.

Todos sabem que duas substâncias inofensivas, combinadas em certas proporções, podem resultar numa deletéria. Uma parte de oxigênio e duas de hidrogênio, ambas inofensivas, formam a água. Basta acrescentar um átomo de oxigênio e teremos um líquido corrosivo. Mesmo sem alterar as proporções, muitas vezes é suficiente uma simples modificação na forma de agregação molecular para mudar as propriedades. É assim que um corpo opaco pode tornar-se transparente e vice-versa.

Desde que o Espírito, através apenas da sua vontade, pode agir tão decisivamente sobre a matéria elementar, compreende-se que possa formar substâncias e até mesmo desnaturar as suas propriedades, usando a própria vontade como reativo.[4]

[4] Todas estas questões estão sendo hoje sancionadas pelo avanço da Ciência em seus vários ramos. O desenvolvimento da Física nuclear ampliou as possibilidades acima referidas por Kardec. Hoje se sabe que a matéria elementar é uma realidade e sua natureza não é atômica, mas subatômica. O fluido universal dos Espíritos, tão ridicularizado até há pouco, já é admitido pela Ciência com outros nomes: o oceano de elétrons livres da teoria de Dirac, os campos de força, o poder desconhecido que está por trás da energia, segundo Arthur Compton, e que parece ser pensamento, etc. Quanto à ação da vontade sobre a matéria, a Medicina Psicossomática e a Parapsicologia se incumbiram de prová-la, mesmo nos encarnados. (N. do T.)

131. Esta teoria nos dá a solução de um problema do magnetismo, bem conhecido mas até hoje inexplicado, que é o fato da modificação das propriedades da água pela vontade. O Espírito agente é o do magnetizador, na maioria das vezes assistido por um Espírito desencarnado. Ele opera uma transmutação por meio do fluido magnético, que, como já dissemos, é a substância que mais se aproxima da matéria cósmica ou elemento universal. E, se ele pode produzir uma modificação nas propriedades da água, pode igualmente fazê-lo no tocante aos fluidos orgânicos, do que resulta o efeito curativo da ação magnética convenientemente dirigida.

Sabe-se o papel capital da vontade em todos os fenômenos magnéticos. Mas como explicar a ação material de um agente tão sutil? A vontade não é uma entidade, uma substância e nem mesmo uma propriedade da matéria mais eterizada: é o atributo essencial do Espírito, ou seja, do ser pensante. Com a ajuda dessa alavanca ele age sobre a matéria elementar e em seguida reage sobre os seus componentes, com o que as propriedades íntimas podem ser transformadas.

A vontade é atributo do Espírito encarnado ou errante. Daí o poder do magnetizador, que sabemos estar na razão da força da vontade. O Espírito encarnado pode agir sobre a matéria elementar e portanto modificar as propriedades das coisas dentro de certos limites. Assim se explica a faculdade de curar pelo contato e a imposição das mãos, que algumas pessoas possuem num elevado grau. (Ver no capítulo sobre os *Médiuns* o tópico referente a *médiuns curadores.* Ver ainda na *Revista Espírita,* n.º de julho de 1859, os artigos *O zuavo de Magenta* e *Um oficial do Exército da Itália.*)[5]

---

[5] Os estudos de Hipnotismo científico definiram a hipnose como simples sugestão, relegando ao passado o problema da ação *fluídica*, considerada como superstição. Mas o magnetismo é elemento natural, cujas manifestações e aplicações não se limitam ao tipo de hipnose clínica. Nesta, ele se manifesta em função autógena, mas a maioria de suas manifestações são exógenas. A modificação das propriedades da água pode ocorrer como simples sugestão, limitada ao paciente, mas há também fenômenos materiais de alteração dessas propriedades, perceptíveis por todos. No primeiro caso não houve modificação alguma na água, mas apenas na percepção do paciente. No segundo, as modificações são reais. Os casos dessa natureza ocorrem facilmente com médiuns de efeitos físicos. Atualmente os parapsicólogos procuram explicar esses fenômenos como *ação da mente sobre a matéria*, com a denominação técnica de *psicocinesia*. Também neste campo a tese espírita permanece e a Ciência vai aos poucos se reaproximando dela. Renê Sudre, antiespírita irredutível, ainda recentemente, no seu *Tratado de Parapsicologia*, anota o seguinte: "A descoberta dos elétrons materiais leva-nos mais ou menos à teoria newtoniana da emissão. Eis, pois, que o fluido reaparece no próprio coração da Física contemporânea". (N. do T.)

CAPÍTULO IX

LOCAIS ASSOMBRADOS

132. As manifestações espontâneas verificadas em todos os tempos, e a insistência de alguns Espíritos em mostrarem a sua presença em certos lugares, são a origem da crença nos locais assombrados. As respostas seguintes foram dadas a perguntas feitas a respeito:

1. Os Espíritos se apegam somente a pessoas ou também a coisas?

– Isso depende da sua elevação. Certos Espíritos podem apegar-se às coisas terrenas. Os avarentos, por exemplo, que viveram escondendo as suas riquezas e não estão suficientemente desmaterializados, podem ainda espreitá-los e guardá-los.

2. Os Espíritos errantes têm predileção por alguns lugares?

– Trata-se ainda do mesmo princípio. Os Espíritos já desapegados das coisas terrenas preferem os lugares onde são amados. São mais atraídos pelas pessoas do que pelos objetos materiais. Não obstante, há os que podem momentaneamente ter preferência por certos lugares, mas são sempre Espíritos inferiores.

3. Desde que o apego dos Espíritos por um local é sinal de inferioridade, será também de que são maus espíritos?

– Claro que não. Um Espírito pode ser pouco adiantado sem que por isso seja mau. Não acontece o mesmo entre os homens?

4. A crença de que os Espíritos frequentam, de preferência, as ruínas tem algum fundamento?

– Não. Os Espíritos vão a esses lugares como a toda parte. Mas a imaginação é tocada pelo aspecto lúgubre de alguns lugares e atribui aos Espíritos efeitos na maioria das vezes muito naturais. Quantas vezes o medo não fez tomar a sombra de uma árvore por um fantasma, o grunhido de um animal ou o sopro do vento por um gemido? Os Espíritos gostam da presença humana e por isso preferem os lugares habitados aos abandonados.

4.a. Entretanto, pelo que sabemos da diversidade de temperamento dos Espíritos, deve haver misantropos entre eles, que podem preferir a solidão.

– Por isso não respondi à pergunta de maneira absoluta. Disse que eles podem ir aos lugares abandonados como a toda parte.

É evidente que os que se mantêm afastados é porque isso lhes apraz. Mas isso não quer dizer que as ruínas sejam forçosamente preferidas pelos Espíritos, pois o certo é que eles se acham muito mais nas cidades e nos palácios do que no fundo dos bosques.

5. As crenças populares, em geral, têm um fundo de verdade. Qual a origem da crença em lugares assombrados?

– O fundo de verdade, nesse caso, é a manifestação dos Espíritos em que o homem acreditou, por instinto, desde todos os tempos. Mas, como já disse, o aspecto dos lugares lúgubres toca-lhe a imaginação e ele os povoa naturalmente com os seres que considera sobrenaturais. Essa crença supersticiosa é entretida pelas obras dos poetas e pelos contos fantásticos com que lhe embalaram a infância.[1]

6. Os Espíritos que se reúnem escolhem para isso dias e horas de sua predileção?

– Não. Os dias e as horas são usados pelo homem para controle do tempo, mas os Espíritos não precisam disso e não se inquietam a respeito.

7. Qual a origem da ideia de que os Espíritos aparecem de preferência à noite?

– A impressão produzida na imaginação pelo escuro e pelo silêncio. Todas essas crenças são superstições que o conhecimento racional do Espiritismo deve destruir. O mesmo se dá com a crença em dias e horas propícias. Acreditai que a influência da meia-noite jamais existiu, a não ser nos contos.

7.a. Se é assim, por que certos Espíritos anunciam a sua chegada e a sua manifestação para aquela hora e em dias determinados, como a sexta-feira, por exemplo?

– São Espíritos que se aproveitam da credulidade humana para se divertirem. É pela mesma razão que uns se dizem o Diabo ou se dão nomes infernais. Mostrai-lhes que não sois tolos e eles não voltarão.

8. Os Espíritos visitam de preferência os túmulos em que repousam os seus corpos?

– O corpo não era mais que uma veste. Eles não ligam mais para o envoltório que os fez sofrer do que o prisioneiro para as algemas. A lembrança das pessoas que lhes são caras é a única coisa a que dão valor.

---

[1] O instinto a que o Espírito se referiu não é o biológico, mas o espiritual: a lembrança instintiva do Outro Mundo, de que ele veio para a Terra. Ver, no capítulo IX da segunda parte de *O Livro dos Espíritos, o* número 522, e, na edição da Edicel, a nota do tradutor no fim do capítulo. Deve-se ainda observar, na resposta acima, o problema psicológico da influência dos contos infantis, acentuada pelo Espírito, e a rejeição ao supersticioso e sobrenatural. (N. do T.)

8.a. As preces que se fazem sobre os seus túmulos são mais agradáveis para eles, e os atraem mais do que as feitas em outros lugares?

– A prece é uma evocação que atrai os Espíritos, como o sabeis. A prece tem tanto maior ação quanto mais fervorosa e mais sincera. Ora, diante de um túmulo venerado as pessoas se concentram mais e a conservação de relíquias piedosas é um testemunho de afeição que se dá ao Espírito, ao qual ele é sempre sensível. É sempre o pensamento que age sobre o Espírito e não os objetos materiais. Esses objetos influem mais sobre aquele que ora, fixando-lhe a atenção, do que sobre o Espírito.

9. Diante disso, a crença em locais assombrados não pareceria absolutamente falsa?

– Dissemos que certos Espíritos podem ser atraídos por coisas materiais: podem sê-lo por certos lugares, que parecem escolher como domicílio até que cessem as razões que os levaram a isso.

9.a. Quais as razões que podem levá-los a isso?

– Sua simpatia por algumas das pessoas que frequentam os lugares ou o desejo de se comunicarem com elas. Entretanto, suas intenções nem sempre são tão louváveis. Quando se trata de maus Espíritos, podem querer vingar-se de certas pessoas das quais têm queixas. A permanência em determinado lugar pode ser também, para alguns, uma punição que lhe foi imposta, sobretudo se ali cometeram um crime, para que tenham constantemente esse crime diante dos olhos.[2]

10. Os locais assombrados sempre o são por seus antigos moradores?

– Algumas vezes, mas não sempre, pois se o antigo morador for um Espírito elevado não ligará mais à sua antiga habitação do que ao seu corpo. Os Espíritos que assombram certos locais quase sempre o fazem só por capricho, a menos que sejam atraídos pela simpatia por alguma pessoa.

10.a. Podem eles fixar-se no local para proteger uma pessoa ou sua família?

– Seguramente, se são Espíritos bons. Mas nesse caso jamais se manifestam de maneira desagradável.

11. Há alguma coisa de real na estória da Dama Branca?

– É um conto extraído de mil fatos que realmente se verificaram.[3]

---

[2] Ver *Revista Espírita* de fevereiro de 1860: *História de um danado.* (N. de Kardec.) O caso mencionado não só confirma a explicação acima, como também representa um dos episódios mais instrutivos da pesquisa espírita realizada por Kardec. Indispensável a sua leitura para a boa compreensão do problema tratado neste capítulo. (N. do T.)

[3] A Dama Branca é uma figura das antigas mitologias escocesas e alemãs que aparece em lendas populares. (N. do T.)

12. É racional temer os lugares assombrados por Espíritos?

– Não. Os Espíritos que assombram certos lugares e os põem em polvorosa procuram antes divertir-se à custa da credulidade e da covardia das criaturas, do que fazer mal. Lembrai-vos de que há Espíritos por toda parte e de que onde estiverdes tereis Espíritos ao vosso lado, mesmo nas mais agradáveis casas. Eles só parecem assombrar certas habitações porque encontram nelas a oportunidade de manifestar a sua presença.[4]

13. Há um meio de os expulsar?

– Sim, mas quase sempre o que se faz para afastá-los serve mais para atraí-los. O melhor meio de expulsar os maus Espíritos é atrair os bons. Portanto, atraí os bons Espíritos, fazendo o maior bem possível, que os maus fugirão, pois o bem e o mal são incompatíveis. Sede sempre bons e só tereis bons Espíritos ao vosso lado.

13.a. Mas há pessoas muito boas que vivem às voltas com as tropelias dos maus Espíritos.

– Se essas pessoas forem realmente boas, isso pode ser uma prova para exercitar-lhes a paciência e incitá-las a serem ainda melhores. Mas não acrediteis que os que mais falam da virtude é que a possuem. Os que possuem qualidades reais quase sempre o ignoram ou nada falam a respeito.

14. Que pensar da eficácia do exorcismo para expulsar os maus Espíritos dos locais assombrados?

– Vistes muitas vezes esse meio dar resultados? Não vistes, pelo contrário, redobrar-se a tropelia após as cerimônias de exorcismo? É que eles se divertem ao serem tomados pelo Diabo. Os Espíritos que não têm más intenções podem também manifestar a sua presença por meio de ruídos ou mesmo tornar-se visíveis, mas não fazem jamais tropelias incômodas. São quase sempre Espíritos sofredores, que podeis aliviar fazendo preces por eles. De outras vezes são mesmo Espíritos benevolentes que desejam provar a sua presença junto a vós, ou, por fim, Espíritos levianos que se divertem. Como os que perturbam o repouso com barulhos são quase sempre Espíritos brincalhões, o que melhor se tem a fazer é rir do que fazem. Eles se afastam ao verem que não conseguem amedrontar ou impacientar. (Ver o cap. V: Manifestações Físicas Espontâneas.)

Resulta das explicações acima que há Espíritos que se apegam a certos locais e neles permanecem de preferência, mas não têm

[4] O filósofo grego Tales de Mileto dizia: "O mundo é cheio de deuses". Os deuses antigos eram Espíritos, segundo explica o Espiritismo. A afirmação de Tales concorda com a resposta acima. *Há Espíritos por toda parte.* Ver em *O Livro dos Espíritos* o cap. IX da segunda parte: Intervenção dos Espíritos no Mundo Corpóreo. (N. do T.)

necessidade de manifestar a sua presença por efeitos sensíveis. Qualquer local pode ser a morada obrigatória ou de preferência de um Espírito, mesmo que seja mau, sem que jamais haja produzido alguma manifestação.

Os Espíritos que se ligam a locais ou coisas materiais nunca são superiores, mas por não serem superiores não têm de ser maus ou de alimentar más intenções. São mesmo, algumas vezes, companheiros mais úteis do que prejudiciais, pois caso se interessem pelas pessoas podem protegê-las.

CAPÍTULO X

NATUREZA DAS COMUNICAÇÕES

COMUNICAÇÕES GROSSEIRAS – FRÍVOLAS – SÉRIAS OU INSTRUTIVAS

133. Dissemos que todo efeito que revela na sua causa um ato de vontade livre, por insignificante que este seja, denuncia através dele uma causa inteligente. Assim, um simples movimento da mesa que responde ao nosso pensamento ou apresenta um caráter intencional pode ser considerado como manifestação inteligente. Se acontecesse apenas isso, nosso interesse no caso seria bem reduzido. Não obstante, já teríamos uma prova de que nesses fenômenos há mais do que simples ação material.

A utilidade prática que disso poderíamos tirar seria nula ou pelo menos muito restrita. Mas tudo se modifica quando essa inteligência se desenvolve, permitindo uma permuta regular e contínua de ideias. Então já não se trata de simples manifestações inteligentes, mas de verdadeiras comunicações. Os meios de que hoje dispomos permitem-nos obtê-las tão extensas, explícitas e rápidas como as que mantemos com os homens.

Se houvermos compreendido bem, segundo a *escala espírita* (*O Livro dos Espíritos,* n.º 100), a infinita variedade dos Espíritos no tocante à inteligência e à moralidade, facilmente conceberemos as diferenças existentes em suas comunicações. Elas devem refletir a elevação ou a inferioridade de suas ideias, seu saber ou sua ignorância, seus vícios e suas virtudes. Numa palavra, não devem assemelhar-se mais do que as dos homens, desde o selvagem até o europeu mais esclarecido. Todas as suas diferenças podem ser classificadas em quatro categorias principais. Segundo suas características decisivas, elas se apresentam grosseiras, frívolas, sérias, instrutivas.

134. ***Comunicações Grosseiras*** são as que contêm expressões que ferem o decoro. Só podem provir de Espíritos de baixa classe, ainda manchados por todas as impurezas da matéria, em nada diferindo das que poderiam ser dadas por homens viciosos e grosseiros. Repugnam a toda pessoa que tenha um mínimo de sensibilidade. Porque são, segundo o caráter dos Espíritos, triviais, ignóbeis, obscenas, insolentes, arrogantes, malévolas e até mesmo ímpias.

135. *Comunicações Frívolas* são as dos Espíritos levianos, zombeteiros ou maliciosos, antes astuciosos do que maus, que não dão nenhuma importância ao que dizem. Como nada têm de malsãs, agradam a certas pessoas que se divertem com elas e encontram satisfação nas conversas fúteis, em que muito se fala e nada se diz. Esses Espíritos saem às vezes com tiradas espirituosas e mordazes, misturando muitas vezes brincadeiras banais com duras verdades, que ferem quase sempre com justeza. São Espíritos levianos que pululam ao nosso redor e aproveitam todas as ocasiões de se imiscuírem nas comunicações. A verdade é o que menos os preocupa, e por isso sentem um malicioso prazer em mistificar os que têm a fraqueza e às vezes a presunção de acreditar nas suas palavras. As pessoas que gostam dessa espécie de comunicações dão naturalmente acesso aos Espíritos levianos e enganadores. Os Espíritos sérios se afastam delas, como entre nós os homens sérios se afastam das reuniões de criaturas irresponsáveis.

136. *Comunicações Sérias* são as que tratam de assuntos graves e de maneira ponderada. Toda comunicação que exclui a frivolidade e a grosseria, tendo uma finalidade útil, mesmo que de interesse particular, é naturalmente séria, mas nem por isso está sempre isenta de erros. Os Espíritos sérios não são todos igualmente esclarecidos. Há muitas coisas que eles ignoram e sobre as quais se podem enganar de boa-fé. É por isso que os Espíritos verdadeiramente superiores nos recomendam sem cessar que submetamos todas as comunicações ao controle da razão e da lógica mais severa.

É, pois, necessário distinguir as comunicações verdadeiramente sérias das comunicações falsamente sérias, o que nem sempre é fácil, porque é graças à própria gravidade da linguagem que certos Espíritos presunçosos ou pseudossábios tentam impor as ideias mais falsas e os sistemas mais absurdos. E, para se fazerem mais aceitos e se darem maior importância, eles não têm escrúpulo de se adornar com os nomes mais respeitáveis e mesmo os mais venerados.

Este é um dos maiores escolhos da ciência prática. Voltaremos a tratar do assunto mais tarde, dando-lhe todo o desenvolvimento exigido pela sua importância, ao mesmo tempo que daremos a conhecer os meios de se prevenir o perigo das falsas comunicações.

137. *Comunicações Instrutivas* são as comunicações sérias que têm por finalidade principal algum ensinamento dado pelos Espíritos sobre as Ciências, a Moral, a Filosofia, etc. Sua maior ou menor profundidade dependem do grau de elevação e de desmaterialização do

Espírito. Para se obterem proveitos reais dessas comunicações, é necessário que elas sejam regulares e que sejam seguidas com perseverança. Os Espíritos sérios se ligam aos que desejam instruir-se e perseveram, deixando aos Espíritos levianos o cuidado de divertir os que só veem nas comunicações uma forma de distração passageira.

É somente pela regularidade e a frequência dessas comunicações que podemos apreciar o valor moral e intelectual dos Espíritos com os quais nos comunicamos, bem como o grau de confiança que eles merecem. Se necessitamos de experiência para julgar os homens, de mais ainda talvez necessitemos para julgar os Espíritos.

Dando a essas comunicações a qualificação de instrutivas, nós as supomos verdadeiras, porque uma coisa que não fosse verdadeira não poderia ser instrutiva, mesmo que transmitida na mais empolgante linguagem. Não poderíamos, pois, incluir nesta categoria certos ensinos que de sério só têm a forma, frequentemente empolada e enfática, através da qual Espíritos mais presunçosos do que sábios procuram enganar. Esses Espíritos, porém, não conseguindo suprir o próprio vazio, não poderiam sustentar o seu papel por muito tempo. Logo mostrariam o seu lado fraco, por pouco que as suas comunicações tenham continuidade ou que se saiba empurrá-los até os seus últimos redutos.

138. Os meios de comunicação são muito variados. Agindo sobre os nossos órgãos e sobre todos os nossos sentidos, os Espíritos podem manifestar-se através da visão, nas aparições; do tato, pelas impressões tangíveis, ocultas ou visíveis; da audição, pelos ruídos; do olfato, pelos odores sem causa conhecida. Este último modo de manifestação, embora muito real, é indiscutivelmente o mais inseguro, em virtude das numerosas causas que podem induzir em erro. Por isso, não nos demoraremos neste caso. O que devemos examinar com cuidado são os diversos meios de obter comunicações, o que vale dizer uma permuta de ideias regular e contínua. Esses meios são: as pancadas, a palavra e a escrita. Desenvolveremos o seu estudo nos capítulos especiais.[1]

---

[1] A realidade das comunicações pelo olfato confirmou-se plenamente nas experiências espíritas e através de casos espontâneos numerosos e bem constatados, no correr dos anos à subsequente publicação deste livro. Mas é evidente que não se trata de um meio de comunicação para troca de ideias. No tocante à linguagem dos Espíritos, as observações de Kardec no n.º 137 devem ser lidas e relidas, pois se aplicam precisamente a numerosos casos de mistificação verificados na atualidade. Importante notar o rigor e a precisão com que o Codificador adverte dos perigos a que se expõem os que se deixam enganar pelos Espíritos pseudossábios. Verifique-se, no final do n.º 136, a distinção entre comunicações verdadeiramente sérias e falsamente sérias, que é de grande interesse prático. (N. do T.)

CAPÍTULO XI

SEMATOLOGIA E TIPTOLOGIA

LINGUAGEM DOS SINAIS E DAS PANCADAS - TIPTOLOGIA ALFABÉTICA

139. As primeiras manifestações inteligentes foram obtidas por meio de pancadas ou tiptologia. Esse meio primitivo, que se ressentia das condições iniciais da arte, só oferecia recursos muito limitados. As comunicações por esse meio reduziam-se às respostas monossilábicas por sim ou por não, através de um número convencionado de golpes. Mais tarde, como dissemos, foi aperfeiçoado. Os golpes são produzidos de duas maneiras, por médiuns especiais. É necessário, geralmente, para essa forma de operar, certa aptidão para as manifestações físicas.

A primeira, que se poderia chamar *tiptologia basculante,* consiste no movimento da mesa, que se eleva de um lado e cai batendo um pé. Basta, para isso, que o médium pouse as mãos na borda da mesa. Se ele quiser conversar com determinado Espírito, é necessário fazer a evocação. Caso contrário, manifesta-se o que chegar primeiro ou o que estiver habituado a fazê-lo. Convencionando-se, por exemplo, um golpe para o *sim* e dois para o *não,* o que é indiferente, dirigem-se as perguntas ao Espírito. Veremos depois quais as que devem ser evitadas. O inconveniente está na brevidade das respostas e na dificuldade de formular a pergunta de maneira a permitir a resposta de sim ou não. Suponhamos que se pergunte ao Espírito: que desejas? Ele só poderia responder com uma frase. Temos então de perguntar: Desejas isto? - Não. - Aquilo? - Sim. E assim por diante.

140. É curioso que ao se empregar esse meio o Espírito costuma acrescentar-lhe uma espécie de *mímica*, exprimindo a energia da afirmação ou da negação pela força dos golpes. Exprime ainda a natureza dos seus sentimentos: a violência, por movimentos bruscos; a cólera e a impaciência, dando fortes pancadas repetidas, como alguém que batesse os pés com raiva, às vezes jogando a mesa no chão. Se é um Espírito bondoso e delicado, no começo e no fim da sessão inclina a mesa em forma de saudação. Se quer dirigir-se diretamente a uma das pessoas presentes, leva a mesa até ela com suavidade ou violência, conforme queira lhe testemunhar afeição ou antipatia. É essa, propriamente falando, a *sematologia* ou linguagem dos sinais, como a *tiptologia* é a linguagem das pancadas.

Eis um notável exemplo do emprego espontâneo da sematologia. Um senhor nosso conhecido estava um dia na sua sala de visitas, onde muitas pessoas se ocupavam de manifestações, quando recebeu uma carta nossa. Enquanto a lia, a mesinha de sala, de três pés, que servia para as experiências[1] dirigiu-se subitamente para ele. Finda a leitura da carta, ele foi colocá-la numa mesa da outra extremidade da sala. A mesinha o seguiu e se dirigiu para a mesa em que a carta fora depositada. Surpreso com a coincidência, ele pensou em alguma relação entre esse movimento e a carta. Interrogou o Espírito, que respondeu dizendo ser um nosso Espírito familiar. Tendo o senhor nos informado do que se passara, interpelamos o Espírito sobre o motivo da visita que lhe fizera. Respondeu: "É natural que eu visite as pessoas com as quais estás em relação, para poder, quando for o caso, dar a ti e a elas os avisos necessários".

141. A tiptologia não demorou a se aperfeiçoar e se enriquecer com uma forma de comunicação mais completa, a da tiptologia alfabética, que consiste em fazer indicar as letras por meio de pancadas. Foi então possível obter palavras, frases e mesmo discursos inteiros. Segundo o método adotado, a mesa bate as pancadas correspondentes a cada letra, ou seja: uma pancada para *a,* duas para *b* e assim por diante, enquanto alguém vai registrando as letras indicadas. Chegando ao fim, o Espírito adverte por meio de sinal convencionado.

Esse procedimento, como se vê, é muito demorado e demanda longo tempo para as comunicações de maior extensão. Não obstante, houve quem tivesse paciência de usá-lo para obter ditados de numerosas páginas. Mas a prática levou à descoberta de meios mais rápidos. O mais em uso consiste no emprego de alfabeto e uma série de números, que uma pessoa percorre apontando enquanto o médium movimenta a mesa. Esta indica por uma pancada a letra ou o número necessário, que são anotados. Se houver engano, o Espírito adverte por vários golpes ou movimentos da mesa e então se recomeça. Com o hábito, faz-se isso com rapidez. Mas consegue-se abreviar mais adivinhando a palavra iniciada, o que o sentido da frase auxilia. Em caso de dúvida consulta-se o Espírito, que responde por sim ou não.

142. Todos esses efeitos podem ser obtidos de maneira ainda mais simples pelos golpes dados no interior da madeira da mesa,

[1] Trata-se da mesinha de salão *guéridon,* redonda, com um eixo central como pé, de cuja extremidade inferior saem três pés recurvos. Muito usada nos salões parisienses da época para o passatempo das mesas girantes. (N. do T.)

sem qualquer movimento exterior, conforme relatamos no capítulo sobre manifestações físicas, n.º 64: é a *tiptologia interna.*[2] Nem todos os médiuns são igualmente aptos para essa última forma de comunicação, havendo os que só obtêm as pancadas da mesa basculante. Entretanto, com o exercício, a maioria pode consegui-lo. Essa forma tem a dupla vantagem de ser mais rápida e prestar-se menos à suspeição do que a basculante, que se pode atribuir a pressões voluntárias. É verdade que os golpes internos poderiam também ser imitados por médiuns de má-fé. As melhores coisas estão sujeitas à imitação. O que nada prova contra elas. (Ver, no fim do volume, o capítulo intitulado: *Fraudes e Superstições.)*

Quaisquer que sejam os aperfeiçoamentos que se possam introduzir nesse sistema, ele jamais poderá atingir a rapidez e a facilidade da escrita, pelo que é hoje pouco usado. Não obstante, às vezes interessa quanto ao aspecto fenomênico, principalmente para os novatos, e tem sobretudo a vantagem de provar, de maneira peremptória, a absoluta independência do pensamento do médium. Frequentemente se obtêm, com ele, respostas tão imprevistas, tão surpreendentemente certas, que seria preciso muita prevenção para se recusar a evidência. Assim ele oferece, para muitas pessoas, poderoso motivo de convicção. Mas por esse meio, ainda mais que pelos outros, os Espíritos não gostam de submeter-se ao capricho de curiosos que desejam pô-los à prova com perguntas fora de propósito.

143. Com o fim de melhor assegurar a independência do pensamento do médium, imaginaram-se diversos instrumentos como quadrantes com letras, à maneira dos usados nos telégrafos elétricos. Uma agulha móvel, que se movimenta sob a influência do médium, com a ajuda de um fio condutor e uma polia, indica as letras.

Só conhecemos esses instrumentos por desenhos e descrições publicados na América. Não podemos, pois, dizer do seu valor. Mas nos parece que a sua própria complicação é um inconveniente.

Achamos que a independência do médium é perfeitamente provada pelos *golpes internos* e mais ainda pelo imprevisto das respostas do que por todos os meios materiais. Por outro lado, os incrédulos, que estão sempre dispostos a ver por toda parte cordéis e arranjos, desconfiarão muito mais de um mecanismo especial do que de uma mesinha desprovida de qualquer acessório.

---

[2] Em francês: *typtologie intime.* Trata-se do mesmo fenômeno dos *raps* ingleses. O zelo de Kardec leva-o a indicar as possibilidades de fraude nesse fenômeno, que realmente existem, mas que numa sessão bem organizada não poderiam ocorrer. Aliás, as imitações sempre fracassam em trabalhos sérios. (N. do T.)

144. Um aparelho mais simples, mas do qual a má-fé pode facilmente abusar, como se verá no capítulo referente às fraudes, é o que designaremos pelo nome de *Mesa Girardin,* em lembrança do uso que dele fazia madame Emílio de Girardin, nas numerosas comunicações que obtinha como médium. Porque madame de Girardin, embora fosse mulher de espírito, tinha a fraqueza de acreditar nos Espíritos e nas suas manifestações.

O instrumento consiste numa tábua redonda de mesinha de salão, de quarenta centímetros de diâmetro, girando livre e facilmente em torno de um eixo, à maneira da roleta. Na superfície e em circunferência são gravados as letras, os números e as palavras *sim* e *não.* No centro há uma agulha fixa. O médium põe os dedos na borda da tábua redonda, que gira e detém a letra desejada sob a agulha. As letras são anotadas, formando palavras e frases rapidamente.

Deve-se notar que a tábua redonda não desliza sob os dedos, pois estes se firmam na borda da tábua e acompanham o seu movimento. É possível que um médium poderoso consiga produzir o movimento independente, mas nunca o presenciamos. Se a experiência for feita dessa maneira seria mais concludente, porque afastaria toda possibilidade de embuste.

145. Resta-nos desfazer um erro muito divulgado, que consiste em confundir todos os Espíritos que se comunicam por pancadas com os Espíritos batedores. A tiptologia é um meio de comunicação como qualquer outro, não sendo mais indigno dos Espíritos elevados que a escrita e a palavra. Todos os Espíritos, bons ou maus, podem servir-se dele como dos demais. O que caracteriza os Espíritos superiores é a elevação do pensamento e não o instrumento de que se servem para transmiti-lo. Sem dúvida eles preferem os meios mais cômodos e rápidos, mas, na falta de lápis e papel, não terão escrúpulos em servir-se da vulgar mesa-falante. A prova é que se obtêm por esse meio as comunicações mais sublimes. Se não nos servimos dele não é por desprezá-lo, mas somente porque, como fenômeno, já nos ensinou tudo quanto poderíamos saber, nada mais podendo acrescentar às nossas convicções, sendo ainda que a extensão das comunicações que recebemos exige uma rapidez que a tiptologia não oferece.

Todos os Espíritos que se comunicam por pancadas não são, pois, Espíritos batedores. Essa designação deve ser reservada para os que se podem chamar de batedores *profissionais* e que por esse meio se divertem a atormentar uma família ou contrariá-la com suas importunações. De sua parte podemos esperar às vezes ditos espirituosos, mas nunca frases profundas. Seria, pois, perder tempo dirigir-lhes questões de certo interesse científico ou filosófico. Sua ignorância e sua inferioridade lhe valeram, justamente, de parte dos demais Espíritos, a qualificação de Espíritos pelotiqueiros ou saltimbancos do mundo espírita. Acrescentemos, porém, que eles não agem sempre por sua própria conta, sendo também, frequentemente, instrumentos de que se servem os Espíritos superiores quando querem produzir efeitos materiais.[3]

[3] Muitos outros meios de comunicação foram inventados na Europa e na América, o que atesta a naturalidade e constância das relações entre os Espíritos e os homens. Aparelhos complicados foram e continuam a ser inventados. Alguns cientistas e curiosos procuraram descobrir meios mecânicos, elétricos, eletrônicos e outros de comunicação direta com os Espíritos. Mas, como Kardec acentua no capítulo acima, essas complicações têm utilidade relativa e aumentam a desconfiança dos céticos. Dispensar a mediunidade, excluir o intermediário humano é outra preocupação de pessoas interessadas no aspecto puramente científico do Espiritismo. Mas as comunicações dependem, como a doutrina esclarece, da inter-relação psíquica, de Espírito a Espírito, através dos elementos constitutivos do perispírito. As máquinas só podem servir como instrumentos acionados por médiuns. E a independência do Espírito comunicante se prova melhor através dos meios naturais de comunicação, como acentua Kardec no item 143. É o aperfeiçoamento do homem, como médium, e não o aprimoramento dos processos ou a invenção de máquinas para comunicação, o que tornará cada vez mais evidente a existência e comunicabilidade dos Espíritos. (N. do T.)

CAPÍTULO XII

PNEUMATOGRAFIA OU ESCRITA DIRETA – PNEUMATOFONIA

ESCRITA DIRETA

146. *A Pneumatografia* é a escrita produzida diretamente pelo Espírito, sem nenhum intermediário. Difere da psicografia porque esta é a transmissão do pensamento do Espírito pela mão do médium.

O fenômeno da escrita direta é indiscutivelmente um dos mais extraordinários do Espiritismo. Por mais estranho que possa parecer à primeira vista, é hoje um fato averiguado e incontestável. Se a teoria é necessária para se compreender a possibilidade dos fenômenos espíritas em geral, mais ainda se torna neste caso, um dos mais chocantes até agora apresentados, mas que deixa de parecer sobrenatural quando compreendemos o princípio em que se funda.

À primeira manifestação desse fenômeno o sentimento dominante foi de desconfiança: a ideia de trapaça ocorreu logo. Porque todos conhecem as tintas chamadas simpáticas, cujos traços invisíveis aparecem algum tempo depois da escrita. Era possível, pois, um abuso da credulidade, e não afirmamos que jamais tenha isso acontecido. Estamos mesmo convencidos de que algumas pessoas, por interesse mercenário, por amor-próprio ou para impor a crença nos seus poderes, tenham usado subterfúgios. (Ver o capítulo sobre as *Fraudes.)*

Mas por se poder imitar alguma coisa é absurdo concluir que ela não exista. Não se conseguiu, nos últimos tempos, encontrar o meio de imitar a lucidez sonambúlica, a ponto de causar ilusão? E por ter esse processo habilidoso corrido mundo, devemos concluir que não há sonâmbulos verdadeiros? Porque alguns comerciantes vendem vinho alterado devemos dizer que não existe o vinho puro? Acontece o mesmo com a escrita direta. Entretanto, as precauções para assegurar a realidade do fato são muito simples e fáceis. Graças a elas, hoje não se pode ter a menor dúvida a respeito.[1]

147. Desde que a possibilidade de escrever sem intermediário é um dos atributos dos Espíritos, que estes sempre existiram e em todos os tempos produziram os diversos fenômenos que conhecemos, devem ter produzido a escrita direta na Antiguidade tão bem como hoje. E é assim que se pode explicar a aparição das três palavras no festim de Baltazar. A Idade Média, tão fecunda em prodígios ocultos que as fogueiras abafavam, deve ter conhecido também a escrita direta. Talvez mesmo se pudesse encontrar, na teoria das modificações que os Espíritos produzem na matéria, que desenvolvemos no capítulo VIII, o princípio da crença medieval na transmutação dos metais.

Mas quaisquer que tenham sido os resultados obtidos nas épocas anteriores, foi somente depois da vulgarização das manifestações espíritas que se tomou a sério o problema da escrita direta. O primeiro que o deu a conhecer em Paris, nos últimos anos, parece que foi o Barão de Guldenstubbe, ao publicar uma obra muito interessante sobre o assunto, com grande número de fascículos de escritas obtidas.[2] O fenômeno já era conhecido na América há algum tempo. A posição social do Sr. de Guldenstubbe, sua independência, a consideração que desfruta no alto mundo afastam incontestavelmente qualquer suspeita voluntária, pois nenhum motivo interesseiro poderia movê-lo. Poder-se-ia admitir a sua própria ilusão, mas a isso responde decisivamente um fato: a obtenção do mesmo fenômeno por outras pessoas que se cercaram de todas as precauções necessárias para evitar qualquer trapaça ou motivo de engano.

148. A escrita direta é obtida, como a maioria das manifestações espíritas não espontâneas, pelo recolhimento, a prece e a evocação. Muitas vezes foi obtida nas igrejas, sobre os túmulos, junto às estátuas e imagens de personagens evocadas. Mas é evidente que o local só influi por favorecer o recolhimento e a maior concentração mental, pois está provado que é obtida igualmente sem esses acessórios e nos lugares mais comuns, como sobre um simples

[1] A tendência das pessoas é sempre de generalizar a fraude, mormente em se tratando de Espiritismo. E isso tanto ocorre entre o povo como nos meios científicos. Nesse ponto, como Kardec acentua em várias ocasiões, os sábios preferem ficar no nível do vulgo.
A escrita direta, como a fotografia psíquica e a tiptologia, têm sido desprezadas e ridicularizadas por causa de algumas fraudes, como se a fraude não fosse uma constante da espécie humana. Mas de Kardec até hoje as pesquisas sérias sempre confirmam a realidade desses fenômenos. Veja-se o debate sobre psicocinesia na Parapsicologia atual. (N. do T.)

[2] *A realidade dos Espíritos e de suas manifestações*, demonstrada pelo fenômeno da escrita direta, pelo Sr. Barão de Guldenstubbe. Volume in-8.o, com 15 estampas e 93 fac-símiles. Franck, rua Richelieu, Paris.

móvel caseiro, desde que se esteja nas condições morais exigidas e se disponha da necessária faculdade mediúnica.[3]

Achava-se a princípio que era necessário colocar um lápis com o papel. O fato, então, poderia ser mais facilmente explicado. Sabe-se que os Espíritos movem e deslocam objetos, que pegam e retiram à distância, podendo assim pegar o lápis e escrever. Desde que o fazem por intermédio da mão dos médiuns ou de uma prancheta, poderiam também fazê-lo de maneira direta. Mas logo se verificou que a presença do lápis era desnecessária, que bastava um simples pedaço de papel, dobrado ou não, para em breves minutos aparecerem as letras. Com isso o fenômeno mudou completamente de aspecto e nos lançou em outra ordem de ideias. As letras são escritas com uma certa substância, e, desde que não se forneceu ao Espírito nenhuma substância, ele a teve de produzir, de compô-la por si mesmo. De onde a tirou? Esse o problema.

Reportando-nos às explicações do cap. VIII, ns. 127 e 128, encontraremos a teoria completa desse fenômeno. O Espírito não se serve de substâncias e instrumentos nossos. Ele mesmo os produz, tirando os seus materiais do elemento primitivo universal, que submete, por sua vontade, às modificações necessárias para atingir o efeito desejado. Assim, tanto pode produzir a grafite do lápis vermelho, a tinta de impressão tipográfica ou a tinta comum de escrever, como a do lápis preto e até mesmo caracteres tipográficos suficientemente duros para deixarem no papel o rebaixo da impressão, como tivemos ocasião de ver.[4] A filha de um nosso conhecido, menina de 12 a 13 anos, obteve páginas com algo semelhante ao pastel.

149. Esse o resultado a que nos conduziu o fenômeno da tabaqueira, relatado no cap. VII, n.º 116, sobre o qual nos estendemos bastante, porque percebemos a oportunidade de sondar uma das leis mais importantes do Espiritismo, cujo conhecimento pode esclarecer diversos mistérios do mundo invisível. É assim que de um fato aparentemente vulgar pode sair a luz. Basta observar com

[3] As expressões *sobre os túmulos, junto a imagens, sobre móveis* decorrem das primeiras experiências feitas pelo Sr. Didier Filho e outros membros da Sociedade Parisiense de Estudos Espíritas, como se pode ver pelos relatos publicados na *Revista Espírita*. (N. do T.)

[4] Curioso caso de impressão tipográfica direta vem relatado no vol. III da *Revista Espírita,* tendo o Espírito ordenado a queima do papel assim impresso e a colocação de outro no lugar em que se obtivera o fenômeno. Obedecido, produziu de novo o mesmo efeito e em condições que excluem a menor suposição de fraude. Esses fenômenos são considerados absurdos por aqueles que jamais os obtiveram, mas basta essa condição negativa para invalidar as suas opiniões. A pesquisa espírita e a metapsíquica posterior a Kardec tem comprovado os fatos. (N. do T.)

atenção, e é o que todos podem fazer, como nós, quando não se limitarem a ver os efeitos sem procurar as causas. Se a nossa fé se firma dia a dia é porque compreendemos; fazei pois compreender, se quiserdes conquistar adeptos sérios. A compreensão das causas tem ainda outro resultado, que é o de estabelecer uma linha divisória entre a verdade e a superstição.

Se considerarmos a escrita direta quanto às vantagens que pode oferecer, diremos que até o presente a sua principal utilidade consiste na constatação material de um fato importante: a intervenção de um poder oculto que encontra nesse processo um novo meio de se manifestar. Mas as comunicações assim obtidas são raramente de alguma extensão. Em geral são espontâneas e se limitam a palavras, sentenças, frequentemente sinais ininteligíveis. São obtidas em todas as línguas: em grego, em latim, em siríaco, em caracteres hieroglíficos, etc., mas ainda não serviram às conversações contínuas e rápidas que a psicografia ou escrita pela mão do médium permite.

PNEUMATOFONIA

150. Os Espíritos, podendo produzir ruídos e pancadas, podem naturalmente fazer ouvir gritos de toda espécie e sons vocais imitando a voz humana, ao nosso lado ou no ar. É esse fenômeno que designamos pelo nome de *pneumatofonia.* Segundo o que conhecemos da natureza dos Espíritos, podemos supor que alguns deles, quando de ordem inferior, iludem-se com isso e acreditam falar como quando viviam. (Ver, na *Revista Espírita* de fevereiro de 1858, a *História do Fantasma da Srta. Clairon.)*

Devemos evitar, entretanto, de tomar por vozes ocultas todos os sons de causa desconhecida ou os simples zunidos do ouvido, e sobretudo de aceitar a crença vulgar de que o ouvido que zune está nos avisando de que falam de nós em algum lugar. Esses zunidos, de causa puramente fisiológica, não têm aliás nenhum sentido, enquanto os sons da pneumatofonia exprimem pensamentos e somente por isso podemos reconhecer que têm uma causa inteligente e não acidental. Podemos estabelecer, como princípio, que apenas os efeitos *notoriamente inteligentes* podem atestar a intervenção dos Espíritos. Quanto aos outros, há pelo menos cem possibilidades contra uma de serem produzidos por causas fortuitas.

1. Acontece muito frequentemente ouvirmos, meio adormecidos, pronunciarem distintamente palavras, nomes, às vezes até mesmo frases inteiras, e isso de maneira tão forte que acordamos

sobressaltados. Embora possa acontecer que em certas ocasiões sejam realmente uma manifestação, nada há de tão positivo nesse fenômeno que não o possamos atribuir a uma causa semelhante à que expusemos na teoria da alucinação (Cap. VI, ns. 111 e seguintes). De resto, o que se ouve nesse estado não tem nenhuma consequência. Já o mesmo não acontece quando estamos realmente acordados, pois nesse caso, se for um Espírito que se faz ouvir, podemos quase sempre trocar ideias com ele e estabelecer uma conversa regular.

Os sons espíritas ou pneumatofônicos manifestam-se por duas maneiras bem distintas: é às vezes uma voz interna que ressoa em nosso foro íntimo, e, embora as palavras sejam claras e distintas, nada têm de material; de outras vezes as palavras são exteriores e tão distintamente articuladas como se proviessem de uma pessoa ao nosso lado.

De qualquer maneira que se produza, o fenômeno de pneumatofonia é quase sempre espontâneo e só muito raramente pode ser provocado.[5]

---

[5] Nas sessões de voz direta temos o fenômeno de pneumatofonia exterior provocado. Mas, como Kardec acentua, essas sessões são bastante raras. Por modernos parapsicólogos este fenômeno foi algumas vezes observado. O prof. S. G. Soal, da Universidade de Londres, realizou várias experiências com a médium Blanche Cooper, obtendo curiosos fenômenos de voz direta, entre as quais a manifestação perfeitamente autenticada de um seu ex-colega, Gordon Davis, envolvendo curiosos efeitos de precognição ou visão do futuro, mais tarde também constatados pelo experimentador. Em São Paulo esses fenômenos foram observados com a médium dona Hilda Negrão e amplamente divulgados. Em Marília (Estado de São Paulo) tivemos ocasião de observá-los com o médium Urbano de Assis Xavier. Para o caso Soal, ver *Proceedings of Society for Psychical Research de Londres,* dezembro de 1925, ou *En 105 Límites de La Psicologia,* do prof. Ricardo Musso, Editorial Periplo, Buenos Aires, 1954, págs. 180 a 182, com explicações antiespíritas. O importante é o fato, a comprovação atual do fenômeno. Para casos em São Paulo e Curitiba, ver "Fenomenologia Supranormal", em *O Revelador*, ns. 3 e 4, de 1942, pelo Dr. Osório César, anatomopatologista do Hospital do Juqueri, relato de pesquisas científicas. (N. do T.)

CAPÍTULO XIII

PSICOGRAFIA

PSICOGRAFIA INDIRETA: CESTAS E PRANCHETAS – PSICOGRAFIA DIRETA OU MANUAL

152. A Ciência Espírita progrediu como todas as outras e mais rapidamente que as outras. Porque apenas alguns anos nos separam dos meios primitivos e incompletos que chamávamos, trivialmente, de mesas falantes e já podemos comunicar-nos com os Espíritos tão fácil e rapidamente como os homens entre si. E isso pelos mesmos meios: a escrita e a palavra.[4]

A escrita tem sobretudo a vantagem de demonstrar de maneira mais material a intervenção de uma potência oculta, deixando traços que podemos conservar, como fazemos com a nossa própria correspondência. O primeiro meio empregado foi o das pranchetas e das cestas munidas de lápis. Eis como eram preparadas.

153. Segundo dissemos, uma pessoa dotada de aptidão especial pode imprimir movimento de rotação a uma mesa ou a qualquer objeto. Tomemos, em vez da mesa, uma cestinha de quinze a vinte centímetros de diâmetro (de madeira ou de vime, pouco importa a substância). Se agora enfiarmos um lápis através do fundo da cestinha e o firmarmos bem, com a ponta de fora e voltada para baixo, e a mantivermos em equilíbrio sobre a ponta, numa folha de papel, e pusermos os dedos na borda da cesta, ela se movimentará. Mas, em vez de girar, ela conduzirá o lápis em diversos sentidos, riscando o papel com simples traços ou escrevendo. Se um Espírito for evocado e quiser atender, poderá responder, não por pancadas, mas pela escrita.

---

[4] O progresso acentuado por Kardec foi realmente rápido. Mas depois verificou-se um retardamento. Na *Introdução* ao *Estudo da Doutrina Espírita,* que abre O *Livro dos Espíritos,* Kardec aponta "a leviandade do Espírito humano" como causa do desinteresse e até mesmo da reação contra os estudos espíritas. "A dança das mesas" foi considerada indigna da atenção dos homens que se julgam sábios, o mesmo acontecendo com a cestinha escrevente. A tola vaidade humana e também os interesses feridos, as tradições ameaçadas, a fascinação do imediatismo impediram que a Ciência Espírita prosseguisse em seu desenvolvimento rápido. Mas o próprio desenvolvimento das Ciências materiais está hoje forçando os homens a reencontrarem a verdade espírita. (N. do T.)

O movimento da cesta não é automático como o das mesas girantes, pois se torna inteligente. Com o dispositivo acima, o lápis não volta para começar outra linha, quando chega ao fim do papel, mas continua a escrever em círculo. A linha escrita forma assim uma espiral, que obriga a girar o papel nas mãos para a leitura. A escrita obtida dessa maneira nem sempre é muito legível, pois as palavras não ficam separadas, mas o médium, por uma espécie de intuição, facilmente a decifra. Por economia, podemos substituir papel e lápis pela lousa e o lápis de pedra. Designaremos essa cestinha pelo nome de *cesta-pião.* A própria cesta é, às vezes, substituída por uma caixa de papelão, semelhante às caixinhas de pastilhas, sendo o lápis colocado em forma de eixo, como no brinquedo chamado "rapa".

154. Muitos outros dispositivos foram imaginados para atingir o mesmo fim. O mais cômodo é o que chamaremos de *cesta de bico* e que consiste na adaptação à cesta de uma haste de madeira em posição inclinada, saindo dez a quinze centímetros fora da cesta, como o mastro de gurupés de um navio. Fazendo-se um furo na ponta dessa haste (ou bico) introduz-se nele um lápis bastante comprido para poder descansar a ponta no papel. O médium, pondo os dedos na borda da cesta, todo o aparelho se agita e o lápis escreve como no caso anterior, com a diferença de produzir uma escrita mais legível, separando as palavras e em linhas paralelas como geralmente se escreve, porque o médium pode facilmente voltar o lápis no fim de cada linha. Dessa maneira obtemos dissertações de muitas páginas, tão rapidamente como se escrevêssemos à mão.

155. A inteligência manifestante se revela muitas vezes por outros sinais inequívocos. Por exemplo: chegando o lápis ao fim da página, volta espontaneamente; se quer se reportar a uma passagem precedente, na mesma página ou em outra, procura-a com a ponta do lápis, como faríamos com o dedo, e a sublinha. Se o Espírito quiser dirigir-se a um dos assistentes, a ponta do lápis se volta para ele. Para abreviar, frequentemente faz os sinais de *sim* e *não,* para afirmar ou negar, como fazemos com a cabeça. Se quer demonstrar cólera ou impaciência, dá repetidas pancadas com o lápis, quase sempre quebrando-lhe a ponta.

156. Algumas pessoas substituem a cesta por uma espécie de mesa em miniatura, feita especialmente, de doze a quinze centímetros de comprimento por cinco a seis de altura, e três pés, a um dos quais se adapta um lápis. Os outros dois são arredondados ou munidos de uma bolinha de marfim, para deslizarem facilmente sobre o papel. Outras se servem simplesmente de uma tabuinha de quinze a vinte centímetros quadrados, em forma triangular, oval ou retangular, tendo numa das bordas um furo oblíquo para se enfiar o lápis. Posta no papel para escrever, ela fica apoiada num dos lados. O lado que pousa no papel é às vezes guarnecido de duas bolinhas rolantes para facilitar o movimento. Compreende-se, de resto, que todos esses dispositivos nada têm de absoluto. O mais cômodo é o melhor.

Com qualquer desses aparelhos os operadores devem ser dois, não sendo necessário que ambos sejam médiuns. Um deles serve apenas para ajudar o equilíbrio do aparelho e diminuir a fadiga do médium.

157. À escrita assim obtida chamamos *psicografia indireta,* em contraste com a *psicografia* direta ou manual feita pelo próprio médium. Para compreender este sistema é necessário saber como se verifica a operação. O Espírito comunicante age sobre o médium; este, assim influenciado, *move maquinalmente* o braço e a mão para escrever, não tendo (pelo menos no comum dos casos) a menor consciência do que escreve; a mão age sobre a cesta, e esta movimenta o lápis. Assim, *não é a cesta que se torna inteligente,* mas apenas serve de instrumento a uma inteligência. A cesta nada mais é, praticamente, do que um porta-lápis, um apêndice da mão, um intermediário entre a mão e o lápis. Suprimindo o intermediário e pondo o lápis na mão, temos o mesmo resultado com um mecanismo muito mais simples, desde que o médium passa a escrever como se o fizesse em condições normais.[5]

Dessa maneira, toda pessoa que escreve com a cesta, a prancheta ou outro instrumento pode também escrever diretamente. De todos os meios de comunicação, a escrita à mão, que alguns chamam de *escrita involuntária,* é sem dúvida a mais simples, mais fácil e mais cômoda, porque não exige nenhuma preparação e se presta, como a escrita comum, às dissertações mais extensas. Voltaremos ao assunto, quando tratarmos dos médiuns.

158. No começo dessas manifestações, quando ainda não se tinham ideias precisas a respeito, muitas publicações foram feitas com indicações assim: *comunicações de uma cesta, de uma prancheta, de uma mesa,* etc. Compreende-se hoje a insuficiência dessas expressões, o seu erro, sem considerar ainda o seu caráter

[5] A insistência de Kardec nesta explicação tem uma razão especial. É que havia surgido em Paris e era amplamente divulgada na imprensa uma estranha teoria dos *médiuns inertes,* segundo a qual os objetos eram médiuns. Ver este curioso episódio na *Revista Espírita.* A psicografia direta foi estudada na Psicologia como escrita automática, e as interpretações anímicas que Pierre Janet e outros lhe deram não invalidam a realidade do fenômeno. Na Parapsicologia, como na Metapsíquica, tem sido utilizada para experiências telepáticas eficazes. (N. do T.)

pouco sério. Com efeito, como já vimos, as mesas, as pranchetas e as cestas não são instrumentos inteligentes, embora momentaneamente animados de uma vida factícia. Nada podem comunicar por si mesmas. Entender o contrário seria tomar o efeito pela causa, o instrumento pelo princípio. Seria o mesmo que um autor quisesse anotar, sobre o título de sua obra, que a escrevera com pena metálica ou pena de pato.

Esses instrumentos, aliás, não são únicos nem exclusivos. Conhecemos alguém que ao invés da cesta-pião usa um funil com um lápis no gargalo. Poderia, pois, haver comunicações de um funil, de uma caçarola ou de uma saladeira. Se elas se dão por meio de pancadas, não de mesa, mas de uma cadeira ou de uma bengala, teríamos cadeira e bengala falantes. Como se vê, o que importa conhecer não é o instrumento, mas a maneira de obtenção das comunicações. Se as obtemos pela escrita, seja qual for o suporte do lápis, trata-se de *psicografia;* se pelas pancadas, de *tiptologia.* O Espiritismo, tomando as proporções de uma Ciência, necessita de uma linguagem científica.[6]

[6] Esta observação final de Kardec é de grande importância metodológica. A terminologia espírita deve ser empregada com precisão, evitando-se a mistura de termos referentes a escolas espiritualistas diversas. É uma exigência de clareza e eficiência de todas as disciplinas científicas e da qual a Ciência Espírita não prescinde. (N. do T.)

CAPÍTULO XIV

OS MÉDIUNS

159. Toda pessoa que sente a influência dos Espíritos, em qualquer grau de intensidade, é médium. Essa faculdade é inerente ao homem. Por isso mesmo não constitui privilégio e são raras as pessoas que não a possuem pelo menos em estado rudimentar. Pode-se dizer, pois, que todos são mais ou menos médiuns. Usualmente, porém, essa qualificação se aplica somente aos que possuem uma faculdade mediúnica bem caracterizada, que se traduz por efeitos patentes de certa intensidade, o que depende de uma organização mais ou menos sensitiva.

Deve-se notar, ainda, que essa faculdade não se revela em todos da mesma maneira. Os médiuns têm, geralmente, aptidão especial para esta ou aquela ordem de fenômenos, o que os divide em tantas variedades quantas são as espécies de manifestações. As principais são: *médiuns de efeitos físicos, médiuns sensitivos ou impressionáveis, auditivos, falantes, videntes, sonâmbulos, curadores, pneumatógrafos, escreventes ou psicógrafos.*[1]

1. MÉDIUNS DE EFEITOS FÍSICOS

160. Os médiuns de efeitos físicos são particularmente aptos a produzir fenômenos materiais como os movimentos dos corpos inertes, os ruídos, etc. Podem ser divididos em médiuns facultativos e médiuns involuntários. (Ver 2ª parte, caps. II e IV).

Os *médiuns facultativos têm* consciência do seu poder e produzem fenômenos espíritas pela própria vontade. Essa faculdade, embora inerente à espécie humana, como dissemos, não se manifesta em todos no mesmo grau. Mas se são poucas as pessoas que não a possuem, ainda mais raras são as que produzem grandes efeitos como a suspensão de corpos pesados no espaço, o transporte através do ar e sobretudo as aparições.

---

[1] As classificações mediúnicas são naturalmente variáveis, sofrendo a influência dos costumes e condições de épocas e países. Kardec oferece uma classificação em linhas gerais. Alguns nomes se modificaram entre nós. Os médiuns auditivos são geralmente chamados audientes, os falantes receberam a designação de médiuns de incorporação e atualmente de psicofônicos, os sonâmbulos são geralmente chamados anímicos, os pneumatógrafos são chamados de escrita direta. (N. do T.)

Os efeitos mais simples são o da rotação de um objeto, de pancada por meio de movimentos desse objeto ou dadas interiormente na sua própria substância. Sem se dar importância capital a esses fenômenos, achamos que não devem ser menosprezados. Podem proporcionar interessantes observações e contribuir para firmar a convicção. Mas convém notar que a faculdade de produzir efeitos materiais raramente se manifesta entre os que dispõem de meios mais perfeitos de comunicação, como a escrita e a palavra. Geralmente a faculdade diminui num sentido à medida que se desenvolve em outro.[2]

161. *Os médiuns involuntários ou naturais* são os que exercem a sua influência sem querer. Não têm nenhuma consciência do seu poder e quase sempre o que acontece de anormal ao seu redor não lhes parece estranho. Essas coisas fazem parte da sua própria maneira de ser, precisamente como as pessoas dotadas de segunda vista e que nem o suspeitam. Essas pessoas são dignas de observação e não devemos descuidar de anotar e estudar os fatos dessa espécie que possam chegar ao nosso conhecimento. Eles surgem em todas as idades e frequentemente entre crianças ainda pequenas. (Ver no cap. V: *manifestações espontâneas.)*

Esta faculdade não é, por si mesma, indício de estado patológico, pois não é incompatível com a saúde perfeita. Se a pessoa que a possui é doente, isso provém de outra causa. Os meios terapêuticos, aliás, são impotentes para fazê-la desaparecer. Em alguns casos ela pode aparecer depois de uma certa fraqueza orgânica, mas esta não é jamais a sua causa eficiente. Não seria razoável, portanto, inquietar-se com ela no tocante à saúde. Só haveria inconveniente se a pessoa, tornando-se médium facultativo, a usasse de maneira abusiva, pois então poderia ocorrer excessiva emissão de fluido vital, determinando enfraquecimento orgânico.

162. *A razão se revolta à lembrança das torturas morais e físicas a que a Ciência submeteu, algumas vezes, criaturas débeis e delicadas, com o fim de evitar que praticassem fraudes. Essas experimentações, na maioria das vezes feitas com más intenções,*

---

[2] Os Espíritos não dão aos fenômenos físicos a mesma importância que lhes atribuímos. Interessam-se mais pelas manifestações inteligentes, destinadas à transmissão de mensagens ou à conversação esclarecedora. Veja-se o caso de Francisco Cândido Xavier, dotado de excelentes faculdades de efeitos físicos, mas aplicando-se, por instrução de seus guias, especialmente à psicografia. Os fenômenos impressionam e servem muitas vezes para despertar o interesse pela Doutrina, mas o que realmente interessa é esta, com suas consequências morais e espirituais. Os Espíritos superiores chegam a proibir manifestações físicas em grupos que podem produzir mais no sentido da orientação e do alevantamento moral. Assim fizeram na Sociedade Parisiense de Estudos Espíritas. (N. do T.)

são sempre prejudiciais aos organismos sensitivos, podendo acarretar graves desordens à sua economia orgânica. Fazer semelhantes provas é jogar com a vida. O observador de boa-fé não precisa empregar esses meios. Os que estão familiarizados com esses fenômenos sabem, aliás, que eles pertencem mais à ordem moral do que à ordem física, e que em vão se buscará a sua solução nas nossas Ciências exatas.[3]

Pelo fato mesmo de pertencerem esses fenômenos à ordem moral, deve-se evitar, com um cuidado não menos rigoroso, todos os motivos de superexcitação da imaginação. Sabe-se quantos acidentes pode produzir o medo, e haveria menos imprudência se conhecêssemos todos os casos de loucura e de neurose provocados pelas estórias de lobisomens e dragões. Que aconteceria, então, se pudessem persuadir a todos que se trata do Diabo? Os que procuram convencer os outros dessas ideias não sabem a responsabilidade que assumem: *eles podem matar!* Ora, esse perigo não existe apenas para o paciente, mas também para os que o cercam e podem apavorar-se ao pensar que sua casa se tornou um covil de demônios.

Foi essa crença funesta que produziu tantos atos de atrocidade nos tempos de ignorância. Bastaria, entretanto, um pouco de discernimento para compreenderem que, ao queimar os corpos considerados como possessos do Diabo, não queimavam o Diabo. Desde que desejavam livrar-se do Diabo, era a este que deviam matar. A Doutrina Espírita, esclarecendo-nos sobre a verdadeira causa de todos esses fenômenos, dá nessa crença o golpe de misericórdia. *Longe, pois, de sugerir essa ideia, deve-se, e é esse um dever de moralidade e humanidade, combatê-la onde quer que apareça.*

O que se deve fazer, quando uma faculdade dessa espécie se desenvolve espontaneamente numa pessoa, é deixar que os fenômenos sigam o seu curso natural: a Natureza é mais sábia que os homens. A Providência, aliás, tem os seus planos, e a mais humilde criatura pode servir de instrumento aos seus mais amplos desígnios.

---

[3] Esta observação de Kardec está perfeitamente de acordo com o seu ensino na *Introdução ao Estudo da Doutrina Espírita (O Livro dos Espíritos),* de que a Ciência Espírita tem outro objetivo e exige outros métodos de investigação. As exigências científicas dos pesquisadores materialistas, eivadas de suspeitas que ferem por si sós a sensibilidade moral dos médiuns autênticos, têm produzido sofrimentos inenarráveis. A maioria das grosseiras acusações de fraudes, feitas no passado e ainda sustentadas no presente, são inteiramente falsas e decorrem de um erro básico: a confusão do objeto material das Ciências positivas com o objeto espiritual da pesquisa psíquica. A prevenção desses investigadores, aliada à vaidade e ao orgulho intelectual, transforma-os nesse terreno em verdadeiros macacos em loja de louças – O grifo de todo esse período é nosso. (N. do T.)

Mas devemos convir que os fenômenos, assumem, às vezes, proporções fatigantes e importunas para todos.[4] Em todos esses casos convém fazer o que passamos a explicar. No capítulo V, *Manifestações Físicas Espontâneas,* demos já alguns conselhos a respeito, dizendo que é necessário estabelecer relações com o Espírito para saber o que ele deseja. O meio seguinte é igualmente baseado na observação.

Os seres invisíveis que revelam sua presença por efeitos sensíveis são, em geral, Espíritos de uma ordem inferior, que podemos dominar pela ascendência moral. É essa condição de superioridade que devemos procurar adquirir.

Para obter essa condição é necessário fazer a pessoa passar do estado de *médium natural* para o de *médium facultativo.* Produz-se então um efeito semelhante ao que se verifica no sonambulismo. Sabe-se que o sonambulismo natural cessa geralmente ao ser substituído pelo sonambulismo magnético. Não se extingue a faculdade de desprendimento da alma, mas dá-se-lhe outro curso. O mesmo acontece com a faculdade mediúnica. Para isso, em vez de impedir as manifestações, o que raramente se consegue e nem sempre está livre de perigo, é necessário levar o médium a produzi-las por sua vontade, impondo-se ao Espírito. Dessa maneira, o médium chega a sujeitá-lo, e de um dominador, às vezes tirano, faz um subordinado, frequentemente bastante dócil.[5]

Fato digno de nota e que a experiência confirma é que uma criança, nesse caso, tem a mesma, e muitas vezes maior autoridade que um adulto. É outra prova a favor desse princípio fundamental

---

[4] Um dos fatos mais extraordinários dessa natureza, pela variedade e a estranheza dos fenômenos, é sem dúvida o ocorrido em 1852 no Palatinado (Baviera renana), em Bergzabern, próximo a Wissembourg. É tanto mais notável quanto reúne, no mesmo sujeito, quase todos os gêneros de manifestações espontâneas: estrondos de abalar a casa, móveis revirados, objetos atirados longe por mão invisível, visões e aparições, sonambulismo, êxtase, catalepsia, atração elétrica, gritos e sons no espaço, instrumentos musicais tocando sem contato, comunicações inteligentes, etc. Além disso, o que não é menos importante, a constatação dos fatos, durante cerca de dois anos, por numerosas testemunhas oculares dignas de fé por seu saber e sua posição social. O relato autêntico das ocorrências foi publicado, na época, por numerosos jornais alemães, e particularmente numa brochura atualmente esgotada e cujos exemplares são bastante raros. Pode-se encontrar, porém, a tradução completa dessa brochura na *Revista Espírita* de 1858, com os comentários e as explicações necessárias. Pelo que sabemos, foi a única publicação francesa que se fez a respeito. Além do interesse fascinante que provocam, esses fenômenos são eminentemente instrutivos no tocante ao estudo prático do Espiritismo. (Nota de Kardec.)

[5] Como se vê, o médium não é nem pode ser, como o pretendem certas escolas espiritualistas, religiões e correntes científicas sempre dispostas a criticar as práticas espíritas, um indivíduo passivo, destinado a tornar-se joguete dos Espíritos ou de outras influências. Condição indispensável da mediunidade é o controle pessoal do médium sobre as suas faculdades, que deve bem orientar. (N. do T.)

da Doutrina, segundo o qual o Espírito só é criança pelo corpo, tendo em si mesmo um desenvolvimento anterior à sua encarnação atual, que pode lhe conferir ascendência sobre Espíritos que lhe são inferiores. A moralização do Espírito pelos conselhos de uma pessoa influente e experimentada, se o médium não estiver em condições de fazê-lo, é quase sempre um meio muito eficaz. Voltaremos mais tarde a este assunto.[6]

163. É a esta categoria mediúnica, ao que parece, que deviam pertencer as pessoas dotadas de uma certa carga de eletricidade natural, verdadeiros torpedos humanos, produzindo por simples contato todos os efeitos de atração e repulsão.

Seria errôneo, entretanto, considerá-las como médiuns, porque a verdadeira mediunidade supõe a intervenção direta de um Espírito. Ora, as experiências provaram, de maneira conclusiva, que nesse caso a eletricidade é o único agente dos fenômenos. Essa estranha faculdade, que quase se poderia chamar de doença, pode às vezes ligar-se à mediunidade, como se vê no caso do *Espírito batedor de Bergzabern*, mas na maioria das vezes é completamente independente. Segundo dissemos, a única prova da intervenção dos Espíritos é o caráter inteligente das manifestações. Todas as vezes que esse fator não existir é lógico atribuir-se os fatos a causas puramente físicas. Resta a questão de saber se as *pessoas elétricas* teriam maior aptidão para se tornarem médiuns de efeitos físicos. Acreditamos que sim, mas isso só poderia ser verificado pela experiência.[7]

2. MÉDIUNS SENSITIVOS OU IMPRESSIONÁVEIS

164. São assim designadas as pessoas capazes de sentir a presença dos Espíritos por uma vaga impressão, uma espécie de arrepio geral que elas mesmas não sabem o que seja. Esta variedade não apresenta caráter bem definido. Todos os médiuns são necessariamente impressionáveis, de maneira que a impressionabilidade é antes uma qualidade geral do que especial: é a faculdade rudimentar indispensável ao desenvolvimento de todas as outras. Difere da impressionabilidade puramente física e nervosa,

[6] A expressão *pessoa influente,* neste caso, não se refere à disposição social ou coisa semelhante, mas à superioridade moral que confere, à criatura mais humilde e simples, o poder de exercer influência sobre os Espíritos perturbadores e obsessores. (N. do T.)

[7] Como se vê, e como Charles Richet o reconheceu em seu *Tratado de Metapsíquica* (Edicel), Allan Kardec nada afirmava sem a confirmação da experiência. Esse caso das pessoas elétricas é excelente prova da conduta inegavelmente científica do codificador do Espiritismo, que nem mesmo aceitava afirmações dos Espíritos superiores sem submetê-las ao exame racional e à prova da experiência. (N. do T.)

com a qual não se deve confundi-la, pois há pessoas que são neuricamente sensíveis e sentem mais ou menos a presença dos Espíritos, ao passo que outras muito suscetíveis absolutamente não os percebem.

Essa faculdade se desenvolve com o hábito e pode atingir uma tal sutileza que a pessoa dotada reconhece, pela sensação recebida, não só a natureza boa ou má do Espírito que se aproximou, mas também a sua individualidade, como o cego reconhece, por um certo não sei que, a aproximação desta ou daquela pessoa. Ela se torna, em relação aos Espíritos, um verdadeiro sensitivo. Um bom Espírito produz sempre uma impressão suave e agradável; a de um mau Espírito, pelo contrário, é penosa, angustiante e desagradável; tem como que um cheiro de impureza.

3. MÉDIUNS AUDIENTES

165. São os que ouvem a voz dos Espíritos. Como já dissemos ao tratar da *pneumatofonia,* é algumas vezes uma voz interna que se faz ouvir no foro íntimo. De outras vezes é uma voz externa, clara e distinta como a de uma pessoa viva. Os médiuns audientes podem assim conversar com os Espíritos. Quando adquirem o hábito de comunicar-se com certos Espíritos, os reconhecem imediatamente pelo timbre da voz. Quando não se possui essa faculdade, pode-se também se comunicar com um Espírito através de um médium audiente, que exerce o papel de intérprete.[8]

Esta faculdade é muito agradável, quando o médium só ouve Espíritos bons ou somente aqueles que ele chama. Mas não se dá o mesmo quando um Espírito mau se apega a ele, fazendo-lhe ouvir a cada minuto as coisas mais desagradáveis e algumas vezes mais inconvenientes. É necessário então tratar de desembaraçar-se, pelos meios que indicaremos no capítulo da *Obsessão.*

4. MÉDIUNS FALANTES

166. Os médiuns audientes, que apenas transmitem o que ouvem, não são propriamente médiuns falantes. Estes, na maioria das vezes,

---

[8] O problema da voz dos Espíritos, com timbre característico, a ponto de se reconhecer a voz de pessoa falecida há tempos, tem provocado críticas dos antiespíritas religiosos e científicos, que alegam o desaparecimento dos órgãos vocais no túmulo. Explica-se o caso pelas propriedades do perispírito. Mas é bom lembrar que nas experiências parapsicológicas de telepatia à distância o fenômeno se confirma, sem que as objeções acima tenham sido levantadas. A realidade, portanto, da *voz dos Espíritos* está hoje cientificamente confirmada. (N. do T.)

não ouvem nada. Ao servir-se deles, os Espíritos agem sobre os órgãos vocais, como agem sobre as mãos nos médiuns escreventes. O Espírito se serve para a comunicação dos órgãos mais flexíveis que encontra no médium. De um empresta as mãos, de outro as cordas vocais e de um terceiro os ouvidos. O médium falante em geral se exprime sem ter consciência do que diz, e quase sempre tratando de assuntos estranhos às suas preocupações habituais, fora de seus conhecimentos e mesmo do alcance de sua inteligência.[9]

Embora esteja perfeitamente desperto e em condições normais, raramente se lembra do que disse. Numa palavra, a voz do médium é apenas um instrumento de que o Espírito se serve e com o qual outra pessoa pode conversar com este, como o faz no caso de médium audiente.

Mas nem sempre a passividade do médium falante é assim completa. Há os que têm intuição do que estão dizendo, no momento em que pronunciam as palavras. Voltaremos a tratar desta variedade quando nos referirmos aos médiuns intuitivos.[10]

5. MÉDIUNS VIDENTES

167. Os médiuns videntes são dotados da faculdade de ver os Espíritos. Há os que gozam dessa faculdade em estado normal, perfeitamente acordados, guardando lembrança precisa do que viram. Outros só a possuem em estado sonambúlico ou aproximado do sonambulismo. É raro que esta faculdade seja permanente, sendo quase sempre o resultado de uma crise súbita e passageira.

Podemos incluir na categoria de médiuns videntes todas as pessoas dotadas de segunda vista. A possibilidade de ver os Espíritos em sonho é também uma espécie de mediunidade, mas não constitui propriamente a mediunidade de vidência. Explicaremos esse fenômeno no capítulo VI, *Manifestações Visuais.*

O médium vidente acredita ver pelos olhos, como os que têm a dupla vista, mas na realidade é a alma que vê, e por essa razão eles

---

[9] Além dessas provas da independência do Espírito comunicante, assinaladas por Kardec, devemos lembrar que numerosos casos da bibliografia mediúnica e das experiências cotidianas com a mediunidade nos mostram que o Espírito pode tratar, através do médium, de assuntos a que este se furta e muitas vezes acusando-o e chamando-lhe a atenção. (N. do T.)

[10] Os médiuns falantes, chamados entre nós *médiuns de incorporação*, dividem-se assim nas duas classes bem conhecidas: *médiuns conscientes* e *médiuns inconscientes*. Aos conscientes é que Kardec dava, acertadamente, a designação de *intuitivos*. Aliás, essa divisão existe em todas as modalidades mediúnicas. (N. do T.)

tanto veem com os olhos abertos ou fechados.[11] Dessa maneira, um cego pode ver os Espíritos como os que têm visão normal.

Seria interessante fazer um estudo sobre esta questão, verificando se essa faculdade é mais frequente nos cegos. Espíritos que viveram na Terra como cegos nos disseram que tinham, pela alma, a percepção de alguns objetos e que não estavam mergulhados numa escuridão completa.

168. Devemos distinguir as aparições acidentais e espontâneas da faculdade propriamente dita de ver os Espíritos. As primeiras ocorrem com mais frequência no momento da morte de pessoas amadas ou conhecidas, que vêm advertir-nos de sua passagem para o outro mundo. Há numerosos exemplos de casos dessa espécie, sem falar das ocorrências de visões durante o sono. De outras vezes são parentes ou amigos que, embora mortos há muito tempo, aparecem para nos avisar de um perigo, dar um conselho ou pedir uma ajuda. Essa ajuda é sempre a execução de um serviço que ele não pode fazer em vida ou o socorro das preces.

Essas aparições constituem fatos isolados, tendo um caráter individual e pessoal. Não constituem, pois, uma faculdade propriamente dita. A faculdade consiste na possibilidade, senão permanente, pelo menos frequente, de ver os Espíritos que se aproximam, mesmo que estranhos. É essa faculdade que define o médium vidente.[12]

Entre os médiuns videntes há os que veem somente os Espíritos evocados, podendo descrevê-los nos menores detalhes dos seus gestos, da expressão fisionômica, os traços característicos do rosto, as roupas e até mesmo os sentimentos que revelam. Há outros que possuem a faculdade em sentido mais geral, vendo toda a população espírita do ambiente ir e vir e, poderíamos dizer, entregue a seus afazeres.

169. Assistimos certa noite à representação da ópera *Obéron* ao lado de um excelente médium vidente. Havia no salão grande número de lugares vazios, mas muitos estavam ocupados por

---

[11] Note-se a razão da expressão *segunda vista* ou *dupla vista,* que ressalta claramente dessa explicação de Kardec. A evidência propriamente dita independe dos olhos materiais, porque é uma visão anímica; a alma vê fora do corpo. É o que a Parapsicologia chama hoje de *percepção extrassensorial.* A dupla vista se manifesta sempre como um desdobramento da visão normal. Um cego não tem dupla vista, mas apenas vidência. (N. do T.)

[12] Ernesto Bozzano publicou um livro especial sobre o problema das manifestações espíritas no momento da morte, relacionando numerosos casos bastante significativos. Na moderna Parapsicologia esses fatos foram também considerados em vários livros. Veja-se o trabalho recente da prof.a Louise Rhine, *Os Canais Ocultos da Mente,* no capítulo "Efeitos físicos enigmáticos", que também relata curiosas ocorrências. Há uma tradução brasileira de Jacy Monteiro, lançada pela Editora Bestseller, São Paulo, 1966. (N. do T.)

Espíritos que pareciam acompanhar o espetáculo. Alguns se aproximavam de certos espectadores e pareciam escutar as suas conversas. No palco se passava outra cena: por trás dos atores muitos Espíritos joviais se divertiam em contracená-los, imitando-lhes os gestos de maneira grotesca. Outros, mais sérios, pareciam inspirar os cantores, esforçando-se por lhes dar mais energia. Um desses mantinha-se junto a uma das principais cantoras. Julgamos as suas intenções um tanto levianas e o evocamos após o baixar da cortina. Atendeu-nos e reprovou com severidade o nosso julgamento temerário. "Não sou o que pensas" – disse –, "sou o seu guia, o seu Espírito protetor, cabe-me dirigi-la". Após alguns minutos de conversação bastante séria, deixou-nos dizendo: "Adeus. Ela está no seu camarim e preciso velar por ela".

Evocamos depois o Espírito de Weber, autor da ópera, e lhe perguntamos o que achava da representação. "Não foi muito má" – respondeu –, "mas fraca. Os atores cantam, eis tudo. Faltou inspiração. Espera" – acrescentou –, "vou tentar insuflar-lhes um pouco do fogo sagrado!" Vimo-lo então sobre o palco, pairando acima dos atores. Um eflúvio parecia se derramar dele para os intérpretes, espalhando-se sobre eles. Nesse momento verificou-se entre eles uma visível recrudescência da energia.

170. Eis outro fato que prova a influência dos Espíritos sobre os homens, sem que estes o percebam. Assistimos a uma representação teatral com outro médium vidente. Conversando com um *Espírito espectador,* disse-nos ele: "Estás vendo aquelas duas senhoras sozinhas num camarote de primeira? Pois bem, vou-me esforçar para tirá-las do salão". Dito isso, foi colocar-se no camarote das senhoras e começou a falar-lhes. Súbito as duas, que estavam muito atentas ao espetáculo, se entreolharam, parecendo consultar-se, e a seguir se foram, não voltando mais. O Espírito nos fez então um gesto gaiato, significando que cumprira a palavra. Mas não o pudemos rever para pedir-lhe maiores explicações.

Muitas vezes fomos assim testemunhas do papel que os Espíritos exercem entre os vivos. Observamo-los em diversos lugares de reunião: em bailes, concertos, sermões, funerais, núpcias, etc., e em toda parte os encontramos atiçando as más paixões, insuflando a discórdia, excitando as rixas e regozijando-se com suas proezas. Outros, pelo contrário, combatem essa influência perniciosa, mas só raramente são ouvidos.

171. A faculdade de ver os Espíritos pode sem dúvida se desenvolver, mas é uma dessas faculdades cujo desenvolvimento deve processar-se naturalmente, sem que o provoque, se não se quiser expor-se às ilusões da imaginação. Quando temos o germe de uma faculdade, ela se manifesta por si mesma. Devemos, por princípio, contentar-nos com aquelas que Deus nos concedeu, sem procurar o impossível. Porque então, querendo ter demais, arrisca-se a perder o que se tem.[13]

Quando dissemos que os casos de aparições espontâneas são frequentes (n.º 107), não quisemos dizer que sejam comuns. Quanto aos médiuns videntes, propriamente ditos, são ainda mais raros e temos muitas razões para desconfiar dos que pretendem ter essa faculdade. É prudente não lhes dar fé senão mediante provas positivas. Não nos referimos aos que alimentam a ridícula ilusão dos Espíritos glóbulos, de que tratamos no n.º 108, mas aos que pretendem ver os Espíritos de maneira racional.

Algumas pessoas podem sem dúvida enganar-se de boa-fé, mas outras podem simular essa faculdade por amor-próprio ou por interesse. Nesse caso, deve-se particularmente levar em conta o caráter, a moralidade e a sinceridade habituais da pessoa. Mas é sobretudo nas questões circunstanciais que se pode encontrar o mais seguro meio de controle. Porque há circunstâncias que não podem deixar dúvidas, como nos casos de exata descrição de Espíritos que o médium jamais teve ocasião de conhecer quando encarnados.[14]

O caso seguinte pertence a essa categoria.

Uma senhora viúva, cujo marido se comunica frequentemente com ela, encontrou-se um dia com um médium vidente que não a conhecia, nem à sua família, e o médium lhe disse: "Vejo um Espírito ao vosso lado". – "Ah", disse a senhora, "é sem dúvida o meu marido, que quase nunca me deixa." – "Não", respondeu o médium, "é uma senhora de certa idade, que está penteada de maneira estranha, com uma fita branca na testa."

Por esta particularidade e outros detalhes descritos, a viúva reconheceu sua avó, sem perigo de erro, e na qual nem sequer

[13] Esta é uma característica do Espiritismo, para a qual devemos sempre chamar a atenção de adeptos e adversários. A Doutrina é contrária a todos os meios artificiais de desenvolvimento psíquico, mantendo o mais rigoroso respeito às leis naturais que presidem a esses processos, como a todos os demais na condição humana. Os que acusam o Espiritismo de excessos psíquicos ou místicos simplesmente ignoram os seus princípios; não sabem o que dizem. (N. do T.)

[14] O rigor da observação espírita não está nos meios materiais de controle, sempre ingênuos e até mesmo infantis, quando se trata de questões espirituais. Este é um dos muitos casos que fogem a todas as explicações telepáticas, a menos que aceitemos o absurdo, jamais experimentalmente provado, das interferências mais fantásticas, como a das lembranças inconscientes da viúva remontando aos tempos da avó. Isso é o que Kardec considerava, muito justamente, querer substituir o suposto fantástico da presença do Espírito por uma explicação engenhosa e ainda muito mais fantástica. O estudo e a pesquisa espírita mostram, por mil detalhes valiosos, o ridículo dessas hipóteses apressadas e sempre geradas pela prevenção e a ignorância do assunto. (N. do T.)

pensava nesse momento. Se o médium quisesse simular a faculdade, seria mais fácil aproveitar o pensamento da senhora. Mas ao invés do marido que a preocupava ele viu uma mulher, com um penteado especial de que nada lhe poderia dar ideia. Este caso prova ainda que a visão do médium não era o reflexo de qualquer pensamento alheio. (Ver n.º 102.)

6. MÉDIUNS SONÂMBULOS

172. O sonambulismo pode ser considerado como uma variedade da faculdade mediúnica, ou melhor, trata-se de duas ordens de fenômenos que se encontram frequentemente reunidos. O sonâmbulo age por influência do seu próprio Espírito. É a sua alma que, nos momentos de emancipação, vê, ouve e percebe além dos limites dos sentidos. O que ele diz procede dele mesmo. Em geral, suas ideias são mais justas do que no estado normal, seus conhecimentos são mais amplos porque sua alma está livre. Numa palavra, ele vive por antecipação a vida dos Espíritos.[15]

O médium, pelo contrário, serve de instrumento a outra inteligência. É passivo e o que diz não é dele.[16] Em resumo: o sonâmbulo exprime o seu próprio pensamento e o médium exprime o pensamento de outro. Mas o Espírito que se comunica através de um médium comum pode também fazê-lo por um sonâmbulo. Frequentemente mesmo o estado de emancipação da alma, no estado sonambúlico, torna fácil essa comunicação. Muitos sonâmbulos veem perfeitamente os Espíritos e os descrevem com a mesma precisão dos médiuns videntes. Podem conversar com eles e transmitir-nos o seu pensamento. Assim, o que eles dizem além do círculo de seus conhecimentos pessoais lhes é quase sempre sugerido por outros Espíritos.

Eis, a seguir, um exemplo notável da ação simultânea do Espírito do sonâmbulo e do outro Espírito, que se revelam de maneira inequívoca.

173. Um dos nossos amigos usava como sonâmbulo um rapazinho de 14 para 15 anos, de inteligência bastante curta e de instrução extremamente limitada. Em estado sonambúlico, porém, dava provas de extraordinária lucidez e grande perspicácia. Isso

---

[15] A hipótese de *projeção do eu,* hoje sustentada por alguns psicólogos e parapsicólogos, é uma evidente aproximação deste princípio espírita. A independência da alma vai aos poucos se confirmando. (N. do T.)

[16] Não confundir a passividade voluntária do médium, que presta serviço ao Espírito comunicante, com a passividade hipnótica, por sujeição, de que alguns adversários do Espiritismo acusam a mediunidade. (N. do T.)

principalmente no tratamento de doenças, tendo feito numerosas curas consideradas impossíveis.

Certo dia, atendendo a um doente, descreveu a sua moléstia com absoluta exatidão. – Isso não basta, lhe disseram, agora é necessário indicar o remédio. – Não posso, respondeu ele, *meu anjo-doutor não está aqui.* – A quem chama você de anjo-doutor? – Àquele que dita os remédios. – Então não é você mesmo que vê os remédios? – Oh!, não, pois não estou dizendo que é o meu anjo-doutor quem os indica?

Assim, nesse sonâmbulo, quem via a doença era o seu próprio Espírito, que para isso não precisava de assistência. Mas a indicação dos remédios era feita por outro Espírito. Se esse não estivesse presente, ele nada podia dizer. Sozinho, ele era apenas sonâmbulo; assistido pelo que ele chamava de seu anjo-doutor, era médium-sonâmbulo.

174. A faculdade sonambúlica é uma faculdade que depende do organismo e nada tem que ver com a elevação, o adiantamento e a condição moral do sujeito. Um sonâmbulo pode, pois, ser muito lúcido e incapaz de resolver certas questões, se o seu Espírito for pouco adiantado. O sonâmbulo que fala por si mesmo pode dizer, portanto, coisas boas e más, certas ou falsas, usar de maior ou menor delicadeza e escrúpulo no seu procedimento, segundo o grau de elevação ou de inferioridade do seu próprio Espírito. É nesse caso que a assistência de outro Espírito pode suprir as suas deficiências.

Mas um sonâmbulo pode ser assistido por um Espírito mentiroso, leviano, ou até mesmo mau, como acontece com os médiuns. Nisto, sobretudo, é que as qualidades morais têm grande influência, por atraírem os Espíritos bons. (Ver *O Livro dos Espíritos, tópico Sonambulismo,* n.º 125; e neste livro o capítulo sobre *Influência Moral do Médium.)*

7. MÉDIUNS CURADORES

175. Somente para mencioná-la trataremos aqui desta variedade de médiuns, porque o assunto exigiria demasiado desenvolvimento para o nosso esquema. Estamos aliás informados de que um médico nosso amigo se propõe a tratá-la numa obra especial sobre a medicina intuitiva. Diremos apenas que esse gênero de mediunidade consiste principalmente no dom de curar por simples toque, pelo olhar ou mesmo por um gesto, sem nenhuma medicação. Certamente dirão que se trata simplesmente de magnetismo. É evidente que o fluido magnético exerce um grande papel no caso. Mas, quando se examina o fenômeno com o devido cuidado, facilmente se reconhece a presença de mais alguma coisa.

A magnetização comum é uma verdadeira forma de tratamento, com a devida sequência, regular e metódica. No caso referido as coisas se passam de maneira inteiramente diversa. Todos os magnetizadores são mais ou menos aptos a curar, se souberem cuidar do assunto convenientemente. Mas entre os médiuns curadores a faculdade é espontânea, e às vezes a possuem sem jamais terem ouvido falar de magnetismo. A intervenção de uma potência oculta, que caracteriza a mediunidade, torna-se evidente em certas circunstâncias. E o é, sobretudo, quando consideramos que a maioria das pessoas qualificáveis como médiuns curadores recorrem à prece, que é uma verdadeira evocação. (Ver o n.º 131.)

176. Eis as respostas que obtivemos dos Espíritos a perguntas feitas a respeito:

1. Podemos considerar as pessoas dotadas de poder magnético como formando uma variedade mediúnica?

– Não podes ter dúvida alguma.

2. Entretanto, o médium é um intermediário entre os Espíritos e os homens, mas o magnetizador, tirando sua força de si mesmo, não parece servir de intermediário a nenhuma potência estranha.

– É uma suposição errônea. A força magnética pertence ao homem, mas é aumentada pela ajuda dos Espíritos a que ele apela. Se magnetizas para curar, por exemplo, e evocas um bom Espírito que se interessa por ti e pelo doente, ele aumenta a tua força e a tua vontade, dirige os teus fluidos e lhes dá as qualidades necessárias.[17]

3. Há, porém, excelentes magnetizadores que não acreditam nos Espíritos.

– Pensas então que os Espíritos só agem sobre os que creem neles? Os que magnetizam para o bem são auxiliados pelos Espíritos bons. Todo homem que aspira ao bem os chama sem o perceber, da mesma maneira que, pelo desejo do mal e pelas más intenções, chamará os maus.

4. O magnetizador que acreditasse na intervenção dos Espíritos agiria com maior eficiência?

– Faria coisas que seriam consideradas milagres.

5. Algumas pessoas têm realmente o dom de curar por simples toque, sem o emprego dos passes magnéticos?

---

[17] A ação dos Espíritos é que realmente dá eficácia curadora ao magnetismo humano. Preste-se atenção à dinâmica do auxílio espiritual, revelada nessa esclarecedora resposta. (N. do T.)

– Seguramente. Não tens tantos exemplos?

6. Nesses casos trata-se de ação magnética ou somente de influência dos Espíritos?

– Uma e outra. Essas pessoas são verdadeiros médiuns, pois agem sob a influência dos Espíritos, mas isso não quer dizer que sejam médiuns escreventes, como o entendes.

7. Esse poder é transmissível?

– O poder, não, mas sim o conhecimento do que se necessita para exercê-lo, quando se o possui. Há pessoas que nem suspeitariam ter esse poder se não pensarem que ele lhe foi transmitido.[18]

8. Podem-se obter curas apenas pela prece?

– Sim, às vezes Deus o permite. Mas talvez o bem do doente esteja em continuar sofrendo, e então se pensa que a prece não foi ouvida.

9. Existem fórmulas de preces mais eficazes do que outras, para esse caso?

– Só a superstição pode atribuir virtudes a certas palavras. E somente os Espíritos ignorantes ou mentirosos podem entreter essas ideias, prescrevendo fórmulas. Entretanto, pode acontecer que, para pessoas pouco esclarecidas e incapazes de entender as coisas puramente espirituais, o emprego de um fórmula contribua para lhes infundir confiança. Nesse caso, a eficácia não é da fórmula, mas da fé que foi aumentada pela crença no uso da fórmula.

8. MÉDIUNS PNEUMATÓGRAFOS

177. Essa designação corresponde aos médiuns que têm aptidão para obter a escrita direta, o que não é dado a todos os médiuns escreventes. Essa faculdade é por enquanto muito rara. Provavelmente se desenvolve por exercício. Mas, como dissemos, sua utilidade prática se limita à comprovação evidente da intervenção de uma potência oculta nas manifestações. Só a experiência pode revelar se a gente a possui. Pode-se, pois, experimentar, como se pode interrogar um Espírito protetor através de outras formas de comunicação.

Segundo a maior ou menor potência do médium, obtêm-se apenas traços, sinais, letras, palavras, frases ou até mesmo páginas inteiras. Basta geralmente se colocar uma folha de papel

[18] Os Espíritos colocam aqui um problema comum de psicologia. Há magnetizadores, médiuns hipnotizadores e sujeitos paranormais que só acreditam em suas faculdades e as desenvolvem sob a ação de outras pessoas. Trata-se de falta de confiança em si mesmos e não de poder das outras pessoas, que muitas vezes se julgam poderosas. Ilusão muito frequente dos que se dizem capazes de desenvolver a mediunidade dos outros. (N. do T.)

dobrado em algum lugar, ou em lugar designado pelo Espírito, durante dez minutos, um quarto de hora ou um pouco mais. A prece e o recolhimento são condições essenciais. Eis por que podemos considerar impossível obtê-la em reuniões pouco sérias ou de pessoas que não estejam animadas de sentimentos de simpatia e benevolência. (Ver a *teoria da escrita direta,* cap. VIII, *Laboratório do Mundo Invisível,* ns. 127 e seguintes, e cap. XII, *Pneumatografia.)*

Trataremos especialmente dos médiuns escreventes nos capítulos seguintes.

CAPÍTULO XV

MÉDIUNS ESCREVENTES OU PSICÓGRAFOS

MÉDIUNS MECÂNICOS – INTUITIVOS – SEMIMECÂNICOS – INSPIRADOS OU INVOLUNTÁRIOS E DE PRESSENTIMENTOS

178. De todas as formas de comunicação, a escrita manual é a mais simples, a mais cômoda e sobretudo a mais completa. Todos os esforços devem ser feitos para o seu desenvolvimento, porque ela permite estabelecer relações tão permanentes e regulares com os Espíritos, como as que mantemos entre nós. Tanto mais devemos usá-la, quanto é por ela que os Espíritos revelam melhor a sua natureza e o grau de sua perfeição ou de sua inferioridade. Pela facilidade com que podem exprimir-se, dão-nos a conhecer os seus pensamentos íntimos e assim nos permitem apreciá-los e julgá-los em seu justo valor. Além disso, para o médium essa faculdade é a mais suscetível de se desenvolver pelo exercício.

MÉDIUNS MECÂNICOS

179. Se examinarmos certos efeitos que se manifestam nos movimentos da mesa, da cesta ou da prancheta, não podemos duvidar de que o Espírito exerce uma ação direta sobre esses objetos.

A cesta se agita às vezes com tamanha violência que escapa das mãos do médium, de outras vezes se dirige para certas pessoas do círculo para nelas bater; mas de outras os seus movimentos revelam um sentimento afetuoso. O mesmo acontece com o lápis na mão do médium. Muitas vezes é lançado longe, com força, ou a própria mão, como a cesta, agita-se convulsivamente e bate na mesa de maneira colérica. E isso quando o médium se encontra na maior tranquilidade e se espanta de não poder controlar-se.

Digamos, de passagem, que esses efeitos sempre denotam a presença de Espíritos imperfeitos. Os Espíritos realmente superiores são sempre calmos, cheios de dignidade e benevolência. Se não são ouvidos de maneira conveniente, afastam-se e outros lhes tomam o lugar. O Espírito pode, pois, exprimir diretamente o seu pensamento, seja pelo movimento de um objeto a que a mão do médium serve apenas de apoio, seja pela sua ação sobre a própria mão do médium.

Quando o Espírito age diretamente sobre a mão, dá-lhe uma impulsão completamente independente da vontade do médium. Ela avança sem interrupção e contra a vontade do médium, enquanto o Espírito tiver alguma coisa a dizer, e estaca quando ele o disser.

O que caracteriza o fenômeno, nesta circunstância, é que o médium não tem a menor consciência do que escreve. A inconsciência absoluta, nesse caso, caracteriza os que chamamos de *médiuns passivos* ou *mecânicos*. Esta faculdade é tanto mais valiosa quanto não puder deixar a menor dúvida sobre a independência do pensamento daquele que escreve.[1]

MÉDIUNS INTUITIVOS

180. A comunicação do pensamento do Espírito pode dar-se também por meio do Espírito do médium, ou melhor, da sua alma, desde que designemos por essa palavra o Espírito quando encarnado.[2] O Espírito comunicante, nesse caso, não age sobre a mão para fazê-la escrever, não a toma nem a guia, agindo sobre a Alma, com a qual se identifica. É então a Alma do médium que, sob essa impulsão, dirige a mão e esta o lápis.

Notemos aqui um fato importante que se deve conhecer. O Espírito comunicante não substitui a Alma do médium, porque não poderia deslocá-la do corpo: domina-a, sem que isso dependa da vontade dela, e lhe imprime a sua vontade própria. Assim, o papel da Alma não é absolutamente passivo. É ela que recebe o pensamento do Espírito e o transmite. Nessa situação, o médium tem consciência do que escreve, embora não se trate do seu próprio pensamento. É o que se chama *médium intuitivo.*[3]

Sendo dessa maneira, dir-se-ia, nada prova que seja outro Espírito e não o do médium que escreve. A distinção, de fato, é às

---

[1] O acerto de Kardec, na importância que atribui à psicografia direta, está sobejamente provado pela sua própria obra e por toda a imensa bibliografia mediúnica lançada no mundo. No Brasil, basta atentarmos para a obra exemplar de Francisco Cândido Xavier. (N. do T.)

[2] Quanto à palavra alma deve-se consultar *Introdução ao Estudo da Doutrina Espírita,* em O *Livro dos Espíritos.* Kardec explica a razão por que devemos chamar o Espírito, enquanto encarnado, de *Alma,* reservando a palavra *Espírito* para os desencarnados. (N. do T.)

[3] Esta explicação de Kardec sobre o mecanismo da mediunidade ou do ato mediúnico afasta a ideia falsa, que geralmente se faz, de que o Espírito comunicante se *incorpora* no médium. Não há realmente incorporação, mas apenas sintonia ou indução mental. A afirmação de que o Espírito comunicante *domina a* Alma do médium parece contraditada pela afirmação seguinte de que a Alma não é passiva. Basta lembrar que o *domínio* se refere apenas ao estabelecimento da relação fluídica, pois se o médium não quiser não transmite a mensagem, para compreender-se que não há contradição. O ato mediúnico é resultante de colaboração. (N. do T.)

vezes bastante difícil de se fazer, mas pode ser que isso pouco importe. Pode-se, entretanto, conhecer o pensamento sugerido pela razão de não ser jamais preconcebido, surgindo na proporção em que se escreve, e muitas vezes ser mesmo contrário à ideia que se formara a respeito do assunto. Pode, ainda, estar além dos conhecimentos e da capacidade do médium.[4]

O papel do médium mecânico é o de uma máquina; o médium intuitivo age como um intérprete. Para transmitir o pensamento ele precisa compreendê-lo, de certa maneira assimilá-lo, a fim de traduzi-lo fielmente. Esse pensamento, portanto, não é dele: nada mais faz do que passar através do seu cérebro. É exatamente esse o papel do médium intuitivo.

MÉDIUNS SEMIMECÂNICOS

181. No médium puramente mecânico o movimento da mão é independente da vontade. No médium intuitivo, o movimento é voluntário e facultativo. O médium semimecânico participa das duas condições. Sente a mão impulsionada, sem que seja pela vontade, mas ao mesmo tempo tem consciência do que escreve, à medida que as palavras se formam. No primeiro, o pensamento aparece após a escrita; no segundo, antes da escrita; no terceiro, ao mesmo tempo. Estes últimos médiuns são os mais numerosos.

MÉDIUNS INSPIRADOS

182. Todos os que recebem, no seu estado normal ou de êxtase, comunicações mentais estranhas às suas ideias, sem serem, como estas, preconcebidas, podem ser considerados médiuns inspirados. Trata-se de uma variedade intuitiva, com a diferença de que a intervenção de uma potência oculta é bem menos sensível, sendo mais difícil de distinguir no inspirado o pensamento próprio do que foi sugerido. O que caracteriza este último é sobretudo a espontaneidade.[5]

[4] Note-se que as distinções indicadas, para a separação do pensamento sugerido, constituem elementos bem característicos do pensamento estranho. Assim, as dificuldades de distinção decorrem mais da falta de conhecimento do problema e da incompreensão das leis do pensamento, do que das condições supostamente confusas da transmissão. (N. do T.)

[5] Nunca prestamos a devida atenção aos nossos processos mentais. Kardec nos oferece neste livro, como repete no período acima, uma regra de ouro nesse sentido. A psicologia materialista vai hoje se aproximando desse princípio, graças às pesquisas no campo da telepatia. Embora ainda não considere o pensamento dos Espíritos, já admite que recebemos constantemente pensamentos alheios. A observação permite-nos dividir perfeitamente o pensamento que produzimos aos poucos em nossa mente dos que nos são sugeridos. (N. do T.)

Recebemos a inspiração dos Espíritos que nos influenciam para o bem ou para o mal. Mas ela é principalmente a ajuda dos que desejam o nosso bem, e cujos conselhos rejeitamos com muita frequência. Aplica-se a todas as circunstâncias da vida, nas resoluções que devemos tomar. Nesse sentido pode-se dizer que todos são médiuns, pois não há quem não tenha os seus Espíritos protetores e familiares, que tudo fazem para transmitir bons pensamentos aos seus protegidos. Se todos estivessem compenetrados dessa verdade, com mais frequência se recorreria à inspiração do anjo guardião nos momentos em que não se sabe o que dizer ou fazer.

Que se invoque o Espírito protetor com *fervor* e *confiança*, nos casos de necessidade, e mais assiduamente se admirará das ideias que surgirão como por encanto, seja para auxiliar numa decisão ou em alguma coisa a fazer. Se nenhuma ideia surgir imediatamente, é que se deve esperar. A prova de que se trata de ideia sugerida está precisamente em que ela, se fosse da pessoa, estaria sempre ao seu dispor, não havendo razão para que não se manifestasse à vontade. Quem não é cego, basta abrir os olhos para ver quando quiser. Da mesma maneira, o que possui ideias próprias sempre as tem ao seu dispor. Se elas não surgem à vontade é que ele precisa buscá-las fora de si mesmo.[6]

Nesta categoria podem ainda ser incluídas as pessoas que, não sendo dotadas de inteligência excepcional, e sem sair do seu estado normal, têm relâmpagos de lucidez intelectual que lhes dão surpreendente facilidade de concepção e de elocução, e, em certos casos, o pressentimento do futuro. Nesses momentos, justamente considerados de inspiração, as ideias abundam, seguem-se, encadeiam-se como que por si mesmas, num impulso involuntário e quase febril. Parece que uma inteligência superior vem ajudar-nos e que o nosso Espírito se livra de um fardo.

183. Todos os homens de gênio, artistas, sábios, literatos são, sem dúvida, Espíritos adiantados, capazes de conceber grandes coisas e de trazê-las em si mesmos. Ora, é precisamente por julgá-los capazes que os Espíritos, quando querem realizar certos trabalhos, lhes sugerem as ideias necessárias. E é assim que eles são, na maioria das vezes, médiuns sem o saberem. Eles têm, não obstante, uma vaga intuição de serem assistidos, pois aquele que apela à inspiração faz uma evocação. Se não esperasse ser

[6] A reflexão mental, como a própria etimologia da palavra o indica, é uma busca de sintonia. Nossas mentes não vivem isoladas, mas num processo de comunhão espiritual que o Espiritismo revelou e pesquisou. Quando pensamos seriamente num problema atraímos a colaboração de outras mentes encarnadas ou desencarnadas. Mas o orgulho humano dificilmente permite que certas pessoas aceitem essa verdade que tudo fazem para negar e rejeitar. (N. do T.)

ouvido, por que haveria de clamar com tanta frequência: "Meu bom gênio, venha ajudar-me!"?

As respostas seguintes confirmam esta asserção:

– Qual a causa primeira da inspiração?

– A comunicação mental do Espírito.

– A inspiração não se destina apenas a grandes revelações?

– Não. Ela se relaciona quase sempre com as mais comuns circunstâncias da vida. Por exemplo: queres ir a algum lugar e uma voz secreta te diz que não, porque corres perigo; ou ainda essa voz te sugere fazer uma coisa em que não pensavas. Isso é inspiração. Há bem poucas pessoas que não tenham sido inspiradas em diversas ocasiões.

– Um escritor, um pintor, um músico, por exemplo, nos momentos de inspiração poderiam ser considerados médiuns?

– Sim, pois nesses momentos têm a alma mais livre e como separada da matéria, que então recobra em parte as suas faculdades de Espírito e recebe mais facilmente as comunicações dos Espíritos que a inspiram.[7]

MÉDIUNS DE PRESSENTIMENTOS

184. O pressentimento é uma vaga intuição de acontecimentos futuros. Certas pessoas têm essa faculdade mais ou menos desenvolvida. Pode-se tratar de uma espécie de dupla vista que lhes permite ver as consequências do presente e o encadeamento natural dos acontecimentos. Mas muitas vezes também é o resultado das comunicações ocultas, e é sobretudo nesse caso que se podem chamar de médiuns de pressentimentos as pessoas assim dotadas, que constituem uma variedade dos médiuns inspirados.[8]

---

[7] O mistério da inspiração é assim explicado como um processo de semidesprendimento da alma. Nesse estado, o artista amplia a sua visão das coisas, adquire percepções extrassensoriais e entra em comunicação com os amigos espirituais que o ajudam. (N. do T.)

[8] Note-se a explicação sucinta e clara do problema, tão discutido hoje no campo parapsicológico, da precognição ou percepção do futuro. Trata-se de uma visão espiritual do encadeamento dos acontecimentos (ou dos fatos, a partir do presente), que apesar disso não se processa *fatalmente,* pois a cadeia de fatos *decorre* sempre, no plano humano, das decisões do livre-arbítrio. (N. do T.)

CAPÍTULO XVI

MÉDIUNS ESPECIAIS

APTIDÕES ESPECIAIS DOS MÉDIUNS – QUADRO SINÓTICO DAS VÁRIAS ESPÉCIES DE MÉDIUNS

185. Além das categorias mediúnicas já enumeradas, a mediunidade apresenta infinitas variedades que constituem os chamados médiuns especiais, dotados de aptidões particulares ainda não definidas, abstraindo-se as qualidades próprias e os conhecimentos do Espírito manifestante.

A natureza das comunicações está sempre relacionada com a natureza do Espírito e traz o cunho da sua elevação ou da sua inferioridade, do seu saber ou da sua ignorância. Mas, apesar da semelhança de grau, no tocante à hierarquia, há sempre entre eles uma tendência maior para este ou aquele campo. Os Espíritos batedores, por exemplo, raramente se afastam das manifestações físicas; entre os que dão manifestações inteligentes há Espíritos poetas, músicos, desenhistas, sábios, moralistas, médicos, etc.

Referimo-nos a Espíritos de uma ordem mediana, porque num grau mais elevado as aptidões se confundem na unidade da perfeição. Mas ao lado da aptidão do Espírito existe a do médium, instrumento que é para ele mais ou menos cômodo, mais ou menos flexível, e no qual ele descobre qualidades particulares que não podemos apreciar.

Façamos uma comparação. Um músico bastante hábil tem ao seu dispor numerosos violinos que, para o vulgo, serão todos bons instrumentos, mas entre os quais o artista consumado faz grande diferença, percebendo nuanças de extrema delicadeza que o farão escolher uns e rejeitar outros, nuanças que ele percebe por intuição, sem poder defini-las. Acontece o mesmo em relação aos médiuns: apesar da igualdade de condições quanto à potência mediúnica, o Espírito dará preferência a um ou a outro, segundo o gênero de comunicações que deseja transmitir. Assim, por exemplo, veem-se alguns escreverem, como médiuns, admiráveis poesias, quando nas condições ordinárias jamais puderam ou souberam fazer versos. Outros, pelo contrário, são poetas, mas como médiuns só escrevem prosa, apesar do seu desejo de escrever poesias. Acontece o mesmo com o desenho, a música, etc.

Há médiuns que, sem possuírem conhecimentos científicos, são mais aptos a receber comunicações dessa ordem. Outros são mais aptos para estudos históricos; outros servem mais facilmente de intérpretes a Espíritos moralistas. Numa palavra, qualquer que seja a flexibilidade do médium, as comunicações que recebe com mais facilidade têm geralmente um cunho especial. Há ainda os que nunca saem de um determinado campo, e quando dele se afastam só recebem comunicações incompletas, lacônicas e muitas vezes falsas.

Além da questão das aptidões, os Espíritos ainda se comunicam dando preferência mais ou menos acentuada a este ou àquele médium, de acordo com as suas simpatias. Dessa maneira, apesar da plena semelhança de condições, o mesmo Espírito será mais explícito através de certos médiuns, unicamente porque esses melhor lhe convêm.

186. Seria errôneo querer obter-se, só por se dispor de um bom médium escrevente, boas comunicações de todos os gêneros. A primeira condição é a de assegurar-se da fonte dessas comunicações, quer dizer, das qualidades do Espírito que as transmite. Mas não é menos necessário atentar para as qualidades do instrumento mediúnico. Temos pois de estudar a natureza do médium como se faz com a do Espírito, porque são eles os elementos essenciais para um resultado satisfatório. Mas há um terceiro elemento igualmente importante, que é a intenção, o pensamento íntimo, o sentimento mais ou menos louvável de quem interroga o Espírito. E isso é fácil de compreender.

Para que uma comunicação seja boa é necessário que provenha de um Espírito bom. Para que esse Espírito bom possa transmiti-la precisa dispor de um bom instrumento. Para que ele queira transmiti-la, é necessário que o objetivo lhe convenha.

O Espírito, que lê o pensamento, julga se a questão proposta merece uma resposta séria e se a pessoa que a formula é digna dessa resposta. Caso contrário, não perde tempo lançando boas sementes nas pedras. É então que os Espíritos levianos e zombeteiros se intrometem, porque, pouco se importando com a verdade, não encaram o assunto como deviam e são geralmente bem pouco escrupulosos no tocante aos meios e aos objetivos.

QUADRO SINÓTICO

Resumimos a seguir os principais gêneros de mediunidade a fim de apresentar, de alguma maneira, o seu quadro sinótico, compreendendo os já descritos nos capítulos precedentes, com a indicação dos números em que foram tratados com mais detalhes.

Reunimos as diferentes variedades mediúnicas pelas semelhanças de causas e efeitos, sem que esta classificação seja absoluta. Algumas são encontradas com frequência; outras, pelo contrário, são raras e até mesmo excepcionais, o que tivemos o cuidado de mencionar.

Estas indicações foram inteiramente fornecidas pelos Espíritos que, além disso, reviram este quadro com particular cuidado e o completaram com numerosas observações e novas categorias, de tal maneira que ele é, por assim dizer, obra inteiramente deles.

Assinalamos, *pondo-as em corpo tipográfico diferente,*[1] suas observações textuais, quando julgamos dever destacá-las. São, na maioria, de Erasto e de Sócrates.

187. Podem-se dividir os médiuns em duas grandes categorias:

Médiuns de efeitos físicos – Os que têm o poder de provocar os efeitos materiais ou as manifestações ostensivas. (Ver n.º 160.)

Médiuns de efeitos intelectuais – Os que são mais especialmente aptos a receber e a transmitir as comunicações inteligentes. (Ver ns. 65 e seguintes.)[2]

Todas as demais variedades se ligam mais ou menos diretamente a uma ou a outra dessas duas categorias, e algumas participam de ambas. Analisando os diversos fenômenos produzidos sob influência mediúnica vê-se que há em todos um efeito físico, e que aos efeitos físicos se junta quase sempre um efeito inteligente. É às vezes difícil estabelecer o limite entre ambos, mas isso não acarreta nenhuma dificuldade. Incluímos na classificação de *médiuns de efeitos intelectuais* os que podem mais *especialmente* servir de instrumentos para comunicações regulares e contínuas. (Ver n.º 133.)

188. Variedades comuns a todos os gêneros de mediunidade:

Médiuns sensitivos – Pessoas suscetíveis de sentir a presença dos Espíritos por uma sensação geral ou local, vaga ou material. Na sua maioria distinguem os Espíritos bons ou maus pela natureza da sensação que causam. (Ver n.º 164.)

---

[1] No original, esse destaque foi feito por meio de aspas, de maneira que tivemos de mudar a referência às aspas, mas pomos em grifo as palavras da substituição. Trata-se apenas de uma questão de melhor disposição tipográfica. (N. do T.)

[2] Essa classificação mediúnica foi duplamente confirmada pela pesquisa científica. Primeiro, pela Metapsíquica, que dividiu os fenômenos em objetivos e subjetivos. Depois, pela atual Parapsicologia, que criou as classificações *psigama* e *psikapa,* designando a primeira os fenômenos *intelectuais* ou *subjetivos,* e a segunda os fenômenos *objetivos* ou *materiais.* Ambas as ciências reconheceram também as duas categorias de sensitivos (médiuns), com as diversas variedades ou classes constantes deste livro. (N. do T.)

Os médiuns delicados e demasiado sensíveis devem abster-se de comunicações com Espíritos violentos ou cuja sensação é penosa, por causa da fadiga resultante.

Médiuns naturais ou *inconscientes* – Os que produzem fenômenos espontaneamente, sem querer, e na maioria das vezes à sua revelia. (Ver n.º 161.)

Médiuns facultativos ou *voluntários* – Os que têm o poder de provocar os fenômenos por um ato da própria vontade. (Ver n.º 160.)

Por maior que seja essa vontade, eles nada podem se os Espíritos se recusam, o que prova a intervenção de uma potência estranha.[3]

189. Variedades especiais para os efeitos físicos:

Médiuns tiptólogos – Os que produzem ruídos e pancadas. Variedade muito comum, com ou sem a participação da vontade.

Médiuns motores – Os que produzem movimentos dos corpos inertes. Muito comuns. (Ver n.º 61.)[4]

Médiuns de translações e *suspensões* – Os que produzem a translação de objetos através do espaço ou a sua suspensão, sem qualquer ponto de apoio. Há também os que podem elevar-se a si próprios. Mais ou menos raros, segundo a intensidade do fenômeno. Muito raros, no último caso. (Ver ns. 75 e seguintes; n.º 80.)

Médiuns de efeitos musicais – Os que provocam a execução de músicas em certos instrumentos sem contato. Muito raros. (Ver n.º 74, pergunta 24.)

Médiuns de transporte – Os que podem servir aos Espíritos para o transporte de objetos materiais. Variedade dos médiuns motores e de translação. Excepcionais. (Ver n.º 96.)

Médiuns de aparições – Que provocam as aparições fluídicas ou tangíveis, visíveis para os assistentes. Muito raros. (Ver n.º 100, perg. 27; e n.º 104.)

Médiuns noturnos – Os que só obtêm certos efeitos físicos na obscuridade. Eis a resposta de um Espírito sobre a possibilidade de se considerarem esses médiuns como uma variedade:

---

[3] Quando Kardec se refere ao *poder dos médiuns,* à sua *força* ou *potência,* trata apenas da capacidade maior ou menor para servir de instrumentos aos Espíritos. Como se vê nessa observação, nenhum médium tem poder para provocar fenômenos ou comunicações se os Espíritos não concordarem. O poder dos médiuns, propriamente dito, decorre de sua elevação moral e consequente relação com Espíritos bons. (N. do T.)

[4] A Parapsicologia atual se debate em grande dificuldade para provar cientificamente a existência dos fenômenos de movimento de objetos, levitações, etc. Mas isso decorre dos métodos inadequados de pesquisa e em grande parte da negação sistemática e a priori de muitos parapsicólogos materialistas ou sectários. A chamada escola de Rhine sustenta a prova científica feita em laboratório dos *fenômenos psikapa* ou físicos, enquanto a escola soviética e os setores católicos a contestam, embora sem unanimidade. (N. do T.)

Certamente se pode fazer desses casos uma especialidade, mas o fenômeno se deve mais às condições ambientes que à natureza do médium ou dos Espíritos. Devo acrescentar que alguns escapam a essa influência do meio e que a maioria dos médiuns noturnos poderiam, pelo exercício, chegar a produzir tanto na claridade quanto na obscuridade.

Essa variedade de médiuns é pouco numerosa. E é necessário dizer claramente que é graças a essa condição, que deixa toda liberdade ao emprego dos truques, da ventriloquia e dos tubos acústicos, que os charlatães têm frequentemente abusado da credulidade, fazendo-se passar por médiuns para ganhar dinheiro.

Mas que importa? Os farsantes de gabinete como os farsantes da praça pública serão cruelmente desmascarados. Os Espíritos lhes provarão que fazem mal de imiscuir-se nos seus trabalhos. Sim, eu o repito: certos charlatães serão apanhados em flagrante de maneira bastante rude para desgostá-los do ofício de falsos médiuns. De resto, tudo isso não durará muito tempo. – ERASTO.[5]

Médiuns pneumatógrafos – Os que obtêm a escrita direta. Fenômeno muito raro e sobretudo muito fácil de imitar pela charlatanice. (Ver n.º 177.)

Observação – *Os Espíritos insistiram, contra a nossa opinião, para colocarmos a escrita direta entre fenômenos de ordem física, pela razão, segundo disseram, de que: "os efeitos inteligentes são os que o Espírito produz servindo-se dos elementos existentes no cérebro do médium, o que não é o caso da escrita direta. A ação do médium é nesta inteiramente material, enquanto no médium escrevente, mesmo que seja completamente mecânica, o cérebro tem sempre um papel ativo".*[6]

Médiuns curadores – Os que têm o poder de curar ou de aliviar os males pela imposição das mãos ou pela prece.

Esta faculdade não é essencialmente mediúnica, pois todos os verdadeiros crentes a possuem, quer sejam médiuns ou não.

---

[5] Estudos dos profs. Imoda, Richet e Fontenay, publicados no livro do primeiro, *Fotografias de Fantasmas*, referente a experiências com a médium Linda Gazzera, sustentam cientificamente essa mesma tese de Erasto, de que os *médiuns noturnos* podem passar a agir em plena luz, mediante a evolução do fenômeno. As sessões no escuro são hoje numerosas e seria bom que o aviso de Erasto fosse mais lido e divulgado, em benefício dos próprios médiuns. (N. do T.)

[6] Observe-se a curiosa prova de independência dos Espíritos, fazendo incluir a escrita direta entre os fenômenos físicos e justificando plenamente a exigência. Os efeitos inteligentes requerem o concurso dos elementos inteligentes ou culturais do médium (culturais num sentido reencarnacionista). A explicação de não servir a escrita direta para comunicações em forma de conversação está precisamente nisso. A produção do efeito material da escrita exige muito no plano da matéria, deixando pouca margem para a troca de ideias. (N. do T.)

Frequentemente não é mais do que a exaltação da potência magnética, fortalecida em caso de necessidade pelo concurso dos Espíritos bons. (Ver n.º 175.)[7]

Médiuns excitadores – Os que têm a faculdade de desenvolver nos outros, por sua influência, a faculdade de escrever.

190. Médiuns especiais para efeitos intelectuais; aptidões diversas.

Médiuns audientes – Os que ouvem os espíritos. Muito comuns. (Ver n.º 165.)

Há muitas pessoas que imaginam ouvir o que só existe na sua própria imaginação.

Médiuns falantes – Os que falam sob influência dos Espíritos. Muito comuns. (Ver n.º 166.)

Médiuns videntes – Os que veem os Espíritos em estado de vigília. A visão acidental e fortuita de um Espírito, em determinada circunstância, é muito frequente, mas a visão habitual ou facultativa dos Espíritos, sem qualquer distinção, é excepcional. (Ver n.º 167.)

A condição atual do nosso organismo físico ainda se opõe a essa aptidão, eis por que é conveniente não acreditar sempre, sem provas, nos que dizem ver os Espíritos.

Médiuns inspirados – Os que recebem os pensamentos sugeridos pelos Espíritos, na maioria das vezes sem o saberem, seja para as atitudes ordinárias da vida ou para os grandes trabalhos intelectuais. (Ver n.º 182.)

Médiuns de pressentimento – Os que, em certas circunstâncias, têm uma vaga intuição de ocorrências vulgares do futuro. (Ver n.º 184.)

Médiuns proféticos – Variedade de médiuns inspirados ou de pressentimento que recebem, com a permissão de Deus e com maior precisão que os médiuns de pressentimento, a revelação de ocorrências futuras de interesse geral, que estão encarregados de transmitir aos outros para fins instrutivos.

Se há verdadeiros profetas, há também os falsos e ainda em maior número, que tomam os devaneios da própria imaginação por revelações, quando não se trata de mistificadores que o fazem por ambição. (Ver n.º 624 de O Livro dos Espíritos sobre as características do verdadeiro profeta.)

Médiuns sonâmbulos – Os que, em transe sonambúlico, são assistidos por Espíritos. (Ver n.º 172.)

Médiuns extáticos – Os que, em estado de êxtase, recebem revelações dos Espíritos.

---

[7] Trata-se do magnetismo e da mediunidade generalizada, faculdades humanas naturais, que todas as criaturas possuem. Kardec assinala que não é essencialmente mediúnica para não confundi-la com a mediunidade específica, de que trata este capítulo. (N. do T.)

Muitos extáticos são joguetes da própria imaginação e de Espíritos enganadores que se aproveitam da sua exaltação. São muito raros os que merecem inteira confiança.[8]

Médiuns pintores ou desenhistas – Os que pintam ou desenham sob influência dos Espíritos. Tratamos dos que obtêm produções sérias, pois não se poderia dar esse nome a certos médiuns que os Espíritos zombadores fazem produzir coisas grotescas que desacreditariam o estudante mais atrasado.

Os Espíritos levianos são imitadores. Quando apareceram os notáveis desenhos de Júpiter, surgiu grande número de pretensos desenhistas, com os quais os Espíritos brincalhões se divertiram, fazendo-os produzir as coisas mais ridículas. Um deles, para eclipsar os desenhos de Júpiter, se não pela qualidade ao menos pelo tamanho, fez um médium desenhar um monumento que exigiu o número suficiente de folhas de papel para atingir os seus dois andares. Muitos outros fizeram desenhar supostos retratos que eram verdadeiras caricaturas. (Ver Revista Espírita de agosto de 1858.)

Médiuns musicais – Os que executam, compõem ou escrevem músicas sob influência dos Espíritos. Há médiuns musicais mecânicos, semimecânicos, intuitivos e inspirados, como se dá com as comunicações literárias. (Ver o tópico sobre *Médiuns de Efeitos Musicais.)*

VARIEDADES DE MÉDIUNS ESCREVENTES

191. 1º) Segundo o modo de execução:

Médiuns escreventes ou psicógrafos – Os que têm a faculdade de escrever por si mesmos, sob influência dos Espíritos.

Médiuns escreventes mecânicos - Os que escrevem recebendo um impulso involuntário na mão, sem ter nenhuma consciência do que escrevem. Muito raros. (Ver nº 179)

Médiuns semimecânicos – Os que escrevem por impulso involuntário na mão; têm consciência imediata das palavras e das frases que vão escrevendo. Os mais comuns. (Ver n.º 181.)

Médiuns intuitivos – Os que recebem as comunicações dos Espíritos mentalmente, mas escrevem por vontade própria. Diferem dos médiuns inspirados porque estes não têm necessidade de escrever, enquanto o médium intuitivo registra o pensamento que lhe é sugerido rapidamente sobre determinado assunto que lhe foi proposto. (Ver n.º 180.)

---

[8] Esta uma das razões por que o Espiritismo rejeita o método de observação do mundo invisível pelo desprendimento espiritual. As observações dos extáticos, dos sonâmbulos e dos médiuns de desdobramento estão sujeitas a muitos erros e não oferecem a possibilidade de controle científico da pesquisa mediúnica. (N. do T.)

São muito comuns, mas estão muito sujeitos a errar, porque frequentemente não podem discernir o que provém dos Espíritos do que é deles mesmos.

Médiuns polígrafos – Os que mudam de caligrafia segundo o Espírito que se comunica ou têm a aptidão de reproduzir a letra que o Espírito comunicante tinha em vida. O primeiro caso é muito comum. O segundo, o da identidade da letra, é mais raro. (Ver n.º 219.)

Médiuns poliglotas – Os que têm a faculdade de falar ou de escrever em línguas que não conhecem. Muito raros.

Médiuns analfabetos – Os que só escrevem como médiuns, não sabendo ler nem escrever no seu estado habitual. Mais raros que os anteriores. Há maior dificuldade material a vencer.

192. 2º) Segundo o desenvolvimento da faculdade:

Médiuns novatos – Os que não têm suas faculdades completamente desenvolvidas nem possuem a experiência necessária.

Médiuns improdutivos – Os que só recebem sinais sem importância; monossílabos, traços ou letras esparsas. (Ver o capítulo sobre *Formação dos Médiuns.)*

Médiuns desenvolvidos ou formados – Os que têm suas faculdades mediúnicas completamente desenvolvidas, transmitindo as comunicações com facilidade e presteza, sem vacilações. Compreende-se que esse resultado só pode ser obtido pelo hábito, enquanto entre os médiuns novatos as comunicações são lentas e difíceis.

Médiuns lacônicos – Os que recebem facilmente as comunicações, mas breves e sem desenvolvimento.

Médiuns explícitos – Os que recebem comunicações amplas e extensas como as que se podem esperar de um escritor consumado.

Esta aptidão está relacionada com a facilidade de combinação dos fluidos. Os Espíritos os procuram para tratar de assuntos que necessitam de grande desenvolvimento.

Médiuns experimentados – A facilidade de escrever é uma questão de hábito, que se obtém em pouco tempo, enquanto a experiência resulta do estudo sério de todas as dificuldades que se apresentam na prática do Espiritismo. A experiência confere ao médium o tato necessário para apreciar a natureza dos Espíritos que se manifestam, julgar pelos menores indícios as suas qualidades boas ou más, discernir a mistificação de espíritos enganadores que se disfarçam nas aparências da verdade. Compreende-se facilmente a importância dessa qualidade, sem a qual todas as outras perdem sua utilidade real. O mal é que muitos médiuns confundem a experiência, fruto do estudo, com a aptidão que decorre apenas do organismo. Julgam-se elevados e mestres porque escrevem com facilidade, rejeitam todos os conselhos e se tornam presa de Espíritos mentirosos e hipócritas, que os apanham lisonjeando-lhes o orgulho. (Ver, adiante, o capítulo sobre *Obsessão.*)[9]

Médiuns flexíveis – Os que têm faculdades que se prestam mais facilmente aos diversos gêneros de comunicações, e pelos quais todos ou quase todos os Espíritos podem manifestar-se, espontaneamente ou por evocação.

Esta variedade de médiuns se aproxima bastante dos médiuns sensitivos.

Médiuns exclusivos – Os que recebem de preferência determinado Espírito, e até mesmo com a exclusão de todos os outros, respondendo ele pelos que são chamados através do médium.

Trata-se sempre de falta de flexibilidade. Quando o Espírito é bom, pode ligar-se ao médium por simpatia e com finalidade louvável. Quando é mau, tem sempre em vista submeter o médium à sua dependência. É mais um defeito do que uma qualidade, e muito próximo da obsessão. (Ver o capítulo sobre Obsessão.)

Médiuns de evocações – Os médiuns flexíveis são naturalmente mais convenientes para esse gênero de comunicações, mais aptos a responder às questões específicas que lhes forem propostas. Mas há, para os casos de evocação, médiuns inteiramente especiais.[10]

Suas respostas se limitam quase sempre a um quadro restrito, não servindo para o desenvolvimento de assuntos gerais.

Médiuns de ditados espontâneos – Os que recebem de preferência comunicações espontâneas de Espíritos não chamados. Quando se trata de faculdade especial, é difícil, e às vezes mesmo impossível, fazer uma evocação por seu intermédio.

Não obstante, são melhor aparelhados que os da variedade anterior. Compreenda-se que a aparelhagem aqui referida é a dos elementos cerebrais, porque é frequentemente necessária, direi

---

[9] Essa distinção entre *experiência e aptidão* é da maior importância no trato da mediunidade. O médium *experiente*, segundo o *conceito* kardeciano, dificilmente se deixa enganar pelos Espíritos mistificadores, por mais sutis que estes sejam. O médium apenas *apto* recebe comunicações absurdas, livros e até mesmo séries de livros, sem perceber que está servindo de instrumento a influências perniciosas. Daí a necessidade imprescindível de estudo do problema mediúnico para que a *aptidão* mediúnica seja bem aproveitada através da *experiência* que só o conhecimento propicia. (N. do T.)

[10] O problema das evocações é dos mais complexos. As evocações de Kardec eram feitas para estudos. Nas sessões habituais de natureza religiosa não se fazem evocações. Como os Espíritos assinalam, na rota a essa classificação, os *médiuns flexíveis* servem apenas em parte. E Kardec lembra a existência de médiuns especiais para evocações, que dependem, como se vê na observação dos Espíritos ao item seguinte, de condições intelectuais mais amplas (nem sempre da encarnação atual). (N. do T.)

mesmo sempre, uma inteligência mais desenvolvida para os ditados espontâneos do que para as evocações. Entenda-se aqui, por ditados espontâneos, os que merecem verdadeiramente essa designação, e não algumas frases incompletas ou alguns pensamentos banais que se encontram geralmente nas anotações humanas.[11]

193. 3º) Segundo o gênero e a especialidade das comunicações:

Médiuns versificadores – São os que obtêm mais facilmente comunicações em versos. Muito comuns para os maus versos, muito raros para os bons.[12]

Médiuns poéticos – São os que, sem obter versos, recebem comunicações de estilo vaporoso, sentimental, sem qualquer tom de aspereza. São, mais que os outros, aptos à expressão dos sentimentos ternos e afetuosos. Tudo neles é vago, e seria inútil pedir-lhes algo de preciso. Muito comuns.

Médiuns positivos – Suas comunicações têm, em geral, um caráter de nitidez e precisão que se presta espontaneamente às explicações detalhadas e circunstanciadas, aos ensinamentos exatos. Muito raros.[13]

Médiuns literários – Não têm o tom vago dos médiuns poéticos nem o terra a terra dos médiuns positivos, mas dissertam com sagacidade. Seu estilo é correto, elegante e frequentemente de notável eloquência.

Médiuns incorretos – Podem obter comunicações muito boas, pensamentos de elevada moralidade, mas seu estilo é difuso, incorreto, sobrecarregado de repetições e termos impróprios.

A incorreção material do estilo decorre geralmente da falta de cultura intelectual do médium, que não serve de bom instrumento para o Espírito nesse sentido. Mas o Espírito liga pouca importância

---

[11] O problema da banalidade das comunicações mediúnicas depende, como se vê, mais do médium que dos Espíritos. Os que generalizam essa acusação deviam inteirar-se das comunicações registradas na *Revista Espírita* e nas obras da Codificação, além de outras da literatura mediúnica, como as de Francisco Cândido Xavier. (N. do T.)

[12] Os críticos do Espiritismo insistem na semelhança entre as qualidades humanas e as dos Espíritos comunicantes. Desconhecem a lei de afinidade que rege as relações espirituais, tanto entre os homens quanto entre os Espíritos, e entre estes e os homens. Veja-se que os médiuns versificadores e os poéticos são comuns, enquanto os positivos são raros, exatamente porque estão em relação às condições comuns ou raras dos homens e dos Espíritos que povoam a Terra e sua atmosfera espiritual. (N. do T.)

[13] Algumas comunicações publicadas na *Revista Espirita* ilustram esse caso. Muitas críticas foram feitas a elas. Mas o aspecto estranho do estilo, a incorreção de certas frases e a impropriedade dos termos não diminuem o valor de seu conteúdo moral, e às vezes mesmo das explicações que fornecem. Médiuns que se afinam com Espíritos semelhantes a muitos cientistas terrenos que não gozam de facilidade de expressão, mas nem por isso deixam de escrever obras úteis.

a isso, porque para ele o pensamento é o essencial e vos deixa livres de lhe dar a forma conveniente. Já não se dá o mesmo com as ideias falsas e ilógicas de uma comunicação, que são sempre um indício de inferioridade do Espírito manifestante.

Médiuns historiadores – Os que têm aptidão especial para as dissertações históricas. Essa faculdade, como todas as outras, independe dos conhecimentos do médium, pois há pessoas sem instrução, e até mesmo crianças, que tratam de assuntos muito além do seu alcance. Variedade rara de médiuns positivos.[14]

Médiuns científicos – Não dizemos sábios, porque podem ser até muito ignorantes, mas apesar disso são especialmente aptos a receber comunicações relativas às Ciências.

Médiuns medicinais – Sua especialidade é a de servirem mais facilmente aos Espíritos que fazem prescrições médicas. Não se deve confundi-los com os médiuns curadores, porque nada mais fazem do que transmitir o pensamento do Espírito, e não exercem por si mesmos nenhuma influência. Muito comuns.

Médiuns religiosos – Recebem mais especialmente comunicações de caráter religioso ou que tratam de questões relativas à religião, sem embargo de suas crenças e de seus costumes.

Médiuns filósofos e moralistas – Suas comunicações tratam geralmente de questões de moral ou de alta Filosofia. Muito comuns para as questões morais.

Todas essas classes constituem diversidade de aptidões dos bons médiuns. Quanto aos que têm aptidões especiais para certas comunicações científicas, históricas, médicas e outras, acima do seu alcance atual, podeis estar certos de que possuíram esses conhecimentos em outra existência e os conservam em estado latente, fazendo parte, assim, dos elementos cerebrais necessários à comunicação do Espírito. São esses elementos que facilitam ao Espírito a transmissão de suas ideias, de maneira que esses médiuns são para ele instrumentos mais inteligentes e maleáveis do que o seria um ignorante. – ERASTO.

Médiuns de comunicações triviais e obscenas – Estas palavras indicam o gênero de comunicações que certos médiuns recebem habitualmente, e a natureza dos Espíritos que as transmitem.

---

[14] Numerosos exemplos se encontram na *Revista Espírita.* A bibliografia mediúnica mundial apresenta também numerosos casos. Entre nós, Francisco Cândido Xavier é o exemplo por excelência. Quanto ao caso dos médiuns-crianças, é bom lembrar que o próprio *O Livro dos Espíritos* foi escrito com o auxílio de duas adolescentes, Julie e Caroline Boudin, respectivamente de 14 e 16 anos, ambas de desenvolvimento mental e cultura muito aquém dos assuntos tratados naquela obra. As explicações parapsicológicas que atualmente se pretende, de má-fé, opor à importância desse fato são insuficientes para justificar os diversos aspectos do problema. (N. do T.)

Quem tiver estudado o mundo espírita em todos os seus graus sabe que há Espíritos cuja perversidade se iguala à dos homens mais depravados, e que se comprazem na tradução de seus pensamentos pelas mais grosseiras palavras. Outros, menos abjetos, contentam-se com expressões triviais. Compreende-se que esses médiuns devem ter o desejo de livrar-se da preferência de tais Espíritos, invejando os que recebem comunicações que jamais trouxeram uma palavra inconveniente. Só por uma estranha aberração mental e falta de bom senso se poderia crer que semelhante linguagem pudesse provir dos Espíritos bons.[15]

194. 4º) Segundo as qualidades físicas do médium:

Médiuns calmos – Os que sempre escrevem com certa lentidão, sem a menor agitação.

Médiuns velozes – Os que escrevem com uma rapidez que não poderiam desenvolver voluntariamente em seu estado normal. Os Espíritos se comunicam por eles com a rapidez do relâmpago. Dir-se-ia que possuem uma superabundância de fluido, que lhes permite identificação instantânea com o Espírito. Essa qualidade tem às vezes o inconveniente de tornar, pela rapidez, a escrita quase ilegível para outras pessoas além do médium.

É muito cansativa, porque despende muito fluido inutilmente.

Médiuns convulsivos – Permanecem num estado de superexcitação quase febril. Sua mão, e às vezes todo o corpo, se agita num tremor que não conseguem dominar. A causa disso está sem dúvida na sua própria constituição, mas depende muito, também, da natureza dos Espíritos que se comunicam. Os Espíritos bons e benevolentes produzem uma impressão agradável e suave; os maus, pelo contrário, uma penosa impressão.

Esses médiuns só devem servir-se raramente de sua faculdade, pois o uso muito frequente pode afetar-lhes o sistema nervoso. (Ver o capítulo sobre a Identidade dos Espíritos, distinção dos Espíritos bons e maus.)

195. 5º) Segundo as qualidades morais do médium:

Mencionamo-los sumariamente, lembrando-os apenas para completar o quadro, pois serão tratados a seguir em capítulos especiais: *da Influência Moral dos médiuns, da Obsessão, da Identidade dos Espíritos* e outros, para os quais pedimos particular atenção. Veremos a influência que as qualidades e as dificuldades dos médiuns podem exercer quanto à segurança das comunicações, e quais os

[15] Essa aberração existiu no tempo de Kardec e ainda persiste, dada a natureza inferior do nosso mundo. Há pessoas que aceitam essas comunicações como provas a que seus guias as submetem. Essa a razão de Kardec se referir ao problema. (N. do T.)

que com razão poderemos considerar *médiuns imperfeitos* ou *bons médiuns.*

196. Médiuns imperfeitos:

Médiuns obsedados – Os que não podem livrar-se dos Espíritos importunos e mistificadores, mas não se enganam com eles.

Médiuns fascinados – Os que são enganados pelos Espíritos mistificadores e se iludem com a natureza das comunicações recebidas.

Médiuns subjugados – Os que são dominados moralmente e muitas vezes fisicamente pelos Espíritos maus.

Médiuns levianos – Os que não levam a sério a sua faculdade, servindo-se dela apenas como divertimento ou para finalidades fúteis.

Médiuns indiferentes – Os que não tiram nenhum proveito moral das instruções recebidas e não modificam em nada sua conduta e seus hábitos.

Médiuns presunçosos – Os que têm a pretensão de estar em relação somente com os Espíritos superiores. Julgam-se infalíveis e consideram inferior e errôneo o que não vem por seu intermédio.

Médiuns orgulhosos – Os que se envaidecem com as comunicações recebidas. Acham que nada mais têm a aprender no Espiritismo, não tomando para eles as lições que frequentemente recebem dos Espíritos. Não se contentam com as faculdades que possuem, querem obter todas.

Médiuns suscetíveis – Variedade de médiuns orgulhosos que se aborrecem com as críticas às suas comunicações. Chocam-se com a menor observação. Quando mostram o que receberam é para causar admiração e não para provocar opiniões. Geralmente tomam aversão pelas pessoas que não os aplaudem sem reservas, afastando-se das reuniões em que não podem impor-se e dominar.

Deixai-os ir pavonear onde quiserem e procurar ouvidos mais complacentes, ou que se isolem. As reuniões de que se afastam nada perdem. – Erasto.

Médiuns mercenários – Os que exploram as suas faculdades.

Médiuns ambiciosos – Os que, sem vender suas faculdades, esperam obter com elas outras vantagens.

Médiuns de má-fé – Os que, tendo faculdades reais, simulam as que não têm para se dar importância. Não se pode dar o título de médium às pessoas que, não tendo nenhuma faculdade mediúnica, só produzem fenômenos falsos, pela charlatanice.

Médiuns egoístas – Os que só se servem de suas faculdades para uso pessoal e guardam para si mesmos as comunicações recebidas.

Médiuns ciumentos – Os que encaram com despeito os médiuns mais considerados que eles e que lhes são superiores.

Todas essas más qualidades têm necessariamente a sua contrapartida no bem.

197. Bons médiuns:

Médiuns sérios – Os que só utilizam suas faculdades para o bem e para finalidades realmente úteis. Julgam profaná-las pondo-as ao serviço dos curiosos e dos indiferentes, ou para futilidades.

Médiuns modestos – Os que não se atribuem nenhum mérito pelas comunicações recebidas, por melhores que sejam. Consideram-nas como alheias e não se julgam livres de mistificações. Longe de fugirem às advertências imparciais, eles as solicitam.

Médiuns devotados – Os que compreendem que o verdadeiro médium tem uma missão a cumprir e deve, quando necessário, sacrificar os seus gostos, seus hábitos, seus prazeres, seu tempo e até mesmo os seus interesses materiais em favor dos outros.

Médiuns seguros – Os que, além da facilidade de recepção, merecem a maior confiança em virtude de seu caráter, da natureza elevada dos Espíritos que os assistem, sendo portanto menos expostos a ser enganados. Veremos mais tarde que essa segurança nada tem que ver com os nomes mais ou menos respeitáveis usados pelos Espíritos.

É incontestável, e bem o percebeis, que, expondo assim as qualidades e os defeitos dos médiuns, se provocará a contrariedade e até mesmo a animosidade de alguns. Mas, que importa? A mediunidade se expande cada vez mais, e o médium que levar estas reflexões a mal provará apenas que não é um bom médium, quer dizer, que é assistido por Espíritos maus. De resto, como já disse, tudo isso passará logo e os maus médiuns, que abusam ou mal empregam as suas faculdades, sofrerão tristes consequências, como já aconteceu para alguns. Eles aprenderão à própria custa o que devem pagar ao reverterem em proveito de suas paixões terrenas um dom que Deus lhes concedera para o seu progresso moral. Se não podeis reconduzi-los ao bom caminho, lamentai-os, pois vos posso dizer que Deus os reprova. (ERASTO.)

Esse quadro é de grande importância, não só para os médiuns sinceros que procurarem de boa-fé, ao lê-lo, preservar-se dos escolhos a que estão expostos, mas também para todos os que se servem dos médiuns, pois lhes dará a medida do que podem racionalmente esperar. Deveria estar constantemente sob os olhos dos que se ocupam de manifestações, assim como a escala espírita de que é complemento. Esses dois quadros resumem todos os princípios da Doutrina e contribuirão, mais do que pensais, para repor o Espiritismo no seu verdadeiro caminho. (SÓCRATES.)

198. Todas essas variedades mediúnicas apresentam uma infinidade de graus de intensidade. Há muitas que não constituem mais do que simples nuanças mas resultam de aptidões especiais. Compreende-se que só muito raramente a faculdade de um médium esteja rigorosamente circunscrita a um gênero. Um médium pode ter numerosas aptidões, mas sempre haverá a predominância de uma, e essa é que ele deve tratar de cultivar, se for útil. É erro grave querer forçar de qualquer maneira o desenvolvimento de faculdade que não se possui. É necessário cultivar todas as que se possui em germe, mas buscar outras é, em primeiro lugar, perda de tempo, e em segundo lugar pode ser a perda, e será seguramente o enfraquecimento das que existem.

Quando o princípio ou germe de uma faculdade existe, ela se manifesta sempre por sinais inequívocos. Limitando-se à sua especialidade, o médium pode aprimorá-la e obter bons resultados. Ocupando-se de tudo, nada conseguirá de bom. Note-se, de passagem, que o desejo de estender indefinidamente o âmbito de suas faculdades é uma pretensão orgulhosa, que os Espíritos jamais deixam impune. Os bons abandonam sempre os presunçosos, que se tornam joguete de Espíritos mentirosos. Não é raro ver-se, infelizmente, médiuns que não se contentam com as faculdades recebidas e aspiram, por amor-próprio ou ambição, a possuir faculdades excepcionais, capazes de os tornarem famosos. Essa pretensão lhes tira a mais preciosa qualidade: a de médiuns seguros. (SÓCRATES.)

199. O estudo das especialidades dos médiuns é necessário não só para eles, mas também para os evocados. Segundo a natureza do Espírito que se deseja chamar e as perguntas que se quer fazer, convém escolher o médium mais apto. Dirigir-se ao primeiro que se apresentar é expor-se a receber respostas insatisfatórias ou errôneas.

Façamos uma comparação com os fatos comuns. Não se confiará uma redação, nem mesmo uma simples cópia, ao primeiro que se apresentar, só porque sabe escrever. Um músico deseja fazer executar um trecho da canção que compôs. Tem a sua disposição numerosos cantores, todos hábeis. Mas não escolherá ao acaso. Para seu intérprete buscará aquele que pela voz, pela capacidade de expressão, por todas as qualidades, enfim, corresponda melhor à natureza do trecho. Os Espíritos fazem o mesmo no tocante aos médiuns, como o devemos fazer com os Espíritos.

Deve-se ainda notar que as variações apresentadas pela mediunidade, às quais se podem ajuntar outras, não estão sempre ao caráter do médium. Assim, por exemplo, um médium naturalmente alegre e jovial pode receber habitualmente comunicações sérias e até mesmo severas, e vice-versa. Essa é ainda uma prova evidente de que age sob o impulso de uma influência estranha. Voltaremos a este assunto no capítulo que trata da *Influência Moral do Médium.*

CAPÍTULO XVII

FORMAÇÃO DOS MÉDIUNS

DESENVOLVIMENTO DA MEDIUNIDADE – MUDANÇA DE CALIGRAFIA – PERDA E SUSPENSÃO DA MEDIUNIDADE

DESENVOLVIMENTO DA MEDIUNIDADE

200. Trataremos aqui, especialmente, dos médiuns escreventes, porque é este o gênero de mediunidade que mais se expandiu, e também porque é há um tempo o mais simples, o mais cômodo, o que proporciona resultados mais satisfatórios e mais completos. É ainda o que todos ambicionam. Infelizmente não há, até o presente, nenhum meio de diagnosticar, mesmo de maneira aproximativa, que se possui essa faculdade. Os sinais físicos que alguns tomam por indícios nada têm de certo. Podemos encontrá-la nas crianças e nos velhos, nos homens e nas mulheres, qualquer que seja o temperamento, o estado de saúde ou o grau de desenvolvimento intelectual e moral. Só há um meio de constatar a sua existência: é experimentar.

Pode-se obter a escrita, como já vimos, por meio de cestas e pranchetas ou diretamente pela mão. Sendo este último modo o mais fácil, e podemos dizer que o único hoje empregado, é o que de preferência recomendamos. O processo é dos mais simples. Consiste unicamente em pegar-se um lápis e papel e pôr-se em posição de escrever, sem qualquer outra preparação. Mas, para se conseguir bom resultado, são indispensáveis muitas recomendações.

201. No tocante às condições materiais, recomendamos evitar-se tudo o que possa impedir o livre movimento da mão. É mesmo preferível que ela não se apoie inteiramente no papel. A ponta do lápis deve manter o contato necessário para escrever, mas não para oferecer resistência. Todas essas precauções se tornam inúteis quando se começa a escrever corretamente, porque então nenhum obstáculo poderia deter a mão. Essas são apenas as preliminares do aprendizado.

202. Pode-se usar indiferentemente a pena ou o lápis. Alguns médiuns preferem a pena, mas ela só pode servir para os que estão formados e escrevem calmamente. Há os que escrevem com tal velocidade que o uso da pena seria quase impossível ou pelo menos muito incômodo. Acontece o mesmo com a escrita sacudida ou irregular, e quando se trata de Espíritos violentos, que batem com a ponta e a quebram, rasgando o papel.

203. O desejo de todo aspirante a médium é naturalmente poder conversar com Espíritos de pessoas queridas, mas essa impaciência deve ser moderada, porque a comunicação com determinado Espírito apresenta quase sempre dificuldades materiais que a tornam impossível para o iniciante. Para que um Espírito possa comunicar-se é necessário haver entre ele e o médium relações fluídicas que nem sempre se estabelecem de maneira instantânea. Somente na proporção em que a mediunidade se desenvolve o médium vai adquirindo a aptidão necessária para entrar em relação com o primeiro Espírito comunicante.

Pode ser, portanto, que o Espírito desejado não esteja em condições propícias, *apesar de se encontrar presente.* Como pode ser, ainda, que ele não tenha possibilidade nem permissão de atender ao apelo. Convém, pois, no princípio, abster-se o médium de chamar um determinado Espírito, porque muitas vezes acontece não ser com ele que as relações fluídicas se estabeleçam com maior facilidade, por maior simpatia que lhe devote. Antes, pois, de pensar em obter comunicações deste ou daquele Espírito, é necessário tratar do desenvolvimento da faculdade, fazendo para isso um apelo geral e se dirigindo sobretudo ao seu anjo guardião.

Não há para isso fórmulas sacramentais. Quem pretender oferecer uma fórmula pode ser firmemente tachado de impostor, porque para o Espírito a forma nada vale. Entretanto a evocação deve ser feita sempre em nome de Deus. Pode-se fazê-la nos termos seguintes ou em outros equivalentes: *Rogo a Deus todo-poderoso permitir a um bom Espírito comunicar-se comigo, fazendo-me escrever; rogo também ao meu Anjo Guardião que me assista e afaste de mim os Espíritos maus.*

Espera-se então que um Espírito se manifeste, fazendo escrever alguma coisa. Pode acontecer que seja aquele que se deseja, como pode ser um Espírito desconhecido ou o Anjo da Guarda. Num caso ou noutro, geralmente ele se dá a conhecer escrevendo o nome. Apresenta-se então o problema da identidade, um dos que requerem maior experiência, pois são poucos os iniciantes que não estejam expostos a ser enganados. Tratamos disso logo mais, em capítulo especial.

Quando se quer chamar determinados Espíritos, é essencial dirigir-se inicialmente aos que se sabe serem bons e simpáticos e que podem ter um motivo para atender, como os de parentes e amigos. Nesse caso a evocação pode ser feita assim: *Em nome de Deus todo-poderoso, rogo ao Espírito de fulano que se comunique comigo.* Ou ainda: *Rogo a Deus todo-poderoso permitir ao Espírito de fulano que se comunique comigo*. Ou por outras palavras correspondentes a esse mesmo pensamento.

É também necessário que as primeiras perguntas sejam formuladas de maneira que as respostas sejam dadas simplesmente por um *sim* ou *não.* Por exemplo: *Estás aí? – Queres responder? – Podes fazer-me escrever?, etc.* Mais tarde, essa precaução será desnecessária. No começo, trata-se de estabelecer uma relação. O essencial é que a pergunta não seja fútil, que não se refira a coisas de interesse privado, e sobretudo que seja a expressão de um sentimento benevolente e simpático para o Espírito ao qual se dirige. (Ver o capítulo especial sobre *Evocações.)*

204. Mais importante a se observar, do que a maneira de fazer o apelo, é a calma e o recolhimento que se deve ter, junto a um desejo ardente e uma firme vontade de êxito. E por vontade não entendemos aqui um desejo efêmero e inconsequente, a cada momento interrompido por outras preocupações, mas uma vontade séria, perseverante, sustentada com firmeza, sem impaciência nem ansiedade. O recolhimento é favorecido pela solidão, pelo silêncio e pelo afastamento de tudo o que possa provocar distrações.

Nada mais resta então a fazer, senão isto: renovar todos os dias a tentativa, durante dez minutos, um quarto de hora ou mais de cada vez, durante quinze dias, um mês, dois meses e mais se necessário. Conhecemos médiuns que só se formaram depois de seis meses de exercício, enquanto outros escrevem correntemente desde a primeira vez.

205. Para evitar tentativas inúteis, pode-se interrogar, por outro médium, um Espírito sério e elevado. Mas é bom lembrar que, quando se propõe aos Espíritos a questão de saber se temos ou não mediunidade, eles quase sempre respondem afirmativamente, o que não impede que as tentativas sejam muitas vezes infrutíferas. Isso se explica naturalmente. Propõe-se ao Espírito uma questão geral e ele responde de maneira geral. Como se sabe, nada mais elástico do que a faculdade mediúnica, pois ela pode se apresentar sob as mais variadas formas e nos mais diversos graus. Pode-se, portanto, ser médium sem o perceber e num sentido diferente do que se pensa.

A esta questão vaga: *Sou médium?, o* Espírito responde: *Sim.* A esta mais precisa: *Sou médium escrevente?,* ele pode responder: *Não.* Deve-se ainda conhecer a natureza do Espírito interrogado. Há Espíritos tão levianos e tão ignorantes que respondem a torto e a direito, como verdadeiros estúrdios. Eis por que aconselhamos dirigir-se a Espíritos esclarecidos, que geralmente respondem de boa vontade a essas perguntas e indicam o melhor caminho a seguir, se houver possibilidades de êxito.

206. Um meio que dá quase sempre bom resultado é o emprego, como auxiliar momentâneo, de um bom médium escrevente flexível e já formado.

Se ele puser a mão ou os dedos sobre a mão que deve escrever, é raro que ela não se mova imediatamente. Compreende-se o que então se passa: a mão que segura o lápis torna-se uma espécie de apêndice da mão do médium, como o seria a cesta ou a prancheta. Mas isso não impede que esse exercício seja realmente útil quando se pode empregá-lo, pois que, frequente e regularmente repetido, ajuda a vencer o obstáculo material e provoca o desenvolvimento da faculdade.

Às vezes, também, basta magnetizar com essa intenção o braço e a mão do que deseja escrever. Muitas vezes o magnetizador se limita a pousar sua mão no ombro da pessoa, e temos visto ela escrever prontamente sob essa influência. O mesmo efeito se pode ainda produzir sem nenhum contato e pelo simples efeito da vontade. Compreende-se facilmente que a confiança do magnetizador em seu poder, para produzir esse resultado, deve exercer um grande papel, e que um magnetizador incrédulo exerceria fraca ou nenhuma ação.[1]

O concurso de um guia experimentado é também muito útil, algumas vezes, para indicar ao iniciante uma série de pequenas precauções que ele costuma negligenciar, em detrimento da rapidez do seu progresso. É útil, sobretudo, para esclarecê-lo quanto à natureza das primeiras perguntas e a maneira de fazê-las. Seu papel é o de um professor que se dispensa quando a gente se tornou bastante hábil.

207. Outro meio que pode também contribuir poderosamente para o desenvolvimento da faculdade consiste em reunir um certo número de pessoas, todas animadas do mesmo desejo e da mesma intenção. Todas guardando absoluto silêncio, num recolhimento religioso, simultaneamente experimentam escrever, apelando cada qual ao seu anjo guardião ou a algum Espírito simpático. Uma delas pode também fazer, sem designação especial e por todos os membros da reunião, um apelo geral aos Espíritos bons, dizendo, por exemplo: *Em nome de Deus todo-poderoso*

[1] Pode-se alegar atualmente que o magnetismo não tem essa força, pois na verdade não passaria de simples efeito da sugestão. Mas o problema da hipnose ainda não está suficientemente esclarecido, como alguns pretendem. É bom lembrar que nas atuais pesquisas de telepatia conseguiu-se hipnotizar pessoas à distância, sem que elas o soubessem. Vejam-se as experiências de Héricourt, Pierre Janet e Gibert. Mais recentemente as "sugestões à distância" de Vassiliev, na Rússia. (N. do T.)

rogamos aos bons Espíritos que se dignem comunicar-se pelas pessoas aqui presentes. É raro que entre elas não haja algumas que deem prontamente sinais de mediunidade ou mesmo escrevam de maneira fluente em pouco tempo.

Fácil compreender o que se passa nessa circunstância. As pessoas unidas por uma mesma intenção formam um todo coletivo, cujo poder e cuja sensibilidade aumentam por uma espécie de influência magnética que auxilia o desenvolvimento da faculdade. Entre os Espíritos atraídos por essa conjugação de vontades há os que encontram em meio aos assistentes o instrumento que lhes convém. Se não for um, será outro, e eles o aproveitam.

Esse meio deve sobretudo ser empregado pelos grupos espíritas que não dispõem de médiuns, ou que não os têm em número suficiente.[2]

208. Tem-se procurado encontrar processos para a formação de médiuns, bem como meios de diagnosticar a mediunidade. Até o momento não conhecemos outros mais eficazes do que esses que indicamos. Supondo que o obstáculo ao desenvolvimento da faculdade é de ordem inteiramente material, algumas pessoas pretendem vencê-lo por uma espécie de ginástica quase capaz de deslocar o braço e a cabeça. Não descrevemos esse processo, que nos chega através do Atlântico, não só por não termos nenhuma prova de sua eficácia, mas por estarmos convencidos de que pode ser perigoso para as compleições delicadas, pelo abalo do sistema nervoso. Se não existirem os germes da faculdade, nada a poderá dar, nem mesmo a eletrização das pessoas, que sem êxito algum já foi empregada.

209. A fé não é condição obrigatória para o iniciante. Ela secunda os esforços, não há dúvida, mas não é indispensável. A pureza de intenção, o desejo e a boa vontade bastam. Vimos pessoas completamente incrédulas ficarem espantadas de escreverem sem querer, enquanto crentes sinceros não o conseguiam, o que prova que essa faculdade se relaciona com predisposições orgânicas.[3]

---

[2] As explicações científicas tendem para o efeito da sugestão. Muitos *experts*, como afirma Robert Amadou, "facilmente demonstram que se trata de simples sugestão", e assim por diante. É realmente uma "fácil" descoberta, mas as comunicações posteriormente obtidas demonstram de maneira mais complexa, através de notáveis sequências de provas, exatamente o contrário dessas hipóteses levianamente levantadas e sustentadas em nome das Ciências. (N. do T.)

[3] As experiências de escrita automática na Psicologia, iniciadas por Pierre Janet, comprovam esta observação de Kardec. O fenômeno é natural e ocorre em qualquer circunstância. O problema da fé está ligado ao aspecto religioso do Espiritismo e sua importância não é fundamental no tocante aos resultados que se queiram obter. A ação da fé se manifesta no controle das manifestações, afastando influências negativas e permitindo obter-se comunicações de Espíritos amigos, de entes queridos ou de entidades superiores. (N. do T.)

210. O primeiro indício da disposição para escrever é uma espécie de frêmito no braço e na mão. Pouco a pouco a mão é arrastada por um impulso que não pode dominar. Quase sempre, de início, traça apenas sinais sem significação. Depois, os caracteres se tornam mais precisos, e por fim a escrita se processa com a rapidez da escrita normal. Mas é sempre necessário abandonar a mão ao seu movimento natural, não embaraçando-a nem propelindo-a.

Certos médiuns escrevem correntemente e com facilidade desde o início, às vezes mesmo desde a primeira sessão, o que é bastante raro. Outros fazem por muito tempo apenas traços e verdadeiros exercícios caligráficos. Dizem os Espíritos que é para desentravar-lhes a mão. Se esses exercícios se prolongarem demais ou degenerarem em sinais ridículos, não há dúvida de que um Espírito se diverte, porque os bons Espíritos nada fazem de inútil. Nesse caso, deve-se redobrar o fervor no apelo aos Espíritos bons. Se, apesar disso, não houver modificação, é necessário parar, desde que nada se obtém de sério. Pode-se fazer a tentativa diariamente, mas convém cessar aos primeiros sinais equívocos, para não se dar oportunidade aos Espíritos zombeteiros.

A essas observações acrescenta um Espírito: "Há médiuns cuja faculdade não pode ir além desses sinais. Quando, após alguns meses, não obtiverem mais do que insignificâncias, como um *sim* ou um *não,* ou letras isoladas, será inútil persistir, gastando papel em pura perda". São médiuns, mas *médiuns improdutivos.* Aliás, as primeiras comunicações obtidas só devem ser consideradas como exercícios a cargo de Espíritos secundários, pelo que não se deve atribuir-lhes senão um valor medíocre. Trata-se de Espíritos empregados, por assim dizer, como mestres de escrita, para treinarem o médium iniciante. Não acrediteis jamais que Espíritos elevados levem o médium a fazer esses exercícios preparatórios. Mas acontece que, se o médium não tiver um objetivo sério, esses Espíritos prosseguem e se ligam a ele. Quase todos os médiuns passaram por essa prova para se desenvolverem. Cabe a eles fazer o necessário para conquistar a simpatia dos Espíritos verdadeiramente superiores.

211. A dificuldade encontrada pela maioria dos médiuns iniciantes é a de ter que tratar com os Espíritos inferiores, e eles devem considerar-se felizes quando se trata de Espíritos apenas levianos. Toda a sua atenção deve ser empregada para não os deixar tomar pé, porque uma vez firmados nem sempre é fácil afastá-los. Esta é uma questão capital, sobretudo no início, quando, sem as precauções necessárias, poder-se-á pôr a perder as mais belas faculdades.

A primeira precaução é armar-se o médium de uma fé sincera, sob a proteção de Deus, pedindo a assistência do seu anjo guardião. Este é sempre bom, enquanto os Espíritos familiares, simpatizando com as boas ou más qualidades do médium, podem ser levianos ou até mesmo maus.

A segunda precaução é dedicar-se com escrupuloso cuidado a reconhecer, por todos os indícios que a experiência oferece, a natureza dos primeiros Espíritos comunicantes, dos quais é sempre prudente desconfiar. Se esses indícios forem suspeitos, deve-se apelar com fervor ao anjo guardião e repelir com todas as forças o mau Espírito, provando-lhe que não conseguiu enganar, para o desencorajar. Eis por que o estudo prévio da teoria é indispensável, se o médium pretende evitar os inconvenientes inseparáveis da falta de experiência. As instruções a respeito, bem desenvolvidas, estão nos capítulos sobre a *Obsessão* e a *Identidade dos Espíritos.*

Aqui nos limitaremos a dizer que, além da linguagem, podemos considerar como *provas infalíveis da inferioridade dos Espíritos:* todos os sinais, figuras, emblemas inúteis ou pueris; toda escrita bizarra, irregular, intencionalmente deformada, de tamanho exagerado ou em formas ridículas e estranhas. Mas a escrita pode ser muito ruim, até mesmo pouco legível, o que depende mais do médium que do Espírito, sem ter nada de insólita. Temos visto médiuns enganados de tal maneira que medem a superioridade dos Espíritos pelo tamanho das letras, dando grande importância às letras bem modeladas, como caracteres de imprensa, puerilidade realmente incompatível com a superioridade real.

212. Se o médium deve evitar de cair, sem querer, na dependência de Espíritos maus, mais ainda deve evitar de entregar-se voluntariamente a eles. Uma vontade incontrolada de escrever não deve levá-lo a crer no primeiro Espírito que se apresente, a menos que pretenda livrar-se dele mais tarde, quando não mais lhe convier. Mas não se pede impunemente a assistência, seja para o que for, de um Espírito mau, que pode exigir pagamento muito caro dos seus serviços.

Algumas pessoas, impacientes com o seu desenvolvimento mediúnico, que acham muito lento, lembram-se de pedir o auxílio de qualquer Espírito, *mesmo que seja mau,* contando mandá-lo embora depois. Muitas foram logo atendidas e escreveram imediatamente. Mas o Espírito, não se importando de haver sido chamado nessas condições, mostrou-se indócil na hora de sair. Sabemos das que foram punidas em sua presunção, julgando-se fortes para afastá-los à vontade, por anos de obsessão de toda a espécie, pelas mistificações mais ridículas, por uma fascinação tenaz ou mesmo por desastres materiais e pelas mais cruéis decepções. O Espírito mostrou-se de início francamente mau, depois tornou-se hipócrita, tentando fazer crer na sua conversão ou fingindo acreditar no pretenso poder do seu subjugado para expulsá-lo quando quisesse.

213. A escrita é às vezes bem legível, as palavras e as letras perfeitamente destacadas. Mas com certos médiuns é difícil de decifrar por outras pessoas, sendo necessário habituar-se a ela. Muito frequentemente é formada por grandes traços. Os Espíritos economizam pouco o papel. Quando uma palavra ou uma frase são pouco legíveis, pede-se ao Espírito o favor de recomeçá-las, o que geralmente faz de boa vontade. Quando a escrita é habitualmente ilegível, mesmo para o médium, este quase sempre consegue torná-la mais nítida, por meio de exercícios frequentes e regulares, *feitos com muita força de vontade* e rogando com ardor ao Espírito que seja mais correto. Alguns Espíritos adotam muitas vezes sinais convencionais que usam nas reuniões habituais. Para mostrar que uma pergunta os desagrada e que não querem respondê-la, farão, por exemplo, um comprido risco ou outra coisa semelhante.

Quando o Espírito chegou ao fim do que tinha a dizer, ou não quer mais responder, a mão se imobiliza e o médium, qualquer que seja o seu poder ou a sua força de vontade, não consegue obter mais nem uma palavra. Ao contrário, quando ainda não terminou, o lápis prossegue sem que a mão possa detê-lo. Se quiser dizer espontaneamente alguma coisa, a mão pega convulsivamente o lápis e começa a escrever, sem poder opor-se. Aliás, o médium sente quase sempre algo que lhe indica se houve apenas uma parada ou se o Espírito terminou. É raro que não sinta quando o Espírito partiu.

São estas as explicações mais importantes que tínhamos a dar, no tocante ao desenvolvimento da psicografia. A experiência mostrará, na prática, certos detalhes que seria inútil tratar aqui e que os princípios gerais orientarão. Que muitos experimentem, e aparecerão mais médiuns do que se pensa.

214. Tudo o que dissemos se refere à escrita mecânica. É a faculdade que todos os médiuns, com razão, querem desenvolver. Mas a função mecânica pura é muito rara, juntando-se a ela, muito frequentemente, em maior ou menor grau, a intuição. O médium, tendo consciência do que escreve, é naturalmente levado a duvidar da sua faculdade: não sabe se a escrita é dele mesmo ou de outro Espírito. Mas ele não deve absolutamente inquietar-se com isso e deve prosseguir apesar da dúvida. Observando com cuidado a si mesmo, facilmente reconhecerá nos escritos muitas coisas que não lhe pertencem, que são mesmo contrárias aos seus pensamentos, prova evidente de que não procedem da sua mente. Que continue, pois, e a dúvida se dissipará com a experiência.

215. Se o médium não pode ser exclusivamente mecânico, todas as tentativas de obter esse resultado serão inúteis, mas ele erraria se por isso se julgasse deserdado. Se possui apenas mediunidade intuitiva, deve contentar-se com ela, que não deixará de lhe prestar grandes serviços, se souber aproveitá-la ao invés de repudiá-la.

Se depois de inúteis tentativas, realizadas durante algum tempo, não houver nenhum indício de movimento involuntário, ou se esses movimentos forem muito fracos para produzir resultados, não deve hesitar em escrever o primeiro pensamento que lhe for sugerido, nem inquietar-se se é dele ou de outro: a experiência lhe ensinará a fazer distinção. Muito frequentemente, aliás, o movimento mecânico se desenvolve mais tarde.

Dissemos acima que há casos em que é indiferente saber se o pensamento provém do médium ou de um Espírito. Isso acontece, sobretudo, quando um médium puramente intuitivo ou inspirado realiza por si mesmo um trabalho de imaginação. Pouco importa que então se atribua um pensamento que lhe foi sugerido. Se boas ideias lhe ocorrem, que as agradeça ao seu bom gênio e ele lhe sugerirá outras. Essa é a inspiração dos poetas, dos filósofos e dos cientistas.

216. Suponhamos agora a faculdade mediúnica completamente desenvolvida. Que o médium escreva com facilidade, que seja o que se chama um médium feito. Seria um grande erro de sua parte considerar-se dispensado de novas instruções. Ele só teria vencido uma resistência material, e é então que começam as verdadeiras dificuldades. Mais do que nunca necessitará dos conselhos da prudência e da experiência, se não quiser cair nas mil armadilhas que lhe serão preparadas. Se quiser voar muito cedo com suas próprias asas, não tardará a ser enganado por Espíritos mentirosos que procurarão explorar-lhe a presunção.

217. Uma vez desenvolvida a faculdade, o essencial para o médium é não abusar dela. A satisfação que proporciona a alguns iniciantes provoca um entusiasmo que precisa ser controlado. Devem pensar que ela lhes foi dada para o bem e não para satisfazer a curiosidade vã. É conveniente, portanto, que só a utilizem nos momentos oportunos e não a todo instante. Os Espíritos não estão constantemente às suas ordens, e eles correm o risco de ser enganados pelos mistificadores. É bom escolherem dias e horas determinados para a prática mediúnica, de maneira a se prepararem com maior recolhimento, e para que os Espíritos que desejam comunicar-se estejam prevenidos e também se coloquem em melhores disposições.

218. Se, apesar de todas as tentativas, a mediunidade não se tiver revelado de maneira alguma, é necessário renunciar a ela, como se renuncia a cantar quando não se tem voz. Quem não sabe uma língua serve-se de um intérprete. Neste caso faz-se o mesmo, recorrendo a outro médium. Mas na falta do médium não se deve julgar sem a assistência dos Espíritos. A mediunidade é para eles um meio de comunicação, mas não o motivo único de atração. Os que nos dedicam afeição estão juntos de nós, quer sejamos médiuns ou não. Um pai não abandona o filho porque este é surdo e cego e não o pode ver nem ouvir. Pelo contrário, envolve-o na sua solicitude, como os Espíritos bons fazem conosco. Se eles não podem transmitir-nos materialmente o seu pensamento, ajudam-nos com a sua inspiração.

MUDANÇA DE CALIGRAFIA

219. Fenômeno muito comum entre os médiuns escreventes é o da mudança de caligrafia, segundo os Espíritos que se comunicam. E o mais notável é que a mesma caligrafia se repete sempre com o mesmo Espírito e às vezes é idêntica à que ele tinha em vida. Veremos mais tarde as consequências que se podem tirar disso, no tocante à identificação. Essa mudança só ocorre com os médiuns mecânicos e semimecânicos, porque neles o movimento da mão é involuntário e dirigido pelo Espírito. Não se dá o mesmo com os médiuns puramente intuitivos, pois nestes o Espírito age apenas sobre o pensamento e a mão é dirigida pela vontade do médium, como nas circunstâncias comuns.

Mas a uniformidade da escrita, mesmo num médium mecânico, nada prova absolutamente contra a sua faculdade, pois a mudança de caligrafia não é condição absoluta na manifestação dos Espíritos, mas decorre de uma aptidão especial, de que os médiuns mais decisivamente mecânicos nem sempre são dotados. Designamos os que a possuem por *médiuns polígrafos*.[4]

---

[4] Os casos de reprodução mediúnica de caligrafia de mortos são numerosos e, como sempre, suscitaram hipóteses e explicações fantásticas dos negadores. Quanto mais dotado de conhecimentos científicos o negador, mais se empenha em "explicar" os casos a seu modo. No campo religioso dá-se o mesmo. O prof. e rev. Otoniel Mota relata em seu livro *Temas Espirituais* um caso de comunicação escrita recebida pelo Dr. Felício dos Santos ("que por algum tempo se entregou à prática do Espiritismo, mas morreu católico praticante") nesta capital. O Espírito comunicante havia sido professor e amigo do autor, que identificou a caligrafia do mestre, embora explicando que se tratava do Demônio. (*Temas Espirituais,* Imprensa Metodista, São Paulo, 1945.) (N. do T.)

PERDA E SUSPENSÃO DA MEDIUNIDADE

220. A faculdade mediúnica está sujeita a intermitências e a suspensões momentâneas, tanto para as manifestações físicas quanto para a escrita. Eis a resposta dos Espíritos a algumas perguntas feitas a propósito:

1. Os médiuns podem perder sua faculdade?

– Isso acontece com frequência, qualquer que seja o gênero da faculdade. Mas quase sempre, também, não passa de uma interrupção momentânea, que cessa com a causa que a produziu.

2. A causa da perda da mediunidade seria o esgotamento do fluido?

– Qualquer que seja a faculdade do médium, ele não tem poder sem o concurso simpático dos Espíritos. Quando nada obtém, nem sempre é porque a faculdade lhe falta, mas frequentemente são os Espíritos que não querem ou não podem servir-se dele.

3. Qual a causa do abandono do médium pelos Espíritos?

– O uso que ele faz da mediunidade é o que mais influi sobre os Espíritos bons. Podemos abandoná-lo quando ele a emprega em futilidades ou com finalidades ambiciosas, e quando se recusa a transmitir as nossas palavras ou a colaborar na produção dos fenômenos para os encarnados que apelam a ele ou que precisam ver para se convencerem. Esse dom de Deus não é concedido ao médium para o seu prazer, e menos ainda para servir às suas ambições, mas para servir ao seu progresso e para dar a conhecer a verdade aos homens. Se o Espírito vê que o médium não corresponde mais aos seus propósitos, nem aproveita as instruções e os conselhos que lhe dá, afasta-se e vai procurar um protegido mais digno.

4. O Espírito que se afasta não pode ser substituído, e nesse caso se poderia compreender a suspensão da faculdade?

– Não faltam Espíritos que desejam acima de tudo comunicar-se e estão sempre prontos a substituir os que se retiram. Mas, quando este é um Espírito bom, pode ter se afastado momentaneamente, privando-o por algum tempo de toda comunicação para que isso lhe sirva de lição e lhe prove que a sua faculdade *não depende dele* e por isso mesmo não lhe deve servir para envaidecimento. Essa privação momentânea tem ainda o fim de provar ao médium que ele escreve sob influência de outro, pois de outro modo não haveria intermitências. De resto, a interrupção da faculdade não é sempre uma punição, demonstrando às vezes a solicitude do Espírito pelo médium a quem se afeiçoou, e ao qual deseja proporcionar um repouso que julga necessário. Nesse caso, ele não permite que outros Espíritos o substituam.

5. Mas existem médiuns de muito merecimento, moralmente falando, que não sentem nenhuma necessidade de repouso e ficam muito contrariados com a interrupção, cujo objetivo não compreendem.

– Serve para experimentar-lhes a paciência e avaliar a sua perseverança. É por isso que os Espíritos geralmente não marcam o fim da suspensão, pois querem ver se o médium desanima. Muitas vezes também é para lhe deixar tempo de meditar sobre as instruções que lhe deram. É por essa meditação que reconhecemos os espíritas verdadeiramente sérios. Não podemos considerar assim os que, na verdade, são simples amadores de comunicações.

6. É então necessário que o médium prossiga nas tentativas de escrever?

– Se o Espírito o aconselhar, sim; mas, se lhe disse que se abstenha, deve obedecê-lo.

7. Ele teria um meio de abreviar a prova?

– A resignação e a prece. No mais, basta fazer diariamente uma tentativa de alguns minutos, pois seria inútil desperdiçar tempo em ensaios infrutíferos. A tentativa tem apenas o fim de verificar se já recobrou a faculdade.

8. A suspensão implica o afastamento dos Espíritos que habitualmente se comunicam?

– De maneira alguma. O médium se acha na situação da pessoa que tivesse perdido a vista momentaneamente, mas não foi abandonada pelos amigos, embora não os veja. O médium pode e deve continuar a conversar pelo pensamento com os Espíritos familiares e persuadir-se de que é ouvido. Se a falta da mediunidade pode privá-lo das comunicações por meio material com certos Espíritos, não o priva das comunicações mentais.[5]

9. Assim, a interrupção da faculdade mediúnica nem sempre é uma censura dos Espíritos?

– Não, sem dúvida, pois pode ser uma demonstração de benevolência.

10. Por que meio se pode reconhecer uma censura na interrupção?

– Que interrogue a sua consciência e pergunte a si mesmo que uso tem feito da sua faculdade, que bem disto tem resultado para

[5] No original: *communications morales*, como tem sido traduzido. Mas a palavra *moral,* em francês, tem nesse sentido uma acepção que não lhe damos em português. Daí preferirmos a palavra *mental.* (N. do T.)

os outros, *que proveito tem tirado dos conselhos que lhe deram*, e terá a resposta.

11. O médium impedido de escrever não pode recorrer a outro?

– Isso depende da causa da interrupção. Essa é quase sempre a necessidade de vos deixar tempo para meditação, após os conselhos que vos foram dados, a fim de não vos deixar acostumados a nada fazer sem nós. Nesse caso ele não encontrará o que procura com outro médium, e isso tem ainda um fim, que é o de provar a independência dos Espíritos, que não podeis fazer agir à vossa vontade.

É também por essa razão que os que não são médiuns nem sempre obtêm todas as comunicações que desejam.

Observação – *Deve-se observar, com efeito, que os que recorrem a um terceiro para obter comunicações muitas vezes nada obtêm de satisfatório, enquanto, noutras ocasiões, as respostas obtidas são bastante explícitas. Isso de tal maneira depende da vontade dos Espíritos, que nada se consegue mudando de médium. Parece que os próprios Espíritos obedecem, nesse caso, a uma palavra de ordem, pois o que não se consegue de um, de outro não se obterá melhor. Deve-se então evitar de insistir e de se impacientar, para não ser vítima de Espíritos enganadores, que responderão se o desejarmos ardentemente, pois os bons deixarão que o façam, para punirem a nossa teimosia.*

12. Com que fim a Providência dotou certas pessoas de mediunidade, de uma maneira especial?

– É uma missão de que as encarregou e de que elas se sentem felizes: são intérpretes entre os Espíritos e os homens.

13. Mas há médiuns que só empregam a sua faculdade com má vontade.

– São médiuns imperfeitos. Não sabem o valor da graça que lhes foi concedida.

14. Se é uma missão, por que não se apresenta como privilégio dos homens de bem, sendo dada a pessoas que não merecem nenhuma consideração e que podem abusar dela?

– Precisamente porque essas pessoas necessitam dela para se aperfeiçoarem, e para que tenham a possibilidade de receber bons ensinamentos. Se não a aproveitarem, sofrerão as consequências. Jesus não falava de preferência aos pecadores, dizendo que é preciso dar aos que não têm?

15. As pessoas que têm grande desejo de escrever como médiuns e não o conseguem podem chegar a conclusões negativas contra si mesmas, no tocante à boa vontade dos Espíritos para com elas?

– Não, porque Deus pode haver-lhes recusado essa faculdade, como pode haver-lhes recusado o dom da poesia ou da música, mas, se não gozam desses favores, podem gozar de outros.

16. Como um homem pode aperfeiçoar-se pelo ensinamento dos Espíritos, quando não tem, seja por seu intermédio ou de outros médiuns, a possibilidade de receber esse ensino direto?

– Não tem ele os livros, como os cristãos têm o Evangelho? Para praticar a moral de Jesus, os cristãos não precisam ter ouvido as palavras da própria boca do mestre.[6]

[6] A mediunidade é uma faculdade humana como qualquer outra. Ninguém pode alegar que não a possui, pois todos têm pressentimentos, intuições, percepções extrassensoriais, sonhos premonitórios e assim por diante. Como as demais faculdades, Deus a distribui segundo as necessidades evolutivas de cada criatura. O *ensino direto* dos Espíritos não é dado apenas através dos médiuns propriamente ditos, ou seja, das pessoas investidas de *mediunato* (missão mediúnica), mas também e principalmente pelas intuições boas que todos recebem, e que podem receber em maior quantidade, quanto mais as aproveitarem. Nossas relações com os Espíritos são permanentes, constituindo um aspecto da Natureza que só agora as Ciências começam a pesquisar. E o ensino espiritual, como se vê na resposta acima, encontra-se também nos livros religiosos e nas obras fundamentais da Doutrina Espírita, ao alcance de todos. (N. do T.)

CAPÍTULO XVIII

INCONVENIENTES E PERIGOS DA MEDIUNIDADE

INFLUÊNCIA DO EXERCÍCIO DA MEDIUNIDADE SOBRE A SAÚDE, SOBRE O CÉREBRO E SOBRE AS CRIANÇAS

221. 1. A faculdade mediúnica é indício de algum estado patológico ou simplesmente anormal?

– Às vezes anormal, mas não patológico. Há médiuns de saúde vigorosa. Os doentes o são por outros motivos.

2. O exercício da faculdade mediúnica pode causar fadiga?

– O exercício muito prolongado de qualquer faculdade produz fadiga. Com a mediunidade acontece o mesmo, principalmente com a de efeitos físicos. Esta ocasiona um dispêndio de fluidos que leva o médium à fadiga, mas que é reparado pelo repouso.[1]

3. O exercício da mediunidade pode ter inconvenientes em si mesmo no tocante às condições de higidez, excluindo-se os casos de abuso?

– Há casos em que é prudente e mesmo necessário abster-se ou pelo menos moderar o uso da mediunidade. Isso depende do estado físico e moral do médium, que geralmente o percebe. Quando ele começa a sentir-se fatigado, deve abster-se.

4. Esse exercício teria mais inconvenientes para uma pessoa do que para outras?

– Como já disse, isso depende do estado físico e moral do médium. Há pessoas que devem evitar qualquer causa de superexcitação, e a prática mediúnica seria uma delas. (Ver ns. 188 e 194.)

5. A mediunidade poderia produzir a loucura?

---

[1] Esses problemas, da natureza patológica da mediunidade e da fadiga no seu exercício, vêm sendo objeto de pesquisas e estudos na Parapsicologia. As conclusões atingidas até agora são inteiramente favoráveis à tese espírita. Robert Amadou, antiespírita, declara peremptoriamente: "Os fenômenos paranormais não são patológicos" (*La Parapsychologie, IV Parte*, cap. IV, n.º 5). Rhine faz a mesma afirmação. Considerados como o resultado de uma faculdade humana natural e comum, esses fenômenos não podem ser encarados como patológicos. Assim, a Parapsicologia resolveu cientificamente o problema criado pelos acusadores do Espiritismo. E reafirmou a afirmação espírita de que a Medicina precisa conhecer esses fenômenos. Quanto à fadiga, foi também constatado o seu efeito nas experimentações parapsicológicas. A fadiga se refere aos órgãos corporais do médium e não ao seu Espírito. (N. do T.)

– Não produziria mais do que qualquer outra coisa, quando a fraqueza do cérebro não oferecer predisposição para isso. A mediunidade não produzirá a loucura, se esta já não existir em germe. Mas, se o seu princípio já existe, o que facilmente se conhece pelas condições psíquicas e mentais da pessoa, o bom senso nos diz que devemos ter todos os cuidados necessários, pois nesse caso qualquer abalo será prejudicial.[2]

6. Será inconveniente desenvolver a mediunidade das crianças?

– Certamente. E sustento que é muito perigoso. Porque esses organismos frágeis e delicados seriam muito abalados e sua imaginação infantil muito superexcitada. Assim, os pais prudentes as afastarão dessas ideias, ou pelo menos só lhes falarão a respeito no tocante às consequências morais.[3]

7. Mas há crianças que são médiuns naturais, seja de efeitos físicos, de escrita ou de visões. Haveria nesses casos o mesmo inconveniente?

– Não. Quando a faculdade se manifesta espontânea numa criança, é que pertence à sua própria natureza e que a sua constituição é adequada. Não se dá o mesmo quando a mediunidade é provocada e excitada. Observe-se que a criança que tem visões geralmente pouco se impressiona com isso. As visões lhe parecem muito naturais, de maneira que ela lhes dá pouca atenção e quase sempre as esquece. Mais tarde a lembrança lhe volta à memória e é facilmente explicada, se ela conhecer o Espiritismo.

8. Qual a idade em que se pode, sem inconveniente, praticar a mediunidade?

– Não há limite preciso na idade. Depende inteiramente do desenvolvimento físico e mais particularmente do desenvolvimento psíquico.[4] Há crianças de doze anos que seriam menos

[2] Os adversários se servem destes conselhos sensatos para combaterem a prática geral da mediunidade. Seria o mesmo que condenar a prática geral dos esportes pelo fato de os enfermos não poderem praticá-los. (N. do T.)

[3] Este é um problema de psicologia infantil, que serve para mais uma vez comprovar a natureza e a atitude científica do Espiritismo no trato dos problemas psíquicos. Há crianças que revelam precocemente suas faculdades mediúnicas, mas seria errôneo querer desenvolvê-las de maneira sistemática. O que se deve dar às crianças em geral é o ensino moral do Espiritismo, preparando-as para uma vida bem orientada pelo conhecimento doutrinário, sem qualquer excitação prematura das faculdades psíquicas, que se desenvolverão no tempo devido. Nos casos tratados no item 7, temos o desenvolvimento espontâneo, que é diferente. (N. do T.)

[4] As traduções em geral repetem a expressão francesa *développement moral,* mas a palavra moral não tem entre nós a mesma amplitude de sentido do francês. Não se trata de desenvolvimento moral, segundo geralmente entendemos a expressão, mas do desenvolvimento psíquico da criança, como o próprio texto o indica. (N. do T.)

impressionadas que algumas pessoas já formadas. Refiro-me à mediunidade em geral, pois a de efeitos físicos é mais fatigante para o corpo. Quanto à escrita há outro inconveniente, que é a falta de experiência da criança, no caso de querer praticá-la sozinha ou fazer dela um brinquedo.

222. A prática do Espiritismo, como adiante veremos, requer muito tato para se desfazer o embuste dos Espíritos mistificadores. Se homens feitos são por eles enganados, a infância e a juventude estão ainda mais expostas a isso, por sua inexperiência. Sabe-se também que o recolhimento é condição essencial para se tratar com Espíritos sérios. As evocações feitas levianamente ou por divertimento constituem verdadeira profanação, que abre a porta aos Espíritos zombeteiros ou malfazejos. Como não se pode esperar de uma criança a gravidade necessária a um ato semelhante, seria de temer que, entregue a si mesma, ela o transformasse em brinquedo. Mesmo nas condições mais favoráveis, é de se desejar que uma criança dotada de mediunidade só a exerça sob a vigilância de pessoas experimentadas, que lhe ensinarão, por exemplo, o respeito devido às almas dos que se foram deste mundo.

Vê-se, pois, que o problema da idade está subordinado tanto às condições do desenvolvimento físico quanto às do caráter ou amadurecimento moral.[5] Entretanto, o que ressalta claramente das respostas acima é que não se deve forçar o desenvolvimento da faculdade mediúnica nas crianças, quando ela não se desenvolver de maneira espontânea, e que em todos os casos é necessário empregá-la somente com grande circunspecção, não se devendo jamais provocá-la ou encorajar o seu exercício pelas pessoas fracas. Deve-se afastar da prática mediúnica, por todos os meios possíveis, as que apresentem os menores sinais de excentricidade nas ideias ou de enfraquecimento das faculdades mentais, porque são evidentemente predispostas à loucura, que qualquer motivo de superexcitação pode desenvolver.

As ideias espíritas não têm, a esse respeito, maior influência que as outras, mas se a loucura se declarar tomará o caráter de preocupação dominante, como tomaria o caráter religioso, se a pessoa se entregasse com excesso às práticas devocionais, e a responsabilidade seria atribuída ao Espiritismo. O que se pode fazer de melhor com qualquer pessoa que revele tendência à ideia fixa

---

[5] O texto francês se refere a *circonstances tant du tempérament que du caractère,* expressões que têm sido traduzidas literalmente, mas que não possuem em português o *mesmo* sentido. (N. do T.)

é dirigir as suas preocupações em outra direção, a fim de proporcionar descanso aos órgãos enfraquecidos.[6]

Chamamos a atenção dos leitores, a esse respeito, para o item XII da introdução de *O Livro dos Espíritos*.

[6] Há livros inteiros, de médicos eminentes, atribuindo ao Espiritismo a causa da maioria dos casos de loucura. Kardec, entretanto, já havia advertido, desde a publicação de *O Livro dos Espíritos,* em 1857, que a causa real não está nas ideias ou nas crenças da pessoa, mas na sua condição mental ou cerebral. O seu conselho de precauções na prática da mediunidade serviu, embora a contrassenso, para fundamentar as acusações contra o Espiritismo. Hoje, felizmente, nos meios científicos atualizados, chegou-se à compreensão da verdade ensinada por Kardec. As pesquisas parapsicológicas, por sua vez, vêm confirmando a tese kardeciana. Só o fanatismo ou a ignorância podem justificar hoje a repetição dessas acusações absurdas. (N. do T.)

CAPÍTULO XIX

PAPEL DO MÉDIUM NAS COMUNICAÇÕES

INFLUÊNCIA DO ESPÍRITO DO MÉDIUM – SISTEMA DOS MÉDIUNS INERTES – APTIDÃO DE CERTOS MÉDIUNS PARA LÍNGUAS, MÚSICA, DESENHO, ETC. – DISSERTAÇÃO DE UM ESPÍRITO SOBRE O PAPEL DOS MÉDIUNS

223. 1. No momento em que exerce a sua faculdade, o médium se acha em estado perfeitamente normal?

– Às vezes se acha num estado de crise mais ou menos definido. É isso que o fadiga e é por isso que necessita de repouso. Mas, na maioria das vezes, seu estado não difere muito do normal, sobretudo nos médiuns escreventes.

2. As comunicações escritas ou verbais podem ser também do próprio Espírito do médium?

– A alma do médium pode comunicar-se como qualquer outra. Se ela goza de um certo grau de liberdade, recobra então as suas qualidades de Espírito. Tens a prova na visita das almas de pessoas vivas que se comunicam contigo, muitas vezes sem serem chamadas. Porque é bom saberes que entre os Espíritos que evocas há os que estão encarnados na Terra. Nesses casos *eles te falam como Espíritos e não como homens.* Por que o médium não poderia fazer o mesmo?[1]

2.a. Esta explicação não parece confirmar a opinião dos que acreditam que todas as comunicações são do Espírito do médium e não de outro Espírito?

– Eles só estão errados por entenderem que tudo é assim: porque é certo que o Espírito do médium pode agir por si, mas isso não é razão para que outros Espíritos não pudessem agir também por seu intermédio.[2]

---

[1] Ver as evocações de Espíritos de vivos na *Revista Espírita,* feitas por Kardec para pesquisas. Mas o Espírito aqui se refere a evocações de Espíritos já reencarnados, sem que Kardec o soubesse. (N. do T.)

[2] Esse erro de exclusivismo é o mesmo que hoje praticam os parapsicólogos antiespíritas, que pensam haver descoberto a pólvora ao afirmar: "Não há Espíritos, pois tudo vem da mente do médium!" O Espiritismo, como se vê, conhece desde o seu início os dois fenômenos: o *anímico, de manifestação da alma do médium, e o espírita,* de manifestação de um Espírito desencarnado. Jamais o Espiritismo cometeu o erro do exclusivismo oposto, ou seja, de afirmar que as comunicações são apenas de Espíritos desencarnados. Veja-se a *Revista Espírita, o* livro de Aksakoff, *Animismo e Espiritismo, e* os livros de Ernesto Bozzano, *Animismo ou Espiritismo e Comunicações Mediúnicas entre Vivos.* (N. do T.)

3. Como distinguir se o Espírito que responde é o médium ou se é outro Espírito?

– Pela natureza das comunicações. Estuda as circunstâncias e a linguagem e distinguirás. É sobretudo no estado sonambúlico ou de êxtase que o Espírito do médium se manifesta, pois então se acha mais livre. No estado normal é mais difícil. Há respostas, aliás, que não lhe podem ser atribuídas. Por isso é que te digo para observar e estudar.

Observação – *Quando uma pessoa nos fala, facilmente distinguimos o que é dela e o de que ela apenas se faz eco. Acontece o mesmo com os médiuns.*

4. Desde que o Espírito do médium pode adquirir, em existências anteriores, conhecimentos que esqueceu no seu corpo atual, mas dos quais se lembra como Espírito, não pode ele tirar do fundo de si mesmo as ideias que parecem ultrapassar o alcance de sua instrução?

– Isso acontece muitas vezes nos casos de crise sonambúlica ou extática, mas ainda assim existem circunstâncias que não permitem a dúvida: estuda *longamente* e medita.

5. As comunicações do Espírito do médium são sempre inferiores às que pudessem ser dadas por outros Espíritos?

– Sempre, não, pois o Espírito comunicante pode ser de uma ordem inferior à do médium e nesse caso falará com menos sensatez. Vê-se isso no sonambulismo, pois, sendo o Espírito do sonâmbulo o que frequentemente se manifesta, no entanto diz algumas vezes coisas muito boas.

6. O Espírito comunicante transmite diretamente o seu pensamento ou tem como intermediário o Espírito do médium?

– O Espírito do médium é o intérprete, porque está ligado ao corpo que serve para a comunicação e porque é necessária essa cadeia entre vós e os Espíritos comunicantes, como é necessário um fio elétrico para transmitir uma notícia à distância, e na ponta do fio uma pessoa inteligente que a receba e comunique.[3]

7. O Espírito do médium influi nas comunicações de outros Espíritos que ele deve transmitir?

– Sim, pois, se não há afinidade entre eles, o Espírito do médium pode alterar as respostas, adaptando-as às suas próprias ideias e às suas tendências. Mas *não exerce influência sobre os Espíritos comunicantes.* É apenas um mau intérprete.

[3] O papel do médium nas comunicações é sempre ativo. Seja o médium consciente ou inconsciente, intuitivo ou mecânico, dele sempre depende a transmissão e sua pureza. Essa condição explicaria muitas dificuldades que os observadores apressados atribuem a intuitos de mistificação, caso tivessem a prudência científica necessária para uma análise mais profunda do problema mediúnico. A mediunidade, como se vê, é mais complexa e sutil do que o supõem os críticos e negadores sistemáticos. (N. do T.)

8. É essa a causa da preferência dos Espíritos por certos médiuns?

– Não existe outro motivo. Procuram o intérprete que melhor simpatize com eles e transmita com maior exatidão o seu pensamento. Se não houver simpatia entre eles, o Espírito do médium será um antagonista que lhe oferecerá resistência, tornando-se um intérprete de má vontade e quase sempre infiel. Acontece o mesmo entre vós, quando as ideias de um sábio são transmitidas por um insensato ou uma pessoa de má-fé.

9. Concebe-se que seja assim para os médiuns intuitivos, mas não quando se trata de médiuns mecânicos.

– Não compreendeste bem a função do médium. Há uma lei que ainda te escapa. Lembra-te de que, para produzir o movimento de um corpo inerte, o Espírito necessita do fluido animalizado do médium, de que se serve, por exemplo, para animar momentaneamente a mesa, fazendo-a obedecer à sua vontade. Pois bem, para uma comunicação inteligente ele necessita também de um intermediário inteligente, e esse intermediário é o Espírito do médium.

9.a. Isto não parece aplicar-se às mesas falantes, pois, quando estas e outros objetos inertes, como as pranchetas e as cestas, respondem de maneira inteligente, parece que o Espírito do médium não tem nenhuma participação.

– É um engano. O Espírito pode dar uma vida factícia momentânea a um corpo inerte, mas não à inteligência. Jamais um corpo inerte teve inteligência. É pois o Espírito do médium que recebe o pensamento sem o perceber e o transmite pouco a pouco, com a ajuda de diversos intermediários.[4]

10. Parece resultar dessas explicações que o Espírito do médium não é jamais completamente passivo?

– Ele é passivo quando não mistura suas próprias ideias com as do Espírito comunicante, mas nunca se anula por completo. Seu concurso é indispensável como intermediário, mesmo quando se trata dos chamados médiuns mecânicos.[5]

11. Não há maior garantia de independência no médium mecânico do que no médium intuitivo?

– Sem dúvida, e para algumas comunicações é preferível o médium mecânico. Mas, quando conhecemos as faculdades de um médium intuitivo, isso se torna indiferente, segundo as circunstâncias. Quero dizer que certas comunicações exigem menos precisão.

---

[4] A expressão francesa a *son insu* tem sido traduzida nesta passagem por a *seu mau grado*, o que não está certo. O Espírito do médium recebe o pensamento e o transmite pelos diversos *intermediários* ou instrumentos (mesa, cesta, etc.) sem perceber exatamente o que faz sob o impulso do comunicante, mas não contra a vontade. (N. do T.)

[5] A passividade do médium é assim uma concordância, determinada pela sua própria vontade. Ele nunca se anula, mas serve de boa vontade ao Espírito comunicante. (N. do T.)

12. Entre os diferentes sistemas propostos para explicar os fenômenos espíritas, há um que pretende estar a verdadeira mediunidade nos corpos inertes, por exemplo, na cesta ou na caixa de papelão que servem de instrumento. O Espírito comunicante se identificaria com o objeto e o tornaria não somente vivo, mas também inteligente, do que resulta a designação de *médiuns inertes* para os objetos. Que pensas disso?

– Só se tem a dizer o seguinte: se o Espírito transmitisse inteligência à caixa e lhe desse vida, ela escreveria sozinha, sem o concurso do médium. Seria estranho que o homem inteligente virasse máquina e um objeto inerte se tornasse inteligente. É um dos numerosos sistemas surgidos de ideias preconcebidas e que vão caindo diante da experiência e da observação.

13. Um fenômeno bem conhecido poderia tornar admissível a ideia de existir, nos corpos inertes assim animados, mais do que a vida e até mesmo do que a inteligência. É o das mesas, cestas, etc., que exprimem, nos seus movimentos, a cólera ou a afeição.

– Quando um homem colérico sacode uma bengala não é esta que se acha encolerizada, nem mesmo a mão que a segura, mas o pensamento que dirige a mão. As mesas e as cestas não são mais inteligentes do que a bengala. Não têm nenhum sentimento inteligente, mas obedecem a uma inteligência. Numa palavra: não é o Espírito que se transforma em cesta, nem mesmo escolhe a cesta para nela se abrigar.

14. Se não é racional atribuir inteligência a esses objetos, pode-se considerá-los como uma variedade de médiuns, designando-os por *médiuns inertes?*

– É uma questão de palavras que pouco nos importa, desde que vos entendais. Sois livres de chamar homem a um fantoche.[6]

15. Os Espíritos só têm a linguagem do pensamento, não a articulada, e portanto usam apenas uma língua. Assim, um Espírito poderia exprimir-se por via mediúnica numa língua que nunca falara quando vivo. Nesse caso, de onde tira as palavras que emprega?

– Já respondeste a pergunta por ti mesmo, ao dizer que os Espíritos só têm uma língua, que é a do pensamento. Todos compreendem essa língua, tanto os homens como os Espíritos. Ao dirigir-se ao Espírito encarnado do médium, o Espírito errante não fala em francês nem em inglês, mas na língua universal do pensamento. Para traduzir as suas ideias numa linguagem articulada, transmissível, ele utiliza as palavras do vocabulário do médium.

---

[6] A insistência de Kardec nessas perguntas era motivada pela campanha que um inovador desenvolvia em Paris, acusando-o de não conhecer a existência dos *médiuns inertes*, que ele recusava. Ver o episódio na *Revista Espírita*. (N. do T.)

16. Se for assim, o Espírito só deveria exprimir-se na língua do médium, mas sabe-se que escreve em línguas que lhe são desconhecidas. Não há nisso uma contradição?

– Observe-se primeiro que nem todos os médiuns são igualmente aptos a esse gênero de exercício. Em seguida, que os Espíritos só se prestam a ele acidentalmente, quando julgam que isso pode ser útil. Para as comunicações usuais, de certa extensão, preferem servir-se de uma língua familiar ao médium, que lhes apresenta menos dificuldades materiais a superar.

17. A aptidão de certos médiuns para escreverem numa língua estranha não provém do fato de a terem usado noutra existência, conservando-a na atual em forma intuitiva?

– Certamente isso pode acontecer, mas não é uma regra. O Espírito pode, com algum esforço, superar momentaneamente a resistência material. É o que se verifica quando o médium escreve, na sua própria língua, palavras que não conhece.[7]

18. Uma pessoa que não sabe escrever poderia fazê-lo como médium?

– Sim, mas compreende-se que haverá grande dificuldade mecânica a vencer, pois a mão não está habituada aos movimentos necessários para formar as letras. Acontece o mesmo com os médiuns desenhistas que não sabem desenhar.

19. Um médium de inteligência bem reduzida poderia transmitir comunicações de ordem elevada?

– Sim, pela mesma razão que um médium pode escrever numa língua que não conhece. A mediunidade propriamente dita independe da inteligência, como das qualidades morais. Na falta de melhor instrumento o Espírito pode servir-se do que tem à mão. Mas é natural que, para as comunicações de certa ordem, prefira o médium que lhe oferece menos obstáculos materiais. E há ainda outra consideração: o idiota frequentemente só é idiota pela imperfeição dos seus órgãos, pois o seu Espírito pode ser mais adiantado do que se pensa. Tens a prova disso por algumas evocações de idiotas mortos ou vivos.[8]

Observação – *Este é um fato comprovado pela experiência. Numerosas vezes evocamos Espíritos de idiotas vivos, que deram*

[7] O caso Chico Xavier é a mais eloquente demonstração atual desse princípio. O médium tem recebido livros inteiros em linguagem técnica sobre Medicina, Sociologia, História e outros assuntos, sem nenhum conhecimento pessoal dessas matérias. Vejam-se, como exemplos, *Emmanuel e Evolução em Dois Mundos.* (N. do T.)

[8] As pesquisas parapsicológicas vêm confirmando plenamente essa tese espírita sobre os idiotas, como se constata nas experiências com débeis mentais, tão bem dotados, como os sensitivos normais, das chamadas funções psi. Vejam-se os estudos de Jean Ehenwald, Eisenbud, Urban, Humphrey, Schmeidler e outros a respeito. (N. do T.)

provas patentes de sua identidade, respondendo-nos de maneira muito sensata e até mesmo superior. Esse estado é uma punição para o Espírito, que sofre com o constrangimento em que se encontra. Um médium idiota pode oferecer, pois, algumas vezes, ao Espírito que deseja manifestar-se, maiores recursos do que se pensa. (Ver *Revista Espírita* de julho de 1860, artigo sobre Frenologia e Fisiognomonia.)

20. Como se explica a aptidão de certos médiuns para escrever em versos, apesar de sua ignorância em matéria de poesia?

– A poesia é uma linguagem. Eles podem escrever em versos, como podem fazê-lo numa língua que desconhecem. Além disso, podem ter sido poetas em outra existência. Como já disse, os conhecimentos adquiridos nunca se perdem para o Espírito, que deve atingir a perfeição em todas as coisas. Assim, o que eles souberam no passado lhes dá, sem que o percebam, uma facilidade que não possuem no estado habitual.

21. É o mesmo caso dos que têm aptidão especial para o desenho e a música?

– Sim. O desenho e a música são também formas de expressão do pensamento. Os Espíritos se servem dos instrumentos que lhes oferecem mais facilidades.

22. A expressão do pensamento pela poesia, pelo desenho ou pela música depende unicamente da aptidão do médium ou também do Espírito comunicante?

– Algumas vezes do médium, outras do Espírito. Os Espíritos superiores possuem todas as aptidões, os Espíritos inferiores têm conhecimentos limitados.

23. Por que motivo um homem dotado de grande talento numa existência não o possui na seguinte?

– Não é sempre assim, pois muitas vezes ele aperfeiçoa numa existência o que começou na anterior. Mas pode acontecer que uma faculdade superior adormeça durante certo tempo para facilitar o desenvolvimento de outra. Será um germe latente que mais tarde germinará de novo, mas do qual sempre haverá alguns sinais ou pelo menos uma vaga intuição.

224. O Espírito comunicante compreende todas as línguas, sem dúvida, pois as línguas são formas de expressão do pensamento e o Espírito compreende pelo pensamento. Mas, para transmitir esse pensamento, necessita do instrumento: esse instrumento é o médium. A alma do médium, que recebe a comunicação do Espírito, só pode transmiti-la através dos órgãos corporais. Ora, esses órgãos não podem ter, para a transmissão de uma língua desconhecida, a flexibilidade que possuem para a língua familiar.

Um médium que só saiba falar o francês poderá, acidentalmente, dar uma resposta em inglês, se o Espírito o quiser. Mas os Espíritos, que acham a linguagem humana já por si muito lenta, em relação à rapidez do pensamento, – pois procuram abreviá-la o quanto podem –, impacientam-se com a resistência mecânica da transmissão e por isso nem sempre o fazem. Essa também a razão por que um médium novato, que escreve penosa e lentamente na sua própria língua, em geral só obtém respostas breves, sem o necessário desenvolvimento. Por isso também os Espíritos recomendam que só perguntas simples sejam feitas por seu intermédio. Para as perguntas de maior alcance é necessário um médium desenvolvido, que não ofereça nenhuma dificuldade mecânica ao Espírito.

Não escolheríamos para ler um texto um aluno que apenas soletra. Um bom operário não gosta de servir-se de maus instrumentos. Acrescentemos outra consideração de grande importância no tocante às línguas estrangeiras. Os ensaios nesse sentido são sempre feitos por curiosidade, com o objetivo de experimentação. Ora, nada mais antipático aos Espíritos do que as provas a que tentam submetê-los. Os Espíritos superiores nunca se prestam a isso. Afastam-se quando se pretende entrar nesse caminho. Tanto gostam dos assuntos sérios e úteis, quanto lhes repugna ocupar-se de futilidades e simples curiosidade. Os incrédulos dirão que sendo para convencê-los trata-se de coisa séria, pois poderá resultar na conquista de adeptos para a causa dos Espíritos. A isso respondem os Espíritos: "Nossa causa não precisa dos que são bastante orgulhosos para se julgarem indispensáveis. Chamamos para nós *aqueles que queremos,* e que são sempre os mais humildes e pequenos. Jesus fez acaso os milagres que os escribas lhe pediam? E de que homens se serviu para revolucionar o mundo? Se quereis convencer-vos, tendes outros meios que não as exigências. Começai por sujeitar-vos aos fatos: não é normal que o aluno imponha sua vontade ao mestre".[9]

Disso resulta que, salvo algumas poucas exceções, o médium transmite o pensamento dos Espíritos pelos meios mecânicos de

---

[9] Os incrédulos pensam sempre em termos de proselitismo, de acordo com os hábitos da vida terrena. Os Espíritos, entretanto, não se interessam pelo número de adeptos e sim pela qualidade moral destes. Se o incrédulo não tem condições de maturidade moral, só aceitando a realidade dos fatos segundo os seus caprichos pessoais, por mais inteligente, culto ou importante que seja, de nada valerá a sua adesão para os Espíritos, pois em nada poderá auxiliá-los no alevantamento moral da Humanidade. Esta é uma das questões mais difíceis de se compreender, no tocante às relações com o mundo invisível. O que vale muito para o homem apegado ao mundo terreno, para os Espíritos nada vale, e vice-versa. Essa diversidade de valores impede a compreensão do problema. (N. do T.)

que dispõe, e a expressão desse pensamento pode e deve, o mais frequentemente, ressentir-se da imperfeição desses meios. Assim, o homem inculto, o camponês, poderá dizer as mais belas coisas, exprimir os mais elevados pensamentos, os mais filosóficos, falando como camponês, pois, como se sabe, para os Espíritos o pensamento está acima de tudo.

Isto responde às objeções de certos críticos quanto às incorreções de linguagem e de ortografia que se podem atribuir aos Espíritos, e que tanto podem ser deles quanto dos médiuns. É uma futilidade apegar-se a essas coisas. E não é menos pueril querer reproduzir essas incorreções com minuciosa exatidão, como vimos fazerem algumas vezes. Podemos corrigi-las sem nenhum escrúpulo, a menos que sejam características do Espírito, caso em que será útil conservá-las como prova de identidade. Assim, por exemplo, vimos um Espírito escrever constantemente Jule (sem o s) referindo-se ao neto, porque, quando vivo, escrevia assim, embora o neto, que servia de médium, soubesse perfeitamente escrever o seu nome.[10]

225. A seguinte dissertação, dada espontaneamente por dois Espíritos superiores que se revelaram por comunicações bastante elevadas, resume da maneira mais clara e completa a questão do papel do médium:

"Qualquer que seja a natureza dos médiuns escreventes, mecânicos, semimecânicos ou simplesmente intuitivos, nossos processos de comunicação por meio deles não variam na essência. Com efeito, nossas comunicações com os Espíritos encarnados, diretamente, ou com os Espíritos propriamente ditos, se realizam unicamente pela irradiação do nosso pensamento.

"Nossos pensamentos não necessitam das vestes da palavra para que os Espíritos os compreendam. Todos os Espíritos percebem o pensamento que desejamos transmitir-lhes, pelo simples fato de o dirigirmos a eles, e isso na razão do grau de suas faculdades intelectuais. Quer dizer que determinado pensamento pode ser compreendido por estes e aqueles, segundo o respectivo adiantamento, enquanto para outros o mesmo pensamento, não despertando nenhuma lembrança, nenhum conhecimento no fundo do seu coração ou do seu cérebro, não é perceptível. Nesse caso,

---

[10] Este problema de correção da escrita mediúnica provocou explicações de Kardec na *Revista Espírita*, onde se pode encontrar o assunto mais desenvolvido. A correção permitida se refere apenas à forma: ortografia, questões de concordância ou sintaxe, pontuação e assim por diante. No tocante ao pensamento nada pode ser alterado, sob nenhum pretexto, a menos que o próprio Espírito comunicante ou um Espírito provadamente superior o autorize, o que só acontece excepcionalmente. (N. do T.)

o Espírito encarnado que nos serve de médium é mais apropriado para transmitir o nosso pensamento a outros encarnados, embora não o compreenda, o que um Espírito desencarnado mas pouco adiantado não poderia fazer, se fôssemos obrigados à sua mediação. Porque o ser terreno põe o seu corpo, como instrumento, à nossa disposição, o que o Espírito errante não pode fazer.

"Assim, quando encontramos num médium o cérebro cheio de conhecimentos adquiridos na sua vida atual, e o seu Espírito rico de conhecimentos anteriores, latentes, próprios a facilitar as nossas comunicações, preferimos servir-nos dele, porque então o fenômeno da comunicação nos será muito mais fácil do que através de um médium de inteligência limitada, e cujos conhecimentos anteriores fossem insuficientes. Vamos nos fazer compreender por meio de algumas explicações claras e precisas.

"Com um médium cuja inteligência atual ou anterior esteja desenvolvida, nosso pensamento se comunica instantaneamente, de Espírito a Espírito, graças a uma faculdade peculiar à essência mesma do Espírito. Nesse caso encontramos no cérebro do médium os elementos apropriados à roupagem de palavras correspondentes a esse pensamento, quer o médium seja intuitivo, semimecânico ou mecânico. É por isso que, apesar de diversos Espíritos se comunicarem através do médium, os ditados por eles recebidos trazem sempre o cunho pessoal do médium, quanto à forma e ao estilo. Porque, embora o pensamento não seja absolutamente dele, o assunto não se enquadre em suas preocupações habituais, o que desejamos dizer não provenha dele de maneira alguma, ele não deixa de exercer sua influência na forma, dando-lhe as qualidades e propriedades características da sua individualidade. É precisamente como quando olhamos diversos lugares através de binóculos coloridos, de lentes brancas, verdes ou azuis, e, embora os lugares e objetos vistos pertençam ao mesmo trecho, mas tenham aspectos inteiramente diferentes, aparecem sempre com a coloração dada pelas lentes.

"Melhor ainda: comparemos os médiuns a esses botijões de vidros com líquidos coloridos e transparentes que se veem nos laboratórios farmacêuticos. Pois bem, nós somos como focos luminosos voltados para certos trechos de paisagens morais, filosóficas, psicológicas, iluminando-os através de médiuns azuis, verdes ou vermelhos, de maneira que os nossos raios luminosos tomam essas colorações. Ou seja, obrigados a atravessar vidros mais ou menos bem lapidados, mais ou menos transparentes, o que vale dizer médiuns mais ou menos apropriados, esses raios só atingem os objetos que desejamos iluminar tomando a coloração ou a forma própria e particular desses médiuns.

"Enfim, para terminar com mais uma comparação: nós, os Espíritos, somos como os compositores de música que, tendo composto ou querendo improvisar uma ária, só dispõem de um destes instrumentos: um piano, um violino, uma flauta, um fagote ou um apito comum. Não há dúvida de que com o piano, com a flauta ou com o violino executaremos a ária de maneira satisfatória. Embora os sons do piano, do fagote ou da flauta sejam essencialmente diferentes entre si, nossa composição será sempre a mesma nas diversas variações de sons. Mas, se dispomos apenas de um apito comum, ou mesmo de um sifão de esguicho, ei-nos em dificuldade.

"Quando somos obrigados a servir-nos de médiuns pouco adiantados, nosso trabalho se torna mais demorado e penoso, pois temos de recorrer a formas imperfeitas de expressão, o que é para nós um embaraço. Somos então forçados a decompor os nossos pensamentos e ditar palavra por palavra, letra por letra, o que nos é fatigante e aborrecido, constituindo verdadeiro entrave à presteza e ao bom desenvolvimento de nossas manifestações.

"É por isso que nos sentimos felizes ao encontrar médiuns bem apropriados, suficientemente aparelhados, munidos de elementos mentais que possam ser prontamente utilizados, bons instrumentos, numa palavra, porque então o nosso perispírito, agindo sobre o perispírito daquele que mediunizamos, só tem de lhe impulsionar a mão que serve de porta-caneta ou porta-lápis. Com os médiuns mal aparelhados somos obrigados a realizar um trabalho semelhante ao que temos para comunicar-nos por meio de pancadas, ou seja, indicando letra por letra, palavra por palavra, para formar as frases que traduzem o pensamento a transmitir.

"Essa a razão de nossa preferência pelas classes esclarecidas e instruídas, para a divulgação do Espiritismo e o desenvolvimento da mediunidade escrevente, embora seja nessas classes que se encontram os indivíduos mais incrédulos, mais rebeldes e mais destituídos de moralidade. E é também por isso que, se hoje deixamos aos Espíritos brincalhões e pouco adiantados a transmissão das comunicações tangíveis por meio de pancadas e os fenômenos de transporte, também entre vós os homens pouco sérios preferem os fenômenos que lhes tocam os olhos e os ouvidos aos de natureza puramente espiritual, puramente psicológica.

"Quando queremos ditar mensagens espontâneas agimos sobre o cérebro, nos arquivos do médium, e juntamos o nosso material com os elementos que ele nos fornece. E tudo isso sem que ele o perceba. É como se tirássemos da bolsa do médium o seu dinheiro e dispuséssemos as moedas, para somá-las. Na ordem que nos parecesse melhor.[11]

"Mas, quando o próprio médium quer interrogar-nos, seja por que meio for, seria bom que refletisse seriamente a fim de nos fazer as perguntas de maneira metódica, facilitando-nos assim o trabalho de responder. Porque, segundo já foi dito em anterior instrução, vosso cérebro está frequentemente numa desordem inextricável, sendo para nós tão difícil quanto penoso mover-nos no dédalo dos vossos pensamentos.

"Quando as perguntas devem ser feitas por terceiro, é bom e conveniente que sejam antes comunicadas ao médium, para que ele se identifique com o Espírito do interrogante, impregnando-se, por assim dizer, das suas intenções. Porque então nós mesmos teremos muito mais facilidades para responder, graças à afinidade existente entre o nosso perispírito e o do médium que nos serve de intérprete.[12]

"Podemos, certamente, tratar de Matemáticas através de um médium que as desconheça por completo, mas quase sempre o Espírito do médium possui esse conhecimento em estado latente. Isso quer dizer que se trata de um conhecimento pessoal do ser fluídico e não do ser encarnado, porque o seu corpo atual é um instrumento inadequado ou rebelde a essa forma de conhecimento. O mesmo se dá com a Astronomia, a Poesia, a Medicina e as línguas diversas, e ainda com todos os demais conhecimentos peculiares à espécie humana. Por fim, temos ainda o meio penoso de elaboração,

---

[11] Note-se a precisão deste exemplo: o médium possui os elementos materiais da comunicação, que no caso são as moedas; o Espírito os toma e utiliza segundo as suas ideias, para exprimir o seu pensamento. Os exemplos anteriores são também de extrema clareza. Mas devemos ressaltar neste capítulo o perfeito esclarecimento das relações entre os Espíritos e os médiuns. Graças a esse esclarecimento, compreende-se a função mediúnica como de verdadeiro intérprete espiritual, e os problemas tantas vezes levantados pela crítica, como o da marca pessoal do médium nas mensagens, o da trivialidade da maioria destas, o da dificuldade na obtenção de comunicações de teor elevado no campo das Ciências ou da Filosofia, e outros que tais ficam perfeitamente esclarecidos. Vê-se que os críticos do Espiritismo, em sua esmagadora maioria, nada conhecem de todos esses problemas, expostos de maneira precisa e didática há mais de um século. (N. do T.)

[12] Observe-se aqui a origem de uma das maiores dificuldades encontradas pela pesquisa psíquica. A lei de afinidade fluídica é desconsiderada pelos pesquisadores, em nome da desconfiança "necessária" ao rigor científico. Felizmente, na atualidade, os estudos de Parapsicologia sobre as relações entre o experimentador e o sensitivo modificaram muito essa situação, dando razão à pesquisa espírita. Compreende-se, afinal, depois de muitas torturas físicas e morais impostas aos médiuns, que o problema exige condições psicológicas favoráveis. (N. do T.)

aplicado aos médiuns completamente estranhos ao assunto tratado, que é o de reunião das letras e das palavras como se faz em tipografia.[13]

"Como já dissemos, os Espíritos não têm necessidade de vestir os seus pensamentos com palavras. Eles os percebem e os transmitem naturalmente entre si. Os seres encarnados, pelo contrário, só podem comunicar-se pelo pensamento traduzido em palavras. Enquanto a letra, a palavra, o substantivo, o verbo, a frase, enfim, vos são necessários para percepção, mesmo mental, nenhuma forma visível ou tangível é necessária para nós." – ERASTO e TIMÓTEO.[14]

Observação – *Esta análise do papel dos médiuns e dos processos pelos quais se comunicam é tão clara quanto lógica. Dela decorre o princípio de que o Espírito não se serve das ideias do médium, mas dos materiais necessários para exprimir os seus próprios pensamentos, existentes no cérebro do médium, e de que, quanto mais rico for o cérebro, mais fácil se torna a comunicação.*

Quando o Espírito se exprime numa língua familiar ao médium, encontra as palavras já formadas e prontas para traduzir a sua ideia. Se o faz numa língua estrangeira, não dispõe das palavras, mas apenas das letras. É então que o Espírito se vê obrigado a ditar,

---

[13] Note-se a diferença entre ser *fluídico* e *ser encarnado.* O primeiro, como Espírito, possui conhecimentos e predicados que podem não se refletir no segundo. O *ser encarnado* é um condicionamento especial do ser *fluídico* para uma experiência terrena, com vistas aos objetivos dessa experiência. A personalidade total do homem está no Espírito e não na conjugação espírito-corpo, que constitui a sua forma de manifestação temporária e específica na Terra. (N. do T.)

[14] A expressão vestir os pensamentos com palavras corresponde precisamente ao princípio espírita da encarnação e da materialização. O pensamento, segundo a Lógica, é uma entidade abstrata, que existe realmente, mas como objeto lógico. Essa entidade se manifesta no plano material através dos elementos convencionados para traduzir ideias: a palavra, a letra, os sinais da mímica, telegráficos e outros. É a esses signos convencionais que os Espíritos recorrem para nos transmitir, através dos médiuns, os seus pensamentos, que então se encarnam ou se materializam na palavra, na escrita, na tiptologia. Esse problema lógico, até há pouco encarado como de simples abstração mental, passou para o plano da realidade científica através das pesquisas parapsicológicas sobre telepatia. O pensamento não é hoje apenas um *objeto lógico,* sem realidade própria, uma espécie de epifenômeno produzido pelo cérebro (segregado pelo cérebro como o fígado segrega a bílis, segundo a conhecida expressão materialista), mas um objeto dotado de realidade cientificamente constatada e cuja natureza extrafísica (segundo Rhine e sua escola) abre as portas da Ciência para um novo mundo, evidentemente o espiritual. Na Física moderna o problema é colocado em termos de antimatéria, mas também já foi atingido, e o físico nuclear Arthur Compton chegou mesmo a afirmar que "por trás da energia", a que as pesquisas reduziram a própria matéria, existe algo mais, e que esse algo mais "parece ser pensamento". Vemos assim a importância dessas explicações dos espíritos de Erasto e Timóteo, dadas há mais de um século e sistematicamente desprezadas e ridicularizadas pelos que negam e combatem o Espiritismo. (N. do T.)

por assim dizer, letra por letra, exatamente como se quiséssemos fazer escrever em alemão uma pessoa que nada soubesse dessa língua.

Se o médium não souber ler nem escrever, não dispõe nem mesmo das letras em seu cérebro. É então necessário que o Espírito lhe conduza a mão, como se faria a uma criança. Nesse caso há uma dificuldade material ainda maior a ser vencida.

Esses fenômenos são possíveis. Temos deles numerosos exemplos. Mas compreende-se que essa maneira de proceder não corresponde à necessidade de extensão e rapidez das comunicações, e que os Espíritos devem preferir os instrumentos mais rápidos, ou, como eles mesmos dizem, os médiuns bem aparelhados, segundo o entendem.

Se os que pedem esses fenômenos para se convencerem tratassem, antes, de estudar a teoria, ficariam sabendo em que condições especiais eles se produzem.[15]

---

[15] Por que os Espíritos se referiram ao cérebro e não à mente, nessas explicações, e Kardec segue a mesma linha nas suas observações? Porque estão explicando o processo de manifestação, que implica a materialização do pensamento. E claro que os *elementos* ou *materiais* a que aludem são abstratos, são conceitos, mas em forma de palavras. Atente-se para a explicação final de que as palavras nos são necessárias para a percepção do pensamento, *mesmo mental*, e será fácil compreender que eles tratam das *funções mentais* do cérebro, que é o instrumento material da mente. De fato, nas experiências telepáticas ficou demonstrado que a transmissão do pensamento se faz por meio de palavras, em virtude do nosso hábito de pensar em palavras. (N. do T.)

CAPÍTULO XX

INFLUÊNCIA MORAL DO MÉDIUM

QUESTÕES DIVERSAS – DISSERTAÇÃO DE UM ESPÍRITO SOBRE A INFLUÊNCIA MORAL

226. 1. O desenvolvimento da mediunidade se processa na razão do desenvolvimento moral do médium?

– Não. A faculdade propriamente dita é orgânica, e portanto independente da moral. Mas já não acontece o mesmo com o seu uso, que pode ser bom ou mau, segundo as qualidades do médium.

2. Sempre se disse que a mediunidade é um dom de Deus, uma graça, um favor divino. Por que, então, não é um privilégio dos homens de bem? E por que há criaturas indignas que a possuem no mais alto grau e a empregam no mau sentido?

– Todas as nossas faculdades são favores que devemos agradecer a Deus, pois há criaturas que não as possuem. Podias perguntar por que Deus concede boa visão a malfeitores, destreza aos larápios, eloquência aos que só a utilizam para o mal. Acontece o mesmo com a mediunidade. Criaturas indignas a possuem porque dela necessitam mais do que as outras, para se melhorarem. Pensas que Deus recusa os meios de salvação dos culpados? Ele os multiplica nos seus passos, *coloca-os nas suas próprias mãos.* Cabe a eles aproveitá-los. Judas, o traidor, não fez milagres e não curou doentes, como apóstolo? Deus lhe permitiu esse dom para que mais odiosa lhe parecesse a traição.

3. Os médiuns que empregam mal as suas faculdades, que não as utilizam para o bem ou que não as aproveitam para a sua própria instrução sofrerão as consequências disso?

– Se as usarem mal, serão duplamente punidos, pois perdem a oportunidade de aproveitar um meio a mais de se esclarecerem. Aquele que vê claramente e tropeça é mais censurável que o cego que cai na valeta.

4. Há médiuns que recebem comunicações espontâneas, quase frequentemente, sobre um mesmo assunto, tratando de certas

questões morais, por exemplo, relativas a determinados defeitos. Terá isso algum fim?

– Sim, e a finalidade é esclarecê-los a respeito do assunto constantemente repetido, ou corrigi-los de certos defeitos. É por isso que a uns os Espíritos falam sempre do orgulho, a outros da caridade, pois somente a insistência poderá por fim abrir-lhes os olhos. Não há médium empregando mal a sua faculdade, seja por ambição ou interesse, ou prejudicando-a por um defeito essencial, como o egoísmo, o orgulho, a leviandade, e que não receba de tempos em tempos alguma advertência dos Espíritos. O mal é que na maioria das vezes ele não a toma para si mesmo.

Observação – *Os Espíritos dão as suas lições quase sempre com reserva, de maneira indireta, para deixarem maior mérito aos que as aproveitam. Mas são tais a cegueira e o orgulho de certas pessoas, que elas não se reconhecem nas lições recebidas. E ainda mais: se o Espírito lhes dá a entender que se referem a elas, zangam-se e chamam o Espírito de mentiroso ou de atrevido. Basta isso para mostrar que o Espírito tem razão.*

5. Ao receber lições de sentido geral, sem aplicação pessoal, o médium não age como instrumento passivo ao serviço da instrução dos outros?

– Quase sempre esses avisos e conselhos não são dirigidos a ele, mas a outras pessoas que só podemos atingir através da sua mediunidade. Mas ele também, se não estiver cego pelo amor-próprio, deve tomar a sua parte. Não penses que a faculdade mediúnica seja dada apenas para a correção de uma ou duas pessoas. Não. O objetivo é maior: trata-se da Humanidade. Um médium é um instrumento que, como indivíduo, importa muito pouco. Por isso, quando damos instruções de interesse geral, utilizamos os que nos oferecem as facilidades necessárias. Mas podes estar certo de que chegará o tempo em que os bons médiuns serão muito comuns, para que os Espíritos bons não precisem mais servir-se de maus instrumentos.

6. Se as qualidades morais do médium afastam os Espíritos imperfeitos, por que um médium dotado de boas qualidades transmite respostas falsas ou grosseiras?

– Conheces todos os segredos da sua alma? Além disso, sem ser vicioso, ele pode ser leviano e frívolo. E pode também necessitar de uma lição, para que se mantenha vigilante.

7. Por que os Espíritos superiores permitem que pessoas dotadas de grande mediunidade, e que poderiam fazer muito bem, se tornem instrumentos do erro?

– Eles procuram influenciá-las, mas, quando elas se deixam arrastar por um mau caminho, não as impedem. É por isso que delas se servem com repugnância, porque a verdade não pode ser interpretada pela mentira.[1]

8. É absolutamente impossível receber boas comunicações por um médium imperfeito?

– Um médium imperfeito pode às vezes obter boas coisas, porque, se tem uma boa faculdade, os bons Espíritos podem servir-se dele na falta de outro, em determinada circunstância. Mas não o fazem sempre, pois, quando encontram outro que melhor lhes convém, lhe dão preferência.

Observação – *Deve-se notar que os Espíritos, ao considerarem que um médium deixa de ser bem assistido, tornando-se, por suas imperfeições, presa de Espíritos enganadores, quase sempre provocam circunstâncias que revelam os seus defeitos e o afastam das pessoas sérias, bem-intencionadas, de cuja boa-fé poderiam abusar. Nesse caso, sejam quais forem as suas faculdades, nada se tem a lamentar.*

9. Qual seria o médium que poderíamos considerar perfeito?

– Perfeito? É pena, mas bem sabes que não há perfeição sobre a Terra. Se não fosse assim, não estarias nela. Digamos antes bom médium, e já é muito, pois são raros. O médium perfeito seria aquele que os maus Espíritos jamais ousassem fazer uma tentativa de enganar. O melhor é o que, simpatizando somente com os bons Espíritos, tem sido enganado menos vezes.

10. Se ele simpatiza apenas com os bons Espíritos, como estes permitem que seja enganado?[2]

– Os Espíritos bons permitem que os melhores médiuns sejam às vezes enganados, para que exercitem o seu julgamento e aprendam a discernir o verdadeiro do falso. Além disso, por melhor que seja um médium, jamais é tão perfeito que não tenha um lado fraco, pelo qual possa ser atacado. Isso deve servir-lhe de lição. As comunicações falsas que recebe de quando em quando são advertências para evitar que se julgue infalível e se torne orgulhoso. Porque o médium que recebe as mais notáveis comunicações não pode se vangloriar mais do que o tocador de realejo, que basta virar a manivela do seu instrumento para obter belas árias.

---

[1] Esta resposta coincide com a que foi dada a Kardec pelo espírito de Hahnemann, a 10 de junho de 1856, quando ele pretendia apressar a elaboração de *O Livro dos Espíritos,* servindo-se de outro médium além das meninas Boudin. O Espírito respondeu que não convinha, porque: *a verdade não pode ser interpretada pela mentira.* Ver o episódio em *Obras Póstumas,* segunda parte. (N. do T.)

[2] O verbo simpatizar é aplicado neste caso com o sentido de ter afinidade, ou, como diríamos hoje, de sintonizar. (N. do T.)

11. Quais as condições necessárias para que a palavra dos Espíritos superiores nos chegue sem qualquer alteração?

– Desejar o bem e repelir o egoísmo e o orgulho: ambos são necessários.

12. Se a palavra dos Espíritos superiores só nos chega pura em condições tão difíceis, isso não é um obstáculo à propagação da verdade?

– Não, porque a luz chega sempre ao que a deseja receber. Aquele que deseja esclarecer-se deve fugir das trevas, e as trevas estão na impureza do coração. Os Espíritos que consideras como personificações do bem não atendem de boa vontade aos que têm o coração manchado de orgulho, de cupidez e falta de caridade. Que se livrem, pois, de toda a vaidade humana os que desejam esclarecer-se, e humilhem a sua razão ante o poder infinito do Criador. Será essa a melhor prova de sua sinceridade. E todos podem cumprir essa condição.[3]

227. Se o médium, quanto à execução, é apenas um instrumento, no tocante à moral exerce grande influência. Porque o Espírito comunicante identifica-se com o Espírito do médium, e para essa identificação é necessário haver simpatia entre eles e, se assim podemos dizer, afinidade.[4]

A alma exerce sobre o Espírito comunicante uma espécie de atração ou de repulsão, segundo o grau de semelhança ou dessemelhança entre eles. Ora, os bons têm afinidade com os bons e os maus com os maus, de onde se segue que as qualidades morais do médium têm influência capital sobre a natureza dos Espíritos que se comunicam por seu intermédio.

Se o médium é de baixa moral, os Espíritos inferiores se agrupam em torno dele e estão sempre prontos a tomar o lugar dos bons Espíritos a que ele apelou. As qualidades que atraem de preferência os Espíritos bons são: a bondade, a benevolência, a simplicidade de coração, o amor ao próximo, o desprendimento das coisas materiais. Os defeitos que os afastam são: o orgulho, o egoísmo, a inveja, o ciúme, o ódio, a cupidez, a sensualidade e todas as paixões pelas quais o homem se apega à matéria.

---

[3] Humilhar a razão, que é sempre orgulhosa, submetendo-a à realidade dos fatos e reconhecendo a existência de um poder superior. Isto não quer dizer abdicar da razão, mas exercitá-la no bom sentido. O exercício da razão, que dá ao homem o poder de discernir e escolher, o torna orgulhoso, como o desenvolvimento das faculdades intelectuais no adolescente o faz atrevido e rebelde. Está nisso a dificuldade de unir a fé e a razão, que o Espiritismo, entretanto, vem resolver, dando à razão a sua justa aplicação. (N. do T.)

[4] Kardec estabelece aqui uma diferença entre a simples simpatia e a afinidade, porque a simpatia é às vezes um grau inferior da afinidade, sendo entretanto suficiente para atrair os Espíritos como entre nós atrai as pessoas. (N. do T.)

228. Todas as imperfeições morais são portas abertas aos Espíritos maus, mas a que eles exploram com mais habilidade é o orgulho, porque é essa a que menos as pessoas se confessam a si mesmas. O orgulho tem posto a perder numerosos médiuns dotados das mais belas faculdades que, sem ele, seriam instrumentos excelentes e muito úteis. Tornando-se presa de Espíritos mentirosos, suas faculdades foram primeiramente pervertidas, depois aniquiladas, e diversos se viram humilhados pelas mais amargas decepções.

O orgulho se manifesta, nos médiuns, por sinais inequívocos, para os quais é necessário chamar a atenção, porque é ele um dos elementos que mais devem despertar a desconfiança sobre a veracidade das suas comunicações. Começa por uma confiança cega na superioridade das comunicações recebidas e na infalibilidade do Espírito que as transmite. Disso resulta um certo desdém por tudo o que não procede deles, que julgam possuir o privilégio da verdade.[5]

O prestígio dos grandes nomes com que se enfeitam os Espíritos que se dizem seus protetores os deslumbra. E, como o seu amor-próprio sofreria se tivessem de se confessar enganados, repelem toda espécie de conselhos e até mesmo os evitam, afastando-se dos amigos e de quem quer que lhes pudesse abrir os olhos. Se concordarem em ouvir essas pessoas, não dão nenhuma importância às suas advertências, porque duvidar da superioridade do Espírito que os guia seria quase uma profanação.

Chocam-se com a menor discordância, com a mais leve observação crítica, e chegam às vezes a odiar até mesmo as pessoas que lhes prestaram serviços. Favorecendo esse isolamento provocado pelos Espíritos que não querem ter contraditores, esses mesmos Espíritos tudo fazem para os entreter nas suas ilusões, levando-os ingenuamente a considerar os maiores absurdos como coisas sublimes.

Assim: confiança absoluta na superioridade das comunicações obtidas, desprezo pelas que não vierem por seu intermédio, consideração irrefletida pelos grandes nomes, rejeição de conselhos, repulsa a qualquer crítica, afastamento dos que podem dar opiniões

---

[5] Numerosos exemplos dessa fascinação podem ser observados entre nós com o aparecimento de médiuns que se arrogam missões renovadoras, servindo de instrumento a Espíritos mistificadores, lançando mensagens e livros que confundem o público, e até mesmo atirando-se à crítica leviana da Codificação. Os principiantes devem ler com a maior atenção este capítulo, que lhes servirá de escudo contra os embustes dessa espécie, permitindo-lhes perceber facilmente as características aqui indicadas, nos casos concretos com que se defrontem. (N. do T.)

desinteressadas, confiança na própria habilidade apesar da falta de experiência – são essas as características dos médiuns orgulhosos.[6]

Necessário lembrar ainda que o orgulho é quase sempre excitado no médium pelos que dele se servem. Se possui faculdades um pouco além do comum, é procurado e elogiado, julgando-se indispensável e logo afetando ares de importância e desdém, quando presta o seu concurso. Já tivemos de lamentar, várias vezes, os elogios feitos a alguns médiuns, com a intenção de encorajá-los.

229. Ao lado desse quadro, vejamos o do médium verdadeiramente bom, em que se pode confiar.

Suponhamos, primeiro, uma facilidade de execução suficientemente grande para permitir que os Espíritos se comuniquem livremente, sem o embaraço de qualquer dificuldade material. Isso posto, o que mais importa considerar é a natureza dos Espíritos que o assistem habitualmente, e para tanto o que mais nos deve interessar não são os nomes, mas a linguagem. Jamais ele deve esquecer-se de que a simpatia que conseguir entre os Espíritos bons estará na razão dos esforços feitos para afastar os maus. Convicto de que a sua faculdade é um dom que lhe foi concedido, para o bem, não se prevalecerá dela de maneira alguma, nem se atribuirá qualquer mérito por possuí-la. Recebe como uma graça as boas comunicações, devendo esforçar-se por merecê-las através da sua bondade, da sua benevolência e da sua modéstia. O primeiro se orgulha de suas relações com os Espíritos superiores; este se humilha, por se considerar sempre indigno desse favor.

230. A instrução seguinte, sobre este assunto, nos foi dada por um Espírito de que já reproduzimos muitas comunicações:

Já o dissemos: os médiuns, como médiuns, exercem influência secundária nas comunicações dos Espíritos. Sua tarefa é a de uma máquina elétrica de transmissão telegráfica entre dois lugares distantes da Terra. Assim, quando queremos ditar uma comunicação, agimos sobre o médium como o telegrafista sobre o aparelho. Quer dizer, da mesma maneira que o tique-taque do telégrafo vai traçando, a milhares de léguas, numa tira de papel, os sinais reprodutores do despacho, nós também nos comunicamos através das distâncias imensuráveis que separam o mundo visível do mundo invisível, o mundo imaterial do mundo encarnado, aquilo que desejamos vos ensinar por meio do aparelho mediúnico.

---

[6] O estudante deve gravar bem as características deste quadro, que destacamos graficamente por sua importância. Em geral, os médiuns orgulhosos, e portanto sujeitos a obsessões, estão nele inteiramente retratados. Alguns apresentam pequenas variantes, como o fato de fingir que aceitam as críticas, o que facilmente se percebe que é apenas um artifício. (N. do T.)

Mas, assim também como as influências atmosféricas frequentemente atuam sobre as transmissões telegráficas e as perturbam, a influência moral do médium age algumas vezes sobre a transmissão dos nossos despachos de além-túmulo e os perturbam, porque somos obrigados a fazê-los atravessar um meio contrário. Entretanto, na maioria das vezes essa influência é anulada pela nossa energia e a nossa vontade, e nenhuma perturbação se verifica. Com efeito, os ditados de elevado alcance filosófico, as comunicações de moralidade perfeita são transmitidos às vezes por médiuns pouco apropriados a essa função superior, enquanto, de outro lado, comunicações pouco edificantes chegam às vezes por médiuns que se envergonham de lhes servir de condutores.[7]

De maneira geral, pode-se afirmar que os Espíritos similares se atraem, e que raramente os Espíritos das plêiades elevadas se comunicam por maus condutores, quando podem dispor de bons aparelhos mediúnicos, de bons médiuns, numa palavra.

Os médiuns levianos, pouco sérios, chamam, pois, os Espíritos da mesma natureza. É por isso que as suas comunicações se caracterizam pela banalidade, frivolidade, ideias truncadas e quase sempre muito heterodoxas, falando-se espiriticamente.[8] *Certamente eles podem dizer e dizem às vezes boas coisas, mas é precisamente nesse caso que é preciso submetê-las a um exame severo e escrupuloso. Porque, no meio das boas coisas, certos Espíritos hipócritas insinuam com habilidade e calculada perfídia fatos imaginados, asserções mentirosas, com o fim de enganar os ouvintes de boa-fé. Devem-se então eliminar sem piedade toda palavra e toda frase equívocas, conservando no ditado somente o que a lógica aprova ou o que a Doutrina já ensinou. As comunicações dessa natureza só são perigosas para os espíritas que agem isolados, os grupos recentes ou pouco esclarecidos, porque, nas reuniões de adeptos mais adiantadas e experientes, é inútil a gralha se*

---

[7] A distinção feita pelo Espírito, entre as influências materiais que perturbam as transmissões telegráficas e as influências morais que agem na comunicação mediúnica, tem hoje a sanção da Ciência através das pesquisas parapsicológicas. As experiências de transmissão de pensamento realizadas à distância, entre os Estados Unidos e a Iugoslávia (Universidade de Duke e Universidade de Zagreb) e entre países da Europa (lideradas pela Universidade de Cambridge, Inglaterra) demonstraram que não há barreiras materiais para impedi-las e que somente influências psicológicas podem perturbá-las. Ver os relatos de Rhine em O *Alcance da Mente* e O *Novo Mundo da Mente,* e estudos a respeito em *Parapsicologia e suas Perspectivas,* de nossa autoria. (N. do T.)

[8] Notar a expressão: *ideias heterodoxas, falando espiriticamente,* que se refere à necessidade de preservar a ortodoxia doutrinária, ou seja, a *opinião certa,* contra as *opiniões estranhas* que os Espíritos perturbadores procuram introduzir no meio espírita. (N. do T.)

adornar com penas de pavão, pois será sempre impiedosamente descoberta.[9]

Não falarei dos médiuns que se comprazem em solicitar e receber comunicações obscenas. Deixemos que se comprazam na sociedade dos Espíritos cínicos. Aliás, as comunicações dessa espécie exigem por si mesmas a solidão e o isolamento. Não poderiam, em qualquer circunstância, senão provocar o desdém e a repugnância entre os membros de grupos filosóficos e sérios.

Mas onde a influência moral do médium se faz realmente sentir é quando este substitui pelas suas ideias pessoais aquelas que os Espíritos se esforçam por lhe sugerir. É ainda quando ele tira, da sua própria imaginação, as teorias fantásticas que ele mesmo julga, de boa-fé, resultar de uma comunicação intuitiva. Nesse caso, há mil possibilidades contra uma de que isso não passe de reflexo do Espírito pessoal do médium. Acontece mesmo este fato curioso: a mão do médium se movimenta às vezes quase mecanicamente, impulsionada por um Espírito secundário e zombeteiro.[10]

É essa a pedra de toque das imaginações ardentes. Porque, levados pelo ardor das suas próprias ideias, pelos artifícios dos seus conhecimentos literários, os médiuns desprezam o ditado modesto de um Espírito prudente e, deixando a presa pela sombra, os substituem por uma paráfrase empolada. Contra esse temível escolho se chocam também as personalidades ambiciosas que, na falta das comunicações que os Espíritos bons lhes recusam, apresentam as suas próprias obras como sendo deles. Eis por que é necessário que os dirigentes de grupos sejam dotados de tato apurado e de rara sagacidade, para discernir as comunicações autênticas e ao mesmo tempo não ferir os que se deixam iludir.

---

[9] As comunicações dessa natureza fazem escola em nosso país e na América, inteiramente infestada de doutrinas imaginosas e portanto pessoais, formuladas por um Espírito através de determinado médium ou por um pretenso profeta que lhe serve de instrumento. Só a falta de estudo deste livro, como se vê, pode justificar essa aberração no meio espírita, onde as instruções aqui dadas deviam ser suficientes para afastar essas mistificações. (N. do T.)

[10] As experiências psicológicas de escrita automática provaram que o inconsciente dos sujeitos pode movimentar-lhes a mão como se ela fosse impulsionada por um Espírito. Esse caso é conhecido nos estudos espíritas como anímico. O Espírito do médium, portanto a sua alma, pode comunicar-se como qualquer outro Espírito. Da mesma maneira, um Espírito zombeteiro pode agir livremente sobre o médium, ou em conjugação com a sua própria vontade, para escrever o que ele deseja, como se fosse ditado por um Espírito elevado. Os espíritas experientes sabem discernir com facilidade a comunicação anímica da espírita. No caso acima tratado, o médium se julga intuído e portanto está consciente do que escreve, mas a sua mão é impulsionada pelo Espírito zombeteiro que se diverte ao fazê-lo acreditar que está sob a ação de um Espírito elevado. Como se vê, a prática mediúnica exige o estudo sistemático deste livro. (N. do T.)

Na dúvida, abstém-te, diz um dos vossos antigos provérbios. Não admitais, pois, o que não for para vós de evidência inegável. Ao aparecer uma nova opinião, por menos que vos pareça duvidosa, passai-a pelo crivo da razão e da lógica. O que a razão e o bom senso reprovam, rejeitai corajosamente. Mais vale rejeitar dez verdades do que admitir uma única mentira, uma única teoria falsa.[11] *Com efeito, sobre essa teoria poderíeis edificar todo um sistema que desmoronaria ao primeiro sopro da verdade, como um monumento construído sobre a areia movediça. Entretanto, se rejeitais hoje certas verdades, porque não estão para vós clara e logicamente demonstradas, logo um fato chocante ou uma demonstração irrefutável virá vos afirmar a sua autenticidade.*

Lembrai-vos, entretanto, oh! espíritas, de que nada é impossível para Deus e para os Espíritos bons, senão a injustiça e a iniquidade.

O Espiritismo já está hoje bastante divulgado entre os homens, e já moralizou suficientemente os adeptos sinceros da sua doutrina, para que os Espíritos não se vejam mais obrigados a utilizar maus instrumentos, médiuns imperfeitos. Se agora, portanto, um médium, seja qual for, por sua conduta ou seus costumes, por seu orgulho, por sua falta de amor e de caridade, der um motivo legítimo de suspeição, rejeitai, rejeitai as suas comunicações, porque há uma serpente oculta na relva. Eis a minha conclusão sobre a influência moral dos médiuns. – ERASTO.

---

[11] Essa regra de ouro do Espiritismo, dada, como se vê, pelo Espírito Erasto, discípulo do apóstolo Paulo, espalhou-se como sendo o próprio Kardec e em forma diferente, ou seja: *mais vale rejeitar noventa e nove verdades do que aceitar uma mentira.* Foi por esse motivo que a grifamos no texto. Trata-se, realmente, de uma regra que deve ser constantemente observada nos trabalhos e nos estudos espíritas. (N. do T.)

CAPÍTULO XXI

INFLUÊNCIA DO MEIO

231. 1. O meio em que o médium se encontra exerce alguma influência sobre as manifestações?

– Todos os Espíritos que cercam o médium o ajudam para o bem ou para o mal.

2. Os Espíritos superiores não podem vencer a má vontade do Espírito encarnado que lhes serve de intérprete e dos que o cercam?

– Sim, quando o julgam útil, e segundo a intenção da pessoa que os consulta. Já o dissemos: os Espíritos mais elevados podem às vezes comunicar-se, para um auxílio especial, malgrado a imperfeição do médium e do meio, mas então estes lhe permanecem completamente alheios.[1]

3. Os Espíritos superiores tentam levar às reuniões fúteis intenções mais sérias?

– Os Espíritos superiores não comparecem às reuniões em que a sua presença é inútil. Aos meios de pouca instrução, mas onde há sinceridade, vamos de boa vontade, mesmo que só encontremos instrumentos deficientes. Mas aos meios instruídos, em que a ironia impera, não vamos. Neles é necessário tocar os olhos e os ouvidos, e esse é o papel dos Espíritos batedores e zombeteiros. É bom que os que se vangloriam de sua sabedoria sejam humilhados pelos Espíritos menos sábios e menos adiantados.

4. É proibido aos Espíritos inferiores comparecerem às reuniões sérias?

– Não. Às vezes permanecem nelas, a fim de aproveitarem os ensinamentos que vos são dados. Mas se calam, *como os estouvados numa reunião de sábios.*

232. Seria errado pensar que é necessário ser médium para atrair os seres do mundo invisível. Eles povoam o espaço, estão

[1] O original francês diz: *par une faveur spéciale,* que foi traduzido entre nós: *por uma graça especial.* O problema da graça, na Doutrina, não comporta concessões especiais. Veja-se a definição da graça no item XVII do *Resumo da Doutrina de Sócrates e Platão, na Introdução de O Evangelho segundo o Espiritismo.* Além disso, a tradução certa é a que damos acima, não só pelo sentido da palavra *faveur* como pelo sentido do contexto em que ela aparece. (N. do T.)

constantemente ao nosso redor, nos acompanham, nos veem e observam, intrometem-se nas nossas reuniões, procuram-nos ou evitam-nos, conforme os atrairmos ou repelirmos. A faculdade mediúnica nada tem com isso: é simplesmente um meio de comunicação. Segundo vimos no tocante às causas de simpatia e antipatia entre os Espíritos, compreende-se facilmente que devemos estar cercados dos que têm afinidade com o nosso Espírito, de acordo com a nossa elevação ou inferioridade. Consideremos ainda o estado moral do nosso globo e compreenderemos qual o gênero de Espíritos que deve predominar entre os Espíritos errantes. Se tomarmos cada povo em particular poderemos julgar, pelo caráter dominante das criaturas, por suas preocupações e seus sentimentos mais ou menos morais e humanitários, quais as ordens de Espíritos que nele se encontram.

Partindo desse princípio, imaginemos uma reunião de homens levianos, inconsequentes, interessados apenas em seus prazeres. Quais seriam os Espíritos que de preferência estariam entre eles? Não serão seguramente os Espíritos superiores, pois que os nossos sábios e filósofos não iriam passar entre eles o seu tempo. Assim, toda vez que os homens se reúnem, há entre eles uma reunião oculta de simpatizantes de suas qualidades ou de suas imperfeições, e isso sem *qualquer ideia de evocação.*[2]

Admitamos agora que eles tenham a possibilidade de se comunicar com os seres do mundo invisível através de um intérprete, ou seja, de um médium. Que Espíritos responderão ao seu apelo? Evidentemente os que lá estão, predispostos a isso, e que nada mais buscam do que uma ocasião favorável. Se numa reunião fútil se evocar um Espírito superior, ele poderá atender, dando uma comunicação orientadora, como um bom pastor que se dirige às suas ovelhas desgarradas. Mas se não se vê compreendido nem ouvido, vai-se embora, como também o farias em seu lugar, e os outros têm o campo livre.

233. A seriedade de uma reunião, entretanto, não é sempre suficiente para haver comunicações elevadas. Há pessoas que nunca riem, mas nem por isso têm o coração mais puro. Ora, é acima de tudo o coração que atrai os Espíritos bons. Nenhuma condição moral impede as comunicações espíritas, mas se estamos em más

[2] A presença dos Espíritos ao nosso redor não depende da mediunidade, nem de qualquer espécie de evocação, da mesma maneira que as mensagens radiofônicas estão sempre no ar, mesmo que não tenhamos um rádio ou não o liguemos. Quando Kardec diz que a mediunidade nada tem com isso, pois é apenas um meio de comunicação, esclarece que a presença dos Espíritos não é um fato mediúnico, porque este implica a percepção dessa presença e a comunicação com os Espíritos. (N. do T.)

condições nos entretemos com os que se nos assemelham, que não perdem a ocasião de nos enganar e quase sempre estimulam os nossos preconceitos.

Vemos assim a enorme influência do meio sobre a natureza das manifestações inteligentes. Mas essa influência não se exerce como pretendiam algumas pessoas, quando ainda não se conhecia como hoje o mundo dos Espíritos, e antes que as experiências mais decisivas tivessem esclarecido as dúvidas. Quando as comunicações concordam com a maneira de ver dos assistentes, não é que as suas opiniões se tenham refletido no Espírito do médium como num espelho, mas que os Espíritos simpáticos a estes, para o bem ou para o mal, participam das mesmas ideias. A prova disso é que, se puderem atrair outros Espíritos, para se comunicarem em lugar dos que habitualmente os cercam, o mesmo médium falará uma linguagem muito diferente, dando comunicações bastante afastadas das suas ideias e convicções.

Em resumo: as condições do meio serão tanto melhores quanto maior homogeneidade houver para o bem, com mais sentimentos puros e elevados, mais desejo sincero de aprender, sem segundas intenções.[3]

[3] Ainda hoje subsistem essas explicações hipotéticas entre os adversários do Espiritismo, que, não tendo tomado conhecimento da obra de Kardec, ou a tendo examinado com segundas intenções, não compreendem que as explicações doutrinárias resultam de experiências e pesquisas objetivas, de natureza científica. Agora mesmo, na Parapsicologia, multiplicam-se as hipóteses imaginosas dos que rejeitam *a priori* a possibilidade da sobrevivência e da comunicabilidade dos Espíritos. Mas não só o apriorismo desses teóricos é anticientífico, pois também o é a facilidade com que firmam as suas teorias sobre alguns casos isolados, como se eles não estivessem ligados a um quadro muito mais vasto, onde há fatos que não cabem nas suas hipóteses. O Espiritismo é mais científico do que esses teóricos sistemáticos, pois não se atém às ideias, mas se apoia nos fatos. (N. do T.)

CAPÍTULO XXII

DA MEDIUNIDADE NOS ANIMAIS

234. Os animais podem ser médiuns? Frequentemente se tem proposto esta questão, e certos fatos pareciam respondê-la afirmativamente. O que, sobretudo, tem dado motivo a aceitá-la são os notáveis indícios de inteligência de alguns pássaros educados pelo homem, que parecem adivinhar o pensamento e chegam a tirar de um maço de cartas as que correspondem exatamente ao pedido feito. Observamos essas experiências com especial cuidado, e o que mais admiramos foi a arte que se teve de desenvolver para a instrução desses pássaros.

Não se pode negar que eles possuem uma certa dose de inteligência relativa, mas devemos convir que, na circunstância aludida, sua perspicácia ultrapassaria de muito a do homem, porque ninguém se pode vangloriar de fazer o que eles fazem. Seria mesmo necessário, para certos casos, supor que eles possuem um dom de segunda vista superior ao dos sonâmbulos mais clarividentes. Sabemos, com efeito, que a lucidez é essencialmente variável e está sujeita a frequentes intermitências, enquanto entre esses pássaros seria permanente e funcionaria, no caso, com uma regularidade e uma precisão que não se encontram em nenhum sonâmbulo. Numa palavra: ela jamais lhes faltaria.[1]

A maioria das experiências que presenciamos assemelham-se às práticas dos prestidigitadores. Não podiam deixar dúvidas quanto aos meios empregados, particularmente o das cartas preparadas. A arte da prestidigitação consiste em dissimular os truques empregados, sem o que o efeito não seria atingido. Mas embora assim reduzido o caso não é menos interessante, pois resta

[1] Esta observação de Kardec sobre a variabilidade da percepção sonambúlica da clarividência está hoje cientificamente comprovada. É mesmo um dos obstáculos à aplicação prática da percepção extrassensorial em Parapsicologia. Não admitindo que se trata de emancipação da alma, com todas as implicações psicológicas decorrentes desse desprendimento, os parapsicólogos materialistas são levados às hipóteses mais curiosas a respeito. (N. do T.)

sempre a admirar o talento do instrutor e também a inteligência do aluno, porque a dificuldade a vencer é bem maior do que se o pássaro só tivesse de agir através das suas próprias faculdades. Conseguir que ele faça coisas que excedem os limites do possível para a inteligência humana é provar, por esse mesmo fato, o emprego de um processo secreto. Aliás, é inegável que os pássaros só atingem esse grau de habilidade após algum tempo de cuidados especiais e perseverantes, que não seriam necessários se sua inteligência bastasse para levá-los aos resultados. Não é mais extraordinário ensinar-lhes a tirar cartas do que habituá-los a cantar ou repetir palavras. Aconteceu o mesmo quando a prestidigitação quis imitar a segunda vista: levava-se o sujeito ao extremo, para que a ilusão fosse mais durável. Desde a primeira sessão a que assistimos, nada mais vimos do que uma imitação muito imperfeita do sonambulismo, revelando ignorância das condições mais características dessa faculdade.[2]

235. De qualquer maneira, as experiências acima deixam intacta a questão principal, pois, assim como a imitação do sonambulismo não nega a existência da faculdade, a imitação da mediunidade nos pássaros nada prova contra a sua possível existência nesses ou em outros animais. Trata-se pois de saber se os animais são aptos, como os homens, a servir de intermediários aos Espíritos para as suas comunicações inteligentes. Parece mesmo muito lógico supor que um ser vivo, dotado de certo grau de inteligência, seja mais apropriado a esses efeitos do que um corpo inerte, sem vitalidade, como uma mesa, por exemplo. Apesar disso, é o que não se dá.

236.[3] A questão da mediunidade dos animais foi plenamente resolvida na dissertação seguinte, feita por um Espírito cuja profundidade e sagacidade podem ser apreciadas nas citações que já fizemos. Para bem se aprender o valor de sua demonstração é essencial que nos reportemos à sua explicação anterior sobre o papel do médium nas comunicações reproduzidas atrás, no n.º 225.

Esta comunicação foi dada em seguida a uma discussão a respeito, na Sociedade Parisiense de Estudos Espíritas:

Abordo hoje a questão da mediunidade dos animais, levantada e sustentada por um dos vossos companheiros mais fervorosos. Pretende ele, em virtude deste axioma: quem pode o mais, pode o

---

[2] O conhecimento dessas características torna ridículas, para os experimentadores traquejados, as imitações com que os adversários pretendem provar que os fenômenos não passam de fraudes. Estes possuem elementos que só nas pesquisas regulares vão se revelando, e que não podem ser imitados. (N. do T.)

[3] Vide Nota Explicativa no final do livro.

menos, que nós podemos mediunizar os pássaros e outros animais, servindo-nos deles nas comunicações com a espécie humana. É o que chamais em Filosofia, e mais particularmente em Lógica, única e simplesmente um sofisma. "Animais", diz ele, "a matéria inerte, ou seja, uma mesa, uma cadeira, um piano; com mais razão deveis animar a matéria já animada, principalmente a dos pássaros". Pois bem, dentro das leis normais do Espiritismo, isso não é assim e não pode ser assim.

Primeiro, ponderemos bem as coisas. O que é um médium? É o ser, indivíduo que serve de intermediário aos Espíritos, para que estes possam comunicar-se facilmente com os homens, espíritos encarnados. Por conseguinte, sem médium não há comunicações tangíveis, mentais, escritas, físicas, de qualquer espécie que seja.

Há um princípio que, disso estou seguro, é admitido por todos os espíritas: o de que os semelhantes agem através dos semelhantes e como os seus semelhantes. Ora, quais são os semelhantes dos Espíritos, senão os Espíritos encarnados ou não? Seria preciso repetir isto sem cessar? Pois bem, eu o repetirei ainda: o vosso perispírito e o nosso são tirados do mesmo meio, são de natureza idêntica, são semelhantes, numa palavra. Possuem ambos uma capacidade de assimilação mais ou menos desenvolvida, de imantação mais ou menos vigorosa, que permite a nós, Espíritos e encarnados, pôr-nos muito pronta e facilmente em relação. Enfim, o que pertence especificamente aos médiuns, à essência mesma de sua individualidade, é uma afinidade especial, e ao mesmo tempo uma força de expansão particular, que anulam neles toda possibilidade de rejeição, estabelecendo entre eles e nós uma espécie de corrente ou de fusão, que facilita as nossas comunicações. É, de resto, essa possibilidade de rejeição, própria da matéria, que se opõe ao desenvolvimento da mediunidade na maioria dos que não são médiuns.[4]

Os homens estão sempre propensos a exagerar tudo. Uns, e não me refiro aqui aos materialistas, recusam uma alma aos animais, enquanto outros querem dar-lhes uma, por assim dizer, semelhante à nossa. Por que pretender assim confundir o perfectível com o imperfectível? Não, não, convencei-vos disso, o fogo que anima os animais, o sopro que o faz agir, movimentar-se e falar na sua

---

[4] Trata-se do fluido vital específico dos organismos humanos, correspondente a uma constituição física superior no plano evolutivo. É evidente que os animais não dispõem desse grau do fluido vital humano, de maneira que a resistência da matéria é neles maior, não permitindo a fusão fluídica necessária às comunicações. (N. do T.)

linguagem própria, não tem, quanto ao presente, nenhuma aptidão para se mesclar, se unir ou se confundir com o sopro divino, a alma etérea, o Espírito, numa palavra, que anima o ser essencialmente perfectível: o homem, esse Rei da criação. Ora, não é isso que faz a superioridade da espécie humana sobre as outras espécies terrenas, essa condição essencial de perfectibilidade? Pois bem: reconhecei então que não se pode assimilar ao homem, único perfectível em si mesmo e nas suas obras, qualquer indivíduo de outras espécies viventes da Terra.

O cão, cuja inteligência é superior entre os animais e o tornou amigo e comensal do homem, será perfectível por si mesmo e por sua própria iniciativa? Ninguém ousaria sustentar isso, porque o cão não faz progredir o cão, e o mais amestrado entre eles é sempre ensinado pelo seu dono. Desde que o mundo é mundo que a lontra constrói a sua choça sobre as águas, sempre com as mesmas proporções e seguindo um sistema invariável. Os rouxinóis e as andorinhas jamais construíram seus ninhos de maneira diferente dos seus ancestrais. Um ninho de pardais de antes do dilúvio, como um ninho de pardais de hoje, é sempre o mesmo, feito nas mesmas condições e pelo mesmo sistema de entrelaçamento de capins e pauzinhos recolhidos na primavera, na época dos amores. As abelhas e as formigas, em suas pequenas repúblicas organizadas, jamais variaram os seus hábitos de coleta de provisões, a sua maneira de agir, os seus costumes e as suas produções. Por fim, a aranha tece sempre a sua teia da mesma maneira.

De outro lado, se procurardes as cabanas de ramagens e as tendas das primeiras idades da Terra, encontrareis em seu lugar os castelos e os palácios da civilização moderna. Às vestes de peles selvagens sucederam os tecidos de ouro e seda. Enfim, a cada passo encontrareis a prova da marcha incessante da Humanidade em seu progresso.

Desse progresso constante, invencível, irrecusável da espécie humana, e do estacionamento indefinido das outras espécies animadas, concluireis comigo que, se existem princípios comuns a tudo o que vive e se move na Terra: o sopro e a matéria, não é menos verdade que somente vós, Espíritos encarnados, estais submetidos a essa inevitável lei do progresso que vos impele fatalmente para a frente e sempre para a frente. Deus pôs os animais ao vosso lado como auxiliares para vos alimentarem, para vos vestirem e vos ajudarem. Deu-lhes um pequeno grau de inteligência porque, para vos auxiliar, precisam compreender, e condicionou essa inteligência aos serviços que devem prestar. Mas, na sua sabedoria, não quis que fossem submetidos à mesma lei do progresso. Tais como foram criados, assim ficaram e ficarão até a extinção de suas espécies.[5]

Costuma-se dizer: os Espíritos mediunizam e fazem mover a matéria inerte, as cadeiras, as mesas, os pianos. Fazem mover, sim, mas mediunizam, não! Porque, ainda uma vez: sem médium, nenhum desses fenômenos se produz. Que há de extraordinário em fazermos que se mova, com a ajuda de um ou de muitos médiuns, a matéria inerte, passiva, que justamente em razão de sua passividade, de sua inércia, está em condições de receber os movimentos e os impulsos que lhe desejamos dar? Para isso necessitamos de médiuns, é claro, mas não é necessário que o médium esteja presente ou consciente, porque podemos agir com os elementos que ele nos fornece, sem que ele o saiba e longe dele, sobretudo nos fenômenos de tangibilidade e de transportes. Nosso envoltório fluídico, mais imponderável e mais sutil que o mais sutil e imponderável de vossos gases, unindo-se, casando-se, combinando-se com o envoltório fluídico mais animalizado do médium, e cuja propriedade de expansão e de penetrabilidade escapa aos vossos sentidos grosseiros e é quase inexplicável para vós, permite-nos movimentar os móveis e até mesmo quebrá-los em aposentos vazios.

Certamente que os Espíritos podem tornar-se visíveis e tangíveis para os animais, e muitas vezes acontece que o pavor súbito que os toma, e que vos parece sem motivo, é causado pela visão de um ou de muitos desses Espíritos, mal-intencionados em relação aos indivíduos presentes ou aos seus donos. Muito frequentemente se veem cavalos que se recusam a avançar ou recuar, ou que se empinam diante de um obstáculo imaginário. Pois bem! Podeis estar certos de que o obstáculo imaginário é quase sempre um Espírito ou um grupo de Espíritos que se comprazem em detê-los. Lembrai-vos da mula de Balaão, que, vendo um anjo pela frente e temendo sua espada flamejante, não queria avançar adiante. É que, antes de se manifestar visivelmente a Balaão, o anjo quis tornar-se visível apenas para o animal. Mas, quero repeti-lo: não

[5] Todo este período deve ser compreendido em função do assunto, não se tirando ilações contrárias aos princípios fundamentais da Doutrina, o que seria absurdo. O Espiritismo ensina que tudo evolui no Universo, desde a matéria bruta até os Espíritos superiores. Os animais também evoluem, mas sua evolução é forçada e lenta, produzida por influências exteriores, enquanto a humana é determinada de dentro, pela consciência do Espírito já esclarecido do homem. O Espírito comunicante serviu-se das condições de aparente estabilidade da vida terrena para ilustrar o seu ensino. Trata-se apenas de um recurso didático, aliás, bem aplicado, e que deve ser entendido como tal. (N. do T.)

mediunizamos diretamente nem os animais nem a matéria inerte. Precisamos sempre do concurso consciente ou inconsciente de um médium humano, porque necessitamos da união dos fluidos similares, que não encontramos nos animais nem na matéria bruta.

O Sr. T., dizem, magnetizou o seu cão. A que resultado chegou? Matou-o. Porque esse infeliz animal morreu depois de haver caído numa espécie de atonia, de langor, consequência de sua magnetização. Com efeito, infiltrando-lhe um fluido haurido numa essência superior à essência especial da sua natureza, ele o esmagou, agindo sobre ele, embora mais lentamente, à semelhança do raio. Assim, não havendo nenhuma possibilidade de assimilação entre o nosso perispírito e o envoltório fluídico dos animais propriamente ditos, nós os esmagaríamos imediatamente ao mediunizá-los.[6]

Isso estabelecido, reconheço perfeitamente a existência de aptidões diversas entre os animais; que certos sentimentos, certas paixões idênticas a paixões e sentimentos humanos se desenvolvem neles; que são sensíveis e reconhecidos, vingativos e rancorosos, segundo o tratamento bom ou mau que lhes dispensarmos. É que Deus, nada fazendo incompleto, deu aos animais, companheiros e servidores do homem, as qualidades de sociabilidade que faltam inteiramente nos animais selvagens que habitam as solidões. Mas daí a poderem servir de intermediários para a transmissão do pensamento dos Espíritos vai um abismo: a diferença das naturezas.[7]

Sabeis que tiramos do cérebro do médium os elementos necessários para dar ao nosso pensamento a forma sensível e apreensível para vós. É com o auxílio dos seus próprios materiais que o médium traduz o nosso pensamento em linguagem vulgar. Pois bem: que elementos encontraríamos no cérebro de um animal? Haveria ali palavras, letras, alguns sinais semelhantes aos que encontramos no homem, mesmo o mais ignorante? Não obstante, direis, os animais compreendem o pensamento do homem, chegam mesmo a adivinhá-lo. Sim, os animais amestrados compreendem certos

[6] Esta afirmação parece absurda diante das teorias atuais do Hipnotismo, que negam inteiramente a existência do fluido magnético. Mas as pesquisas parapsicológicas demonstraram a ação da mente sobre a matéria e comprovaram a influência do pensamento sobre vegetais e animais. Por outro lado, a hipótese fluídica, como também a do éter, já não pode mais ser considerada cientificamente herética, diante do avanço das pesquisas físicas no campo nuclear. Também neste ponto, portanto, as Ciências atuais estão confirmando rapidamente os princípios espíritas. (N. do T.)

[7] Novamente deparamos com uma figura didática, pois é evidente que o Espírito, por seus conhecimentos já demonstrados, sabe que a domesticação dos animais decorre do processo evolutivo das espécies. Mas convém lembrar que a evolução se processa sob o impulso e segundo as leis de Deus, o que permitiu a imagem ilustrativa. (N. do T .)

pensamentos, mas acaso já os vistes reproduzi-los? Não. Concluí, pois, que os animais não podem servir-nos de intérpretes.[8]

Para resumir: os fenômenos mediúnicos não podem produzir-se sem o concurso consciente ou inconsciente dos médiuns, e é somente entre os encarnados, Espíritos como nós, que encontramos os que podem servir-nos de médiuns. Quanto a ensinar cães, pássaros e outros animais, para fazerem estes ou aqueles serviços, é problema vosso e não nosso. – ERASTO.

Nota – Na *Revista Espírita* de setembro de 1861 encontra-se a explicação minuciosa de um processo empregado pelos amestradores de pássaros-sábios, para fazê-los tirar de um maço as cartas que quiserem. (N. de Kardec.)

---

[8] Os episódios curiosos de animais-matemáticos, como os dos cavalos de Elberfeld, que tanta celeuma têm provocado, podem hoje ser explicados, embora ainda de maneira hipotética, pelo mecanismo da percepção mais aguçada de certas espécies animais, e até mesmo pela influência da mente humana sobre os sentidos animais. As pesquisas parapsicológicas abriram novas perspectivas nesse sentido, embora a Parapsicologia Animal esteja ainda numa fase de desenvolvimento incipiente. As experiências de Fabry, entomólogo da Universidade de Leningrado e parapsicólogo da equipe do famoso prof. Vassiliev, demonstraram a existência de percepção extrassensorial nos animais. Assim, as hipóteses de fraude mecânica e de inteligência especial desses animais vão sendo igualmente afastadas pela pesquisa científica, dando razão ao Espírito Erasto. (N. do T.)

CAPÍTULO XXIII

DA OBSESSÃO

OBSESSÃO SIMPLES – FASCINAÇÃO – SUBJUGAÇÃO – CAUSAS DA OBSESSÃO – MEIOS DE COMBATÊ-LA

237. No número das dificuldades que a prática do Espiritismo apresenta é necessário colocar a da obsessão em primeira linha. Trata-se do domínio que alguns Espíritos podem adquirir sobre certas pessoas. São sempre os Espíritos inferiores que procuram dominar, pois os bons não exercem nenhum constrangimento. Os bons aconselham, combatem a influência dos maus, e, se não os escutam, preferem retirar-se. Os maus, pelo contrário, agarram-se aos que conseguem prender. Se chegam a dominar alguém, identificam-se com o Espírito da vítima e a conduzem como se faz com uma criança.

A obsessão apresenta características diversas que precisamos distinguir com precisão, resultantes do grau do constrangimento e da natureza dos efeitos que este produz. A palavra *obsessão* é portanto um termo genérico pelo qual se designa o conjunto desses fenômenos, cujas principais variedades são: *a obsessão simples, a fascinação e a subjugação.*

238. A *obsessão simples* verifica-se quando um Espírito malfazejo se impõe a um médium, intromete-se contra a sua vontade nas comunicações que ele recebe, o impede de se comunicar com outros Espíritos e substitui os que são evocados.

Não se está obsedado pelo simples fato de ser enganado por um Espírito mentiroso, pois o melhor médium está sujeito a isso, sobretudo no início, quando ainda lhe falta a experiência necessária, como entre nós as pessoas mais honestas podem ser enganadas por trapaceiros. Pode-se, pois, ser enganado sem estar obsedado. A obsessão consiste na tenacidade de um Espírito do qual não se consegue desembaraçar.

Na obsessão simples o médium sabe perfeitamente que está lidando com um Espírito mistificador, que não se disfarça e nem mesmo dissimula de maneira alguma as suas más intenções e o seu desejo de contrariar. O médium reconhece facilmente a mistificação, e como se mantém vigilante raramente é enganado.

Assim, esta forma de obsessão é apenas desagradável e só tem o inconveniente de dificultar as comunicações com os Espíritos sérios ou com os de nossa afeição.

Podemos incluir nesta categoria os casos de *obsessão física,* que consistem nas manifestações barulhentas e obstinadas de certos Espíritos que espontaneamente produzem pancadas e outros ruídos. Quanto a este fenômeno, remetemos o leitor ao capítulo *Manifestações Físicas Espontâneas,* n.º 82.

239. *A fascinação* tem consequências muito mais graves. Trata-se de uma ilusão criada diretamente pelo Espírito no pensamento do médium e que paralisa de certa maneira a sua capacidade de julgar as comunicações. O médium fascinado não se considera enganado. O Espírito consegue inspirar-lhe uma confiança cega, impedindo-o de ver a mistificação e de compreender o absurdo do que escreve, mesmo quando este salta aos olhos de todos. A ilusão pode chegar ao ponto de levá-lo a considerar sublime a linguagem mais ridícula. Enganam-se os que pensam que esse tipo de obsessão só pode atingir as pessoas simples, ignorantes e desprovidas de senso. Os homens mais atilados, mais instruídos e inteligentes noutro sentido, não estão mais livres dessa ilusão, o que prova tratar-se de uma aberração produzida por uma causa estranha, cuja influência os subjuga.

Dissemos que as consequências da fascinação são muito mais graves. Com efeito, graças a essa ilusão que lhe é consequente o Espírito dirige a sua vítima como se faz a um cego, podendo levá-la a aceitar as doutrinas mais absurdas e as teorias mais falsas como sendo as únicas expressões da verdade. Além disso, pode arrastá-la a ações ridículas, comprometedoras e até mesmo bastante perigosas.[1]

Compreende-se facilmente toda a diferença entre obsessão simples e a fascinação. Compreende-se também que os Espíritos provocadores de ambas devem ser diferentes quanto ao caráter. Na primeira, o Espírito que se apega ao médium é apenas um importuno pela sua insistência, do qual ele procura livrar-se. Na segunda, é muito diferente, pois para chegar a tais fins o Espírito deve ser esperto, ardiloso e profundamente hipócrita. Porque ele só pode enganar e se impor usando máscara e uma falsa aparência de virtude. As grandes palavras como caridade, humildade e amor a Deus servem-lhe de carta de fiança. Mas através de tudo

[1] A fascinação é mais comum do que se pensa. No meio espírita ela se manifesta de maneira ardilosa através de uma avalanche de livros comprometedores, tanto psicografados como sugeridos a escritores vaidosos, ou por meio de envolvimento de pregadores e dirigentes de instituições que se consideram devidamente assistidos para criticarem a Doutrina e reformularem os seus princípios. (N. do T.)

isso deixa passar os sinais de sua inferioridade, que só o fascinado não percebe; e por isso mesmo ele teme, mais do que tudo, as pessoas que veem as coisas com clareza. Sua tática é quase sempre a de inspirar ao seu intérprete afastamento de quem quer que possa abrir-lhe os olhos. Evitando, por esse meio, qualquer contradição, está certo de ter sempre razão.

240. A *subjugação* é um envolvimento que produz a paralisação da vontade da vítima, fazendo-a agir malgrado seu. Esta se encontra, numa palavra, sob um verdadeiro jugo.

A subjugação pode ser *moral* ou *corpórea.* No primeiro caso, o subjugado é levado a tomar decisões frequentemente absurdas e comprometedoras que, por uma espécie de ilusão, considera sensatas: é uma espécie de fascinação. No segundo caso, o Espírito age sobre os órgãos materiais, provocando movimentos involuntários. No médium escrevente produz uma necessidade incessante de escrever, mesmo nos momentos mais inoportunos. Vimos subjugados que, na falta de caneta ou lápis, fingiam escrever com o dedo, onde quer que se encontrassem, mesmo nas ruas, escrevendo em portas e paredes.

A subjugação corpórea vai às vezes mais longe, podendo levar a vítima aos atos mais ridículos. Conhecemos um homem que, não sendo jovem nem belo, dominado por uma obsessão dessa natureza, foi constrangido por uma força irresistível a cair de joelhos diante de uma jovem que não lhe interessava e pedi-la em casamento. De outras vezes sentia nas costas e nas curvas das pernas uma forte pressão que obrigava, apesar de sua resistência, a ajoelhar-se e beijar a terra nos lugares públicos, diante da multidão. Para os seus conhecidos passava por louco,[2] mas estamos convencidos de que absolutamente não o era, pois tinha plena consciência do ridículo que praticava contra a própria vontade, e sofria com isso horrivelmente.

241. Dava-se antigamente o nome de *possessão* ao domínio exercido pelos maus Espíritos, quando a sua influência chegava a produzir a aberração das faculdades humanas. A possessão corresponderia, para nós, à subjugação. Se não adotamos esse termo, é por dois motivos: primeiro, por implicar a crença na existência de seres criados para o mal e perpetuamente votados ao mal,

[2] Manias, trejeitos, esgares, tiques nervosos e estados permanentes de irritação provêm em geral de subjugações corpóreas. Contam-se por milhares os casos de curas obtidas em sessões espíritas. Os médicos espíritas, hoje numerosos, geralmente conhecem essa causa e encaminham os clientes a trabalhos apropriados. Os médicos não espíritas continuam a dar de ombros e a rir do que não conhecem, como faziam os seus colegas do tempo de Pasteur a respeito das infecções. (N. do T.)

quando só existem seres mais ou menos imperfeitos e todos eles suscetíveis de se melhorarem; segundo, por implicar também a ideia de tomada do corpo por um Espírito estranho, numa espécie de coabitação, quando só existe constrangimento. A palavra subjugação exprime perfeitamente a ideia. Assim, para nós, não existem *possessos,* no sentido vulgar do termo, mas apenas *obsedados, subjugados e fascinados.*[3]

242. A obsessão, como dissemos, é um dos maiores escolhos da mediunidade. É também um dos mais frequentes. Assim, nunca serão demais as providências para combatê-la. Mesmo porque, além dos prejuízos pessoais que dela resultam, constitui um obstáculo absoluto à pureza, à veracidade das comunicações. A obsessão, em qualquer dos seus graus, sendo sempre o resultado de um constrangimento, e não podendo jamais esse constrangimento ser exercido por um Espírito bom, segue-se que toda comunicação dada por um médium obsedado é de origem suspeita e não merece nenhuma confiança. Se, por vezes, se encontrar nela algo de bom, é necessário restringir-se a isso e rejeitar tudo o que apresentar o menor motivo de dúvida.

243. Reconhece-se a obsessão pelas seguintes características:

1) Insistência de um Espírito em comunicar-se queira ou não o médium, pela escrita, pela audição, pela tiptologia, etc., opondo-se a que outros Espíritos o façam.

2) Ilusão que, não obstante a inteligência do médium, o impede de reconhecer a falsidade e o ridículo das comunicações recebidas.

3) Crença na infalibilidade e na identidade absoluta dos Espíritos que se comunicam e que, sob nomes respeitáveis e venerados, dizem falsidades ou absurdos.

4) Aceitação pelo médium dos elogios que lhe fazem os Espíritos que se comunicam por seu intermédio.

5) Disposição para se afastar das pessoas que podem esclarecê-lo.

6) Levar a mal a crítica das comunicações que recebe.

7) Necessidade incessante e inoportuna de escrever.

8) Qualquer forma de constrangimento físico, dominando-lhe a vontade e forçando-o a agir ou falar sem querer.

9) Ruídos e transtornos contínuos em redor do médium, causados por ele ou tendo-o por alvo.

---

[3] A terminologia espírita, como se vê, é específica e perfeitamente ajustada aos novos conceitos decorrentes das pesquisas mediúnicas. Alguns confrades costumam substituir essa terminologia por outra derivada das Ciências contemporâneas. Não vemos razão para isso nos quadros doutrinários. Cada Ciência possui a sua linguagem própria, e a Ciência Espírita se encontra bem aparelhada nesse sentido. Por outro lado, os conceitos espíritas nem sempre encontram expressão adequada na terminologia científica atual. (N. do T.)

244. Em face do perigo da obsessão, ocorre perguntar se não é inconveniente ser médium, se não é essa faculdade que a provoca, enfim, se não é isso uma prova da inconveniência das comunicações espíritas. Nossa resposta é fácil e pedimos que a meditem cuidadosamente.

Não tendo sido os médiuns nem os espíritas que criaram os Espíritos, mas sim os Espíritos que deram origem aos espíritas e aos médiuns, e sendo os Espíritos simplesmente as almas dos homens, é evidente que sempre exerceram sua influência benéfica ou perniciosa sobre a Humanidade. A faculdade mediúnica é para eles apenas um meio de se comunicarem, e na falta dessa faculdade eles se comunicam por mil outras maneiras mais ou menos ocultas. Seria errôneo, pois, acreditar que os Espíritos só exercem sua influência através das comunicações escritas ou verbais. Essa influência é permanente e os que não se preocupam com os Espíritos, ou nem mesmo creem na sua existência, estão expostos a ela como os outros, e até mais do que os outros, por não disporem de meios de defesa. É pela mediunidade que o Espírito se dá a conhecer. Se ele for mau, sempre se trai, por mais hipócrita que seja. Pode-se dizer, portanto, que a mediunidade permite ao homem ver o seu inimigo face a face, se assim se pode dizer, e combatê-lo com suas próprias armas. Sem essa faculdade ele age na sombra, e contando com a invisibilidade pode fazer e faz realmente muito mal.[4]

A quantos atos não é o homem impelido, para sua desgraça, e que seriam evitados se ele tivesse um meio de se esclarecer. Os incrédulos não supõem dizer uma verdade quando afirmam de um homem que se obstina no erro: "É o seu mau gênio que o impele a perder-se". É assim que o conhecimento do Espiritismo, longe de facilitar o domínio dos maus Espíritos, deve ter como resultado, num tempo mais ou menos próximo, quando se achar divulgado, *destruir esse domínio,* dando a cada um os meios de se manter vigilante contra as suas sugestões. E aquele que então sucumbir só poderá queixar-se de si mesmo.

Regra geral: quem quer que receba más comunicações espíritas, escritas ou verbais, está sob má influência; essa influência se

[4] Perguntam algumas pessoas como Deus deixou a Humanidade tanto tempo sem recursos diante desse inimigo invisível. Mas a verdade é que a mediunidade sempre existiu e que as suas manifestações vêm de todos os tempos, como Kardec já explicou. Assim como sempre houve meios empíricos de combater os micróbios, mesmo quando não eram conhecidos, houve-os também de controlar a influência dos Espíritos, desde os tempos primitivos. O Espiritismo veio oferecer os meios racionais e portanto científicos de que a Humanidade necessitava. (N. do T.)

exerce sobre ele, quer escreva ou não, isto é, seja ou não médium, creia ou não creia. A escrita oferece-lhe um meio de se assegurar da natureza dos Espíritos em ação e de os combater, se forem maus, o que se consegue com maior êxito quando se chega a conhecer os motivos da sua atividade. Se a sua cegueira é bastante para não lhe permitir a compreensão, outros poderão lhe abrir os olhos.

Em resumo: o perigo não está no Espiritismo, desde que este pode, pelo contrário, servir-nos de controle e preservar-nos do risco incessante a que nos expomos sem saber. Ele está na orgulhosa propensão de certos médiuns a se considerarem muito levianamente instrumentos exclusivos dos Espíritos superiores, e na espécie de fascinação que não lhes permite compreender as tolices de que são intérpretes. Mas mesmo os que não são médiuns podem se deixar envolver.

Façamos uma comparação. Um homem tem um inimigo secreto que ele não conhece e que espalha contra ele, às ocultas, a calúnia e tudo o que a mais negra maldade possa engendrar. Vê a sua fortuna se perder, os amigos se afastarem, perturbar-se a sua tranquilidade interior. Não podendo descobrir a mão que o fere, não pode se defender e acaba vencido. Mas um dia o inimigo secreto lhe escreve e se trai, apesar da sua astúcia. Eis descoberto o inimigo, que ele agora pode fazer calar e com isso se reabilitar. Esse o papel dos maus Espíritos, que o Espiritismo nos dá a possibilidade de descobrir e anular.

245. Os motivos da obsessão variam segundo o caráter do Espírito. Às vezes é a prática de uma vingança contra a pessoa que o magoou na sua vida ou numa existência anterior. Frequentemente é apenas o desejo de fazer o mal, pois, como sofre, deseja fazer os outros sofrerem, sentindo uma espécie de prazer em atormentá-los e humilhá-los. A impaciência das vítimas também influi, porque ele vê atingido o seu objetivo, enquanto a paciência acaba por cansá-lo. Ao se irritar, mostrando-se zangado, a vítima faz precisamente o que ele quer. Esses Espíritos agem às vezes pelo ódio que lhes desperta a inveja do bem, e é por isso que lançam a sua maldade sobre criaturas honestas.

Um deles se apegou como verdadeira tinha[5] a uma boa família nossa conhecida, que não teve, aliás, a satisfação de enganar. Interrogado sobre o motivo do ataque a essa boa gente, ao invés de apegar-se a homens da sua espécie, respondeu: *esses não me dão inveja.* Outros são levados por simples covardia, aproveitando-se da

[5] Micose antigamente muito difundida. Em francês se usa para designar pessoas más. Em português aplicamos ao Diabo: o Tinhoso. (N. do T.)

fraqueza moral de certas pessoas, que sabem incapazes de lhes oferecer resistência. Um destes, que subjugava um rapaz de inteligência muito curta, respondeu-nos sobre o motivo da sua escolha: *Tenho muita necessidade de atormentar alguém: uma pessoa capaz me repeliria; apego-me a um idiota que não pode resistir.*

246. Há Espíritos obsessores sem maldade, que são até mesmo bons, mas dominados pelo orgulho do falso saber: têm suas ideias, seus sistemas sobre as Ciências, a Economia Social, a Moral, a Religião, a Filosofia. Querem impor a sua opinião e para isso procuram médiuns suficientemente crédulos para aceitá-la de olhos fechados, fascinando-os para impedir qualquer discernimento do verdadeiro e do falso. São os mais perigosos porque não vacilam em sofismar e podem impor as mais ridículas utopias. Conhecendo o prestígio dos nomes famosos não têm escrúpulo em enfeitar-se com eles e nem mesmo recuam ante o sacrilégio de se dizerem Jesus, a Virgem Maria ou um santo venerado.[6]

Procuram fascinar por uma linguagem empolada, mais pretensiosa do que profunda, cheia de termos técnicos e enfeitada de palavras grandiosas, como Caridade e Moral. Evitam os maus conselhos, porque sabem que seriam repelidos, de maneira que os enganados os defendem sempre, afirmando: *bem vês que nada dizem de mau.* Mas a moral é para eles apenas um passaporte, é o de que menos cuidam. O que desejam antes de mais nada é dominar e impor as suas ideias, por mais absurdas que sejam.[7]

247. Os Espíritos sistemáticos são quase sempre escrevinhadores. É por isso que procuram os médiuns que escrevem com facilidade, tratando de fazê-los seus instrumentos dóceis e sobretudo entusiastas, por meio da fascinação. Esses Espíritos são geralmente verbosos, muito prolixos, procurando compensar pela quantidade a falta de qualidade. Gostam de ditar aos seus intérpretes volumosos escritos, indigestos e muitas vezes pouco inteligíveis, que trazem felizmente como contraveneno a impossibilidade material de ser lidos pelas massas. Os Espíritos realmente superiores são sóbrios nas palavras, dizem muita coisa em poucas linhas, de maneira que essa fecundidade prodigiosa deve ser sempre considerada suspeita.

[6] Muitas pessoas aceitam com facilidade as comunicações assinadas por Jesus, Maria, João, Paulo e outras figuras exponenciais da Religião e da História, esquecidas das advertências doutrinárias. Mensagens com assinaturas dessa espécie são sempre suspeitas, pois os Espíritos que habitualmente se comunicam conosco são, pela própria lei de afinidade, mais próximos de nós. (N. do T.)

[7] O argumento citado é hoje frequentemente usado pelos defensores de obras psicográficas dotadas de todas as características mencionadas acima. Claro que o mistificador tem de misturar joio e trigo, pois do contrário ninguém o aceitaria. (N. do T.)

Nunca será demais a prudência, quando se tratar da publicação de semelhantes escritos. As utopias e as excentricidades, que são neles frequentemente abundantes e chocam o bom senso, provocam impressão muito desagradável nas pessoas que se iniciam, dando-lhes uma ideia falsa do Espiritismo, sem contar ainda que servem de armas aos adversários para ridicularizá-lo. Entre essas publicações há as que, sem serem más e sem provirem de uma obsessão, podem ser consideradas como imprudentes, *intempestivas* e inábeis.[8]

248. Acontece com muita frequência que um médium só possa comunicar-se com um Espírito que se ligou a ele e responde pelos que são evocados. Nem sempre se trata de obsessão, porque isso pode decorrer de uma falta de flexibilidade do médium e de uma afinidade especial de sua parte com este ou aquele Espírito. A obsessão propriamente dita só existe quando o Espírito se impõe e afasta voluntariamente os outros, o que jamais é feito por um Espírito bom. Geralmente, o Espírito que se apossa do médium para dominá-lo não suporta o exame crítico das suas comunicações. Quando vê que elas não são aceitas, mas submetidas à discussão, não deixa o médium, mas lhe sugere o pensamento de se afastar, e muitas vezes mesmo lhe ordena que se afaste. Todo médium que se aborrece com as críticas das suas comunicações faz-se eco do Espírito que o domina, e esse Espírito não pode ser bom, desde que lhe inspira o pensamento ilógico de recusar o exame.

O isolamento do médium é sempre prejudicial para ele, que fica sem a possibilidade de controle de suas comunicações. Ele deve não somente esclarecer-se através de terceiros, mas também estudar todos os gêneros de comunicações, para aprender a compará-las. Limitando-se às que recebe, por melhores que lhe pareçam, fica exposto a enganar-se quanto ao seu valor, devendo-se ainda considerar que ele não pode conhecer tudo e que elas giram sempre num mesmo círculo de ideias. (Ver no número 192: *Médiuns exclusivos.*)

249. Os meios de combater a obsessão variam, segundo as características de que ela se reveste. Não existe um perigo real para todo médium que esteja bem convencido de lidar com um Espírito mentiroso, como acontece na obsessão simples. Esta não será para ele mais do que um fato desagradável. Mas, precisamente por

[8] Muito comum este fato, que vem ocorrendo com espantosa intensidade no Brasil, em virtude da propagação da prática espírita sem o desenvolvimento paralelo do conhecimento doutrinário. Por toda parte aparecem publicações inoportunas, desviando a atenção do público dos problemas fundamentais do Espiritismo, excitando a imaginação e o orgulho de médiuns incultos que, ainda em desenvolvimento, se deixam empolgar pela vaidade pessoal, dando atenção aos elogios de companheiros menos avisados e sendo envolvidos por Espíritos pseudossábios, sistemáticos, imaginosos. Todo cuidado é pouco nesse terreno. (N. do T.)

lhe ser desagradável, o Espírito tem mais uma razão para insistir em aborrecê-lo. Duas medidas essenciais devem ser tomadas pelo médium nesse caso: provar ao Espírito que não foi enganado por ele e que será impossível deixar-se enganar; segundo, cansar-lhe a paciência, mostrando-se mais paciente do que ele. Quando se convencer de que perde o seu tempo, acabará por se retirar, como o fazem os importunos a quem não se escuta.

Mas isso nem sempre é suficiente e pode demorar bastante, porque existem os teimosos, para os quais os meses e os anos pouco significam. O médium deve, além disso, apelar fervorosamente ao seu bom anjo e aos bons Espíritos que lhe são simpáticos, suplicando-lhes assistência. No tocante ao Espírito obsessor, por mau que ele seja, é necessário tratá-lo com severidade mas ao mesmo tempo com benevolência, vencendo-o pelo bom procedimento, orando por ele. Se for realmente um Espírito perverso, a princípio se divertirá com isso, mas, submetido com perseverança a um processo de moralização, acabará por emendar-se. É uma conversão que se empreende, tarefa muitas vezes penosa, ingrata, mas cujo mérito está na própria dificuldade, e que uma vez bem realizada traz sempre a satisfação de se haver cumprido um dever de caridade, e frequentemente a de haver reconduzido ao bom caminho uma alma perdida.[9]

É também conveniente interromper as comunicações escritas quando se reconhece que procedem de um Espírito mau, que nada quer ouvir, para não se lhe dar o prazer de ser ouvido. Em certos casos, pode mesmo ser útil deixar de escrever por algum tempo, regulando-se isso de acordo com as circunstâncias. Mas, se o médium escrevente pode evitar essas conversações abstendo-se de escrever, não se dá o mesmo com o médium audiente, que o Espírito obsessor persegue às vezes a todo instante com seu palavreado grosseiro e obsceno, e que não tem nem mesmo o recurso de fechar os ouvidos. De resto, devemos reconhecer que certas pessoas se divertem com a linguagem trivial dessa espécie de Espíritos, que os encorajam e provocam o rir das suas tolices, ao invés de lhes impor silêncio e orientá-los moralmente.

[9] As instruções dadas neste item devem ser bem examinadas pelo leitor, pois, ao mesmo tempo que apresentam uma técnica de afastamento dos obsessores, mostram que tudo depende da vontade e persistência do médium. Psiquiatras, psicólogos e parapsicólogos endossariam hoje essas instruções, se quisessem dar-se ao trabalho de examiná-las, embora com restrições à intervenção de um Espírito. Trata-se do caso de obsessão simples, em que o paciente não se apresenta subjugado. A "conversão" se assemelha bastante aos processos de "sublimação" psicanalítica, ao "caminho da cura" de Jung, à busca da "ressonância" de Kunkel e assim por diante. E a verdade é que esse método tem dado resultados plenamente satisfatórios, o que mostra não ser prejudicial a presença do Espírito obsessor no tratamento. Nos casos mais graves essa presença, como veremos, não pode ser esquecida, sob pena de não se obter a cura. (N. do T.)

Nossos conselhos não podem aplicar-se a esses que desejam afogar-se.

250. Só há, portanto, aborrecimento e não perigo para todo médium que não se deixa enganar, de vez que ele não pode ser confundido. Exatamente o contrário se verifica na fascinação, porque então o domínio do Espírito sobre a vítima não tem limites. A única coisa a fazer é convencê-la de que foi enganada e reverter a sua obsessão ao grau de obsessão simples. Mas isso nem sempre é fácil, se não for algumas vezes impossível. O ascendente do Espírito sobre o fascinado é tal que o torna surdo a todo raciocínio. Pode mesmo chegar ao ponto de fazê-lo duvidar do acerto da Ciência, quando o Espírito comete alguma grossa heresia científica.

Como já dissemos, o fascinado recebe geralmente muito mal os conselhos. A crítica o aborrece, irrita e faz embirrar com as pessoas que não participam da sua admiração. Suspeitar do seu obsessor é quase uma profanação, e é isso o que o Espírito deseja, que se ponham de joelhos ante as suas palavras.

Um desses Espíritos exercia extraordinária fascinação sobre pessoa nossa conhecida. Evocamo-lo e, após algumas fanfarronices, vendo que não podia lograr-nos quanto à sua identidade, acabou confessando que tomara um nome falso. Perguntamos por que abusava tanto daquela pessoa, e ele nos respondeu com estas palavras, que revelam nitidamente o caráter dessa espécie de Espíritos: *Eu procurava um homem que pudesse manejar, encontrei-o e ficarei com ele.* – Mas se o esclarecermos ele o expulsará. – *É o que veremos!*

Como não há pior cego do que o que não quer ver, quando se reconhece a inutilidade de todas as tentativas para abrir os olhos do fascinado, o melhor que se tem a fazer é deixá-lo com as suas ilusões. Não se pode curar um doente que se obstina na doença e nela se compraz.[10]

251. A subjugação corpórea tira quase sempre ao obsedado as energias necessárias para dominar o mau Espírito. É por isso necessária a intervenção de uma terceira pessoa, agindo por meio do magnetismo ou pela força da sua própria vontade. Na falta do concurso do obsedado, essa pessoa deve conseguir ascendente sobre o Espírito. Mas, como essa ascendência só pode ser moral, só pode ser exercida por uma pessoa moralmente superior ao Espírito, e seu poder será tanto maior quanto o for a sua superioridade moral, porque então se impõe ao Espírito, que se vê obrigado

[10] Estes casos são conhecidos de todos os clínicos como irrecuperáveis. Trata-se de ligações profundas entre o encarnado e o desencarnado, restando-nos orar por ambos, o que sempre é útil. (N. do T.)

a inclinar-se ante ela. Era por isso que Jesus possuía tamanho poder de expulsar os que então se chamavam demônios, ou seja, os maus Espíritos obsessores.

Só podemos dar aqui alguns conselhos gerais, porque não há nenhum processo material, nenhuma fórmula, sobretudo, nem qualquer palavra sacramental que tenham o poder de expulsar os Espíritos obsessores. O que falta em geral ao obsedado é força fluídica suficiente. Nesse caso a ação magnética de um bom magnetizador pode dar-lhe uma ajuda eficiente. Além disso, é sempre bom obter, por um médium de confiança, os conselhos de um Espírito superior ou do seu anjo da guarda.[11]

252. As imperfeições morais do obsedado são frequentemente um obstáculo à sua libertação. Eis um notável exemplo, que pode servir para a instrução de todos.

Desde alguns anos que várias irmãs vinham sendo vítimas de atos estranhos de depredação. Suas roupas eram continuamente espalhadas por todos os cantos da casa e até mesmo pelo telhado. Eram rasgadas, cortadas e crivadas de furos, por mais cuidados que tivessem em guardá-las sob chaves. Essas senhoras, isoladas numa pequena cidade provinciana, jamais tinham ouvido falar de Espiritismo. A primeira ideia que tiveram foi, naturalmente, a de estarem sendo vítimas de brincadeiras de mau gosto. Mas a persistência dos fatos e as precauções que tomavam afastaram essa ideia.

Só muito tempo depois, graças a algumas indicações, acharam que deviam dirigir-se a nós, procurando saber a causa desses transtornos e os meios, se possível, de lhes dar um fim. A causa estava bem clara, mas o remédio era mais difícil. O Espírito que assim se manifestava era evidentemente malfazejo. Mostrou-se, na evocação, de grande perversidade e inacessível aos bons sentimentos. A prece, porém, parecia exercer sobre ele uma boa influência. Mas, após algum tempo de descanso, as depredações recomeçaram. Eis a respeito o conselho dado por um Espírito superior:

O que essas senhoras têm de melhor a fazer é rogar aos seus Espíritos protetores que não as abandonem. E eu não tenho melhor conselho a lhes dar do que o de mergulharem na própria consciência para se confessarem consigo mesmas, examinando se praticaram sempre o amor ao próximo e a caridade. Não me refiro à caridade que dá e distribui, mas à caridade da língua. Porque infelizmente elas não sabem contê-la, e por outro lado não justificam, por seus atos piedosos, o desejo de se livrarem de quem as atormenta.

[11] A ação magnética é hoje reconhecida e utilizada pela Ciência com outro rótulo: Hipnotismo. O conceito de força fluídica é cientificamente rejeitado, mas os Espíritos o sustentam e nada até hoje provou o contrário, apesar das hipóteses em curso. (N. do T.)

Gostam bastante de falar mal do próximo, e o Espírito que as obseda tira a sua desforra, porque em vida foi para elas um bode expiatório. Basta-lhes sondar a memória para logo descobrirem com quem estão lidando.

Entretanto, se chegarem a melhorar, seus anjos da guarda voltarão para elas e sua presença será suficiente para afastar o Espírito mau, que se apegou sobretudo a uma delas, porque o seu anjo da guarda teve de afastar-se, diante dos seus atos repreensíveis ou dos seus maus pensamentos. O que elas precisam é de fazer preces fervorosas pelos que sofrem, e acima de tudo praticar as virtudes que Deus recomenda a cada um, segundo a sua condição.

À observação de que essas palavras nos pareciam um pouco severas, e que talvez se devesse abrandá-las para as transmitir, o Espírito acrescentou:

Eu tenho a dizer isso que disse e como disse, porque as pessoas em causa acostumaram-se a pensar que não fazem nenhum mal pela língua, quando na verdade o fazem e muito. Eis por que é necessário chocar-lhes o espírito, de maneira que isso lhes sirva de séria advertência.

Disso resulta um ensinamento de grande alcance, o de que as imperfeições morais dão acesso aos Espíritos obsessores, e de que o meio mais seguro de livrar-se deles é atrair os bons pela prática do bem. Os Espíritos bons são naturalmente mais poderosos que os maus e basta a sua vontade para os afastar, mas assistem apenas àqueles que os ajudam, por meio dos esforços que fazem para se melhorarem. Do contrário se afastam e deixam o campo livre para os maus Espíritos, que se transformam assim em instrumentos de punição, pois os bons os deixam agir com esse fim.

253. Mas é necessário evitar atribuir à ação direta dos Espíritos todas as nossas contrariedades, que em geral são consequência da nossa própria incúria ou imprevidência. Certo dia um lavrador nos mandou escrever que há doze anos todas as desgraças caíam sobre os seus animais. Ora morriam as vacas e deixavam de dar leite, ora morriam os cavalos, os carneiros ou os porcos. Fez muitas novenas que não remediaram o mal, o mesmo se dando com as missas que mandou rezar e com os exorcismos que mandou fazer. Acreditou, então, segundo as superstições do campo, que haviam feito algum mal para os seus animais. Julgando-nos sem dúvida com maior poder de conjurar que o padre da sua aldeia, pediu-nos um conselho. Eis a resposta que obtivemos:

"A mortandade ou as doenças dos animais desse homem provêm dos seus currais infectados, que ele não manda limpar porque *isso custa*".

254. Encerraremos este capítulo com as respostas dos Espíritos a algumas perguntas, vindo em apoio do que dissemos:

1. Por que certos médiuns não podem livrar-se de Espíritos maus que a eles se ligam, e como os Espíritos bons que eles chamam não têm força suficiente para afastar os outros e comunicar-se por seu intermédio?

– Não falta poder ao Espírito bom. É o médium que quase sempre não está em condições de auxiliá-lo. Sua natureza é mais adequada a outras relações, seu fluido se identifica mais com um Espírito do que com outro. É isso o que dá tamanha força aos que querem enganá-lo.

2. Parece-nos, entretanto, que há pessoas bastante meritórias, de moralidade irrepreensível, e não obstante impedidas de comunicar-se com os Espíritos bons.

– Isso é uma prova. E quem te pode dizer que não trazem o coração um tanto manchado de mal? Que o orgulho não controla um pouco essa aparência de bondade? Essas provas revelam ao obsedado a sua fraqueza e devem incliná-lo para a humildade. Há alguém na Terra que se possa dizer perfeito? Aquele mesmo que tem todas as aparências da virtude pode ter ainda muitos defeitos ocultos, um velho fermento de imperfeição. Assim, por exemplo, dizes daquele que não pratica o mal, que é leal nas suas relações sociais: *É um homem bom* e *digno!* Mas sabes se essas qualidades não estão manchadas pelo orgulho? Se não há nele um fundo de egoísmo? Se ele não é avarento, invejoso, rancoroso, maledicente e muitas outras coisas que não percebes, porque as tuas relações com ele não te deram motivo a descobri-las? O meio mais poderoso de combater a influência dos Espíritos maus é aproximar-se o mais possível da natureza dos bons.

3. A obsessão que impede um médium de receber as comunicações que deseja é sempre um sinal de indignidade de sua parte?

– Eu não disse que se trata de um sinal de indignidade, mas que pode haver obstáculos a certas comunicações. Ele deve empenhar-se em vencer os obstáculos, que estão nele mesmo. Sem isso, suas preces e suas súplicas nada farão. Não basta a um doente dizer ao médico: *Dá-me a saúde, quero passar bem.* O médico nada pode, se o doente não faz o necessário.

4. A privação de comunicar-se com certos Espíritos seria uma espécie de punição?

– Em certos casos pode ser uma verdadeira punição, como a possibilidade de comunicar-se com eles é uma recompensa que deves procurar merecer. (Ver *Perda e suspensão da mediunidade,* n.º 220.)

5. Não se pode também combater a influência dos maus Espíritos orientando-os moralmente?

– Sim, mas é o que não se faz e não se pode deixar de fazer. Porque é frequentemente uma tarefa que foi dada e que devias cumprir caridosa e religiosamente. Por meio de bons conselhos pode-se levá-los ao arrependimento e apressar-lhes o adiantamento.

5.a. Como pode um homem ter mais influência, nesse caso, do que os próprios Espíritos?

– Os Espíritos perversos se aproximam mais dos homens, que procuram atormentar, do que dos Espíritos, pois destes se afastam o mais possível. Nessa aproximação aos humanos, quando encontram quem os tenta moralizar, a princípio não lhe dão ouvidos e até riem-se dele, mas depois, se este soube prendê-los, acabam por sentir-se tocados. Os Espíritos elevados só podem falar-lhes em nome de Deus, e isso os apavora. O homem não tem, é evidente, mais poder que os Espíritos superiores, mas a sua linguagem é mais acessível à natureza inferior, e, vendo a influência que podem exercer os Espíritos inferiores, compreende melhor a solidariedade existente entre o Céu e a Terra. Além disso, o ascendente que o homem pode ter sobre os Espíritos está na razão de sua superioridade moral. Ele não domina os Espíritos superiores, nem mesmo os que, sem serem superiores, são bons e benevolentes. Mas pode dominar os Espíritos que lhe forem moralmente inferiores. (Ver n.º 279.)

6. A subjugação corpórea, em seu desenvolvimento, poderia levar à loucura?

– Sim, a uma espécie de loucura cuja causa é desconhecida do mundo, mas que não tem relação com a loucura ordinária. Entre os que são tratados como loucos há muitos que são apenas subjugados. Necessitariam de um tratamento moral, enquanto os tornam loucos verdadeiros com os tratamentos corporais. Quando os médicos conhecerem bem o Espiritismo, saberão fazer essa distinção e curarão maior número de doentes do que o fazem com as duchas. (Ver n.º 221.)[12]

---

[12] Existe uma teoria psiquiátrica espírita que ressalta claramente deste livro. A falta de sua formulação precisa e a rejeição do Espiritismo, a grosso modo, pelos psiquiatras e cientistas preconceituosos são responsáveis pelo atraso da Medicina nesse campo e pelos sofrimentos inenarráveis de milhares de vítimas. O médico Bezerra de Menezes, em *A Loucura sob Novo Prisma*; o médico Ignácio Ferreira (Sanatório Espírita de Uberaba), com *Novos Rumos à Medicina*; e o médico Karl Wikland, da Faculdade de Medicina de Chicago (EUA), com *Trinta Anos entre os Mortos*, provam, entre outros, a importância do tratamento psiquiátrico espírita. A parapsicologia favorece, atualmente, a compreensão do problema, pelo menos em termos anímicos. Vejam-se os livros de Jan Ehrenwald, J. Eisenbud, A. Ellis e outros a respeito das influências parapsíquicas nas doenças mentais. (N do T.)

7. O que se deve pensar dos que, vendo algum perigo no Espiritismo, julgam que o meio de evitá-lo seria proibir as comunicações espíritas?

– Se eles podem proibir a certas pessoas de se comunicarem com os Espíritos, não podem impedir as comunicações espontâneas a essas mesmas pessoas, pois não podem suprimir os Espíritos nem impedir que exerçam a sua influência oculta. Essa atitude se assemelha à das crianças que fecham os olhos e pensam que a gente não as vê. Seria loucura, só porque os imprudentes podem cometer abusos, querer suprimir uma coisa que proporciona grandes vantagens. O meio de prevenir os inconvenientes é, pelo contrário, fazer que a conheçam a fundo.[13]

[13] Em seu livro *O Novo Mundo da Mente* (publicado em português como *O Novo Mundo do Espírito*), o prof. Joseph Banks Rhine declara: "Da coleção existente na Universidade de Duke, de mais de três mil casos de ocorrências psi espontâneas, selecionou-se uma centena de casos que sugerem a ação de certo agente espiritual, com muito maior força que qualquer outra explicação". A prof.a Louise Rhine, em seu livro *Os Canais Ocultos da Mente*, esclarece melhor esse problema. O prof. Jan Ehrenwald propõe em seu livro já citado o aprofundamento das pesquisas sobre infiltrações telepáticas nas sessões psicoanalíticas (aliás, já verificadas e referidas pelo próprio Freud) e cita vários casos de sua experiência clínica, mencionando estudos de M. Ullman, Paderson-Krag, J. Merloo, G. Booth, Hans Bender, H. J. Urbain e outros a respeito. A influência espírita, como vemos neste livro, é da mesma natureza e já está sendo admitida pelos parapsicólogos como *necessária para explicação de muitos casos, pois oferece a única explicação possível*. Os próprios cientistas já estão compreendendo, portanto, que é preciso conhecer a fundo o problema colocado pelo Espiritismo. (N. do T.)

CAPÍTULO XXIV

IDENTIDADE DOS ESPÍRITOS

AS PROVAS POSSÍVEIS DE IDENTIDADE – COMO DISTINGUIR OS ESPÍRITOS BONS E MAUS

AS PROVAS POSSÍVEIS DE IDENTIDADE

255. A questão da identidade dos Espíritos é uma das mais controvertidas, mesmo entre os adeptos do Espiritismo. Porque os Espíritos de fato não trazem nenhum documento de identificação e sabe-se com que facilidade alguns deles usam nomes emprestados. Esta é, portanto, depois da obsessão, uma das maiores dificuldades da prática espírita. Mas em muitos casos a questão da identidade absoluta é secundária e desprovida de importância real.

A mais difícil de se constatar é a identidade de personagens antigos, que muitas vezes se torna mesmo impossível, reduzindo-se a uma possibilidade de apreciação puramente intelectual. Julgamos os Espíritos, como os homens, pela linguagem. Se um Espírito se apresenta, por exemplo, com o nome de Fénelon, dizendo trivialidades e puerilidades, é evidente que não pode ser ele. Mas, se as coisas que diz são dignas do caráter de Fénelon e não o contradizem, temos uma prova, se não material, pelo menos de grande possibilidade moral de que seja ele. É sobretudo nesses casos que a identidade real se torna uma questão secundária: desde que o Espírito só diz boas coisas, pouco importa o nome que esteja usando.

Há sem dúvida a objeção de que um Espírito que tomasse nome suposto, mesmo que só para o bem, não deixaria de cometer uma fraude e por isso não poderia ser bom. É neste ponto que surgem questões delicadas, difíceis de se compreender, e que vamos tentar desenvolver.

256. À medida que os Espíritos se purificam e se elevam na hierarquia, as características distintivas de sua personalidade desaparecem, de certa maneira, na uniformidade da perfeição, mas nem por isso deixam eles de conservar a sua individualidade. É o que se verifica com os Espíritos superiores e os Espíritos puros. Nessa posição, o nome que tiveram na Terra, numa das mil existências corporais *efêmeras* por que passaram, nada mais significa. Notemos ainda que os Espíritos se atraem mutuamente pela semelhança de suas qualidades, constituindo grupos ou famílias simpáticas. Se considerarmos, por outro lado, o número imenso de Espíritos que, desde a origem dos tempos, deve haver atingido os planos mais elevados, e se compararmos ao número tão restrito de homens que deixaram na Terra um grande nome, compreenderemos que entre os Espíritos superiores que podem comunicar-se a maioria não deve ter nomes para nós. Mas, como precisamos de nomes para fixar as nossas ideias, eles podem tomar o de um personagem conhecido, cuja natureza mais se identifique com a deles.

É assim que os nossos anjos guardiães se fazem conhecer, na maioria das vezes, pelo nome de um santo que veneramos, escolhendo geralmente o do santo de nossa preferência. Dessa maneira, se o anjo guardião de uma pessoa dá o nome de São Pedro, por exemplo, não há nenhuma prova material de tratar-se do apóstolo. Tanto pode ser ele como um Espírito inteiramente desconhecido, pertencente à família de Espíritos a que São Pedro pertence. Acontece ainda que, seja qual for o nome pelo qual se invoque o anjo guardião, ele atenderá ao chamado porque é atraído pelo pensamento, e o nome lhe é indiferente.[1]

O mesmo se verifica todas as vezes que um Espírito superior se comunica usando o nome de um personagem conhecido. Nada prova que seja precisamente o Espírito desse personagem. Mas se ele nada diz, no seu ditado espontâneo, que desminta a elevação espiritual do nome citado, existe a presunção de que seja ele. E em todos esses casos se pode dizer que, se não é ele, deve ser um Espírito do mesmo grau ou talvez mesmo um seu enviado. *Em resumo: a questão do nome é secundária, podendo-se considerar o nome como simples indício do lugar que o Espírito ocupa na Escala Espírita.* (Ver o n.º 100 de O *Livro dos Espíritos.)*

A situação é outra quando um Espírito de ordem inferior se enfeita com um nome respeitável para se fazer acreditar. E esse caso é tão comum que não seria demais manter-se em guarda contra esses embustes. Porque é graças a nomes emprestados,

---

[1] Richet formulou a hipótese do *condicionamento à crença* para explicar os casos de aparições de santos, anjos, etc. Ricardo Musso (Argentina) explora essa hipótese, em seu livro *En 105 Límites de la Psicologia*, para explicar as relações de Espíritos protetores e familiares com médiuns e *crentes no Espiritismo*. Como vemos acima, faltou a Richet, como falta hoje a Musso e aos seus imitadores, um dado fundamental do problema. Rejeitando a existência do mundo espiritual, não sabem como as coisas realmente se passam. O leitor deve atentar para estas importantes explicações de Kardec, baseadas na experiência, na lógica e nos ensinos dos Espíritos superiores. (N. do T.)

e sobretudo com a ajuda da fascinação, que certos Espíritos sistemáticos, mais orgulhosos do que sábios, procuram impingir as ideias mais ridículas.[2]

Assim a questão da identidade, como dissemos, é mais ou menos indiferente quando se trata de instruções gerais, desde que os Espíritos mais elevados podem substituir-se mutuamente sem que isso acarrete consequências. Os Espíritos superiores constituem, por assim dizer, uma coletividade, cujas individualidades nos são, com poucas exceções, completamente desconhecidas. O que nos interessa não são as pessoas, mas o ensino. Ora, se o ensino é bom, pouco importa que venha de Pedro ou de Paulo. Devemos julgá-lo pela qualidade e não pelo nome. Se um vinho é mau, não é a etiqueta que o faz melhor. Mas já é diferente nas comunicações íntimas, porque então é o indivíduo, ou sua pessoa mesma, que nos interessa. É pois com razão que, nessa circunstância, se procure assegurar de que o Espírito manifestante é realmente o que se deseja.

257. A identidade é muito mais fácil de constatar quando se trata de Espíritos contemporâneos, cujos hábitos e caráter são conhecidos. Porque são precisamente esses hábitos, de que ainda não tiveram tempo de se livrar, que nos permitem reconhecê-los. E digamos logo que são eles um dos sinais mais certos de identidade.[3]

O Espírito pode, sem dúvida, dar suas provas através das perguntas que lhe fazem, mas isso quando lhe convém. Em geral o pedido nesse sentido o magoa, pelo que devemos evitar de fazê-lo. Deixando o corpo, o Espírito não se despoja da sua suscetibilidade. Toda pergunta para pô-lo à prova o aborrece.

Há perguntas que ninguém lhe faria em vida, com medo de faltar às conveniências. Por que tratá-lo com menos consideração após a morte? Se um homem se apresenta num salão declinando

---

[2] Encontramos na bibliografia espírita numerosos casos dessa espécie, tendo alguns conseguido infiltrar-se em respeitáveis setores da divulgação doutrinária, ocasionando graves prejuízos à aceitação do Espiritismo por pessoas sensatas e ilustradas. A fascinação foi tratada no n.º 239 do cap. anterior. Como se vê ali, o Espírito mistificador paralisa a capacidade de julgamento do médium. O mesmo se dá com todas as pessoas que se deixam envolver. Essa a razão por que ideias absurdas e ridículas se espalham no meio doutrinário, defendidas por pessoas cultas, às vezes dedicadas ao movimento, mas invigilantes e pouco atentas às advertências deste livro. (N. do T.)

[3] A identificação dos Espíritos é feita através da personalidade do falecido. Dados diversos podem ajudar essa identificação, mas são o seu caráter, os seus modos, os seus hábitos, todo esse conjunto pessoal que nos prova a sua presença. Exigir a identificação material é absurdo. Mas, quando essa identificação é possível, como pelos sinais digitais, pela forma do rosto ou das mãos impressas no gesso, ou mesmo pela fotografia ou pela materialização do Espírito, ainda assim os negadores sistemáticos não a aceitam. Kardec tem razão ao acentuar a importância da identificação pela personalidade. (N. do T.)

o seu nome, irá alguém lhe pedir documentos à queima-roupa, sob o pretexto de que há impostores? Esse homem teria o direito de lembrar ao interrogante as regras de civilidade. É o que fazem os Espíritos que não respondem ou que se retiram.

Tomemos um exemplo, para comparação. Suponhamos que o astrônomo Arago, quando vivo, se apresentasse numa casa em que não o conheciam e fosse recebido assim: "Dizeis que sois Arago, mas, como não vos conhecemos, desejamos que o proveis respondendo às nossas perguntas: resolvei este problema de astronomia; dai-nos o vosso nome, prenome e os de vossos filhos; dizei o que fazeis em tal dia, a tal hora, etc.". O que ele responderia? Pois bem, como Espírito fará o que faria quando vivo, e os outros Espíritos farão o mesmo.

258. Recusando-se a responder perguntas pueris e absurdas que não lhes fariam quando vivos, os Espíritos, entretanto, frequentemente dão provas espontâneas e irrecusáveis de sua identidade. Isso pela revelação do próprio caráter através da linguagem, pelo emprego de expressões que lhes eram familiares, pela referência a alguns fatos significativos e de particularidades de sua vida, às vezes desconhecidas dos assistentes, cuja veracidade se pode verificar. As provas de identidade ressaltam ainda de muitas circunstâncias imprevistas que nem sempre surgem no primeiro momento, mas na sequência das manifestações. É conveniente, pois, esperá-las ao invés de as provocar, observando-se cuidadosamente todas as que possam provir da natureza das comunicações. (Ver o caso relatado no n.º 70.)

259. Um meio às vezes usado com sucesso para assegurar a identidade, quando o Espírito se torna suspeito, é o de fazê-lo afirmar em *nome de Deus todo-poderoso* que é ele mesmo. Acontece muitas vezes que o usurpador recua diante do sacrilégio. Depois de haver começado a escrever: *Afirmo em nome de...*, para e risca encolerizado traços sem significação ou quebra o lápis. Sendo mais hipócrita, contorna o problema através de uma omissão, escrevendo, por exemplo: *Eu vos certifico que digo a verdade;* ou ainda: *Atesto, em nome de Deus, que sou eu mesmo quem vos falo, etc.*

Mas há os que não são assim escrupulosos e juram por tudo o que se quiser. Um deles se comunicava com um médium dizendo-se o próprio Deus, e o médium, muito honrado com tão elevada graça, não hesitou em acreditar. Evocado por nós, não ousou sustentar a impostura e disse: *Eu não sou Deus, mas sou seu filho.* – Então sois Jesus? Isso não é provável, porque Jesus está muito elevado para empregar subterfúgios. Ousais afirmar, em nome de Deus, que és o Cristo? – *Eu não disse que sou Jesus, disse que sou filho de Deus porque sou uma das suas criaturas.*

Deve-se concluir disso que a recusa de um Espírito em afirmar a sua identidade em nome de Deus é sempre uma prova de que usa de impostura, mas que a afirmação nos dá apenas a presunção e não a prova da identidade.

260. Pode-se também colocar entre as provas de identidade a semelhança de caligrafia e de assinatura. Mas, além de não ser dado a todos os médiuns obter esse resultado, ele nem sempre representa uma garantia suficiente. Há falsários no mundo dos Espíritos, como no nosso. Essa semelhança não representa mais do que uma presunção de identidade, que só adquire valor dentro das circunstâncias em que se produziu.

O mesmo se dá com todos os sinais materiais que alguns dão como talismãs inimitáveis pelos Espíritos mentirosos. Para aqueles que ousam perjurar em nome de Deus ou imitar uma assinatura, nenhum signo material pode representar obstáculo maior. A melhor de todas as provas de identidade está na linguagem e nas circunstâncias imprevistas.

261. Certamente se dirá que, se um Espírito pode imitar uma assinatura, pode também imitar a linguagem. É verdade. Temos visto os que tomam afrontosamente o nome do Cristo e para melhor enganar imitam o estilo evangélico, excedendo-se nas expressões mais conhecidas: *em verdade, em verdade vos digo.* Mas, quando se estuda o texto sem se deixar influenciar, perscrutando o fundo dos pensamentos e o alcance das expressões, vendo-se ao lado das belas máximas de caridade recomendações pueris e ridículas, seria preciso que se estivesse fascinado para se enganar. Sim, certos aspectos formais da linguagem podem ser imitados, mas não o pensamento. A ignorância jamais imitará o verdadeiro saber, como jamais o vício imitará a verdadeira virtude. Sempre aparecerá de algum lado a ponta da orelha. É então que o médium e o evocador devem usar de toda a sua perspicácia e raciocínio para separar a verdade da mentira. Devem persuadir-se de que os Espíritos perversos são capazes de todas as trapaças e de que, quanto mais elevado for o nome usado, mais desconfiança deve provocar. Quantos médiuns têm recebido comunicações apócrifas assinadas por Jesus, Maria ou algum santo venerado![4]

COMO DISTINGUIR OS ESPÍRITOS BONS E MAUS

[4] Hoje há também muito abuso com o próprio nome de Kardec. O remédio está bem indicado nesse item 261, que deve ser lido com atenção e ponderado pelos que querem pegar "a ponta da orelha". (N. do T.)

262. Se a perfeita identificação dos Espíritos é, em muitos casos, uma questão secundária, sem importância, não se dá o mesmo com a distinção entre os Espíritos bons e maus. Sua individualidade pode ser-nos indiferente, mas a sua qualidade jamais. Em todas as comunicações instrutivas é sobre esse ponto que devemos concentrar nossa atenção, pois só ele pode nos dar a medida da confiança que podemos ter no Espírito manifestante, seja qual for o nome com que se apresente. O Espírito que se manifesta é bom ou mau? A que grau da escala espírita pertence? Essa a questão capital. (Ver *Escala Espírita* no item 100 de O *Livro dos Espíritos.)*

263. Julgamos os Espíritos, já o dissemos, pela linguagem, como julgamos os homens. Suponhamos que um homem receba vinte cartas de pessoas que não conhece. Pelo estilo, pelas ideias, por numerosos indícios julgará quais são as instruídas e quais as ignorantes, educadas ou sem educação, profundas, frívolas, orgulhosas, sérias, levianas, sentimentais, etc. Acontece o mesmo com os Espíritos. Devemos considerá-los como correspondentes que nunca vimos e perguntar o que pensaríamos da cultura e do caráter de um homem que dissesse ou escrevesse aquelas coisas. Podemos tomar como regra invariável e sem exceção *que a linguagem dos Espíritos corresponde sempre ao seu grau de elevação.*

Os Espíritos realmente superiores não se limitam apenas a dizer boas coisas, mas as dizem em termos que excluem absolutamente qualquer trivialidade. Por melhores que sejam essas coisas, se forem manchadas por única expressão de baixeza, temos um sinal indubitável de inferioridade. E com mais forte razão se o conjunto da comunicação ferir as conveniências por sua grosseria. A linguagem revela sempre a sua origem, seja pelo pensamento ou pela forma. Assim, mesmo que um Espírito quisesse enganar-nos com a sua pretensa superioridade, bastaria conversarmos algum tempo com ele para o julgarmos.

264. A bondade e a afabilidade são também atributos essenciais dos Espíritos depurados. Eles não alimentam ódio nem para com os homens nem para com os demais Espíritos. Lamentam as fraquezas e criticam os erros, mas sempre com moderação, sem amarguras nem animosidades. Se admitirmos que os Espíritos verdadeiramente bons só podem querer o bem e dizer boas coisas, concluiremos que tudo o que, na linguagem dos Espíritos, denote falta de bondade e afabilidade não pode provir de um Espírito bom.

265. A inteligência está longe de ser um sinal seguro de superioridade, porque a inteligência e a moral nem sempre andam juntas. Um Espírito pode ser bom, afável e ter conhecimentos limitados, enquanto um Espírito inteligente e instruído pode ser moralmente bastante inferior.[5]

Geralmente se pensa que interrogando o Espírito de um homem que foi sábio na Terra, em certa especialidade, obtém-se a verdade com mais segurança. Isso é lógico, e não obstante nem sempre é certo. A experiência demonstra que os sábios, tanto quanto os outros homens, sobretudo os que deixaram a Terra há pouco, estão ainda sob o domínio dos preconceitos da vida corpórea, não se livrando imediatamente do espírito de sistema. Pode assim acontecer que, influenciados pelas ideias que alimentaram em vida e que lhes deram a glória, vejam com menos clareza do que supomos. Não damos este princípio como regra. Longe disso. Advertimos apenas que isso acontece e que, por conseguinte, sua sabedoria humana nem sempre é uma garantia de sua infalibilidade como Espíritos.

266. Submetendo-se todas as comunicações a rigoroso exame, sondando e analisando suas ideias e expressões, como se faz ao julgar uma obra literária e rejeitando *sem hesitação* tudo o que for contrário à lógica e ao bom senso, tudo o que desmente o caráter do Espírito que se pensa estar manifestando, consegue-se desencorajar os Espíritos mistificadores, que acabam por se afastar, desde que se convençam de que não podem nos enganar. Repetimos que este é o único meio, mas é infalível porque não existe comunicação má que resista a uma crítica rigorosa.[6] Os Espíritos bons jamais se ofendem, pois eles mesmos nos aconselham a proceder assim e nada têm a temer do exame. Somente os maus se melindram e procuram dissuadir-nos, porque têm tudo a perder. E por essa mesma atitude provam o que são.

Eis o conselho dado por São Luís a respeito:

"Por mais legítima confiança que vos inspirem os Espíritos dirigentes de vossos trabalhos, há uma recomendação que nunca seria demais repetir e que deveis ter sempre em mente ao vos entregardes aos estudos: a de pesar e analisar, submetendo ao

[5] Atenção para a advertência final de que isso não constitui regra. Certas pessoas entendem que só devemos crer nos Espíritos ignorantes ou que se fazem passar por tal. Isso é ir de um extremo ao outro. Os Espíritos realmente elevados são inteligentes e bons, realizaram ao mesmo tempo a evolução intelectual e moral, como se depreende da própria regra de identificação de sua elevação pela linguagem. (N. do T.)

[6] "Não existe comunicação má que resista a uma crítica rigorosa". Esta confiança de Kardec na análise racional das comunicações é acertada, mas depende do critério seguro de quem analisa. Por isso mesmo é conveniente fazer a análise em conjunto e recorrer, no caso de dúvida, a outras pessoas de reconhecido bom senso. O Espírito farsante pode influir sobre um indivíduo e sobre o grupo, o que tem ocorrido com frequência em virtude da vaidade, da pretensão ou do misticismo dominante. Comunicações avulsas e até obras mediúnicas alentadas, evidentemente falsas, têm sido publicadas, aceitas e até mesmo defendidas por grupos e instituições diversas. (N. do T.)

mais rigoroso controle da razão todas as comunicações que receberdes; a de não negligenciar, desde que algo vos pareça suspeito, duvidoso ou obscuro; de pedir as explicações necessárias para formar a vossa opinião".

267. Podemos resumir os meios de reconhecer a qualidade dos Espíritos nos seguintes princípios:

1º) Não há outro critério para se discernir o valor dos Espíritos senão o bom senso. Qualquer fórmula dada pelos próprios Espíritos, com esse fim, é absurda e não pode provir de Espíritos superiores.

2º) Julgamos os Espíritos pela sua linguagem e as suas ações. As ações dos Espíritos são os sentimentos que eles inspiram e os conselhos que dão.

3º) Admitido que os Espíritos bons só podem dizer e fazer o bem, tudo o que é mau não pode provir de um Espírito bom.

4º) A linguagem dos Espíritos superiores é sempre digna, elevada, nobre, sem qualquer mistura de trivialidade. Eles dizem tudo com simplicidade e modéstia, nunca se vangloriam, não fazem jamais exibição do seu saber nem de sua posição entre os demais. A linguagem dos Espíritos inferiores ou vulgares é sempre algum reflexo das paixões humanas. Toda expressão que revele baixeza, autossuficiência, arrogância, fanfarronice, mordacidade é sinal característico de inferioridade. E de mistificação, se o Espírito se apresenta com um nome respeitável e venerado.

5º) Não devemos julgar os Espíritos pelo aspecto formal e a correção do seu estilo, mas sondar-lhes o íntimo, analisar suas palavras, pesá-las friamente, maduramente e sem prevenção. Toda falta de lógica, de razão e de prudência não pode deixar dúvida quanto à sua origem, qualquer que seja o nome de que o Espírito se enfeite. (Ver n.º 224.)

6º) A linguagem dos Espíritos elevados é sempre idêntica, se não quanto à forma, pelo menos quanto à substância. As ideias são as mesmas, sejam quais forem o tempo e o lugar. Podem ser mais ou menos desenvolvidas segundo as circunstâncias, as dificuldades ou a facilidade de se comunicar, mas não serão contraditórias. Se duas comunicações com o mesmo nome se contradizem, uma das duas é evidentemente apócrifa. A verdadeira será aquela em que nada desminta o caráter conhecido do personagem. Entre duas comunicações assinadas, por exemplo, por São Vicente de Paulo, uma pregando a união e a caridade e outra tendendo a semear a discórdia, não há pessoa sensata que possa enganar-se.

7º) Os Espíritos bons só dizem o que sabem, calando-se ou confessando a sua ignorância sobre o que não sabem. Os maus falam de tudo com segurança, sem se importar com a verdade. Toda heresia científica notória, todo princípio que choque o bom senso revela a fraude, se o Espírito se apresenta como esclarecido.

8º) Os Espíritos levianos são ainda reconhecidos pela facilidade com que predizem o futuro e se referem com precisão a fatos materiais que não podemos conhecer. Os Espíritos bons podem fazer-nos pressentir as coisas futuras, quando esse conhecimento for útil, mas jamais precisam as datas. Todo anúncio de acontecimento para uma época certa é indício de mistificação.[7]

9º) Os Espíritos superiores se exprimem de maneira simples, sem prolixidade. Seu estilo é conciso, sem excluir a poesia das ideias e das expressões, claro, inteligível a todos, não exigindo esforço para a compreensão. Eles possuem a arte de dizer muito em poucas palavras, porque cada palavra tem o seu justo emprego. Os Espíritos inferiores ou pseudossábios escondem sob frases empoladas o vazio das ideias. Sua linguagem é sempre pretensiosa, ridícula ou ainda obscura, a pretexto de parecer profunda.

10º) Os Espíritos bons jamais dão ordens: não querem impor-se, apenas aconselham e, se não forem ouvidos, se retiram. Os maus são autoritários, dão ordens, querem ser obedecidos e não se afastam facilmente. Todo Espírito que se impõe trai a sua condição. São exclusivistas e absolutos nas suas opiniões e pretendem possuir o privilégio da verdade. Exigem a crença cega e nunca apelam para a razão, pois sabem que a razão lhes tiraria a máscara.

11º) Os Espíritos bons não fazem lisonjas. Aprovam o bem que se faz, mas sempre de maneira prudente. Os maus exageram nos elogios, excitam o orgulho e a vaidade, embora pregando a humildade, e procuram *exaltar a importância pessoal* daqueles que desejam conquistar.

12º) Os Espíritos superiores mantêm-se, em todas as coisas, acima das puerilidades formais. Os Espíritos vulgares são os únicos que podem dar importância a detalhes mesquinhos, incompatíveis com as ideias verdadeiramente elevadas. *Toda prescrição meticulosa* é sinal certo de inferioridade e mistificação de parte de um Espírito que toma um nome pomposo.

13º) Devemos desconfiar dos nomes bizarros e ridículos usados por certos Espíritos que desejam impor-se à credulidade. Seria extremamente absurdo tomar esses nomes a sério.

---

[7] As predições apocalípticas, com datas certas, de acontecimentos próximos têm sido feitas por espíritos pseudossábios nestes últimos anos. A linguagem dessas previsões seria suficiente para mostrar a falsidade das comunicações. Muitas outras ainda serão feitas, pois há sempre quem as aceite. O estudo atento deste resumo prevenirá as pessoas prudentes contra esses embustes, hoje tão numerosos e que pelo seu ridículo afastam muita gente das luzes da doutrina. (N. do T.)

14º) Devemos igualmente desconfiar dos Espíritos que se apresentam com muita facilidade usando nomes bastante venerados, e só com muita reserva aceitar o que dizem. Nesses casos, sobretudo, é que um controle severo se torna indispensável. Porque é frequentemente a máscara que usam para levar-nos a crer em pretensas relações íntimas com Espíritos excelsos. Dessa maneira eles lisonjeiam a vaidade do médium e se aproveitam dela para o induzirem a atos lamentáveis e ridículos.

15º) Os Espíritos bons são muito escrupulosos no tocante às providências que podem aconselhar. Em todos os casos têm apenas em vista *um fim sério e eminentemente útil.* Devemos pois encarar como suspeita todas aquelas que não tenham esse caráter ou sejam condenáveis pela razão, refletindo maduramente antes de adotá-las, pois do contrário nos exporemos a mistificações desagradáveis.

16º) Os Espíritos bons são também reconhecíveis pela sua prudente reserva no tocante às coisas que possam comprometer-nos. Repugna-lhes desvendar o mal. Os Espíritos levianos ou malfazejos gostam de expô-lo. Enquanto os bons procuram abrandar os erros e pregam a indulgência, os maus os exageram e sopram a discórdia por meio de pérfidas insinuações.

17º) Os Espíritos bons só ensinam o bem. Toda máxima, todo conselho que não for *estritamente conforme* à *mais pura caridade evangélica* não pode provir de Espíritos bons.

18º) Os Espíritos bons só dão conselhos perfeitamente racionais. Toda recomendação que se afaste da *linha reta do bom senso ou das leis imutáveis da Natureza* acusa a presença de um Espírito estreito e portanto pouco digno de confiança.

19º) Os Espíritos maus ou simplesmente imperfeitos ainda se revelam por sinais materiais que a ninguém poderão enganar. A ação que exercem sobre o médium é às vezes violenta, provocando movimentos bruscos e sacudidos, uma agitação febril e convulsiva que contrasta com a calma e a suavidade dos Espíritos bons.

20º) Os Espíritos imperfeitos aproveitam-se frequentemente dos meios de comunicação de que dispõem para dar maus conselhos. Excitam a desconfiança e a animosidade entre os que lhes são antipáticos. Principalmente as pessoas que podem desmascarar a sua impostura são visadas pela sua maldade.

As criaturas fracas, impressionáveis, tornam-se alvo do seu esforço para levá-las ao mal. Usam sucessivamente os sofismas, os sarcasmos, as injúrias e até as provas materiais do seu poder oculto para melhor convencê-las, empenhando-se em desviá-las do caminho da verdade.

21º) Os Espíritos dos que tiveram, na Terra, uma preocupação exclusiva, material ou moral, se ainda não conseguiram libertar-se da influência da matéria, continuam dominados pelas ideias terrenas. Carregam parte dos preconceitos, das predileções e *até mesmo das manias* que tiveram aqui. Isso é fácil de se reconhecer pela sua linguagem.

22º) Os conhecimentos de que certos Espíritos muitas vezes se enfeitam, com uma espécie de ostentação, não são nenhum sinal de superioridade. A verdadeira pedra de toque para se verificar essa superioridade é a pureza inalterável dos sentimentos morais.

23º) Não basta interrogar um Espírito para se conhecer a verdade. Devemos, antes de tudo, saber a quem nos dirigimos. Porque os Espíritos inferiores, pela sua própria ignorância, tratam com leviandade as mais sérias questões. Também não basta que um Espírito tenha sido na Terra um grande homem para possuir no mundo espírita a soberana ciência. Só a virtude pode, purificando-o, aproximá-lo de Deus e ampliar os seus conhecimentos.

24º) Os gracejos dos Espíritos superiores são muitas vezes sutis e picantes, mas nunca banais. Entre os Espíritos zombeteiros, mas que não são grosseiros, a sátira mordaz é feita quase sempre muito a propósito.

25º) Estudando-se com atenção o caráter dos Espíritos que se manifestam, sobretudo sob o aspecto moral, reconhecem-se a sua condição e o grau de confiança que devem merecer. O bom senso não se enganará.

26º) Para julgar os Espíritos, como para julgar os homens, é necessário antes saber julgar-se a si mesmo. Há infelizmente gente que toma a sua própria opinião por medida exclusiva do bem e do mal, do verdadeiro e do falso. Tudo o que contradiz a sua maneira de ver, as ideias, o sistema que inventaram ou adotaram é mau aos seus olhos. Falta a essas criaturas, evidentemente, a primeira condição para a reta apreciação: a retidão do juízo. Mas elas nem percebem. Esse o defeito que mais enganos produz.[8]

Todas estas instruções decorrem da experiência e do ensino dos Espíritos. Completamo-las com as próprias respostas dadas por eles a respeito dos pontos mais importantes.[9]

---

[8] A afirmação de Kardec no n.º 25: "O bom senso não se enganará" se refere, como vemos, às pessoas dotadas de bom senso. Neste n.º 26, ele nos adverte quanto ao perigo das pessoas que não possuem "a retidão do juízo". Por isso devemos recorrer com humildade ao juízo dos outros, não nos fechando orgulhosamente em nossas opiniões. (N. do T.)

[9] O próprio Kardec nos dá o exemplo do que ensina: completa as suas instruções com as respostas textuais dos Espíritos às suas consultas. Este é um exemplo vivo de como foi escrita a Codificação. Às suas experiências pessoais, aos resultados sensatos de suas observações, Kardec junta a opinião esclarecida dos Espíritos superiores. (N. do T.)

268. Perguntas sobre a natureza e a identidade dos Espíritos:

1. Por quais sinais podemos reconhecer a superioridade ou a inferioridade dos Espíritos?

– Pela sua linguagem, como distingues um estouvado de um homem sensato. Já dissemos que os Espíritos superiores nunca se contradizem e só tratam de boas coisas. Só querem o bem. Essa é a sua preocupação.

– Os Espíritos inferiores estão dominados pelas ideias materiais. Suas manifestações se ressentem da sua ignorância e da sua imperfeição. Só aos Espíritos superiores é dado conhecer todas as coisas e julgá-las sem paixão.

2. O conhecimento científico de um Espírito é sempre uma prova da sua elevação?

– Não, porque se ainda estiver sob a influência da matéria pode ter os vossos vícios e preconceitos. Há pessoas que são no vosso mundo excessivamente invejosas e orgulhosas. Pensas que ao deixá-lo perdem esses defeitos? Resta-lhes, depois que partem daí, principalmente as que alimentaram fortes paixões, uma espécie de atmosfera que as envolve e conserva todas essas coisas más.

– Esses Espíritos semi-imperfeitos são mais temíveis que os Espíritos maus, porque, na sua maioria, juntam a astúcia e o orgulho à inteligência. Pelo seu pretenso saber eles se impõem às pessoas simples e ignorantes, que aceitam sem exame as suas teorias absurdas e mentirosas. Embora essas teorias não possam prevalecer contra a verdade, não deixam de produzir um mal momentâneo porque entravam a marcha do Espiritismo e porque os médiuns se enganam ingenuamente quanto ao mérito das comunicações que recebem. Este o ponto que requer grande estudo de parte dos espíritas esclarecidos e dos médiuns. Para distinguir o verdadeiro do falso é que devemos convergir toda a nossa atenção.[10]

3. Muitos Espíritos protetores se apresentam com nomes de santos ou de personagens conhecidos. O que devemos pensar disso?

---

[10] Muitos entendem que não devemos importar-nos com as mistificações, pois a verdade acaba prevalecendo. Kardec toca o nó da questão ao advertir que estes embustes "entravam a marcha do Espiritismo" e prejudicam a atividade dos médiuns, perturbando-lhes o discernimento necessário ao cumprimento de suas missões. Grande número de criaturas sofrem a desorientação proveniente das confusões semeadas no campo doutrinário, e muitas chegam mesmo a perder oportunidades de uma encarnação ardentemente solicitada na vida espiritual. O dever dos espíritas, portanto, é combater as mistificações e desmascarar os Espíritos embusteiros, assegurando o progresso normal da doutrina que eles se empenham em ridicularizar com suas teorias absurdas. Esse é o bom combate de que falava o apóstolo Paulo, em que os inimigos não são os Espíritos nem as pessoas por eles fascinadas, todos dignos do nosso amor, mas os erros semeados entre as criaturas ingênuas. (N. do T.)

– Todos os nomes de santos e de personagens conhecidos não bastariam para designar o protetor de cada criatura. São poucos os Espíritos de nomes conhecidos na Terra. É por isso que quase sempre não dão os seus nomes. Mas na maioria das vezes quereis um nome. Então, para vos satisfazer, eles usam o de um homem que conheceis e que respeitais.

4. Esse empréstimo de nome não pode ser considerado uma fraude?

– Seria fraude se feito por um Espírito mau que desejasse enganar. Mas, sendo para o bem, Deus permite que assim se faça entre os Espíritos da mesma ordem, pois entre eles existe solidariedade e similitude de pensamentos.

5. Assim, quando um Espírito protetor se apresenta como São Paulo, por exemplo, não é certo que seja o Espírito ou a alma do apóstolo desse nome?

– De maneira alguma, pois encontram-se milhares de pessoas às quais disseram que têm São Paulo como anjo guardião, ou outro santo. Mas que importa, se o Espírito que vos protege é da mesma elevação do apóstolo Paulo? Já vos disse: precisais de um nome, e eles se servem de um para que os chameis e os reconheçais. É como fazeis com os nomes de batismo para vos distinguir dos demais membros da família. Eles podem também tomar os nomes dos arcanjos Rafael, Miguel, etc., sem que isso traga consequências.

– Aliás, quanto mais um Espírito é elevado, mais se multiplica o seu poder de irradiação. Sabei que um Espírito protetor de ordem superior pode tutelar centenas de encarnados. Entre vós, na Terra, tendes os notários, que se encarregam dos negócios de cem ou duzentas famílias. Por que haveríamos de ser menos aptos, espiritualmente falando, na direção moral dos homens, do que aqueles na direção material de seus interesses?

6. Por que os Espíritos comunicantes tomam com tanta frequência nomes de santos?

– Identificam-se com os hábitos daqueles a quem se dirigem. Tomam os nomes mais aptos a melhor impressionar o homem, de acordo com as crenças deste.

7. Certos Espíritos superiores que se costumam evocar atendem sempre em pessoa? Ou, como pensam alguns, por meio de mandatários, para transmitir o seu pensamento?

– Por que não atenderiam em pessoa, se o podem? Mas, se o Espírito não puder atender, em seu nome falará forçosamente um mandatário.

8. O mandatário é sempre suficientemente esclarecido para responder como o faria o próprio Espírito?

– Os Espíritos superiores sabem a quem confiam o encargo de os substituir. Aliás, quanto mais elevados são os Espíritos, mais se harmonizam num pensamento comum, de tal maneira que para eles a personalidade é indiferente, como deve ser também para vós. Pensais então que no mundo dos Espíritos superiores só existem aqueles que conhecestes na Terra como capazes de vos instruir? Sois de tal modo levados a vos tomar por tipos universais que acreditais nada haver além do vosso mundo. Assemelhai-vos de fato aos selvagens que nunca saíram de sua ilha e pensam que o mundo não vai além dela.

9. Compreendemos que seja assim quando se trata de ensinamento sério. Mas como os Espíritos elevados permitem a Espíritos de baixa classe usarem nomes respeitáveis para semear o erro através de máximas muitas vezes perversas?

– Não é com a sua permissão que o fazem. Isso não acontece também entre vós? Os que assim enganam serão punidos, ficai certos disso, e a punição será proporcional à gravidade da impostura. Aliás, se não fôsseis imperfeitos só teríeis Espíritos bons ao vosso redor. Se sois enganados, não o deveis senão a vós mesmos. Deus o permite para provar a vossa perseverança e o vosso discernimento, para vos ensinar a distinguir a verdade do erro. Se não o fazeis é porque não estais suficientemente elevados e necessitais ainda das lições da experiência.

10. Espíritos pouco adiantados, mas animados de boas intenções e do desejo de progredir, não são às vezes incumbidos de substituir um Espírito superior para se exercitarem na prática do ensino?

– Jamais nos Centros importantes. Quero dizer nos Centros sérios e para um ensino de ordem geral.[11] Os que o fazem é por sua própria conta e, como dizem, para se exercitarem. É por isso que as suas comunicações, embora boas, trazem sempre a marca da sua inferioridade. Recebem essa incumbência apenas para as comunicações de segunda importância e para as que podemos chamar de pessoais.

11. As comunicações espíritas ridículas são às vezes entremeadas de boas máximas. Como resolver essa anomalia, que parece indicar a presença simultânea de Espíritos bons e maus?

– Os Espíritos maus ou levianos se metem também a sentenciar, mas sem perceberem bem o alcance ou a significação do que dizem. Todos os que o fazem entre vós são homens superiores?

---

[11] *Les grands centres,* como está no original, ou os Centros importantes, como diríamos em português, são as instituições responsáveis, pouco importando o seu tamanho ou número de adeptos. Para se compreender a razão dessa espécie de privilégio (ao menos aparente), confronte-se este item com os de ns. 19 e 20. A justiça espírita é aplicada segundo os méritos reais de pessoas e instituições, visando sempre ao bem geral. (N. do T.)

Não, os Espíritos bons e maus não se misturam. É pela constante uniformidade das boas comunicações que reconhecereis a presença dos Espíritos bons.

12. Os Espíritos que induzem ao erro estão sempre conscientes do que fazem?

– Não. Há Espíritos bons, mas ignorantes; podem enganar-se de boa-fé. Quando tomam consciência da sua falta de capacidade, eles a reconhecem e só dizem o que sabem.

13. Ao dar uma falsa comunicação, o Espírito sempre o faz com má intenção?

– Não. Se for um Espírito leviano apenas se diverte a mistificar, sem outra finalidade.

14. Desde que certos Espíritos podem enganar pela linguagem, podem tomar também uma falsa aparência para os médiuns videntes?

– Isso acontece, mas é mais difícil. Em todos os casos isso somente se dá com uma finalidade que os próprios Espíritos maus desconhecem, pois servem de instrumentos para uma lição. O médium vidente pode ver os Espíritos levianos e mentirosos como os outros médiuns podem ouvi-los ou escrever sob sua influência. Os Espíritos levianos podem aproveitar-se da faculdade do médium para o enganar com uma falsa aparência. Isso depende das qualidades do próprio Espírito do médium.[12]

15. É suficiente a boa intenção para não ser enganado, e nesse caso os homens realmente sérios, que não mesclam de curiosidade leviana os seus estudos, também estariam expostos à mistificação?

– Menos do que os outros, evidentemente. Mas o homem tem sempre algumas esquisitices que atraem os Espíritos zombeteiros. Julga-se forte e quase nunca o é. Deve desconfiar, por isso mesmo, da fraqueza proveniente do orgulho e dos preconceitos. Não se levam muito em conta essas duas causas de que os Espíritos se aproveitam, pois agradando-lhes as manias estão seguros de conseguir o que desejam.[13]

16. Por que Deus permite que os Espíritos maus se comuniquem e digam coisas más?

---

[12] Passa-se exatamente como entre os encarnados: o trapaceiro só consegue êxito com as pessoas que lhe dão ouvidos. Daí o ensino evangélico de vigiar e orar. Na mediunidade esse ensino se aplica como verdadeira lei. O médium que não vigiar a si mesmo e não souber manter-se em oração está sujeito a todos os enganos. Mas cada engano será para ele uma lição, como é para os homens enganados por outros. (N. do T.)

[13] Todos temos as nossas manias e as nossas pretensões. Os Espíritos zombeteiros ou mistificadores, por simples diversão ou maldade, se aproveitam delas, dizendo coisas que estão de acordo com essas fraquezas do nosso caráter. Com isso nos agradam e nos dominam. (N. do T.)

– Mesmo o que há de pior traz um ensinamento. Cabe a vós saber tirá-lo. É necessário que haja comunicações de toda espécie para vos ensinar a distinguir os Espíritos bons dos maus e para que vos sirvam de espelho.

17. Os Espíritos podem sugerir desconfianças injustas contra certas pessoas, por meio de comunicações escritas, e separar amigos?

– Os Espíritos perversos e invejosos podem praticar os males que os homens praticam. Eis por que precisamos estar sempre em guarda. Os Espíritos superiores são sempre prudentes e reservados quando censuram: nada dizem de mal, advertem com jeito. Se quiserem que duas pessoas, no próprio interesse delas, deixem de ver-se, provocarão incidentes que as separem de maneira natural. Uma linguagem que semeia discórdia e desconfiança provém sempre de um Espírito mau, seja qual for o nome de que se sirva. Assim, recebei sempre com reservas o que um Espírito disser de mal contra outro, sobretudo quando um Espírito bom já vos disse o contrário, e desconfiai também de vós mesmos, das vossas próprias aversões. Das comunicações espíritas aceitai somente o que for bom, grande, belo, racional e o que a vossa consciência aprove.

18. Pela facilidade com que os Espíritos maus se infiltram nas comunicações, parece que nunca se pode estar certo da verdade?

– Sim, podeis, desde que tendes a razão para os julgar. Ao ler uma carta sabeis reconhecer muito bem se foi um grosseirão ou um homem educado, um tolo ou um sábio que a escreveu. Se recebeis uma carta de um amigo distante, o que vos prova que é dele? A letra, direis. Mas não há farsantes que imitam todas as letras e tratantes que podem conhecer os vossos negócios? Não obstante, há indícios que não vos permitem enganar. O mesmo se dá com os Espíritos. Imaginai que é um amigo que vos escreve ou que se trata da obra de um escritor. E julgai da mesma maneira.

19. Os Espíritos superiores poderiam impedir os maus de tomarem nomes falsos?

– Certamente que o podem. Mas, quanto piores são os Espíritos, mais teimosos são e frequentemente resistem às injunções. Convém saber que há pessoas pelas quais os Espíritos superiores se interessam mais do que por outras, e, quando julgam necessário, sabem preservá-las da mentira. Contra essas pessoas os mistificadores são impotentes.

20. Qual a razão dessa parcialidade?

– Isso não é parcialidade, é justiça. Os Espíritos bons se interessam pelos que aproveitam os seus conselhos e se esforçam seriamente para melhorarem. São esses os seus preferidos e os ajudam, mas pouco se importam com aqueles que os fazem perder o seu tempo em belas palavras.

21. Por que Deus permite aos Espíritos o sacrilégio de usarem falsamente nomes veneráveis?

– Poderíeis perguntar também por que Deus permite aos homens mentir e blasfemar. Os Espíritos, como os homens, têm o seu livre-arbítrio para o bem e para o mal, mas nem uns nem outros escaparão à justiça de Deus.

22. Há fórmulas eficazes para expulsar Espíritos mentirosos?

– Fórmula é matéria. Vale mais um bom pensamento dirigido a Deus.

23. Certos Espíritos disseram possuir sinais gráficos inimitáveis, espécies de selos pelos quais se pode reconhecer e constatar a sua identidade. Isso é verdade?

– Os Espíritos superiores só possuem como sinais de sua identidade a elevação de suas ideias e de sua linguagem. Qualquer Espírito pode imitar um sinal material. Quanto aos Espíritos inferiores, traem-se de tantas maneiras que só um cego se deixa enganar por eles.

24. Os Espíritos inferiores não podem imitar também o pensamento?

– Imitam o pensamento como os cenários do teatro imitam a Natureza.

25. Seria assim tão fácil descobrir a fraude por um exame atento?

– Nem há dúvida. Os Espíritos só enganam os que se deixam enganar. Mas é preciso ter olhos de joalheiro para distinguir a pedra verdadeira da falsa, e quem não sabe distingui-la procura um lapidário.

26. Há pessoas que se deixam seduzir por uma linguagem enfática, que se contentam mais com palavras do que com ideias, que chegam mesmo a tomar ideias falsas e vulgares por sublimes. Como essas pessoas, inaptas para julgar os homens, podem julgar os Espíritos?

– Quando são bastante modestas para reconhecer a sua insuficiência, não se fiam em si mesmas. Quando, por orgulho, se julgam mais capazes do que são, pagam pela sua tola vaidade. Os Espíritos mistificadores sabem a quem se dirigem. Há pessoas simples e pouco instruídas que são mais difíceis de enganar do que as espertas e sabidas. Agradando o amor-próprio, eles fazem dos homens o que querem.[14]

[14] A vaidade anula a inteligência e a instrução. A humildade supre, através da vaidade que os mistificadores dominam, os mais inteligentes e instruídos. Podemos ver isso ao nosso redor, e nos espantamos de que certas pessoas se deixem levar por mistificações evidentes. Os itens 25 e 26 esclarecem bem esse problema. Devemos meditar sobre esses itens. (N. do T.)

27. Ao escrever, os Espíritos maus às vezes se traem por sinais materiais involuntários?

– Os habilidosos, não. Os inábeis se atrapalham. Qualquer sinal inútil e pueril é indício certo de inferioridade. Os Espíritos elevados não fazem nada inútil.

28. Muitos médiuns reconhecem os Espíritos bons e maus pela sensação agradável ou penosa que experimentam à sua aproximação. Perguntamos se a impressão desagradável, a agitação convulsiva, ou mal-estar, enfim, são sempre indícios da natureza má dos Espíritos manifestantes.

– O médium experimenta as sensações do estado em que se encontra o Espírito manifestante. Quando o Espírito é feliz, seu estado é tranquilo, calmo; quando é infeliz, é agitado, febril, e essa agitação se transmite naturalmente ao sistema nervoso do médium. Aliás, é assim com o homem na Terra: aquele que é bom mostra-se calmo e tranquilo; aquele que é mau está sempre agitado.

Observação – *Há médiuns de maior ou menor impressionabilidade e por isso não se pode considerar a agitação como regra absoluta. Nisto, como em tudo, devemos levar em conta as circunstâncias. A natureza penosa e desagradável da sensação é produzida pelo contraste, pois, se o Espírito do médium simpatizar com o Espírito mau que se manifesta, será pouco ou nada afetado por este. Além disso, é necessário não confundir a rapidez da escrita, produzida pela extrema flexibilidade de certos médiuns, com a agitação convulsiva que os médiuns mais lentos podem sofrer ao contato dos Espíritos imperfeitos.*

CAPÍTULO XXV

DAS EVOCAÇÕES

CONSIDERAÇÕES GERAIS – ESPÍRITOS QUE PODEM SER EVOCADOS – COMO FALAR COM OS ESPÍRITOS – UTILIDADE DAS EVOCAÇÕES DE ESPÍRITOS VULGARES – PERGUNTAS SOBRE AS EVOCAÇÕES – EVOCAÇÕES DOS ANIMAIS – EVOCAÇÕES DE PESSOAS VIVAS – TELEGRAFIA HUMANA

CONSIDERAÇÕES GERAIS

269. Os Espíritos podem comunicar-se espontaneamente ou atender ao nosso apelo, isto é, ser evocados. Algumas pessoas acham que não devemos evocar nenhum Espírito, sendo preferível esperar o que quiser comunicar-se. Entendem que chamando determinado Espírito não temos a certeza de que é ele que se apresenta, enquanto o que vem espontaneamente, por sua própria iniciativa, prova melhor a sua identidade, pois revela assim o desejo de conversar conosco. Ao nosso ver, isso é um erro. Primeiramente porque estamos sempre rodeados de Espíritos, na maioria das vezes inferiores, que anseiam por se comunicar. Em segundo lugar, e ainda por essa mesma razão, não chamar nenhum em particular é abrir a porta a todos os que querem entrar. Não dar a palavra a ninguém numa assembleia é deixá-la livre a todos, e bem sabemos o que disso resulta. O apelo direto a determinado Espírito estabelece um laço entre ele e nós: o chamamos por nossa vontade e assim opomos uma espécie de barreira aos intrusos. Sem o apelo direto, um Espírito muitas vezes não teria nenhum motivo para vir até nós, se não for um nosso Espírito familiar.

Essas duas maneiras de agir têm as suas vantagens, e só haveria inconveniente na exclusão de uma delas. As comunicações espontâneas não têm nenhum inconveniente quando controlamos os Espíritos e temos a certeza de não deixar que os maus venham a dominar. Então é quase sempre conveniente aguardar a boa vontade dos que desejam manifestar-se, pois o pensamento deles não sofre, dessa maneira, nenhum constrangimento e podemos obter comunicações admiráveis, enquanto o Espírito evocado pode não estar disposto a falar ou não ser capaz de o fazer no sentido que desejamos. Aliás, o exame escrupuloso que aconselhamos é uma garantia contra as más comunicações.

Nas reuniões regulares, sobretudo quando se desenvolve um trabalho sequente, há sempre Espíritos que as frequentam sem que precisemos chamá-los, pela simples razão de já estarem prevenidos da regularidade das sessões. Manifestam-se quase sempre espontaneamente para tratar de algum assunto, desenvolver um tema ou dar uma orientação. Nesses casos é fácil reconhecê-los, seja pela linguagem, que é sempre a mesma, seja pela escrita ou por certos hábitos peculiares.

270. Quando se quer comunicar com um Espírito determinado é absolutamente necessário evocá-lo (ver n.º 203). Se ele puder atender, obtém-se geralmente a resposta: *sim* ou *aqui estou,* ou ainda *que queres de mim?* Às vezes ele entra diretamente no assunto respondendo por antecipação às perguntas que se pretende fazer.

Quando se evoca um Espírito pela primeira vez, é conveniente designá-lo com alguma precisão. Devem-se evitar as perguntas formuladas de maneira dura e imperativa, que podem afastá-lo. As perguntas devem ser afetuosas ou respeitosas, conforme o Espírito, e em todos os casos revelar a benevolência do evocador.

271. Muitas vezes a gente se surpreende com a presteza com que um Espírito evocado se apresenta, mesmo na primeira vez. Dir-se-ia que estava prevenido. É realmente o que acontece quando a gente se preocupa de antemão com a sua evocação. Esse preocupar-se é uma espécie de evocação antecipada, e, como temos sempre os Espíritos familiares que se identificam com o nosso pensamento, eles preparam a vinda de tal maneira que, se não houver obstáculos, o Espírito já está presente ao ser evocado. Caso contrário é o Espírito familiar do médium ou o do interrogante, ou um dos frequentadores habituais, que o vai buscar, e para isso não precisa de muito tempo. Se o Espírito evocado não pode vir imediatamente, o mensageiro (os pagãos diriam Mercúrio) marca um prazo, às vezes de cinco minutos, um quarto de hora, uma hora e mesmo de muitos dias, e, quando ele chega, diz: *está aqui.* Então se pode começar a fazer as perguntas que se deseja.

O mensageiro nem sempre é um intermediário necessário, porque o apelo do evocador pode ser ouvido diretamente pelo Espírito, como está explicado no n.º 282, pergunta 5, sobre o modo de transmissão do pensamento.

Quando dizemos que se faça a evocação em nome de Deus entendemos que essa recomendação deve ser tomada a sério e não levianamente. Os que pensarem que se trata de uma fórmula sem consequência farão melhor se desistirem de evocar.

272. As evocações oferecem, frequentemente, mais dificuldades aos médiuns que os ditados espontâneos, sobretudo quando se trata de obter respostas precisas a perguntas circunstanciadas. Para tanto são necessários médiuns especiais, ao mesmo tempo *flexíveis* e *positivos,* e já vimos (n.º 193) que eles são muito raros. Porque, como já dissemos, as relações fluídicas nem sempre se estabelecem instantaneamente com o primeiro Espírito que se apresenta. Convém, por isso, que os médiuns não se entreguem a evocações para perguntas detalhadas sem estarem seguros do desenvolvimento de suas faculdades e da natureza dos Espíritos que os assistem, pois com os que são mal assistidos as evocações não podem ter nenhum caráter de autenticidade.[1]

273. Os médiuns são geralmente mais procurados para as evocações de interesse privado do que para as evocações de interesse geral. Isso se explica pelo desejo muito natural de se conversar com os entes queridos. Cremos dever fazer, sobre este assunto, diversas recomendações importantes aos médiuns. Primeiro, a de não acederem a esse desejo senão com reserva, no tocante a pessoas de cuja sinceridade não estejam suficientemente seguros, e de se manterem vigilantes contra as armadilhas que pessoas malfazejas lhes possam preparar. Segundo, de não se prestarem, sob nenhum pretexto, a essas evocações, se perceberem intuitos de curiosidade e de interesse, e não uma intenção séria de parte do evocador; de se recusarem a servir para qualquer questão ociosa ou que não esteja no âmbito das que racionalmente se podem propor aos Espíritos. As perguntas devem ser feitas com clareza, nitidez e sem segundas intenções para se obterem respostas positivas. É necessário repelir as que tiverem um cárater insidioso, pois os Espíritos não gostam das que têm por fim submetê-los à prova. Insistir em perguntas dessa natureza é o mesmo que querer ser enganado. O evocador deve dirigir-se franca e abertamente ao alvo, sem subterfúgios e rodeios inúteis. Se ele teme explicar-se é melhor que se abstenha.

É também conveniente só com muita prudência fazer evocações na ausência das pessoas que as pedem, e no mais das vezes é mesmo preferível não fazê-las. Porque somente essas pessoas estão aptas a controlar as respostas, a julgar a identidade do Espírito, a

[1] Este é um dos problemas que os adversários do Espiritismo fazem por ignorar e que os cientistas, em geral, subestimam. Os chamados fracassos de médiuns em investigações científicas são antes fracassos dos investigadores que não consideram as exigências naturais do processo mediúnico, o que vale dizer que agem de maneira anticientífica, tentando submeter as leis naturais às suas exigências descabidas. Os Espíritos, como Kardec afirmou, são *uma das forças da Natureza,* mas uma força dotada de inteligência e livre-arbítrio, como o próprio homem, que é um Espírito encarnado agindo na Natureza visível. (N. do T.)

provocar os esclarecimentos que as respostas suscitarem e a fazer as perguntas ocasionais a que as circunstâncias podem levar. Além disso, sua presença é um motivo de atração para o Espírito, geralmente pouco disposto a se comunicar com estranhos pelos quais não tem nenhuma simpatia. Em suma: o médium deve evitar tudo o que possa transformá-lo em instrumento de consultas, o que, para muita gente, equivale a ledor da sorte.

ESPÍRITOS QUE PODEM SER EVOCADOS

274. Podemos evocar todos os Espíritos, seja qual for o grau da escala a que pertençam: os bons e os maus, os que deixaram recentemente a vida e os que viveram nas épocas mais distantes, os homens ilustres e os mais obscuros, os nossos parentes, os nossos amigos e os que nos foram indiferentes. Mas isso não quer dizer que eles sempre queiram ou possam atender ao nosso apelo. Independente da sua própria vontade ou de não terem a permissão de um poder superior, eles podem estar impedidos por motivos que nem sempre podemos conhecer. O que desejamos dizer é que não há nenhum impedimento de ordem geral às comunicações, salvo o de que trataremos a seguir. Os obstáculos à manifestação são quase sempre de ordem individual e frequentemente decorrem das circunstâncias.

275. Entre as causas que podem opor-se à manifestação de um Espírito, umas estão nele mesmo e outras lhe são estranhas. Devemos colocar entre as primeiras as suas ocupações ou as missões que desempenha, das quais não pode se afastar para atender aos nossos desejos. Nesse caso a sua manifestação fica apenas adiada.

Mas há também a sua própria situação. Embora a encarnação não seja um obstáculo absoluto, pode constituir um impedimento em certas ocasiões, principalmente quando se passa em mundos inferiores e quando o próprio Espírito é pouco desmaterializado. Nos mundos superiores, naqueles em que os liames que prendem o Espírito à matéria são muito frágeis, a manifestação para o Espírito é quase tão fácil quanto no estado de erraticidade, e em todos os casos mais fácil do que nos mundos em que a matéria corpórea é mais compacta.[2]

---

[2] Há vários graus de mundos superiores à Terra. Nos mais adiantados a "prisão" corporal do Espírito é mais frágil, permitindo-lhe maior facilidade de libertação para atender os chamados dos entes queridos que deixou quando encarnado. Mas em todos esses mundos o desprendimento do Espírito é mais fácil do que na Terra e em outros mundos inferiores. (N. do T.)

As causas estranhas ligam-se principalmente à natureza do médium, à condição da pessoa que evoca, ao meio em que faz a evocação e, por fim, ao fim que se propõe. Certos médiuns recebem mais facilmente as comunicações de seus Espíritos familiares, que podem ser mais ou menos elevados; outros são aptos a servir de intermediários a todos os Espíritos. Isso depende da simpatia ou da antipatia, da atração ou da repulsão que o Espírito do médium exerce sobre o evocado, que pode tomá-lo por intérprete com satisfação ou com aversão. E depende ainda, sem levarmos em conta as qualidades pessoais do médium, do desenvolvimento de sua mediunidade. Os Espíritos se apresentam com maior boa vontade e sobretudo são mais precisos com um médium que não lhes ofereça obstáculos materiais. Quando há igualdade no tocante às condições morais, quanto mais apto seja o médium para escrever ou exprimir-se, mais se ampliam as suas relações com o mundo espírita.[3]

276. Devemos ainda considerar a facilidade que resulta do hábito da comunicação com determinado Espírito. Com o tempo, o Espírito comunicante se identifica com o do médium e com o do evocador. Independentemente da questão de simpatia, estabelecem-se entre eles relações fluídicas que tornam mais fáceis as comunicações. É por isso que a primeira manifestação nem sempre satisfaz como se desejava, e também que os próprios Espíritos pedem sempre para serem evocados de novo. O Espírito que se manifesta habitualmente sente-se como em casa: familiariza-se com os ouvintes e os intérpretes, fala e age com mais liberdade.

277. Em resumo, do que acabamos de expor resulta: que a faculdade de evocar todo e qualquer Espírito não implica para o Espírito a obrigação de estar às nossas ordens; que ele possa atender-nos numa ocasião e noutra não, com um médium ou com um evocador que o agrade e não com outro; dizer o que quiser, sem poder ser constrangido a dizer o que não quer; retirar-se quando lhe convém; enfim, que, em virtude de sua própria vontade ou não, após haver sido assíduo durante algum tempo, possa subitamente deixar de manifestar-se.

Por todos esses motivos, quando se quiser evocar um novo Espírito, é necessário perguntar ao guia protetor dos trabalhos se a evocação é possível. No caso de não o ser, ele geralmente dá as razões do impedimento e então seria inútil insistir.

---

[3] Kardec usava a expressão "mundo espírita" para designar o mundo dos Espíritos. Evidentemente para estabelecer uma diferença de conceituação, pois o mundo espiritual revelado pelo Espiritismo é muito mais preciso que o das religiões e ordens ocultistas da época, oferecendo ainda a diferença fundamental de ser natural e não sobrenatural. (N. do T.)

Importante questão se apresenta aqui, a de saber se é inconveniente ou não evocar Espíritos maus. Isso depende do fim que se propõe e da independência que se pode ter em relação a eles. Não há inconveniente quando se faz a evocação com um fim sério, instrutivo e tendo em vista melhorar-se. Pelo contrário, é muito grande o inconveniente quando se faz por mera curiosidade ou diversão, ou se a gente se coloca sob a sua dependência, pedindo-lhes algum serviço. Os Espíritos bons, nesse caso, podem muito bem lhes dar o poder de fazer o que lhes foi pedido, com a ressalva de punir severamente mais tarde o temerário que ousou invocar o seu auxílio, considerando-os mais poderosos que Deus. Será vã a intenção de aplicar no bem o pedido de despedir o servidor após o serviço prestado. Esse mesmo serviço solicitado, por menor que seja, representa um verdadeiro pacto firmado com os Espíritos maus, e estes não largam facilmente a presa. (Ver n.º 212.)[4]

279. Só pela *superioridade* moral se exerce ascendência sobre os Espíritos inferiores. Os Espíritos perversos reconhecem a superioridade dos homens de bem. Enfrentando alguém que lhes oponha a vontade enérgica, espécie de força bruta, reagem e muitas vezes são os mais fortes. Alguém tentava dominar assim um Espírito rebelde, aplicando a vontade, e este lhe respondeu: *Deixa-me em paz com esses ares de mata-mouros, que não vales mais do que eu. Que se diria de um ladrão pregando moral a outro ladrão?*

Estranha-se que o nome de Deus, invocado contra eles, quase sempre não produza efeito. São Luís explicou a razão na resposta seguinte:

O nome de Deus só tem influência sobre os Espíritos imperfeitos quando na boca de quem pode usá-lo com a autoridade das suas próprias virtudes. Na boca de um homem que não tenha nenhuma superioridade moral sobre o Espírito é uma palavra como qualquer outra. Dá-se o mesmo com os objetos sagrados que lhes opõem. A arma mais terrível é inofensiva em mãos inábeis ou incapazes de usá-la.[5]

LINGUAGEM A USAR COM OS ESPÍRITOS

280. O grau de superioridade ou de inferioridade dos Espíritos indica naturalmente o tom em que se lhes deve falar. É evidente

[4] Essa a razão por que o Espiritismo é contrário às relações interesseiras com os Espíritos. Só os inferiores atendem às nossas ambições e paixões, mas com isso nos submetemos a eles. Foi por isso também que Moisés condenou essas relações, no cap. XVIII do Deuteronômio, injustamente citado contra o Espiritismo pelos que não conhecem a doutrina. (N. do T.)

[5] Palavras, amuletos, medalhas, imagens e outros instrumentos do culto religioso ou de práticas mágicas nada influem sobre os Espíritos perversos, se aquele que os emprega não possuir virtudes morais e não agir com amor, humildade e compreensão. Agindo assim, todos os instrumentos e artifícios são dispensáveis. (N. do T.)

que, quanto mais elevados, mais merecem o nosso respeito, a nossa consideração e a nossa submissão. Não devemos tratá-los com menos deferência do que o faríamos se estivessem vivos, mas por outros motivos: na vida terrena consideraríamos o seu cargo e a sua posição social; no mundo dos Espíritos só temos de respeitar a sua superioridade moral. Essa própria elevação os coloca acima das puerilidades das nossas formas bajulatórias. Não é com palavras que podemos conquistar-lhes a benevolência, mas pela sinceridade dos sentimentos. Seria ridículo, portanto, dar-lhes os títulos que usamos na distinção das posições e que em vida poderiam agradar-lhes a vaidade. Se forem realmente superiores, não somente não ligam a isso, mas até se desagradam. Um bom pensamento os agrada mais do que os títulos mais lisonjeiros. De outra maneira eles não estariam acima da Humanidade. O Espírito de um venerável sacerdote, que foi na Terra um príncipe da Igreja, homem de bem, praticante do ensino de Jesus, respondeu a quem o evocava pelo título de monsenhor: "Devias pelo menos dizer ex-monsenhor, pois aqui só há um Senhor, que é Deus. É bom saberes que vejo aqui os que se ajoelhavam diante de mim na Terra e diante deles me inclino".[6]

No tocante aos Espíritos inferiores, seu próprio caráter determina a linguagem que devemos empregar. Há entre eles os que, embora inofensivos e até mesmo benévolos, são levianos, ignorantes, estouvados. Tratá-los igual aos Espíritos sérios, como o fazem algumas pessoas, seria o mesmo que nos inclinarmos diante de um escolar ou perante um asno com barrete de doutor. O tom familiar não lhes causa estranheza e nem os melindra; pelo contrário, é o que lhes agrada.

Entre os Espíritos inferiores há os que são infelizes. Sejam quais forem as faltas que expiam, seus sofrimentos merecem tanto mais a nossa piedade, quanto ninguém escapa a estas palavras do Cristo: "Aquele que está sem pecado atire a primeira pedra". A benevolência com que os tratamos é um consolo para eles. Na falta de simpatia, que encontrem em nós a indulgência que desejaríamos para nós mesmos.[7]

---

[6] Os títulos usados em alguns casos, como nas comunicações de São Luís, do apóstolo Paulo e outros, têm apenas função de identificação do Espírito comunicante. É preciso distinguir uma coisa de outra. (N. do T.)

[7] Há criminosos e pecadores que algumas pessoas encaram, nas sessões, como desprezíveis, em consequência dos preconceitos humanos. O Espiritismo nos ensina que todas as criaturas humanas são falíveis, mas também são moralmente recuperáveis, e que nós mesmos temos falhas mais graves do que às vezes supomos. Quanto aos Espíritos sofredores, são criaturas que buscam a nossa compreensão, o nosso amparo, e tratá-los com arrogância nas sessões é faltar à caridade. (N. do T.)

Os Espíritos que demonstram a sua inferioridade pelo cinismo da linguagem, pelas mentiras, pelos sentimentos baixos e os conselhos pérfidos são certamente menos dignos do nosso interesse do que aqueles cujas palavras atestam o seu arrependimento, mas devemos tratá-los pelo menos com a piedade que nos inspiram os grandes criminosos. O meio de os reduzir ao silêncio é nos mostrarmos superiores a eles, pois só estabelecem intimidade com pessoas de que nada tenham a temer. Porque os Espíritos perversos reconhecem a superioridade dos homens de bem, como reconhecem a dos Espíritos superiores.[8]

Em resumo: seria irreverente tratarmos os Espíritos superiores de igual para igual, como seria ridículo dispensarmos a todos, sem exceção, a mesma deferência. Tenhamos veneração pelos que a merecem, reconhecimento pelos que nos protegem e assistem, e para todos os outros a benevolência de que talvez nós mesmos necessitemos um dia. Descobrindo o mundo incorpóreo aprendemos a conhecê-lo, e esse conhecimento deve regular as nossas relações com os seus habitantes. Os Antigos, na sua ignorância, levantaram altares a eles. Para nós, não passam de criaturas mais ou menos perfeitas, e só elevamos altares a Deus.[9]

UTILIDADES DAS EVOCAÇÕES VULGARES

281. As comunicações dos Espíritos superiores ou dos que animaram grandes personagens da Antiguidade são valiosas por seus elevados ensinamentos. Esses Espíritos atingiram um grau de perfeição que lhes permite abranger mais amplo círculo de ideias, desvendar mistérios que ultrapassam as possibilidades humanas e iniciar-nos assim, melhor do que outros, em certas questões. Mas isso não quer dizer que as comunicações dos Espíritos de ordem menos elevada sejam inúteis, pois o observador pode instruir-se com elas. Para conhecer os costumes de um povo é necessário estudá-lo em todas as suas camadas. Quem apenas o observar num dos seus aspectos mal o conhece. A história de um povo não é a dos seus reis ou dos seus expoentes sociais. Para julgá-lo é necessário pesquisar a sua vida íntima, os seus hábitos particulares.

---

[8] Tratar esses Espíritos em pé de igualdade é o mesmo que disputar com loucos. Mas "nos mostrarmos superiores" não é sermos arrogantes e sim tratá-los com amor, com superioridade moral, não nos igualando aos seus modos nem os agredindo. (N. do T.)

[9] *Elevar altares*, neste caso, é expressão figurada, estabelecendo a diferença entre duas épocas. Os espíritas não elevam altares. (N. do T.)

Ora, os Espíritos superiores são os expoentes do mundo espírita; sua própria elevação coloca-os de tal maneira acima de nós que nos assombramos com a distância que os separa de nós. Os Espíritos mais burgueses (que nos relevem esta expressão) nos tornam mais palpáveis às condições de sua nova existência. A ligação entre a vida corpórea e a vida espírita é neles mais estreita e podemos compreendê-la melhor, porque nos toca mais de perto. Aprendendo por eles mesmos o processo de sua transformação, como pensam e o que experimentam os homens de todas as condições e de todos os caracteres, os homens de bem e os viciosos, os grandes e os pequenos, os felizes e os infelizes do nosso próprio século, numa palavra: os que viveram entre nós, que vimos e conhecemos, cuja vida real pudemos conhecer com suas virtudes e seus erros, compreendemos melhor suas alegrias e seus sofrimentos, partilhamos de umas e de outros, e tiramos de ambos o ensino moral. Este ensino é tanto mais proveitoso quanto mais íntimas forem as ligações entre eles e nós. É mais fácil nos colocarmos no lugar daquele que foi nosso igual do que de outro que apenas vemos através da miragem de uma glória celestial. Os Espíritos vulgares nos mostram o resultado prático das grandes e sublimes verdades de que os Espíritos superiores nos dão a teoria. Aliás, no estudo de uma ciência nada é inútil. Newton descobriu a lei das forças universais no mais simples fenômeno.[10]

A evocação dos Espíritos vulgares tem ainda a vantagem de nos pôr em relação com os Espíritos sofredores, aos quais podemos aliviar e cujo adiantamento podemos facilitar com bons conselhos. Assim, podemos ser úteis ao mesmo tempo em que nos instruímos. Há egoísmo em só procurar a própria satisfação nas relações com os Espíritos. Aquele que deixa de estender a mão aos desgraçados dá prova de orgulho. De que lhe serve obter belas comunicações de Espíritos elevados, se isso não o torna melhor, mais caridoso e mais benevolente para os seus irmãos deste e do outro mundo? Que seria dos pobres doentes se os médicos se recusassem a lhes tocar as chagas?[11]

---

[10] Este tópico deixa bem clara a posição científica do Espiritismo e revela também a sua posição existencial no tratamento do problema do Ser. A atualidade científica e filosófica da Doutrina nele se comprovam. A busca do objetivo, do que se pode tocar e portanto provar, daquilo que está ao nosso alcance e por isso mesmo nos instrui, como nessa observação da *nova existência dos Espíritos burgueses*, é o que mais interessa ao pesquisador espírita verdadeiro, menos interessado em formular teorias do que em descobrir leis. Essa é uma das diferenças fundamentais entre o Espiritismo e as demais correntes espiritualistas. (N. do T.)

[11] O humanismo espírita se evidencia nesta passagem em que a pesquisa se transforma em meio de ajuda mútua. Os Espíritos não são apenas objeto de curiosidade ou de estudo, mas irmãos em humanidade, aos quais podemos ajudar ao mesmo tempo em que nos ajudamos com as lições do seu exemplo. Espíritos e encarnados se conjugam na batalha consciente do aperfeiçoamento humano. (N. do T.)

282. Perguntas sobre as evocações:

1. Pode alguém evocar os Espíritos sem ser médium?

– Todos podem evocar os Espíritos. Se os evocados não puderem manifestar-se materialmente, nem por isso deixam de se aproximar e ouvir o evocador.

2. O Espírito evocado atende sempre ao chamado?

– Isso depende das suas condições, porque há circunstâncias em que não pode fazê-lo.

3. Quais as causas que podem impedi-lo?

– Primeiro, a sua própria vontade; depois, o seu estado corpóreo, se estiver encarnado, as missões de que estiver encarregado, ou ainda a falta de permissão para tanto, que lhe pode ser negada. Há também Espíritos que não podem jamais comunicar-se. São os que ainda pertencem, por sua natureza, a mundos inferiores à Terra. Os que se encontram em globos de punição também não podem comunicar-se, a menos que tenham permissão superior, só concedida em caso de utilidade geral. Para que um Espírito possa comunicar-se é necessário que tenha atingido o grau de evolução do mundo em que é chamado, pois do contrário será estranho à cultura desse mundo e não disporá de meios de comparação para exprimir-se. Não se dá o mesmo com os que são enviados em missão ou expiação aos mundos inferiores, pois esses possuem a cultura necessária para responder.

4. Por quais motivos pode ser negada a um Espírito a permissão de se comunicar?

– Pode ser uma prova ou uma punição para ele ou para quem o chama.

5. Como os Espíritos, dispersos no espaço ou em diversos mundos, podem ouvir as evocações que lhes são dirigidas de todos os pontos do Universo?

– Frequentemente são prevenidos pelos Espíritos familiares que vos cercam e que vão procurá-los. Mas ocorre nesse caso um fenômeno que é difícil de vos explicar, porque ainda não podeis compreender, o modo de transmissão do pensamento entre os Espíritos. O que posso dizer é que o Espírito evocado, por mais distante que esteja, recebe por assim dizer o impulso do pensamento como uma espécie de choque elétrico, que chama a sua atenção para o lado de onde vem o pensamento a ele endereçado. Podemos dizer que ele entende o pensamento, como na Terra entendeis a voz.

5.a. O fluido universal é o veículo do pensamento, como o ar é o veículo do som?

– Sim, com a diferença de que o som só pode ser ouvido num raio muito limitado, enquanto o pensamento atinge o infinito. O

Espírito no espaço é como o viajante que, no meio de vasta planície, ouvindo subitamente o seu nome, se dirige para o lado de onde o chamam.[12]

6. Sabemos que as distâncias nada são para os Espíritos, mas nos admiramos de ver que respondem, às vezes, tão prontamente ao chamado como se estivessem bem próximos.

– É que, às vezes, realmente estão. Se a evocação foi premeditada, o Espírito recebeu o aviso com antecedência e frequentemente se encontra no lugar antes que o chamem.

7. Conforme as circunstâncias, o pensamento do evocador será ouvido com maior ou menor facilidade?

– Sem qualquer dúvida. O Espírito chamado com um pensamento de simpatia e benevolência é mais vivamente tocado. É como se reconhecesse uma voz amiga. Sem isso, acontece muitas vezes que a evocação *não avança.* O pensamento desferido pela evocação toca o Espírito, mas se é mal dirigido se perde no vácuo. Isso acontece também com os homens: se quem os chama não interessa ou lhes é antipático, eles podem ouvi-lo, mas na maioria das vezes não o atendem.

8. O Espírito evocado se manifesta voluntariamente ou é constrangido a isso?

– Ele obedece à vontade de Deus, o que quer dizer à lei geral que rege o Universo. Não obstante, *constrangido* não é o termo certo, porque ele julga se é conveniente atender e ainda nisso dispõe do livre-arbítrio. O Espírito superior atende sempre que o chamam com uma finalidade útil. Só se recusa a responder a reuniões de pessoas pouco sérias e que tratam disso por divertimento.

9. O Espírito evocado pode negar-se a atender?

– Perfeitamente. Onde estaria, sem isso, o seu livre-arbítrio? Achais que todos os seres do Universo estão às vossas ordens? E vós mesmos, acaso vos considerais obrigados a responder a todos os que pronunciam o vosso nome? Mas, quando assim o digo, refiro-me ao chamado do evocador. Porque um Espírito inferior pode ser constrangido, por um superior, a se manifestar.[13]

---

[12] A comunicação do pensamento à distância está hoje provada pelos próprios métodos das chamadas ciências positivas (ou materiais) graças às pesquisas e experiências parapsicológicas. Bastou um século de progresso científico para que este problema se tornasse mais acessível à compreensão dos homens. O pensamento não conhece limites no espaço e no tempo, o que dá plena validade científica a esse princípio espírita. (N. do T.)

[13] O poder do Espírito superior se exerce em benefício do inferior, obrigando-o a se manifestar para o seu próprio bem. O livre-arbítrio é condicionado pela evolução. Quanto mais elevado o Espírito, maior a sua liberdade. É o mesmo que vemos na Terra: os criminosos estão sujeitos a restrições da liberdade que não devem atingir os homens de bem. Nas sessões de desobsessão, os Espíritos inferiores são frequentemente obrigados a se manifestarem, para o seu próprio bem e em favor de suas vítimas. (N. do T.)

10. O evocador dispõe de algum meio para constranger o Espírito a atendê-lo?

– Nenhum, se o Espírito é igual ou superior a ele em moralidade – digo *em moralidade, e* não em inteligência –, porque então não tem nenhuma autoridade. Se for inferior, poderá fazê-lo para o seu próprio bem, porque então outros Espíritos o ajudarão. (Ver n.º 279.)

11. Será inconveniente evocar Espíritos inferiores e será de temer que eles dominem o evocador?

– Eles só dominam os que se deixam dominar. Quem for assistido por Espíritos bons nada tem a temer, porque se impõe aos Espíritos inferiores, e não estes a ele. Os médiuns quando sós, principalmente quando iniciantes, devem evitar essa espécie de evocações. (Ver n.º 278.)

12. Há algumas disposições especiais para as evocações?

– A disposição principal é a do recolhimento, quando se deseja a comunicação de Espíritos sérios. Com fé e o desejo do bem há maior capacidade para se evocar Espíritos superiores. Ao elevar a alma por alguns instantes de recolhimento, no momento da evocação, a gente se identifica com os Espíritos bons e os dispõe a se manifestarem.

13. A fé é necessária para as evocações?

– A fé em Deus, sim. Quanto ao mais, a fé se desenvolverá com o desejo do bem e a intenção de instruir-se.

14. Reunidos pela unidade de pensamentos e intenções, os homens se tornam mais fortes para evocar os Espíritos?

– Quando todos se reúnem pela caridade e para o bem, conseguem grandes coisas. Nada é mais nocivo para o êxito das evocações do que a divergência de pensamentos.

15. É útil o hábito de formar corrente, dando-se as mãos por alguns minutos no começo das reuniões?

– A corrente é um meio material que não produz a união entre vós se ela não existir nos pensamentos. Mais eficaz que essas coisas é a união num pensamento comum, apelando cada qual para os Espíritos bons. Não sabeis o que se poderia obter numa reunião séria, da qual se houvesse afastado todo sentimento de orgulho e de personalismo, reinando um perfeito sentimento de mútua cordialidade.

16. É preferível fazer as evocações em dias e horas determinados?

– Sim, e se possível no mesmo local. Os Espíritos então comparecem mais à vontade. A vossa constância ajuda os Espíritos a virem comunicar-se convosco. Eles têm as suas ocupações, que não podem deixar de repente para vossa satisfação pessoal.

Quando digo *no mesmo local* não me refiro a uma obrigação absoluta, pois os Espíritos vão a toda parte. Quero dizer que é preferível um local consagrado às reuniões, porque o recolhimento se torna mais perfeito.

17. Certos objetos, como medalhas e talismãs, têm a propriedade de atrair ou repelir os Espíritos, como pretendem algumas pessoas?

– Pergunta inútil, pois sabeis que a matéria não exerce nenhuma ação sobre os Espíritos. Ficai certos de que jamais um Espírito bom aconselha semelhantes absurdos. A virtude dos talismãs, de qualquer natureza, só existe na imaginação das criaturas supersticiosas.

18. Que pensar dos Espíritos que marcam encontros em lugares lúgubres, em horas inconvenientes?

– São Espíritos que se divertem com os que lhes dão ouvidos. É sempre inútil e frequentemente perigoso ceder a essas sugestões. Inútil, porque nada absolutamente se ganha além de ser mistificado; perigoso, não pelo mal que os Espíritos possam fazer, mas pela influência que isso pode exercer nos cérebros fracos.

19. Há dias e horas mais propícias para as evocações?

– Para os Espíritos isso é completamente indiferente, como tudo o que é material, e seria supersticioso acreditar na influência dos dias e das horas. Os momentos mais propícios são aqueles em que o evocador esteja menos absorvido pelas suas preocupações habituais, em que o seu corpo e o seu espírito estejam mais calmos.

20. A evocação é agradável ou penosa para os Espíritos? Eles atendem de boa vontade quando os chamamos?

– Isso depende do seu caráter e do motivo por que o chamam. Quando o objetivo é louvável e o meio é simpático, a evocação se torna agradável e mesmo atrativa. Os Espíritos se sentem sempre felizes com os testemunhos de afeição. Há os que consideram uma grande felicidade poder comunicar-se com os homens e sofrem com o esquecimento destes. Mas, como já disse, isso também depende do seu caráter. Entre os Espíritos existem também os misantropos que não gostam de ser incomodados, cujas respostas se ressentem do seu mau humor, sobretudo quando chamados por criaturas que lhes são indiferentes, pelas quais não se interessam. Um Espírito não tem, muitas vezes, nenhum motivo para atender o apelo de um desconhecido que lhe é indiferente e que age quase sempre movido pela curiosidade. Nesse caso, se ele atende é geralmente em rápidas passagens, a menos que exista um objetivo sério e instrutivo na evocação.

Observação – *Vemos pessoas que só evocam seus parentes para fazer perguntas sobre as coisas mais vulgares da vida material.*

Por exemplo: um para saber se alugará ou venderá a sua casa; outro, para indagar do lucro que obterá com sua mercadoria, qual o lugar onde há dinheiro escondido, se tal negócio será ou não vantajoso. Nossos parentes de além-túmulo só se interessam por nós em razão da afeição que lhes conservamos. Se todos os nossos pensamentos se limitam a julgá-los feiticeiros, se só pensamos neles pedindo informações, não podem ter grande simpatia por nós e não devemos nos admirar de que nos demonstrem pouca benevolência.

21. Há diferença entre os Espíritos bons e maus no tocante à solicitude com que atendem ao nosso chamado?

– Há, e muito grande. Os Espíritos maus só atendem de boa vontade quando esperam dominar e enganar; sentem viva contrariedade quando são forçados a se manifestar para confessar as suas faltas e procuram escapar, como o colegial que se chama para repreender. Podem ser constrangidos a manifestar-se por Espíritos superiores, como castigo e para instrução dos encarnados. A evocação é penosa para os Espíritos bons quando chamados inutilmente, por motivos fúteis. Então não atendem ou logo se retiram.

– Pode-se dizer que em geral os Espíritos, sejam quais forem, não gostam de servir, como vós, de distração para curiosos. Muitas vezes não tendes outro fim, ao evocar um Espírito, que o de ver o que ele vos dirá ou interrogá-lo sobre particularidades da sua vida que ele não se interessa por vos contar, pois não tem nenhum motivo para vos fazer de confidente. Pensais que vai se expor no banco dos réus para vos agradar? Desenganai-vos, pois o que ele não faria em vida, muito menos o fará como Espírito.

Observação – *A experiência comprova que a evocação é sempre agradável para os Espíritos quando feita com um objetivo sério e útil. Os bons têm prazer em nos instruir. Os sofredores são aliviados com a simpatia que lhes demonstramos; os nossos conhecidos ficam satisfeitos com a nossa lembrança. Os Espíritos levianos gostam de ser evocados por pessoas frívolas, porque têm a oportunidade de se divertirem à sua custa; não se sentem bem na companhia de pessoas sérias.*

22. Os Espíritos necessitam da evocação para se manifestarem?

– Não. Manifestam-se muito frequentemente sem ser chamados, o que prova que o fazem de boa vontade.

23. Quando um Espírito se manifesta por si mesmo podemos estar certos da sua identidade?

– De maneira alguma, pois os Espíritos mistificadores o fazem com frequência para melhor enganar.

24. Quando evocamos um Espírito pelo pensamento, ele nos atende, mesmo que não haja manifestação pela escrita ou de outra maneira?

– A escrita é o meio material pelo qual o Espírito atesta a sua presença, mas é o pensamento que o atrai e não o ato de escrever.

25. Quando um Espírito inferior se manifesta, podemos obrigá-lo a se retirar?

– Sim, não lhe dando ouvidos. Mas como quereis que se retire se vos divertis com as suas asneiras? Os Espíritos inferiores, como os tolos entre vós, se apegam aos que gostam de ouvi-los.

26. A evocação em nome de Deus é uma garantia contra a intromissão dos Espíritos maus?

– O nome de Deus não é um freio para todos os Espíritos perversos, mas segura muitos deles. Por esse meio sempre afastais alguns, e muitos mais afastareis se o pronunciardes do fundo do coração e não como fórmula banal.[14]

27. Poderíamos evocar nominalmente muitos Espíritos ao mesmo tempo?

– Não há para isso nenhuma dificuldade. Havendo três ou quatro mãos para escrever, três ou quatro Espíritos responderiam ao mesmo tempo. É o que acontece quando dispomos de muitos médiuns.

28. Quando muitos Espíritos são evocados de uma vez, com um médium só, qual o que responde?

– Um deles responde por todos e exprime o pensamento coletivo.

29. O mesmo Espírito poderia comunicar-se ao mesmo tempo, na mesma sessão, por dois médiuns diferentes?

– Tão facilmente como, entre vós, certos homens ditam muitas cartas de uma vez.

Observação – *Vimos um Espírito responder ao mesmo tempo, por dois médiuns, às perguntas que lhe faziam, por um em francês e por outro em inglês, sendo idênticas as respostas quanto ao sentido, e algumas mesmo verdadeiras traduções literais.*

Dois Espíritos evocados simultaneamente por dois médiuns podem travar uma conversação. Não necessitando dessa forma de comunicação, desde que leem reciprocamente seus pensamentos, assim o fazem para nossa instrução. Se forem Espíritos inferiores, estando ainda imbuídos das paixões terrenas e das

[14] A palavra *Deus*, em si, não tem nenhum poder. A palavra é apenas um signo, e sua carga emotiva está no conceito, na ideia que ela exprime e, portanto, no pensamento. Dizê-la sem sentir o que ela representa é como articular sons sem sentido. Dizê-la com plena consciência do seu significado e sentindo-a fundamente é ligar-nos a Deus. No plano espiritual o que vale é a vibração psíquica e não a forma verbal, ou, segundo Kardec, o fundo, e não a forma. (N. do T.)

ideias que tiveram na vida corpórea, pode acontecer que briguem e troquem palavrões, que se acusem mutuamente e até mesmo que atirem os lápis, as cestas, as pranchetas, etc. um no outro.[15]

30. O Espírito que é evocado ao mesmo tempo em muitos lugares pode responder simultaneamente às perguntas que lhe fazem?

– Sim, se for um Espírito elevado.

– Nesse caso o Espírito se divide ou possui o dom da ubiquidade?

– O Sol é um só e no entanto irradia a sua luz por todos os lados, projetando os seus raios à distância sem se subdividir. Dá-se o mesmo com os Espíritos. O pensamento do Espírito é como uma estrela que irradia a sua claridade no horizonte e pode ser vista de todos os pontos. Quanto mais puro é o Espírito, mais o seu pensamento irradia e se difunde como a luz. Os Espíritos inferiores são mais materiais, não podem responder a mais de uma pessoa de cada vez e não podem atender à nossa evocação se já foram chamados em outro lugar.

Um Espírito superior, chamado ao mesmo tempo em dois lugares, atenderá às duas evocações se elas forem igualmente sérias e fervorosas. Em caso contrário, dará preferência à mais séria.[16]

Observação – *Dá-se o mesmo com o homem que, de um mesmo lugar, pode transmitir seu pensamento por meio de sinais que são visíveis de várias direções. Numa sessão da Sociedade Parisiense de Estudos Espíritas, em que a questão da ubiquidade estava em discussão, um Espírito ditou espontaneamente a comunicação seguinte:*

"Discutíeis sobre a hierarquia dos Espíritos quanto à ubiquidade. Comparai-nos a um aeróstato que se eleva pouco a pouco no ar. Enquanto ainda rasteja na terra, só um pequeno círculo de pessoas pode vê-lo; à medida que se eleva, o círculo se alarga, e, quando atinge certa altura, é visto por uma infinidade de pessoas. O mesmo acontece conosco. Um Espírito mau, ainda apegado à Terra, fica num círculo restrito de pessoas que o veem. Eleve-se

[15] A leitura recíproca do pensamento refere-se aos Espíritos mais adiantados. Os Espíritos inferiores, que brigam e se xingam, estão ainda em condições humanas. É o que se esclarece na resposta à pergunta 30. Kardec e os Espíritos que lhe revelaram a doutrina tomam sempre o Espírito de tipo médio, já liberto da materialidade grosseira, para base de suas respostas sobre a vida espírita. (N. do T.)

[16] A informação dos Espíritos sobre a irradiação do pensamento está hoje cientificamente provada pelas pesquisas parapsicológicas. No tocante à graduação do poder de irradiação, segundo a evolução espiritual, é problema referente ao mundo espírita. Não obstante, podemos verificá-lo na Terra através do alcance intelectual das criaturas, que varia de acordo com o grau evolutivo dos indivíduos na própria escala social. Assim, a imagem feita por Channing na sua comunicação corresponde a uma realidade espiritual que podemos constatar na existência terrena. (N. do T.)

na graça, melhore-se e poderá conversar com muitas pessoas. Quando se tornar Espírito superior poderá irradiar como a luz solar, mostrar-se a muitas pessoas e em muitos lugares ao mesmo tempo. – CHANNING".

31. Os Espíritos puros, que já terminaram a série de suas encarnações, podem ser evocados?

– Sim, mas muito raramente, pois só se comunicam aos corações puros e sinceros, não aos orgulhosos e egoístas. Assim, é necessário desconfiar dos Espíritos inferiores que se arrogam essa qualidade para se fazerem mais importantes aos vossos olhos.

32. Como se explica que os Espíritos de homens mais eminentes atendam tão facilmente, e de maneira tão familiar, ao chamado dos homens mais obscuros?

– Os homens julgam os Espíritos por si mesmos, o que é errado. Após a morte corporal as posições terrenas desaparecem. A única distinção entre os Espíritos é a da bondade, e os que são bons vão a todos os lugares onde possam fazer o bem.

33. Quanto tempo depois da morte se pode evocar um Espírito?

– Pode-se evocá-lo no próprio instante da morte, mas, como então ele ainda se encontra em perturbação, só imperfeitamente pode responder.

Observação – *Sendo muito variável a duração da perturbação, não se pode fixar um prazo para a evocação. Não obstante, é raro que o Espírito, depois de oito dias, não esteja suficientemente cônscio do seu estado para poder responder. Às vezes pode fazê-lo muito bem dois ou três dias após a morte. É possível, em todos os casos, experimentar de maneira prudente.*[17]

34. A evocação no instante da morte é mais penosa para o Espírito do que mais tarde?

– Algumas vezes. É como se vos fizessem levantar em meio do sono, sem estardes completamente acordados. Não obstante, há os que não se mostram de maneira alguma contrariados e aos quais a evocação até mesmo ajuda a saírem da perturbação.[18]

35. Como pode o Espírito de uma criança, morta em tenra idade, responder conscientemente, se quando em vida corpórea ainda não tinha consciência de si mesma?

---

[17] Nunca se faz a evocação no momento da morte. A pergunta colocou apenas uma possibilidade, que os Espíritos confirmaram. Aliás, o Espírito recém-desencarnado não atenderia se não estivesse em condições e não recebesse permissão dos Espíritos superiores. No caso de atender é porque isso lhe seria benéfico, segundo vemos na resposta à pergunta 34: ajudá-lo-ia a vencer a perturbação. (N. do T.)

[18] As evocações se processam, desde os tempos primitivos, entre todos os povos. Dessa maneira, os Espíritos podem citar experiências muitas vezes ocorridas antes da prática espírita moderna. Os casos propriamente espíritas se limitaram a algumas experiências de pesquisa científica. (N. do T.)

– A alma da criança é um Espírito ainda *envolto nas faixas da matéria.* Mas liberto da matéria goza das suas faculdades de Espírito, porque os Espíritos não têm idade. Isso prova que o Espírito da criança já viveu. Não obstante, até que esteja completamente liberto pode conservar na linguagem alguns traços do caráter da criança.[19]

Observação – *A influência corpórea, que perdura mais ou menos no Espírito da criança, às vezes também se nota no Espírito dos que morreram loucos. O Espírito em si mesmo não é louco, mas sabe-se que certos Espíritos acreditam, durante algum tempo, estar ainda neste mundo. Não é pois de admirar que o Espírito do louco ainda se ressinta dos entraves que, durante a vida, se opunham à sua livre manifestação, até que esteja completamente liberto. Esse efeito varia segundo as causas da loucura, porque há loucos que recobram toda a lucidez imediatamente após a morte.*

283. Evocação de animais.

36. Pode-se evocar o Espírito de um animal?

– O princípio inteligente que animava o animal fica em estado latente após a morte. Os Espíritos encarregados desse trabalho imediatamente o utilizam para animar outros seres, através dos quais continuará o processo da sua elaboração. Assim, no mundo dos Espíritos não há Espíritos errantes de animais, mas somente Espíritos humanos. Isto responde a vossa pergunta.[20]

37. Como se explica então que certas pessoas tenham evocado animais e recebido respostas?

– Evoque um rochedo e ele responderá. Há sempre uma multidão de Espíritos prontos a falar sobre tudo.

Observação – *É por essa mesma razão que se evocarmos um mito ou um personagem alegórico ele responderá. Isso quer dizer que responderão por ele. O Espírito que se apresentar em seu lugar tomará o seu aspecto e as suas maneiras. Alguém teve um dia a ideia de evocar Tartufo, e ele logo se manifestou. E, ainda mais, falou de Orgon, de Elmira, de Damis e Valéria, dando suas notícias. Quanto a si mesmo, imitou Tartufo com tanta arte como se ele fosse um personagem real. Disse mais tarde ser um artista que*

[19] A expressão "faixas da matéria" é comparativa, lembrando a criança enfaixada após o nascimento. O Espírito da criança entra no mundo espírita envolvido pelas ligações materiais que o restringiam na condição infantil terrena. O Espírito se refere, nessa resposta, especialmente aos "traços de linguagem", porque trata nesse momento das comunicações orais e escritas (N. do T.)

[20] Espíritos errantes são os que aguardam nova encarnação terrena (humana) mesmo que já estejam bastante elevados. São errantes porque estão na *erraticidade*, não se tendo ainda fixado em plano superior. Os espíritos de animais, mesmo dos animais superiores, não têm essa condição. Ler na *Revista Espírita*, n.º 7 de julho de 1860, as comunicações do Espírito de Charlet e a crítica de Kardec a respeito. Na edição Edicel, página 218 do volume terceiro, título "Dos Animais". (N. do T.)

havia desempenhado o papel. Os Espíritos levianos se aproveitam sempre da inexperiência dos interrogantes, mas evitam manifestar-se aos que sabem que podem descobrir as suas imposturas e não dariam crédito às suas estórias. É o mesmo que acontece entre os homens.

Um senhor tinha em seu jardim um ninho de pintassilgos, pelos quais se interessava muito. Certo dia o ninho desapareceu. Seguro de que ninguém de sua casa cometera o delito, e sendo médium, teve a ideia de evocar a mãe dos passarinhos. Ela se comunicou e lhe disse em excelente francês: "Não acuses a ninguém e tranquiliza-te quanto à sorte dos meus filhinhos. Foi o gato que saltou e derrubou o ninho. Poderás encontrá-lo sob a relva, juntamente com os filhotes que não foram comidos". Indo verificar, encontrou tudo certo. Devemos concluir que foi a ave quem respondeu? Claro que não, mas simplesmente que um Espírito conhecia a história. Isso mostra quanto devemos desconfiar das aparências: evoca um rochedo e ele te responderá. (Ver o capítulo sobre Mediunidade nos Animais, n.º 234.)[21]

284. *Evocação de pessoas vivas.*

38. A encarnação do Espírito impede de maneira absoluta a sua evocação?

– Não, mas é necessário que a condição corpórea facilite o seu desprendimento nesse momento. O Espírito encarnado atende mais facilmente quando o mundo em que se encontra é mais elevado, porque então os corpos são menos materiais.

39. Podemos evocar o Espírito de uma pessoa viva?

– Sim, desde que se pode evocar um Espírito encarnado. O Espírito de um vivo pode, também, nos seus momentos de liberdade, manifestar-se sem ser evocado. Isso depende da simpatia que tiver pelas pessoas em causa. (Ver n.º 116, *História do homem da tabaqueira.)*

40. Como se acha o corpo da pessoa cujo Espírito é evocado?

– Dorme ou cochila; é quando o Espírito está livre.

41. Poderia despertar na ausência do Espírito?

– Não; para isso, o Espírito é forçado a voltar ao corpo. Se nesse momento estiver se comunicando, ele vos deixa e frequentemente diz o motivo.

---

[21] Muitas críticas foram e ainda são feitas a Kardec por haver citado exemplos como este. Mas é necessário compreender que ele se dirigia ao povo em geral e não apenas a determinada classe de pessoas. Fatos dessa natureza ocorrem com frequência entre pessoas ingênuas, mesmo as pertencentes a classes ilustradas. Uma das principais dificuldades da prática espírita está precisamente nessa ingenuidade de certas pessoas, mais numerosas do que se pensa, e a melhor maneira de adverti-las é através de exemplos concretos. (N. do T.)

42. Como o Espírito é avisado da necessidade de voltar ao corpo?

– O Espírito de um vivo nunca está completamente separado do corpo. Por mais que se distancie, continua ligado por um laço fluídico que serve para chamá-lo quando necessário. Só com a morte se rompe esse laço.[22]

Observação – *Muitas vezes esse laço fluídico é percebido pelos médiuns videntes. É uma espécie de rastro fosforescente que se perde no espaço, na direção do corpo. Certos Espíritos disseram que reconhecem por ele os que ainda continuam no mundo corpóreo.*

43. Que aconteceria se o corpo fosse mortalmente ferido durante o sono e na ausência do Espírito?

– O Espírito seria advertido e voltaria antes que a morte se consumasse.

44. Não poderia então ocorrer a morte do corpo na ausência do Espírito, e que este, ao voltar, não mais pudesse retomá-lo?

– Não, isso seria contrário à lei que rege a união da alma com o corpo.

45. Mas e se fosse desferido um golpe súbito?

– O Espírito seria prevenido antes do golpe.

Observação – *Interrogado a respeito, o Espírito de um vivo respondeu: "Se o corpo pudesse morrer na ausência do Espírito, seria esse meio muito cômodo de se praticarem suicídios hipócritas".*[23]

46. O Espírito de uma pessoa evocada durante o sono comunica-se tão livremente como o de um morto?

– Não. A matéria sempre o influencia em maior ou menor grau.

Observação – *Uma pessoa interrogada nesse estado respondeu: "Estou sempre ligado à bola de ferro que arrasto comigo".*

47. Nesse estado de sono o Espírito poderia ser impedido de atender por estar em outro lugar?

– Sim, pode acontecer que o Espírito se encontre num lugar em que deseja permanecer. Então não atende à evocação, sobretudo quando feita por alguém que não lhe interessa.

[22] A ligação fluídica é de natureza vibratória e portanto energética. A expressão laço costuma sugerir um cordão material. Devemos lembrar que o perispírito é semimaterial (*O Livro dos Espíritos, n.º 95*) e compreenderemos melhor a natureza desse laço, que se poderia comparar a uma frequência de ondas nas ligações de aparelhos teleguiados. (N. do T.)

[23] As pesquisas parapsicológicas provam atualmente que o pensamento se transmite à distância com rapidez instantânea. Se uma pessoa pensar em ferir outra que dorme, esse pensamento a atinge por antecipação. Nos casos de acidentes a percepção do próprio Espírito da vítima se verifica às vezes com grande antecedência. São os chamados fenômenos de *precognição.* Por outro lado, sendo a morte um desligamento vital do Espírito, o seu desprendimento total do corpo, é necessário que ele retorne à unidade psicossomática para que se processe o fenômeno biológico da morte. (N. do T.)

48. É absolutamente impossível evocar o Espírito de uma pessoa acordada?

– Embora difícil, não há impossibilidade absoluta porque, se a evocação a atingir, a pessoa pode adormecer. Mas o Espírito só pode comunicar-se, como Espírito, nos momentos em que a sua presença não for necessária à atividade inteligente do corpo.

Observação – *Prova a experiência que a evocação durante o estado de vigília pode provocar o sono ou pelo menos uma abstração aproximada ao sono. Mas esse efeito só se produz por uma vontade bastante enérgica e se houver laços de simpatia entre as duas pessoas. De outra maneira, a evocação não dá resultado. Mesmo quando a evocação puder provocar sono, se o momento for inoportuno e a pessoa não quiser dormir, resistirá. Caso sucumba, seu Espírito estará perturbado com isso e dificilmente responderá. Conclui-se que o momento mais favorável à evocação de uma pessoa viva é o do sono natural, porque o Espírito, estando livre, pode atender ao chamado, da mesma maneira que pode ir a outro lugar. Quando a evocação é feita com o consentimento da pessoa, tentando esta dormir sob o seu efeito, pode acontecer que essa preocupação retarde o sono e perturbe o Espírito. Eis por que o sono natural é ainda o preferível.*

49. A pessoa viva evocada tem consciência disso ao acordar?

– Não. Tu mesmo és evocado bem mais frequentemente do que pensas. Só o Espírito o sabe e às vezes pode dar ao homem uma vaga impressão do que houve, como a de um sonho.[24]

50. Quem nos pode evocar, se somos seres obscuros?

– Noutras existências poderias ter sido pessoa conhecida nesse mundo ou em outros, e há também os teus parentes e amigos desse e de outros mundos. Suponhamos que o teu Espírito haja animado o corpo do pai de outra pessoa. Pois bem: quando essa pessoa evocar o seu pai, é o teu Espírito que está sendo evocado e que responderá.

51. O Espírito da pessoa viva responde como Espírito ou com as ideias do seu estado de vigília?

– Isso depende de sua elevação, mas considera as coisas com mais lucidez e menos preconceitos, exatamente como os sonâmbulos. É um estado quase semelhante.

---

[24] O Espírito é a essência do homem, mas em cada encarnação se limita às condições existenciais necessárias a essa fase de sua evolução. Sua manifestação é condicionada pelas exigências da existência que está enfrentando. Daí os enigmas do psiquismo, o mistério do inconsciente, os problemas do animismo. As respostas a estas perguntas, fazendo a distinção entre o Espírito e o homem, levantam todos esses problemas que as nossas escolas psicológicas e psiquiátricas desconhecem, razão por que muitas vezes se perdem em hipóteses e teorias confusas. (N. do T.)

52. Se o Espírito de um sonâmbulo fosse evocado durante o sono magnético seria mais lúcido que o de qualquer outra pessoa?

– Responderia mais facilmente, sem dúvida, porque estaria mais desprendido. Tudo depende do grau de independência do Espírito em relação ao corpo.

53. O Espírito de um sonâmbulo poderia responder a quem o evocasse à distância, ao mesmo tempo que respondesse verbalmente a outra pessoa?

– A faculdade de se comunicar simultaneamente em dois lugares diferentes só pertence aos Espíritos completamente libertos da matéria.

54. Poderíamos modificar as ideias de uma pessoa em estado de vigília, agindo sobre o seu Espírito durante o sono?

– Sim, às vezes. Não estando o Espírito, no sono, ligado tão estreitamente à matéria, torna-se mais acessível às sugestões morais, e estas podem influir sobre a sua maneira de ver no estado ordinário. Infelizmente acontece, quase sempre, que ao acordar a natureza corpórea o domina e o faz esquecer as boas resoluções que tenha podido tomar.

55. O Espírito de pessoa viva é livre de dizer ou não o que desejar?

– Ele está na posse de suas faculdades de Espírito, portanto do seu livre-arbítrio. Como dispõe de mais perspicácia, é mesmo mais cauteloso do que no seu estado de vigília.

56. Poderíamos obrigar uma pessoa evocada a dizer o que deseja calar?

– O Espírito tem o seu livre-arbítrio, como eu disse. Mas pode acontecer que, como Espírito, dê menos importância a certas coisas do que no seu estado ordinário. Sua consciência pode revelar-se mais livremente. Aliás, se não falar, pode sempre escapar às importunações indo embora, pois não se pode reter o Espírito como se retém o corpo.

57. O Espírito de pessoa viva não poderia ser constrangido por outro Espírito a se manifestar e falar, como acontece com Espíritos errantes?

– Entre os Espíritos de mortos ou de vivos só há uma supremacia, que é a da superioridade moral. Deves compreender que um Espírito superior jamais apoiaria uma indiscrição covarde.

Observação – *Esse abuso de confiança seria de fato uma ação má, que entretanto não daria resultado, pois não se pode arrancar um segredo do Espírito que o deseja guardar. A menos que, dominado por um sentimento de justiça, confessasse o que em outras circunstâncias calaria. Uma pessoa quis saber por esse meio se* *um de seus parentes a beneficiava em seu testamento. O Espírito respondeu: "Sim, minha querida sobrinha, e logo terás a prova". Realmente era assim, mas poucos dias depois o parente desfez o seu testamento e teve a malícia de dar ciência disso à sobrinha, sem entretanto saber que havia sido evocado. Um sentimento instintivo o levou, sem dúvida, a executar a resolução que o seu Espírito tomara após a pergunta que lhe fora feita. Há covardia em se perguntar ao Espírito de um morto ou de um vivo o que não se ousaria perguntar à sua pessoa, e essa covardia não tem sequer a compensação do resultado que se espera.*

58. Pode-se evocar um Espírito cujo corpo ainda se encontra no seio materno?

– Não. Sabes muito bem que nessa fase o Espírito se acha em completa perturbação.

Observação – *A encarnação somente se efetiva no momento em que a criança respira. Mas desde a concepção o Espírito designado é envolvido por uma perturbação, que aumenta com a aproximação do nascimento e lhe tira a consciência de si mesmo. Por conseguinte, ele não pode responder. (Ver* O Livro dos Espíritos*: Retorno à Vida Corporal e União da Alma com o Corpo, n.º 344.)*

59. Um Espírito mistificador poderia responder pelo de uma pessoa viva que se evocasse?

– Não há dúvida, e isso acontece com muita frequência, sobretudo quando a intenção do evocador não é pura. Aliás, a evocação de pessoas vivas só tem interesse como estudo psicológico. Convém não fazê-la quando não se visa a um resultado instrutivo.

Observação – *Se a evocação dos Espíritos errantes nem sempre os atinge, para usarmos a sua própria expressão, isso ainda é mais frequente no tocante aos encarnados. É então, sobretudo, que os Espíritos mistificadores tomam o seu lugar.*

60. É inconveniente evocar uma pessoa viva?

– Nem sempre é livre de perigos. Depende da condição da pessoa. Se ela estiver doente podemos aumentar os seus sofrimentos.

61. Quando a evocação de um vivo pode ser mais inconveniente?

– Não devem ser evocadas as crianças de tenra idade, as pessoas gravemente doentes, os velhos enfermos. Numa palavra: ela pode ter inconvenientes sempre que o corpo esteja muito debilitado.

Observação – *A brusca suspensão das faculdades intelectuais durante o estado de vigília também poderia oferecer perigo, se a pessoa, no momento, necessitasse de toda a sua agilidade mental.*

62. Durante a evocação de uma pessoa viva, seu corpo se cansa por causa do trabalho do Espírito, embora ausente?

Uma pessoa evocada, afirmando que o seu corpo se cansava, respondeu assim a essa pergunta:

– Meu Espírito é como um balão amarrado a um poste; meu corpo é o poste, que estremece com as sacudidelas do balão.

63. Desde que a evocação dos vivos pode ter inconvenientes, quando feita sem precaução, não há perigo também ao se evocar um Espírito que não se sabe se está encarnado e poderia não se encontrar em condições favoráveis?

– Não, as circunstâncias não são as mesmas. Ele só atenderá se estiver em condições. Aliás, eu já não disse que antes de fazer a evocação deve-se perguntar se ela é possível?

64. Quando sentimos, nos momentos mais impróprios, um sono irresistível, será porque estamos sendo evocados em algum lugar?

– Isso pode ser, sem dúvida, mas o mais frequente é tratar-se de uma exigência física, seja pela necessidade de repouso do corpo ou porque o Espírito precisa da sua liberdade.

Observação – *Uma senhora nossa conhecida, médium, teve um dia a ideia de evocar o Espírito do seu neto, que dormia no mesmo quarto. Constatou-se a identidade pela linguagem, pelas expressões familiares da criança e pelo relato bastante exato de muitas coisas que lhe haviam acontecido no internato. Mas uma circunstância ainda a confirmou. Súbito a mão da médium parou em meio de uma frase, sem que fosse possível escrever mais. Nesse momento, meio acordado, o menino agitou-se no leito. Logo mais, voltando a dormir, a mão se pôs a escrever, continuando a conversa interrompida. A evocação de vivos, feita nas condições convenientes, prova de maneira incontestável a atividade distinta do Espírito e do corpo, e por conseguinte a existência de um princípio inteligente independente da matéria. (Ver na* Revista Espírita de 1860, *páginas 11 e 85, da Edicel, vários exemplos notáveis de evocação de pessoas vivas.)*[25]

285. *Telegrafia humana.*

65. Duas pessoas, evocando-se reciprocamente, poderiam transmitir-se os seus pensamentos e corresponder-se?

– Sim, *e essa telegrafia humana será um dia um meio universal de correspondência.*

66. Por que não seria praticada desde agora?

– Já é por algumas pessoas, mas não por todos. É necessário que os homens *se depurem* para que o seu Espírito se liberte da

[25] Na coleção da *Revista Espírita,* publicada em português pela Edicel, encontra-se toda a documentação das experiências de evocações de vivos feitas por Kardec na Sociedade Parisiense de Estudos Espíritas. Uma investigação científica rigorosa, que nada fica a dever às pesquisas atuais. (N. do T.)

matéria, eis ainda uma razão para que se faça a evocação em nome de Deus. Até lá, ela estará circunscrita às *almas de eleição* e desmaterializadas, que raramente se encontram no estado atual dos habitantes da Terra.[26]

[26] As modernas experiências parapsicológicas de telepatia à distância confirmam essa previsão. A tese de Rhine (Duke University) de que o pensamento não é físico apoia a teoria espírita. E esta teoria, como se vê, considerando a telepatia como forma de comunicação mediúnica, só plenamente acessível aos Espíritos purificados, explica a razão das dificuldades atuais para obter-se segurança e regularidade nas comunicações telepáticas. (N. do T.)

CAPÍTULO XXVI

PERGUNTAS QUE SE PODEM FAZER

OBSERVAÇÕES PRELIMINARES – PERGUNTAS AGRADÁVEIS E DESAGRADÁVEIS – PERGUNTAS SOBRE O FUTURO – SOBRE AS EXISTÊNCIAS PASSADAS E FUTURAS – SOBRE INTERESSES MORAIS E MATERIAIS – SOBRE A SITUAÇÃO DOS ESPÍRITOS – SOBRE A SAÚDE – SOBRE INVENÇÕES E DESCOBERTAS – SOBRE TESOUROS OCULTOS – SOBRE OUTROS MUNDOS

OBSERVAÇÕES PRELIMINARES

286. Nunca seria demasiado o nosso cuidado com a maneira de interpelar os Espíritos e mais ainda com a natureza das perguntas. Duas coisas devemos considerar nessas perguntas: a forma e o fundo. No tocante à forma, devem ser redigidas com clareza e precisão, evitando-se a complexidade. Mas outro ponto importante é a ordem em que devem ser dispostas. Num assunto que exige uma série de perguntas é essencial que elas se encadeiem com método, decorrendo naturalmente umas das outras. Dessa maneira, os Espíritos respondem com muito mais facilidade e maior clareza do que se perguntássemos ao acaso, saltando de um assunto para outro. Por essa razão é conveniente prepará-las antes, deixando para intercalar durante a sessão as que surgirem das circunstâncias. Além de ser melhor a redação feita com calma, esse trabalho preparatório representa, como já dissemos, uma evocação antecipada a que o Espírito pode ter assistido e se preparado para responder. Verificaremos que muito frequentemente o Espírito responde por antecipação a certas perguntas, o que prova que já as conhecia.[1]

O fundo da pergunta requer uma atenção ainda mais séria, porque é muitas vezes a natureza da interpelação que provoca uma resposta certa ou errada. Há as que os Espíritos não podem

[1] Pode-se argumentar que o Espírito antecipa as respostas porque tem a faculdade de ler no pensamento do interrogante, no próprio momento da sessão. Mas não se deve esquecer de que Kardec se apoiava numa larga e intensa experiência, durante a qual observara e ouvira mesmo dos Espíritos que eles haviam assistido à elaboração das perguntas. Por outro lado, nem todos os Espíritos estão em condições de ler o pensamento dos interrogantes. (N. do T.)

ou não devem responder, por motivos que desconhecemos. Inútil, portanto, insistir.[2] Mas as que mais devemos evitar são as perguntas para experimentar a sua perspicácia. Costuma-se dizer que quando uma coisa é evidente eles a devem saber. Pois é precisamente por se tratar do que já sabemos, ou que podemos esclarecer por nós mesmos, que eles não se dão ao trabalho de responder. Essa suspeita os ofende, e nada se consegue de satisfatório. Não temos sempre desses exemplos entre nós? Os homens de conhecimento superior, conscientes de seu valor, gostariam de responder a perguntas tolas como se fossem escolares? O desejo de fazer de certa pessoa um adepto não é razão para os Espíritos satisfazerem uma curiosidade vã. Sabem que cedo ou tarde ela chegará à convicção, e os meios que usam para conduzi-la nem sempre são os que supomos.

Pense-se num homem grave, ocupado em coisas úteis e sérias, constantemente amolado pelas perguntas pueris de uma criança, e pode-se imaginar o que os Espíritos superiores pensam de todas as tolices que lhes repetem. Isso não quer dizer que não se possam obter dos Espíritos ensinamentos úteis e sobretudo excelentes conselhos, mas que eles respondem mais ou menos bem, segundo os seus conhecimentos, o interesse e a afeição que nos votam, o fim que nos propomos e utilidade que veem no assunto. Mas, se nos limitamos a julgá-los mais capazes do que outros a nos informar sobre as questões deste mundo, não poderão olhar-nos com muita simpatia. Daí por diante só nos visitarão rapidamente e, muitas vezes, conforme o seu grau de imperfeição, estarão mal-humorados por terem sido incomodados inutilmente.[3]

287. Algumas pessoas pensam que é preferível não fazer perguntas, convindo esperar o ensinamento dos Espíritos, sem o provocar. Isso é um erro. Não há dúvida de que os Espíritos dão instruções espontâneas de elevado alcance, que não podemos desprezar, mas há explicações que teríamos de esperar por muito tempo se não as solicitássemos. Sem as nossas perguntas, *O Livro dos Espíritos* e *O Livro dos Médiuns* ainda estariam por fazer

---

[2] Nas relações com os Espíritos devemos lembrar que também entre os homens há coisas que não devemos perguntar e muito menos insistir. Os Espíritos estão num plano diferente do nosso e perguntas que nos parecem simples podem ter para eles um sentido mais grave. (N. do T.)

[3] Os Espíritos se interessam pelo nosso esclarecimento espiritual e não podem permitir que o convertamos em instrumentos de curiosidade ou passatempo. Quando ainda conservam certas imperfeições terrenas, embora querendo ajudar-nos, irritam-se com a nossa insistência em problemas corriqueiros, da mesma maneira que um professor interessado no progresso do aluno se irrita com as suas divagações inúteis. (N. do T.)

ou pelo menos seriam muito mais incompletos: numerosos problemas de grande importância estariam ainda por resolver.[4] Longe de terem qualquer inconveniente, as perguntas são de grande utilidade para a nossa instrução, quando as sabemos formular nos limites convenientes. E oferecem ainda outra vantagem, pois ajudam a desmascarar os Espíritos mistificadores. Estes, mais pretensiosos do que sábios, raramente suportam a prova de um questionário formulado com lógica cerrada, cujas perguntas os levem aos seus últimos redutos. Como os Espíritos realmente superiores nada têm a temer de semelhante processo, são os primeiros a sugerir que se peçam explicações sobre os pontos obscuros. Os outros, pelo contrário, temendo enfrentar argumentos mais fortes, empenham-se cuidadosamente em evitá-los. É assim que geralmente recomendam aos médiuns que desejam dominar, para fazê-los aceitar as suas utopias, que se abstenham de toda controvérsia a respeito dos seus ensinos.

Quem bem compreendeu o que dissemos até aqui, nesta obra, já pode fazer ideia da área a que deve limitar as perguntas dirigidas aos Espíritos. Não obstante, para maior certeza, damos abaixo as suas respostas aos principais assuntos que pessoas pouco experientes estão geralmente dispostas a apresentar-lhes.

288. *Perguntas agradáveis* ou *desagradáveis aos Espíritos.*

Os Espíritos respondem de boa vontade às perguntas que lhes fazemos?

– Depende das perguntas. Os Espíritos sérios respondem com prazer às que objetivam o bem e os meios de vos fazer progredir. Não dão ouvidos às perguntas fúteis.

2. Basta que uma pergunta seja séria para ter uma resposta séria?

– Não. Isso depende do Espírito que responde.

2.a. Mas uma pergunta séria não afasta os Espíritos levianos?

– Não é a pergunta que afasta os Espíritos levianos, *é o caráter de quem a faz.*

3. Quais as perguntas particularmente desagradáveis para os Espíritos bons?

– Todas as que são inúteis ou feitas por curiosidade e para experimentá-los. Então eles não respondem e se afastam.

[4] Esta declaração de Kardec deixa bem clara a importância do seu trabalho na Codificação. Para dar um exemplo, ele escapou da modéstia habitual e reconheceu o valor fundamental dos seus questionários, que levaram os Espíritos a tratar minuciosamente de numerosos problemas que abordariam apenas de maneira geral. A posição dos Espíritos é diferente da nossa. Por isso, é preciso que lhes apresentemos concretamente os nossos problemas, mostrando os nossos pontos de dúvida, que para eles não existem. É o mesmo que se dá com os alunos diante de um professor de grande sabedoria, sempre voltado para questões elevadas. (N. do T.)

3.a. Há perguntas que desagradem aos Espíritos imperfeitos?

– Somente aquelas que possam pôr-lhes à mostra a ignorância ou a mistificação, quando estão procurando enganar. Fora disso, respondem a tudo sem se preocuparem com a verdade.

4. Que pensar das pessoas que só veem nas comunicações espíritas uma distração ou um passatempo, um meio de obter revelações sobre questões de interesse pessoal?

– Os Espíritos inferiores gostam muito dessas pessoas que, como eles, gostam de se divertir, e ficam satisfeitos quando as mistificam.

5. Quando os Espíritos não respondem a certas perguntas é porque não querem ou porque uma potência superior se opõe a certas revelações?

– Uma coisa e outra. Há coisas que não podem ser reveladas e outras que o Espírito não conhece.

5.a. Insistindo-se bastante, o Espírito acabará por responder?

– Não, o Espírito que não quer responder pode retirar-se sem dificuldade. É por isso que convém esperar quando vos mandam e sobretudo não insistir para obter resposta. A insistência por uma resposta que não vos querem dar é um meio certo de ser enganado.[5]

6. Todos os Espíritos estão aptos a compreender as perguntas que lhes fazem?

– Longe disso. Os Espíritos inferiores são incapazes de responder a certas perguntas, o que não os impede de fazê-lo bem ou mal, como acontece entre vós.

Observação – *Em certos casos, e quando for útil, acontece muitas vezes que um Espírito mais esclarecido ajuda um Espírito ignorante e lhe assopra a resposta. Isso se reconhece facilmente pelo contraste da resposta com as demais, e também porque frequentemente o próprio Espírito o confirma. Mas isso só acontece com os Espíritos ignorantes de boa-fé, jamais com os que fingem saber.*

289. *Perguntas sobre o futuro.*

7. Os Espíritos podem nos desvendar o futuro?

– Se o homem conhecesse o futuro, negligenciaria o presente. É esse um problema sobre o qual sempre insistis para obter resposta precisa. Trata-se de um grave erro, porque a manifestação dos Espíritos não é meio de adivinhação. Se insistirdes numa resposta

[5] Retirando-se o Espírito bom, um Espírito inferior lhe toma o lugar imediatamente e responde em seu lugar. É o inverso do que acontece com o Espírito inferior, mas de boa-fé, quando socorrido por um Espírito bom, como se vê pela observação acima. O processo mediúnico é bastante complexo e delicado. Se não prestarmos atenção às respostas seremos enganados, quando insistimos indevidamente, porque não percebemos o afastamento do Espírito comunicante e sua substituição por outro. (N. do T.)

ela vos será dada por um Espírito leviano. Temos dito isso a todo instante. (Ver *O Livro dos Espíritos*, Conhecimento do futuro, n.º 868.)

8. Às vezes, entretanto, alguns acontecimentos futuros não são anunciados espontaneamente pelos Espíritos de maneira verídica?

– Pode acontecer que o Espírito preveja coisas que considera conveniente dar a conhecer, ou que tenha por missão revelar-vos. Mas é nesses casos que mais devemos temer os Espíritos mistificadores, que se divertem fazendo predições. É somente pelo conjunto das circunstâncias que podemos julgar o grau de confiança que elas merecem.

9. De que espécie de predições devemos mais desconfiar?

– De todas as que não forem de utilidade geral. As predições pessoais podem, quase sempre, ser consideradas falsas.

10. Com que fim os Espíritos anunciam espontaneamente acontecimentos que não se realizam?

– Na maioria das vezes para se divertirem com a credulidade, com o terror ou a alegria que causam, pois riem do desapontamento. Entretanto, essas predições mentirosas têm às vezes um fim mais sério: o de experimentar as pessoas a que são dirigidas, verificando a maneira por que as recebem, a natureza dos sentimentos bons ou maus que despertam.

Observação – *Tal seria, por exemplo, o anúncio do que pode excitar a cupidez ou a ambição, como a morte de uma pessoa, a perspectiva de uma herança, etc.*

11. Por que os Espíritos sérios, quando fazem pressentir um acontecimento, geralmente não marcam a data? Porque não podem ou não querem?

– Por uma e outra razão. Eles podem, em certos casos, fazer pressentir um acontecimento: é então um aviso que vos dão. Quanto a precisar a época, muitas vezes não o devem fazer; muitas vezes também não o podem, porque eles mesmos não sabem. O Espírito pode prever um fato, mas o momento preciso pode depender de acontecimentos que ainda não se deram e só Deus o conhece. Os Espíritos levianos, que não têm escrúpulo de vos enganar, indicam os dias e as horas sem se importarem com a verdade. É por isso que toda predição circunstanciada deve ser considerada suspeita.

– Ainda uma vez nossa missão é a de vos fazer progredir e vos ajudamos quanto podemos. Os que pedem aos Espíritos superiores a sabedoria jamais serão enganados. Mas não penseis que perdemos o nosso tempo com as vossas futilidades e a vos ler a sorte. Deixamos isso a cargo dos Espíritos levianos, que se divertem com isso como moleques travessos.

– A Providência pôs limites às revelações que podem ser feitas aos homens. Os Espíritos sérios guardam silêncio sobre tudo o que lhes é proibido revelar. Quem insiste para obter uma resposta se expõe às mistificações dos Espíritos inferiores, sempre prontos a aproveitar as oportunidades de explorar a vossa credulidade.

Observação – *Os Espíritos veem ou pressentem por indução os acontecimentos futuros. Veem que se realizam num tempo que não medem como nós. Para precisar a época da ocorrência teriam de identificar-se com a nossa maneira de calcular a duração, o que nem sempre julgam necessário. Essa, quase sempre, a causa dos erros aparentes.*[6]

12. Não existem homens dotados de faculdade especial para ver o futuro?

– Sim, aqueles cuja alma se desprende da matéria. E nesse caso é o Espírito que vê. Quando convém, Deus lhes permite revelar algumas coisas para o bem. Mas ainda existem mais impostores e charlatães. Essa faculdade se tornará mais comum no futuro.[7]

13. Que pensar dos Espíritos que se divertem predizendo a alguém a sua morte, com dia e hora fixados?

– São brincalhões de mau gosto, de excessivo mau gosto, que só querem divertir-se com o susto que pregam. Nunca se deve preocupar com isso.[8]

14. Mas como é que certas pessoas são avisadas por pressentimento da época da sua morte?

– Na maioria das vezes é o próprio Espírito que o sabe nos seus momentos de liberdade, e a pessoa conserva a intuição quando acordada. É por isso que essas pessoas, estando já preparadas, não se assustam nem se comovem. Para elas, essa separação do corpo e da alma é apenas uma mudança de situação, ou, se preferirdes um exemplo vulgar, é como tirar uma roupa grosseira para vestir uma de seda. O medo da morte diminuirá à medida que se propagar a convicção espírita.[9]

---

[6] O problema do tempo está bem definido em *A Gênese*, cap. VI, n. 2: "O tempo é a sucessão das coisas". No próprio plano material o tempo varia de um lugar para outro e mais ainda de um mundo para outro. O tempo do mundo espiritual é forçosamente diferente do nosso. (N. do T.)

[7] A precognição, profecia ou visão do futuro é uma faculdade da alma, que só pode exercê-la quando se desprende total ou parcialmente do corpo. Essa a razão por que os parapsicólogos atuais não conseguem descobrir a maneira de controlá-la, como se faz com as faculdades sensoriais, para aplicá-la na vida prática. (N. do T.)

[8] Esses brincalhões de mau gosto pregam outras peças semelhantes: anunciam, às vezes até por meio de visões, desastres que não acontecem, nascimento de crianças aleijadas e assim por diante. As pessoas de fé não se deixam atemorizar, confiando em Deus. (N. do T.)

[9] O texto francês diz: *les croyances spirites,* geralmente traduzido ao pé da letra. Em francês, a palavra crença tem aplicações diversas das nossas. No caso acima, trata-se de convicção. (N. do T.)

290. *Perguntas sobre as existências passadas e futuras.*

15. Os Espíritos podem revelar-nos as existências passadas?

– Deus, às vezes, permite que elas sejam reveladas, dependendo do objetivo. Se for para a vossa edificação e instrução, as revelações serão verdadeiras e, nesse caso, quase sempre feitas espontaneamente e de maneira inteiramente imprevista. Mas nunca Deus as permite para satisfazer à vã curiosidade.[10]

15.a. Por que certos Espíritos nunca se recusam a fazer essas revelações?

– São Espíritos brincalhões que se divertem à vossa custa. Em geral, deveis considerar falsas ou pelo menos suspeitas as revelações dessa natureza que não tiverem um fim eminentemente sério e útil. Os Espíritos zombeteiros se divertem lisonjeando a vaidade das pessoas com a revelação de pretensos antecedentes. Há médiuns e crentes que aceitam por legítimo o que lhes dizem a respeito, sem notarem que o estado atual do seu Espírito em nada justifica a posição que pretendem haver ocupado. Vaidadezinha com que os Espíritos zombeteiros se divertem, como o fazem os homens. Seria mais lógico e mais de acordo com a evolução dos seres que eles tivessem subido ao invés de descer, o que aliás lhes seria mais honroso. Para se aceitar essas revelações seria necessário que fossem feitas espontaneamente, por diversos médiuns desconhecidos entre si e também daquele que primeiro a fez. Então haveria razão evidente para crer-se.

15.b. Se não podemos conhecer a nossa individualidade anterior, dá-se o mesmo com o gênero de existência que tivemos, com a posição social que ocupamos, e as qualidades e defeitos que predominaram em nós?

– Não, isso pode ser revelado, porque pode servir para vos melhorar. Mas, independente disso, estudando o vosso presente podeis deduzir, por vós mesmos, o vosso passado. (Ver *O Livro dos Espíritos*: Esquecimento do passado, n.º 392.)[11]

16. Podemos ter alguma revelação sobre nossas existências futuras?

– Não. Tudo o que alguns Espíritos vos disserem a respeito será simples traquinagem. E isso se compreende: vossa futura existência não pode ser percebida antes, pois ela será o que ireis

[10] Note-se a razão do esquecimento do passado: certas lembranças de vidas anteriores seriam grandemente prejudiciais à reabilitação do Espírito na encarnação atual. (N. do T.)

[11] Muitas revelações têm sido publicadas, em livros e folhetos, sobre encarnação de pessoas vivas na atualidade. Certos médiuns se deixaram envaidecer com revelações desse tipo, que em nada condizem com sua situação presente, desviando-se do cumprimento humilde de sua missão mediúnica. Além disso, essas atitudes acarretam o descrédito da doutrina e lançam o ridículo sobre o princípio da reencarnação. (N. do T.)

determinar por vós mesmos segundo a vossa conduta na Terra e as resoluções posteriores como Espírito. Quanto menos tiverdes de expiar, mais feliz ela será. Mas saber onde e como será essa existência, ainda uma vez: isso é impossível. Salvo no caso especial e raro dos Espíritos que só estão na Terra para cumprir missão importante, porque então o seu roteiro é de alguma forma traçado com antecedência.[12]

291. *Perguntas sobre interesses morais e materiais.*

17. Podemos pedir conselhos aos Espíritos?

– Sim, não há dúvida. Os Espíritos bons jamais se recusam a ajudar os que os invocam cheios de confiança, principalmente quando se trata de assuntos da alma. Mas repelem os hipócritas, aqueles que fingem buscar a luz e se comprazem nas trevas.

18. Os Espíritos podem aconselhar sobre questões de interesse particular?

– Algumas vezes, conforme o caso. Depende também dos Espíritos interpelados. Os conselhos referentes à vida particular são dados com mais exatidão pelos Espíritos familiares, os que mais se ligam às pessoas e se interessam pelo que lhes concerne. O Espírito familiar é o amigo, o confidente de vossos mais secretos pensamentos. Mas frequentemente o cansais com perguntas tão estúpidas que ele se afasta. Por outro lado, seria absurdo interpelar sobre problemas íntimos a Espíritos estranhos, da mesma maneira que propô-los ao primeiro indivíduo que encontrásseis pela frente. É bom não esquecer que a banalidade das perguntas é incompatível com a superioridade dos Espíritos. Necessário também considerar as qualidades do Espírito familiar, que pode ser bom ou mau, segundo os motivos de simpatia que o ligam à pessoa. O Espírito familiar de um homem mau é um mau Espírito, cujos conselhos podem ser perniciosos. Mas ele se afasta e cede o lugar a um Espírito melhor se o homem melhora. O semelhante atrai o semelhante.[13]

19. Os Espíritos familiares podem ajudar nos interesses materiais por meio de revelações?

---

[12] A percepção do futuro tem os seus limites, como todas as coisas. Esse o perigo das profecias audaciosas e também a razão da forma simbólica da maioria delas. O problema do fatalismo e da liberdade se esclarece ao refletirmos sobre essa resposta. (N. do T.)

[13] Nosso livre-arbítrio cria o nosso determinismo. Se persistirmos no mau caminho determinaremos um mau futuro em más companhias. Se escolhermos o bem e lutarmos contra as nossas más tendências, melhorando-nos, determinaremos a mudança imediata da nossa situação e um futuro melhor, na companhia de Espíritos bons que se afinarão com as nossas decisões. Tudo depende primeiramente de nós. (N. do T.)

– Podem. E o fazem algumas vezes, segundo as circunstâncias, mas os Espíritos bons jamais se prestam a servir à cupidez. Os maus fazem brilhar mil miragens aos vossos olhos para vos excitar e mistificar, levando-vos à decepção. Sabei também que, se a vossa prova é sofrer esta ou aquela vicissitude, os Espíritos protetores podem vos ajudar a suportá-la com resignação, às vezes amenizá-la, mas no interesse do vosso próprio futuro não podem afastá-la. É assim que um bom pai não concede ao filho tudo o que este deseja.

Observação – *Nossos Espíritos protetores podem, em muitas circunstâncias, indicar-nos o melhor caminho, sem entretanto nos levarem a ele. Do contrário perderíamos toda iniciativa e nada mais faríamos sem recorrer a eles, isso em prejuízo do nosso aperfeiçoamento. Para progredir o homem tem sempre necessidade de adquirir experiências à sua própria custa. É por isso que os Espíritos sábios, sempre prontos a nos aconselhar, entregam-nos às nossas próprias forças, como um instrutor hábil faz com seus alunos. Nas circunstâncias ordinárias da vida nos aconselham pela inspiração e nos deixam assim todo mérito do bem, como toda a responsabilidade pelas más escolhas.*

Seria abusar da condescendência dos Espíritos familiares e não compreender a sua missão interrogá-los a todo instante sobre as questões mais corriqueiras, como o fazem certos médiuns. Há os que por um sim ou um não tomam o lápis e pedem conselhos para as mais simples decisões. Essa mania revela estreiteza de ideia e ao mesmo tempo a presunção de ter sempre um Espírito serviçal às ordens, sem nada mais a fazer do que se ocupar de nós e de nossos pequeninos interesses. Além disso, equivale a aniquilar seu próprio julgamento e reduzir-se a um papel passivo, sem nenhum proveito no presente e com prejuízo certo para o progresso futuro. Se há infantilidade em interrogar os Espíritos sobre questões fúteis, também é infantil, de parte dos Espíritos, ocuparem-se espontaneamente do que podemos chamar de rotina caseira. Esses Espíritos podem ser bons, mas seguramente estão ainda muito terrenos.

20. Se uma pessoa deixa, ao morrer, seus negócios embrulhados, pode-se pedir ao seu Espírito que ajude a desembaraçá-los e pode-se ainda interrogá-lo sobre os haveres reais que deixou, caso não se saiba o total e seja isso do interesse da Justiça?

– Esqueceis que a morte é uma libertação das preocupações terrenas. Julgais então que o Espírito, feliz com a sua liberdade, virá de boa vontade retomar a cadeia e ocupar-se de coisas que não mais lhe concernem, para satisfazer a cupidez dos herdeiros, talvez contentes com a sua morte, da qual esperam tirar proveito? Falais de justiça, mas a justiça está na decepção da ganância dos herdeiros; é o começo das punições que Deus reserva para sua avidez dos bens terrenos. Além disso, os embaraços deixados às vezes pela morte de uma pessoa fazem parte das provas da vida e nenhum Espírito tem o poder de afastá-los, pois pertencem aos decretos de Deus.

Observação – *Essa resposta desapontará certamente os que imaginam que os Espíritos nada têm de melhor a fazer do que servir-nos de auxiliadores clarividentes para guiar-nos, não em direção ao céu, mas na própria Terra. Outra consideração vem apoiar essa resposta. Se um homem deixou em vida os seus negócios atrapalhados por desleixo, não é verossímil que depois da morte tome mais cuidados, pois deve sentir-se feliz de estar livre das preocupações que lhe causavam. Aliás, por menos elevado que seja, lhes dará menos importância como Espírito do que como homem. Quanto aos haveres não sabidos que possa ter deixado, não há nenhuma razão para se interessar por herdeiros ávidos, que provavelmente nem pensariam nele se não esperassem algum lucro. E se ainda estiver imbuído de paixões humanas poderá mesmo sentir um prazer malicioso com o seu desapontamento.*

Se, no interesse da justiça e das pessoas que estima, um Espírito julgar útil fazer dessas revelações, as fará espontaneamente, sem necessidade de que o interessado seja médium ou recorra a um médium. Ele o levará ao conhecimento do assunto por meio de circunstâncias inesperadas, mas nunca em virtude de pedidos que lhe façam, pois os pedidos não podem mudar a natureza das provas que se têm de sofrer. Seriam antes capazes de agravá-las, pois quase sempre revelam cupidez e demonstram ao Espírito que só se pensa nele por interesse. (Ver n.º 295.)

292. *Perguntas sobre a situação dos Espíritos*.

21. Podemos solicitar esclarecimentos aos Espíritos sobre a sua situação no mundo espiritual?

– Sim, e eles respondem de boa vontade quando o pedido é ditado pela simpatia e pelo desejo de ser útil, e não pela curiosidade.

22. Os Espíritos podem explicar a natureza dos seus sofrimentos ou da sua felicidade?

– Perfeitamente, e essas revelações representam para vós um grande ensinamento, pois vos iniciam no conhecimento da natureza das penas e recompensas futuras. Ao destruir as ideias falsas sobre o assunto, elas tendem a vos reavivar a fé e a confiança na bondade de Deus. Os Espíritos bons se sentem felizes ao vos relatar a felicidade dos eleitos. Os maus podem ser constrangidos a descrever os seus sofrimentos, para provocar neles mesmos o arrependimento. Às vezes encontram nisso uma espécie de alívio: é o infeliz que se lamenta esperando a compaixão.

Não vos esqueçais de que o fim essencial e exclusivo do Espiritismo é a vossa melhora. É para atingi-lo que os Espíritos têm a permissão de vos iniciar na vida futura, oferecendo-vos exemplos que podereis aproveitar. Quanto mais vos identificardes com o mundo que vos espera, menos sofrereis com esse em que estais. *Esse é, em suma, o objetivo atual da revelação.*[14]

23. Evocando-se uma pessoa cujo destino é ignorado, pode-se saber dela mesma se ainda está viva?

– Sim, se a incerteza quanto à sua morte não for uma necessidade ou uma prova para os que têm interesse em sabê-lo.

– Se tiver morrido, poderá relatar as circunstâncias da sua morte, de maneira a se poder verificá-la?

– Se der alguma importância a isso, poderá fazê-lo. Se não, pouco se incomodará.

Observação – *A experiência prova que, nesses casos, o Espírito não é absolutamente tocado pelo nosso interesse quanto às circunstâncias de sua morte. Se quiser revelá-las o fará por si mesmo, seja por via mediúnica ou por meio de visões e aparições, podendo dar então as indicações mais precisas. Caso contrário, um Espírito mistificador pode perfeitamente tomar-lhe o lugar e divertir-se indicando pesquisas inúteis.*

Acontece sempre que o desaparecimento de uma pessoa, cuja morte não pode ser oficialmente constatada, cria embaraços aos negócios de família. Somente em casos raros e excepcionais temos visto os Espíritos indicarem as pistas verdadeiras, quando interrogados. Se quisessem fazê-lo não há dúvida de que o poderiam, mas quase sempre isso não lhes é permitido, se esses embaraços constituem provas para aqueles que desejam afastá-los.

É, pois, enganar-se com uma esperança quimérica tentar por esse meio a obtenção de heranças, das quais a única coisa positiva é o dinheiro que se gasta com esse fim. Não faltam Espíritos dispostos a alimentar essas esperanças, sem nenhum escrúpulo de levar os interessados a pesquisas das quais serão felizes se saírem apenas com um pouco de ridículo.

[14] O grifo é nosso. Algumas traduções não trazem essa frase final. Para algumas pessoas parece absurdo que o fim atual da revelação seja apenas a nossa melhora pessoal. Mas basta refletir que sem melhorar o homem não se pode melhorar o mundo, para se compreender que a frase está certa. A finalidade do Espiritismo é a nossa transformação moral. (N. do T.)

293. *Perguntas sobre a saúde.*

24. Os Espíritos podem aconselhar sobre a saúde?

– A saúde é condição necessária para o trabalho que devemos executar na Terra, e por isso os Espíritos se ocupam dela de boa vontade. Mas, como há ignorantes e sábios entre eles, nesse caso como em outros, não convém dirigir-se ao primeiro que se manifeste.

25. Dirigindo-nos ao Espírito de uma celebridade médica, seria mais certo obtermos um bom conselho?

– As celebridades médicas não são infalíveis e têm muitas vezes opiniões sistemáticas, que nem sempre são justas e das quais a morte não as livra de repente. A Ciência terrena é bem pouco ao pé da Ciência celeste. Somente os Espíritos superiores possuem esta última. Sem terem nomes conhecidos de vós, podem eles saber muito mais, sobre todas as coisas, do que os vossos sábios. A Ciência não é suficiente para tornar os Espíritos superiores e ficaríeis muito espantados com o lugar que certos sábios ocupam entre nós. O Espírito de um sábio pode, pois, não saber nada mais do que quando estava na Terra, se não progrediu como Espírito.

26. O sábio, como Espírito, reconhece os seus erros científicos?

– Se atingiu um grau bastante elevado para se desembaraçar da sua vaidade e compreender que o seu desenvolvimento não é completo, os reconhece e os confessa sem se envergonhar. Mas, se não estiver suficientemente desmaterializado, pode conservar alguns dos preconceitos de que se achava imbuído na Terra.

27. Um médico, evocando os seus clientes mortos, poderia deles obter esclarecimentos sobre a causa de suas mortes, as faltas que poderia ter cometido no seu tratamento e aumentar assim a sua experiência?

– Pode. E isso lhe seria muito útil, sobretudo se ele se fizesse assistir por Espíritos esclarecidos, que supririam a falta de conhecimento de alguns doentes. Mas para isso seria necessário fazer esses estudos de maneira séria, assídua, com fim humanitário, e não como meio de adquirir saber e fortuna sem trabalho.

294. *Perguntas sobre invenções e descobertas.*

28. Os Espíritos podem dar orientação em pesquisas científicas e descobertas?

– A Ciência é obra do gênio; só deve ser adquirida pelo trabalho, porque é somente pelo trabalho que o homem avança no seu caminho. Que mérito teria se lhe bastasse interrogar os Espíritos para tudo saber? Qualquer imbecil poderia tornar-se sábio por esse preço. Acontece o mesmo no tocante às invenções e às descobertas industriais. Mas há ainda uma consideração: é que cada coisa deve vir no seu tempo e quando as ideias gerais estão maduras para a receber. Se o homem tivesse esse poder, subverteria a ordem das coisas, fazendo os frutos nascerem antes do tempo.

Deus disse ao homem: *ganharás o pão com o suor do teu rosto,* admirável figura que retrata a sua condição neste mundo. Ele tem de progredir em tudo pelo esforço no trabalho. Se as coisas lhe fossem dadas inteiramente feitas, para que lhe serviria a sua inteligência? Ele seria como um escolar cujas tarefas fossem feitas por outro.

29. O sábio e o inventor nunca são assistidos pelos Espíritos nas suas pesquisas?

– Oh, isso é bem diferente. Quando chega o tempo de uma descoberta, os Espíritos incumbidos de lhe dirigir a marcha procuram o homem capaz de a levar a bom termo. Inspiram-lhe as ideias necessárias, com o cuidado de lhe deixar todo o mérito, porque essas ideias ele terá de elaborar e pôr em execução. Assim acontece com todos os grandes trabalhos da inteligência humana. Os Espíritos respeitam cada homem na sua esfera própria: aquele que só é capaz de cavar a terra não será feito depositário dos segredos de Deus, mas saberão tirar da obscuridade o homem capaz de realizar seus desígnios. Não vos deixeis pois arrastar, pela curiosidade ou a ambição, por um caminho que não corresponda ao objetivo do Espiritismo e que resultaria, para vós, nas mais ridículas mistificações.

Observação – *O conhecimento mais preciso do Espiritismo acalmou a febre das descobertas que, no princípio, muitos se vangloriavam de fazer por seu intermédio. Chegaram mesmo a pedir aos Espíritos receitas para tingir e fazer nascer cabelos, para curar calos, etc. Vimos muitas pessoas que acreditavam já ter feito fortuna e só colheram resultados mais ou menos ridículos. Acontece o mesmo quando se deseja penetrar o mistério da origem das coisas com a ajuda dos Espíritos. Certos Espíritos têm os seus sistemas a respeito, que não valem mais do que os dos homens e que convém receber com a maior reserva.*

295. *Perguntas sobre tesouros ocultos.*

30. Os Espíritos podem indicar-nos tesouros ocultos?

– Os Espíritos superiores não se ocupam dessas coisas, mas os brincalhões muitas vezes indicam tesouros inexistentes ou podem ainda indicar um lugar enquanto o tesouro se encontra em outro. E isso tem a sua utilidade, por mostrar que a verdadeira fortuna está no trabalho. Se a Providência destina riquezas ocultas a alguém, essa pessoa as encontrará naturalmente e não de outra maneira.

31. Que pensar da crença nos Espíritos guardiães de tesouros ocultos?

Os Espíritos ainda não desmaterializados se apegam às coisas. Os avarentos que ocultaram seus tesouros podem ainda vigiá-los e guardá-los depois da morte. A perplexidade em que caem ao vê-los roubados é um dos seus castigos, até que compreendam a inutilidade dos mesmos para eles. Mas existem também os Espíritos da terra, encarregados de lhe dirigir as transformações interiores, e que, por alegoria, foram transformados em guardas das riquezas naturais.[15]

Observação – *A questão dos tesouros ocultos é do mesmo gênero da questão das heranças ignoradas. Bem louco seria aquele que contasse com as pretensas revelações que lhe podem fazer os malandros do mundo invisível. Já dissemos que quando os Espíritos querem ou podem fazer dessas revelações as fazem espontaneamente, não precisando de médiuns para isso. Eis aqui um exemplo.*

Uma senhora perdera o marido após trinta anos de casamento e estava ameaçada de ser expulsa de sua residência, sem nenhum recurso, pelos enteados, para os quais havia sido uma segunda mãe. Seu desespero chegara ao auge e uma noite o marido lhe apareceu e a convidou a segui-lo até o seu escritório. Lá lhe mostrou a sua escrivaninha, que ainda estava selada, e provocando um efeito de segunda vista lhe fez ver no seu interior. Indicou-lhe uma gaveta secreta, que ela não conhecia, explicando-lhe o seu mecanismo, e acrescentou: "Eu previ o que está acontecendo e quis assegurar a tua sorte; nessa gaveta estão as minhas últimas disposições; deixei-te o usufruto desta casa e uma renda de..." Depois desapareceu. No dia de tirar os selos judiciais, ninguém pôde abrir a gaveta. A senhora então contou o que lhe havia acontecido. Abriu a gaveta, seguindo as instruções do marido, e lá encontraram o testamento conforme o que lhe havia sido anunciado.

296. *Perguntas sobre outros mundos.*

32. Qual o grau de confiança que podemos ter nas descrições dos Espíritos sobre os outros mundos?

– Isso depende do grau de adiantamento real dos Espíritos que dão essas descrições. Porque compreendeis que os Espíritos vulgares são tão incapazes de vos informar a respeito como um ignorante o seria, entre vós, no tocante aos países da Terra.

[15] Os Espíritos da terra são Espíritos incumbidos de agir nesse setor do nosso globo, como os há dos demais elementos. O Espiritismo não os considera seres especiais, mas pertencentes à linha da Humanidade. Ver a respeito *O Livro dos Espíritos*. (N. do T.)

Formulais muitas vezes, sobre esses mundos, questões científicas que esses Espíritos não podem resolver. Se são de boa-fé, falam a respeito segundo as suas ideias pessoais. Se são levianos, divertem-se a vos dar descrições bizarras e fantásticas, tanto mais que esses Espíritos, tão imaginosos na erraticidade como na Terra, tiram da própria imaginação o relato de muitas coisas que nada têm de real. Entretanto, não acrediteis na impossibilidade absoluta de obter alguns esclarecimentos sobre esses mundos. Os Espíritos bons gostam mesmo de descrever aqueles que habitam, a fim de oferecer ensinamentos para vos melhorar e vos colocar no caminho que vos pode conduzir a eles. É uma maneira de concentrar as vossas ideias sobre o futuro e não vos deixar no vácuo.[16]

32.a Como podemos controlar a exatidão dessas descrições?

– O melhor controle é a concordância que possa haver entre elas. Mas lembrai-vos que elas têm por fim o vosso melhoramento moral. Por conseguinte, é sobre o estado moral dos habitantes que podeis ser melhor informados, e não sobre o estado físico ou geológico desses globos. Com os vossos conhecimentos atuais não poderíeis mesmo compreendê-lo. Esse estudo de nada serviria ao vosso progresso neste mundo e tereis toda a possibilidade de fazê-lo quando lá estiverdes.[17]

Observação *– As perguntas sobre a constituição física e as condições astronômicas dos mundos entram no campo das pesquisas científicas, cujos trabalhos os Espíritos não podem poupar-nos. Do contrário, um astrônomo acharia muito cômodo mandar os Espíritos fazerem os seus cálculos, que, sem dúvida, depois não confessaria. Se os Espíritos pudessem, pela revelação, poupar o trabalho de uma descoberta, provavelmente o fariam em favor de um sábio bastante modesto para abertamente reconhecer a fonte, e não em proveito dos orgulhosos que os renegam e aos quais, pelo contrário, muitas vezes reservam as decepções do amor-próprio.*[18]

---

[16] É o mesmo problema das descrições da vida espiritual: o objetivo é oferecer aos homens uma informação menos vaga que a das teologias, preparando-os melhor para o futuro a que ninguém escapa. (N. do T.)

[17] Aplica-se aqui o critério do "consenso universal", que encontramos em *O Livro dos Espíritos.* A multiplicidade de testemunhos semelhantes, estranhos uns aos outros, tem uma validade provável. (N. do T.)

[18] Há alguns exemplos do primeiro caso. Recentemente o médico, engenheiro eletrônico e parapsicólogo Andrija Puharich descobriu, por revelação mediúnica obtida em Nova Iorque, um novo alucinógeno extraído de um cogumelo. Puharich foi suficientemente honesto e modesto para relatar o caso, com pormenores, em seu livro *O Cogumelo Sagrado*. (N. do T.)

CAPÍTULO XXVII

CONTRADIÇÕES E MISTIFICAÇÕES

DAS CONTRADIÇÕES

297. Os adversários do Espiritismo não se esquecem de objetar que os seus adeptos não concordam entre si. Que nem todos partilham das mesmas crenças. Numa palavra: que se contradizem. Se o ensinamento é dado pelos Espíritos, dizem eles, como pode não ser o mesmo? Somente um estudo sério e aprofundado da Ciência pode reduzir estes argumentos ao seu justo valor.

Digamos desde logo, para começar, que essas contradições, de que certas pessoas fazem grande alarde, são em geral mais aparentes do que reais, que se referem mais à superfície do que ao fundo dos problemas, e que por isso mesmo não têm importância. Essas contradições procedem de duas fontes: os homens e os Espíritos.

298. As contradições de origem humana foram suficientemente explicadas no item *Sistemas,* n.º 36, ao qual nos reportamos. Compreende-se que no começo, quando as observações eram ainda incompletas, surgiram opiniões divergentes sobre as causas e as consequências dos fenômenos espíritas. Dessas opiniões, três quartas partes já caíram diante de um estudo mais sério e profundo. Com poucas exceções, e à parte as pessoas que não se livram facilmente das ideias que acariciaram ou engendraram, pode-se hoje dizer que há unidade da imensa maioria dos espíritas quanto aos princípios gerais, com exceção talvez de alguns detalhes insignificantes.

299. Para compreender a causa e o valor das contradições de origem espírita temos de identificar-nos com a natureza do mundo invisível, tendo para isso estudado todos os seus aspectos. À primeira vista pode parecer estranho que os Espíritos não pensem todos da mesma maneira, mas isso não pode surpreender a quem conhecer o número infinito de graus que eles devem percorrer para chegar ao alto da escala. Para querer uma visão única das coisas teríamos de supô-los a todos no mesmo nível; pensar que todos devem ver com justeza seria admitir que todos chegaram à perfeição, o que não acontece nem poderia acontecer, quando nos lembramos de que eles não são nada mais do que a humanidade desprovida do envoltório corporal. Como os espíritos de todos os graus podem manifestar-se, resulta que as suas comunicações trazem o cunho da sua ignorância ou do seu saber, da sua inferioridade ou da sua superioridade moral. E é justamente para distinguir o verdadeiro do falso, o bom do mau, que devem servir as instruções que temos dado.

Não se deve esquecer de que há entre os Espíritos, como entre os homens, falsos sábios e semissábios, orgulhosos, presunçosos e sistemáticos. Como só aos Espíritos perfeitos é dado tudo conhecer, para os demais, como para nós, há mistérios que eles explicam à sua maneira, segundo as suas ideias, e sobre os quais podem formar opiniões mais ou menos justas, que por seu amor-próprio querem fazer prevalecer e gostam de repetir em suas comunicações. O erro está na atitude de alguns de seus intérpretes, esposando com muita precipitação opiniões contrárias ao bom senso e fazendo-se os seus divulgadores responsáveis. Assim, as contradições de origem espírita só têm por causa a diversidade natural das inteligências, dos conhecimentos, da capacidade de julgar e da moralidade de certos Espíritos que ainda não estão aptos a tudo conhecer e compreender. (Ver *O Livro dos Espíritos,* Introdução ao estudo da doutrina espírita, item XIII, e, na conclusão, item IX.)[1]

300. De que serve o ensino dos Espíritos, dirão algumas pessoas, se não nos oferece maior grau de certeza que a dos homens? A resposta é fácil. Não aceitamos com a mesma confiança o ensino de todos os homens, e entre duas doutrinas não preferimos aquela cujo autor nos pareça mais esclarecido, mais capaz, mais judicioso, menos exposto às paixões? É necessário agir da mesma maneira com os Espíritos. Se entre eles há os que não se elevaram acima da humanidade, há também muitos que a ultrapassaram e podem nos dar instruções que em vão buscaríamos entre os homens mais instruídos. É a distingui-los da turba dos Espíritos inferiores que devemos nos aplicar, se quisermos nos esclarecer, e é essa distinção que conduz o conhecimento aprofundado do Espiritismo. Mas essas mesmas instruções têm o seu limite. Se aos Espíritos não é dado saber tudo, com mais forte razão deve ser assim também com os

[1] Como Kardec sempre acentuou, devemos considerar os Espíritos como criaturas humanas desencarnadas, e não como entes divinos. Essa posição natural evitaria que aceitássemos grande parte das suas comunicações, evitando muitos enganos. (N. do T.)

homens. Há assuntos, portanto, sobre os quais os interrogaríamos em vão, seja porque não podem fazer revelações, seja por ignorarem os mesmos, só podendo nos dar a sua opinião pessoal. São essas opiniões pessoais que os Espíritos orgulhosos nos dão como verdades absolutas. É sobretudo a respeito do que deve permanecer oculto, como o futuro e o princípio das coisas, que eles mais insistem, a fim de darem a impressão de que conhecem os segredos de Deus. E é também sobre esses pontos que há mais contradições. (Ver o capítulo precedente.)

301. Eis as respostas dadas pelos Espíritos às perguntas que fizemos sobre o problema das contradições:

1. O mesmo Espírito, comunicando-se em dois Centros diferentes, pode transmitir sobre o mesmo assunto opiniões contraditórias?

– Se os dois Centros diferem no tocante a ideias e opiniões, a comunicação poderá lhes chegar modificada, porque estão sob a influência de diferentes falanges de Espíritos: então não é a comunicação que é contraditória, mas a maneira por que é transmitida.

2. Compreende-se que uma resposta possa ser alterada, mas, quando as qualidades do médium excluem toda ideia de má influência, como podem Espíritos superiores usarem linguagem diversa e contraditória, sobre o mesmo assunto, para pessoas inteiramente sérias?

– Os Espíritos realmente superiores jamais se contradizem. Sua linguagem é sempre a mesma *com as mesmas pessoas*. Mas pode variar segundo as pessoas e os lugares. Deve-se, porém, prestar atenção a isto: a contradição é muitas vezes aparente e refletindo-se a respeito vê-se que a ideia fundamental é a mesma. Ademais, o mesmo Espírito pode responder diferentemente sobre a mesma questão, segundo o grau de perfeição dos que o evocam. Nem sempre convém que todos recebam a mesma resposta, por não estarem todos igualmente adiantados. É exatamente como se uma criança e um sábio te fizessem a mesma pergunta: certamente responderias a cada um de maneira a se fazer compreender e a satisfazê-los. As respostas, embora diferentes, teriam sempre o mesmo sentido.

3. Com que fim os Espíritos sérios parecem aceitar junto a certas pessoas ideias e até mesmo preconceitos que combatem junto de outras?

– É necessário que nos façamos compreender. Se alguém tem uma convicção bem estabelecida sobre uma doutrina, mesmo que falsa, devemos afastá-lo dessa convicção, mas a pouco e pouco. É por isso que nos servimos muitas vezes dos seus termos e aparentamos estar integrados nas suas ideias, a fim de que não se assuste de repente e deixe de se instruir conosco.

– Aliás, não é conveniente atacar muito bruscamente os preconceitos. Seria esse um bom meio de não sermos ouvidos. Eis por que os Espíritos falam frequentemente de acordo com a opinião dos que os escutam, procurando levá-los pouco a pouco à verdade. Apropriam a sua linguagem às pessoas, como tu mesmo o farás, se fores um orador um tanto hábil. É por isso que não falarão a um chinês ou a um muçulmano da mesma maneira que a um francês, a um cristão, pois estariam certos de ser repelidos.

– Não se deve tomar por uma contradição o que geralmente é apenas uma fase da elaboração da verdade. Todos os Espíritos têm a sua tarefa marcada por Deus. Cumprem-na segundo as condições que consideram convenientes para beneficiar os que recebem suas comunicações.[2]

4. As contradições, mesmo aparentes, podem lançar dúvidas na mente de certas pessoas. De que método podemos servir-nos para conhecer a verdade?

– Para discernir o erro da verdade é necessário aprofundar o entendimento dessas respostas, meditando-as demorada e seriamente. É um verdadeiro estudo que se tem de fazer. Precisa-se de tempo para isso, como para todos os estudos.

– Estudai, comparai, aprofundai-vos nas questões. Temos dito incessantemente: o conhecimento da verdade tem esse preço. Como quereis chegar à verdade interpretando tudo segundo as vossas ideias estreitas, que considerais grandes ideias? Mas não vem longe o dia em que o ensino dos Espíritos será um só para todos nos detalhes como nas linhas mestras. Sua missão é a de destruir o erro, mas isso só se consegue gradativamente.

5. Há pessoas que não têm o tempo nem a aptidão necessária a um estudo sério e aprofundado. Aceitam sem exame o que lhes ensinam. Mas não há nisso, para elas também, o inconveniente de acreditar em erros?

– Que pratiquem o bem e não façam o mal, isso é o essencial. Para isso não há duas doutrinas. O bem é sempre o bem, quer o façam em nome de Alá ou de Jeová, porque só há um mesmo Deus para o Universo.

6. Como podem os Espíritos, que parecem desenvolvidos em inteligência, ter ideias evidentemente falsas sobre certas coisas?

---

[2] Estas explicações têm sido interpretadas maliciosamente por certos adversários do Espiritismo, que se fazem de desentendidos para acusar os Espíritos de hipócritas. Não se trata de impingir ideias a ninguém, o que os Espíritos superiores nunca fazem, mas de ajudar os que, iludidos por falsas ideias, necessitam de orientação no seu processo evolutivo. Todos os verdadeiros mestres usam esse sistema. (N. do T.)

– Eles têm as suas doutrinas. Os que não são bastante adiantados, mas julgam que o são, tomam as suas ideias pela verdade. É como acontece entre vós.[3]

7. Que pensar das doutrinas que só aceitam a comunicação de um Espírito, que seria Deus ou Jesus?

– *O Espírito que a ensina deseja dominar e por isso quer impor-se como único. Mas o infeliz que ousa tomar o nome de Deus pagará bem caro o seu orgulho. Essas doutrinas se refutam a si mesmas porque estão em contradição com os fatos mais amplamente verificados. Não merecem exame sério, pois não têm fundamento.*[4]

– *A razão vos diz que o bem procede de uma boa fonte e o mal de uma fonte má. Como quereis que uma árvore boa dê maus frutos? Já colhestes uvas na macieira? A diversidade das comunicações é a prova patente da diversidade de sua origem. Aliás, os Espíritos que desejam ser os únicos a se comunicarem se esquecem de dizer por que motivo os outros não o poderiam fazer. Sua negação é a negação do que o Espiritismo tem de mais belo e mais consolador: as relações do mundo visível com o mundo invisível, dos homens com os entes que lhes são caros e que assim estariam perdidos para eles sem retorno. São essas relações que identificam o homem com o seu futuro, que o destacam do mundo material.*[5] *Suprimir essas relações seria mergulhá-lo na dúvida que é o seu tormento, seria alimentar o seu egoísmo. Examinando com atenção a doutrina desses Espíritos, deparamos a cada passo com injustificáveis contradições, provas da sua ignorância a respeito das coisas mais evidentes e, por conseguinte, com os sinais seguros de sua inferioridade.* – O ESPÍRITO DA VERDADE.

8. De todas as contradições que se notam nas comunicações dos Espíritos, uma das mais chocantes é a relativa à reencarnação. Se a reencarnação é uma necessidade da vida espírita, como nem todos os Espíritos a ensinam?

---

[3] As doutrinas humanas são geralmente fechadas e estáticas. Formam sistemas de ideias a que os homens se apegam. Por isso a Doutrina Espírita se apresenta aberta e dinâmica, baseada na pesquisa e formada pelas contribuições de numerosos Espíritos e homens superiores. O Espiritismo não se apresenta como *a verdade*, mas como *a busca incessante da verdade*, que se acelera e amplia na proporção em que os homens e o mundo evoluem. (N. do T.)

[4] Kardec formulou essa pergunta porque a doutrina do "Espírito único" havia sido lançada em Paris e, por mais absurdo que pareça, fazia adeptos. Também por isso o Espírito da Verdade se interessou em dar uma comunicação assinada sobre o assunto. Hoje, outras doutrinas continuam a surgir, sempre contraditórias e absurdas, através de médiuns ansiosos de projeção e renome. Basta analisá-las com atenção, como ensina o trecho acima, para percebermos em todas elas os traços da ignorância e da ambição dos seus criadores. (N. do T.)

[5] Note-se a importância desse conceito sobre as relações mediúnicas. O grifo é nosso. (N. do T.)

– Não sabeis que existem Espíritos cujas ideias estão limitadas ao presente, como acontece com muitos homens na Terra? Pensam que a sua situação atual deve durar para sempre, não enxergam além do círculo de suas percepções imediatas e não se perguntam de onde vêm e para onde vão. Apesar disso, devem sujeitar-se à lei da necessidade. A reencarnação é para eles uma necessidade em que não pensam enquanto ela não chega. Bem sabem que o Espírito progride, mas de que maneira? Isso é para eles um problema. Então, se lhes fazeis a pergunta, responderão com os sete céus superpostos como andares. Há mesmo os que responderão com a esfera de fogo, a de estrelas, a de flores e a dos eleitos.

9. Concebemos que Espíritos pouco adiantados não possam compreender essa questão. Mas como é que outros Espíritos, de inferioridade moral e intelectual notórias, falam espontaneamente de suas diferentes existências e de seu desejo de reencarnar para resgatar o passado?

– No mundo dos Espíritos se passam coisas que é difícil de compreenderdes. Não tendes entre vós pessoas que são ignorantes de certas coisas e esclarecidas sobre outras? Não sabeis que certos Espíritos gostam de manter os homens na ignorância e tomam para isso ares de instrutores, aproveitando-se da facilidade com que aceitam as suas palavras? Eles podem seduzir os que não examinam as coisas, mas quando os apertamos no círculo do raciocínio não sustentam o seu papel por muito tempo.

– É necessário, por outro lado, levar em conta a prudência geral dos Espíritos na propagação da verdade: uma luz viva e súbita ofusca, não esclarece. Eles podem, pois, em certos casos, julgar conveniente expandi-la gradualmente, de acordo com a época, os lugares e as pessoas. Moisés não ensinou tudo o que o Cristo ensinaria. E o próprio Cristo disse muitas coisas cuja compreensão estava reservada às gerações futuras. Falais da reencarnação e vos admirais de que esse princípio não tenha sido ensinado em certos países; lembrai-vos então de que num país dominado pelo preconceito de cor, com a escravidão enraizada nos costumes, o Espiritismo seria repelido pelo simples fato de proclamar a reencarnação. Porque a ideia de que o senhor possa tornar-se escravo e vice-versa teria parecido monstruosa. Não valeria a pena divulgar primeiro a ideia geral, deixando para tirar mais tarde as suas consequências?[6]

[6] Essa estratégia dos Espíritos superiores para a revelação da verdade prova a inferioridade do nosso mundo. Eles agiram de início, e continuam agindo ainda hoje, de maneira pedagógica, tratando os povos civilizados (e os mais adiantados da Terra) como os professores inteligentes tratam as crianças na escola primária. (N. do T.)

– Oh, homens! Como a vossa vista é curta para apreciar os desígnios de Deus! Sabei, então, que nada se faz sem a sua permissão e sem um objetivo que frequentemente não conseguis penetrar. Já vos disse que será feita a unidade da crença espírita. Tende certeza de que ela se fará. E que as dissidências, já menos profundas, irão se apagando pouco a pouco, à medida que os homens se esclarecerem, e desaparecerão por completo, porque essa é a vontade de Deus, contra a qual o erro não pode prevalecer. – O ESPÍRITO DA VERDADE.[7]

10. As doutrinas errôneas que certos Espíritos podem ensinar não retardam o progresso da verdadeira Ciência?

Quereis obter tudo sem dificuldades. Mas lembrai-vos de que não há campo sem ervas daninhas que o lavrador deva arrancar. Essas doutrinas errôneas são uma consequência da inferioridade do vosso mundo. Se os homens fossem perfeitos só aceitariam a verdade. Os erros são como pedras falsas que só um olho experiente pode distinguir. Necessitais, portanto, de aprendizado para distinguir o verdadeiro do falso. Pois bem, as falsas doutrinas têm a utilidade de vos exercitar na separação da verdade e do erro.

10.a. Os que aceitam o erro não retardam o seu progresso?

– Se aceitam o erro é porque não estão suficientemente adiantados para compreender a verdade.

302. Esperando que se faça a unidade, cada qual acredita possuir a verdade e sustenta que só ele está com a verdade. Ilusão que os Espíritos mistificadores não deixam de entreter. Sobre o que poderá se apoiar o homem imparcial e desinteressado para fazer o seu julgamento?

– A luz mais pura não é obscurecida por nenhuma nuvem. O diamante sem jaça é o de maior valor. Julgai os Espíritos pela pureza dos seus ensinamentos. A unidade se fará onde o bem jamais se tenha misturado com o mal. É ali que os homens se ligarão pela própria força das circunstâncias, porque julgarão que ali se encontra a verdade.

– Notai que os princípios fundamentais são os mesmos por toda parte e devem vos unir num pensamento comum: o amor a Deus e a prática do bem. Seja qual for a via de progresso que se pretende para as almas, o objetivo final é o mesmo, praticar o bem. Ora, não há duas maneiras de o fazer.

---

[7] Novas dissidências continuam a surgir, mas a sua própria fragilidade nos mostra como serão passageiras. Espíritos e médiuns, levados pela vaidade e a imaginação, criam sistemas novos como castelos na areia. O tempo, as águas e o vento se incumbirão de destruí-los. A verdade é uma só, e o mundo está sujeito à lei da evolução. (N. do T.)

– Se surgirem dissidências capitais, referentes ao próprio fundamento da doutrina, tendes uma regra segura para as apreciar. A regra é esta: a melhor doutrina é aquela que melhor satisfaz ao coração e à razão e que dispõe de mais recursos para conduzir os homens ao bem. Essa, eu vos dou a certeza, é a que prevalecerá. – O ESPÍRITO DA VERDADE.

DAS MISTIFICAÇÕES

303. Se enganar-se é desagradável, pior ainda é ser mistificado. Aliás, é esse um inconveniente de que mais facilmente podemos nos preservar. Os meios de desmanchar as armadilhas dos Espíritos mistificadores foram expostos nas instruções precedentes e por isso diremos pouco a respeito. Eis as respostas dadas pelos Espíritos sobre o assunto.

1. As mistificações são um dos escolhos mais desagradáveis da prática espírita. Haverá um meio de evitá-las?

– Parece-me que podeis encontrar a resposta revendo o que já vos foi ensinado. Sim, é claro, há para isso um meio muito simples, que é o de não pedir ao Espiritismo nada mais do que ele pode e deve dar-vos; seu objetivo é o aperfeiçoamento moral da Humanidade. Desde que não vos afasteis disso, jamais sereis mistificados, pois não há duas maneiras de se compreender a verdadeira moral, mas somente aquela que todo homem de bom senso pode admitir.

– Os Espíritos vêm instruir-vos e guiar-vos na rota do bem e não na das honrarias e da fortuna, ou para atender às vossas pequeninas paixões. Se jamais lhe pedissem futilidades ou o que seja além de suas atribuições, ninguém daria acesso aos Espíritos mistificadores. Do que se conclui que só é mistificado aquele que o merece.

– Os Espíritos não estão incumbidos de vos instruir nas coisas deste mundo, mas de vos guiar com segurança naquilo que vos

---

NOTA. Das causas seguintes podem derivar as contradições que se notam nas comunicações espíritas: da ignorância de certos Espíritos; do embuste dos Espíritos inferiores que, por malícia ou maldade, dizem o contrário do que disse algures o Espírito cujo nome eles usurpam; da vontade do próprio Espírito, que fala segundo os tempos, os lugares e as pessoas, e que pode julgar conveniente não dizer tudo a toda gente; da insuficiência da linguagem humana para exprimir as coisas do mundo incorpóreo; da insuficiência dos meios de comunicação, que nem sempre permitem ao Espírito expressar todo o seu pensamento; enfim, da interpretação que cada um pode dar a uma palavra ou a uma explicação, segundo suas ideias, seus preconceitos, ou o ponto de vista donde considere o assunto. Só o estudo, a observação, a experiência e a isenção de todo sentimento de amor-próprio podem ensinar a distinguir estes diversos matizes.

possa ser útil para o outro. Quando vos falam das coisas daqui é por considerarem isso necessário, mas não porque o pedis. Se quiserdes ver nos Espíritos os substitutos dos adivinhos e dos feiticeiros, então sereis mistificados.

– Se bastasse aos homens dirigir-se aos Espíritos para tudo saberem, perderiam o livre-arbítrio e sairiam dos desígnios traçados por Deus para a Humanidade. O homem deve agir por si mesmo. Deus não envia os Espíritos para lhe aplainarem a rota da vida material, mas para lhe prepararem a do futuro.

1.a. Mas há pessoas que nada pedem e são indignamente logradas por Espíritos que se manifestam espontaneamente, sem que os evoquem.

Se nada pedem, aceitam o que dizem, o que dá na mesma. Se recebessem com reserva e desconfiança tudo o que se afasta do objetivo essencial do Espiritismo, os Espíritos levianos não as enganariam tão facilmente.

2. Por que Deus permite que pessoas sinceras, que aceitam de boa-fé o Espiritismo, sejam mistificadas? Isso não poderia acarretar o inconveniente de lhes abalar a crença?

– *Se isso lhes abalasse a crença, seria por não terem a fé bastante sólida. As pessoas que abandonassem o Espiritismo por um simples desapontamento provariam não o haver compreendido, não se terem apegado ao seu aspecto sério. Deus permite as mistificações para provar a perseverança dos verdadeiros adeptos e punir os que fazem do Espiritismo um simples meio de divertimento.* – O ESPÍRITO DA VERDADE.

Observação – *A malandragem dos Espíritos mistificadores ultrapassa às vezes tudo que se possa imaginar. A arte com que assestam as suas baterias e tramam os meios de persuadir seria digna de atenção, caso se limitassem a brincadeiras inocentes. Mas as mistificações podem ter consequências desagradáveis para os que não se previnam. Somos muito felizes por termos podido abrir os olhos a tempo a muitas pessoas que nos pediram conselhos, livrando-as de situações ridículas e comprometedoras.*

Entre os meios empregados por esses Espíritos devemos colocar em primeiro lugar, como os mais frequentes, os que excitam a cupidez, como a revelação de pretensos tesouros ocultos, o anúncio de heranças e de outras fontes de riqueza. Devem também considerar-se desde logo suspeitas as predições com épocas marcadas e todas as indicações precisas referentes a interesses materiais. Toda cautela com as providências prescritas ou aconselhadas pelos Espíritos, quando os fins não forem claramente razoáveis.

Jamais se deixar ofuscar pelos nomes usados pelos Espíritos para darem validade às suas palavras. Desconfiar das teorias e sistemas científicos ousados. Enfim, desconfiar de tudo o que se afaste do objetivo moral das manifestações. Poderíamos escrever um volume dos mais curiosos com as estórias de todas as mistificações que têm chegado ao nosso conhecimento.[8]

[8] A falta de observação dessas instruções tem permitido a divulgação e aceitação de numerosas teorias pseudocientíficas em nosso país e em todo o mundo, que contribuem para o descrédito do Espiritismo. A vaidade pessoal de médiuns, de estudiosos da doutrina e até mesmo de intelectuais de valor inegável, estes sempre dispostos a criticar e a superar Kardec, tem levado essas pessoas ao ridículo, inutilizando-as para o verdadeiro trabalho de divulgação e orientação. Essas instruções devem ser lidas e meditadas pelos que desejam realmente servir à causa espírita. (N. do T.)

CAPÍTULO XXVIII

CHARLATANISMO E PRESTIDIGITAÇÃO

MÉDIUNS INTERESSEIROS – AS FRAUDES ESPÍRITAS

MÉDIUNS INTERESSEIROS

304. Como tudo pode servir de exploração, nada de estranho que se quisesse também explorar os Espíritos. Resta saber como os Espíritos receberiam isso, caso tentassem especular com eles. Digamos de início que nada se prestaria melhor ao charlatanismo e à prestidigitação. Assim como temos falsos médiuns, bastaria isso para termos fundados motivos de desconfiança. O desinteresse, pelo contrário, é a melhor resposta que podemos dar aos que só veem nos fatos o produto de habilidades, porque não há charlatanismo desinteressado. Que motivo teriam as pessoas que praticassem a mistificação sem nenhuma vantagem, tanto mais quando a sua reconhecida honorabilidade as coloca acima de suspeições?

Se o fato de obter lucros com sua faculdade pode levantar suspeitas sobre o médium, entretanto não prova que as suspeitas sejam fundadas. Ele poderia ter uma faculdade real e agir de boa-fé ao se fazer pagar. Vejamos se é possível esperar, nesse caso, algum resultado satisfatório.

305. Se ficou bem compreendido o que dissemos das condições necessárias a um intérprete dos Espíritos bons, como poderíamos supor que um Espírito, por pouco elevado que fosse, estivesse a todos os momentos à disposição de um empresário de sessões, sujeito às suas exigências para atender ao primeiro curioso? Devemos lembrar as numerosas causas que podem afastar os Espíritos bons, as circunstâncias independentes da sua vontade que os podem impedir de agir, enfim, todas as condições de natureza moral que podem influir nas comunicações. Conhecemos a aversão dos Espíritos por tudo o que cheira a cupidez e egoísmo, a pouca importância que dão às coisas materiais, e apesar disso aceitaríamos que eles ajudassem os que pretendem negociar as suas manifestações? Isso repugna à razão e seria necessário quase nada conhecer do mundo espírita para admitir tal coisa.

Mas os Espíritos levianos são menos escrupulosos e só buscam ocasiões de se divertirem à nossa custa. Disso resulta que se não formos enganados por um falso médium é bem possível que o sejamos por alguns desses Espíritos. Estas simples reflexões nos dão a medida da confiança que podemos ter em comunicações dessa espécie. Mas de que serviriam hoje os médiuns pagos, se podemos ter nós mesmos a faculdade ou encontrá-la entre os familiares, amigos e conhecidos?[1]

306. Médiuns interesseiros não são somente os que podem exigir um pagamento. O interesse nem sempre se manifesta pela ambição de um lucro material, mas também pelas pretensões de qualquer espécie em que se apoiam desejos pessoais. Essa é também uma fraqueza de que Espíritos brincalhões sabem servir-se muito bem, aproveitando-a com habilidade e astúcia notáveis, embalando em enganos e ilusões os que caem sob a sua dependência.

Em resumo: a faculdade mediúnica é concedida para a prática do bem, e os Espíritos bons se afastam de quem pretender transformá-la em meio para alcançar qualquer coisa contrária aos desígnios da Providência. O egoísmo é a chaga da sociedade. Os Espíritos bons a combatem. Não se pode supor que queiram ajudá-la. Isso é tão racional que seria inútil insistir a respeito.

307. Os médiuns de efeitos físicos pertencem a outra categoria. Esses efeitos são geralmente produzidos por Espíritos inferiores, que são menos dotados de escrúpulos. Não quer dizer que, por isso, esses Espíritos sejam necessariamente maus. Um carregador pode ser muito bom. Um médium dessa categoria que desejasse explorar a sua faculdade poderia encontrar um Espírito que o assistisse sem muita repugnância. Mas ainda nesse caso há um inconveniente. O médium de efeitos físicos, como o de comunicações intelectuais, recebeu a faculdade para bem empregá-la, e não para a sua satisfação pessoal. Se abusar dela poderá perdê-la ou torná-la prejudicial a si próprio, pois a verdade é que os Espíritos inferiores estão servindo sob as ordens dos Espíritos superiores.[2]

Os Espíritos inferiores gostam de mistificar, mas não gostam de ser mistificados.

---

[1] Na Europa e nos Estados Unidos, a regra é o pagamento do "trabalho" mediúnico. Mas isso por falta de conhecimento do Espiritismo e particularmente desse aspecto da mediunidade esclarecido por Kardec: todos somos médiuns e podemos contar entre os familiares e os amigos muitos bons médiuns, bastando para isso organizarmos trabalhos sérios e sistemáticos, sem intenções interesseiras de nenhuma espécie. A mediunidade é uma faculdade humana. (N. do T.)

[2] No caso, portanto, os Espíritos superiores podem afastar os inferiores que estão sob suas ordens, ficando o médium entregue aos mistificadores ou privado da faculdade mediúnica, sendo esta última medida em seu benefício. (N. do T.)

Se espontaneamente se entregam a brincadeiras e aos caprichos da curiosidade, por gostarem de se divertir, não lhes agrada servir de passatempo aos outros nem de comparsas para ganhar dinheiro. Por outro lado, a todo instante provam que têm vontade própria, que agem como e quando bem lhes parece, o que torna os médiuns de efeitos físicos ainda menos seguros da regularidade das manifestações que os médiuns escreventes. Pretender produzi-las em dias e horas certos seria dar prova da mais profunda ignorância. O que fazer, então, para ganhar o dinheiro? Simular os fenômenos, fraudar. É o que podem fazer os que se entregassem declaradamente a esse mister, e mesmo as pessoas aparentemente simples que acham mais fácil ganhar a vida assim do que trabalhando. Se o Espírito nada produz, suprem a sua falta: a imaginação é tão fecunda quando se trata de ganhar dinheiro! Sendo o interesse um motivo legítimo de suspeita, concede por si mesmo o direito de exame rigoroso, com o qual ninguém poderia ofender-se sem justificar-se, anulando-se as suspeitas. Mas essas suspeitas são tão legítimas nos casos de pagamento quanto ofensivas em relação a pessoas honradas e desinteressadas.[3]

308. A faculdade mediúnica, mesmo quando restrita aos limites das manifestações físicas, não foi concedida para exibições de feira. Quem pretender dispor de Espíritos às suas ordens para os exibir em público pode ser suspeito, com justiça, de charlatanismo ou da prática mais ou menos hábil de prestidigitação. Que se lembre disso todas as vezes que surgirem anúncios de pretensas sessões de *Espiritismo* ou de *Espiritualismo* com entrada paga, e se lembre do direito que se adquire ao entrar.

De tudo o que foi dito concluímos que o desinteresse mais absoluto é a melhor garantia contra o charlatanismo. Se ele nem sempre assegura a veracidade das comunicações inteligentes, retira aos Espíritos maus um poderoso meio de ação e fecha a boca a certos detratores.

309. Restaria o que podemos chamar de prestidigitação de amadores, ou seja, as fraudes inocentes de alguns brincalhões de mau gosto. Poderiam ser praticadas como passatempo em reuniões improvisadas e frívolas, mas nunca em assembleias sérias, em que só se admitem pessoas honestas. Pode alguém se dar

[3] No tocante às pessoas desinteressadas é preciso verificar-se bem o desinteresse e levar em conta o seu grau de bom senso. Os mistificadores se servem também da vaidade dos homens, às vezes a mais tola, e de outras fraquezas ocultas, para os fascinar. Não se devem esquecer essas advertências anteriores de Kardec e dos próprios Espíritos. As sessões de fenômenos físicos exigem a orientação de pessoas conhecedoras do assunto e experimentadas, sem o que não se devem realizá-las de maneira alguma, sob nenhum pretexto, muito menos a pedido dos Espíritos ou pelo desejo dos médiuns. (N. do T.)

ao prazer de uma mistificação momentânea, mas seria preciso ter uma estranha paciência para insistir nesse papel durante meses e anos, por horas seguidas de cada vez. Somente algum interesse poderia dar essa perseverança. E o interesse, repetimos, autoriza todas as suspeitas.

310. Talvez se argumente que um médium não pode gastar de graça o seu tempo com o público no interesse da causa, pois *precisa viver.* Mas é no interesse da causa ou do seu próprio que ele o gasta, e não será antes por ver nisso uma ocupação lucrativa? Sempre se encontrará gente dedicada por esse preço. E só haverá por acaso essa *indústria* ao seu dispor? Não esqueçamos que os Espíritos, qualquer que seja o seu grau de superioridade ou de inferioridade, são as almas dos mortos, e, quando a moral e a religião nos obrigam a respeitar os seus restos, não é ainda maior a obrigação de respeitar os seus Espíritos?

Que se diria de alguém que tirasse um corpo do túmulo para exibi-lo por dinheiro, porque esse corpo seria capaz de provocar a curiosidade? Seria menos desrespeitoso exibir o Espírito do que o corpo, a pretexto de ser curioso ver como age o Espírito? E note-se que o preço das cadeiras estará na razão dos truques que ele possa fazer e do atrativo do espetáculo. Mesmo que em vida tivesse sido um comediante, certamente não suspeitaria que após a morte encontrasse um diretor que o fizesse representar de graça em proveito próprio. Não se deve esquecer que as manifestações físicas, tanto quanto as inteligentes, só são permitidas por Deus para a nossa instrução.

311. Apesar destas considerações morais, absolutamente não contestamos a possibilidade de existirem médiuns interesseiros que sejam honestos e conscienciosos, porque há pessoas honestas em todas as ocupações. Falamos apenas do abuso. Mas temos de convir, pelos motivos expostos, que há mais razão para o abuso entre os médiuns pagos do que entre os que, considerando a sua faculdade como uma graça, só a empregam para servir.

O grau de confiança ou desconfiança que se pode conceder a um médium pago depende, antes de tudo, da consideração que o seu caráter e a sua moral inspirem, além das circunstâncias em que se encontra. O médium que, agindo com um fim sério e proveitoso, estivesse impedido de empregar o seu tempo em outra atividade, e por isso mesmo *dispensado* de outras obrigações, não pode ser confundido com o médium *especulador* que premeditadamente fizesse da mediunidade um comércio. Segundo *o motivo* e *o fim,* os Espíritos podem então condená-lo, absolvê-lo ou até mesmo favorecê-lo. Eles julgam mais a intenção do que o fato material.[4]

312. Os sonâmbulos que utilizem sua faculdade de maneira lucrativa não se encontram no mesmo caso. Embora essa exploração esteja também sujeita a abusos e o desinteresse constitua a maior garantia de sinceridade, a posição é diferente porque é o seu próprio Espírito que age, estando sempre à sua disposição. Na realidade exploram a si mesmos, mas têm a liberdade de dispor de si como quiserem, ao passo que os médiuns especuladores exploram as almas dos mortos. (Ver n.º 172, *Médiuns sonâmbulos.)*[5]

313. Não ignoramos que a nossa severidade com os médiuns interesseiros açula contra nós todos os que exploram ou pretendem explorar esse novo comércio, fazendo-os nossos inimigos encarniçados, bem como os seus amigos que tomam naturalmente o pião na unha. Consolamo-nos ao lembrar que os mercadores expulsos do templo por Jesus não deviam encará-lo com bons olhos. Temos também contra nós as pessoas que não consideram o assunto com a devida gravidade. Não obstante, julgamo-nos no direito de ter opinião e emiti-la. Não forçamos ninguém a adotá-la. Se a maioria a adota é que aparentemente a considera justa. Mesmo porque não vemos como se poderia provar que há menos possibilidade de fraude e abuso na especulação do que no desinteresse. Quanto a nós, se os nossos escritos contribuíram para lançar o descrédito sobre a mediunidade interessada, em França e outros países, cremos não ser esse um dos menores serviços que eles prestaram ao Espiritismo sério.

FRAUDES ESPÍRITAS

314. Os que não admitem a realidade das manifestações físicas atribuem geralmente à fraude os efeitos produzidos. Partem do princípio de que os prestidigitadores hábeis fazem coisas que parecem prodígios, quando não conhecemos os seus truques.

[4] Passagens como estas revelam o equilíbrio e o bom senso de Kardec, sempre considerando os problemas em seus diferentes aspectos. A mediunidade paga é um mal, por todos os motivos expostos, mas há casos em que o médium pode se encontrar em situação difícil para exercê-la. São casos excepcionais, mas existem. Não podemos julgá-los, mas os Espíritos os julgam e agem de acordo com a justiça. Necessário é não se tomar a exceção como justificativa para casos dessa natureza, lembrando que onde houver interesse o perigo sempre está presente. (N. do T.)

[5] Não esquecer que os sonâmbulos, como se vê pelo n.º 172, contam também com o auxílio dos Espíritos e não apenas consigo mesmos. Por isso Kardec, apesar da ressalva, adverte que eles também estão sujeitos a abusos. Os sonâmbulos usam suas próprias faculdades espirituais, hoje conhecidas em Parapsicologia como paranormais. Mas, como todas as criaturas humanas, relacionam-se com os Espíritos. (N. do T.)

Daí concluem que os médiuns são apenas escamoteadores. Já refutamos esse argumento, ou essa opinião, particularmente nos artigos sobre o Sr. Home e nos números da *Revista Espírita* de janeiro e fevereiro de 1858. Diremos, pois, somente algumas palavras antes de tratar de assunto mais sério.

Há uma consideração que não escapará a quem refletir um pouco. Existem sem dúvida prestidigitadores de prodigiosa habilidade, mas são raros. Se todos os médiuns praticassem a escamoteação teríamos de convir que essa arte fez em pouco tempo enorme progresso, tornando-se subitamente muito conhecida desde que se encontraria como que inata entre pessoas que dela nunca suspeitaram e até mesmo entre as crianças.

Do fato de haver charlatães que anunciam drogas nas praças públicas, e mesmo médicos que sem ir à praça pública abusam da confiança, não se segue que todos os médicos são charlatães e que a classe médica tenha perdido a consideração que desfruta. Do fato de haver pessoas que vendem tintura por vinho não se segue que todos os vendedores de vinho sejam falsificadores e não exista vinho puro. Abusa-se de tudo, mesmo das coisas mais respeitáveis, e pode-se dizer que há também o gênio da fraude. Mas a fraude tem sempre uma finalidade, algum interesse material. Onde nada se tem a ganhar, não há nenhum interesse em enganar. Por isso dissemos, a propósito dos médiuns mercenários, que a melhor de todas as garantias é um desinteresse absoluto.

315. De todos os fenômenos espíritas, os que mais se prestam à fraude são os de efeitos físicos, por motivos que devemos considerar. Primeiro, porque se dirigem mais aos olhos do que à inteligência, são os que a prestidigitação mais facilmente pode imitar. Segundo, porque despertam curiosidade mais do que os outros e são mais apropriados a atrair a multidão e consequentemente mais produtivos. Sob esse duplo ponto de vista, os charlatães têm todo interesse em imitar essas manifestações. Os espectadores, na maior parte desconhecendo a ciência, procuram geralmente antes uma distração do que uma instrução séria, e sabe-se que o divertimento é sempre melhor pago que a instrução. Mas além disso há outro motivo mais decisivo. Se a prestidigitação pode imitar os efeitos materiais, para os quais só se precisa de destreza, até agora entretanto não conhecemos o dom de improvisação exigido por uma dose incomum de inteligência, nem para produzir esses belos e sublimes ditados que os Espíritos costumam dar nas suas comunicações, frequentemente tão a propósito. Isso nos lembra do fato seguinte.

316. Um homem de letras veio certo dia nos ver e disse que era um bom médium escrevente *intuitivo* e que se punha à disposição da Sociedade Espírita. Segundo o nosso hábito de não admitir na Sociedade médium cujas faculdades não conhecemos, pedimos ao visitante que comparecesse primeiramente a uma reunião particular para fazer suas provas. Ele realmente compareceu. Muitos médiuns experimentados deram as suas dissertações, seja respondendo com notável precisão às perguntas feitas ou sobre questões tratadas e assuntos desconhecidos. Chegando a vez do visitante, ele escreveu algumas palavras sem significação, disse estar maldisposto nesse dia e depois nunca mais o vimos. Achou sem dúvida que o papel de médium de efeitos inteligentes era mais difícil de representar do que pensara.

Em todas as coisas, as pessoas mais fáceis de serem enganadas são as que não pertencem ao ofício. O mesmo acontece com o Espiritismo. Os que não o conhecem se deixam facilmente enganar pelas aparências, enquanto um estudo preliminar e atento, não só das causas dos fenômenos, mas também das condições normais em que eles podem ser produzidos, as inicia no assunto e lhes fornece assim os meios de reconhecer a fraude se ela existir.

317. Os médiuns mistificadores são estigmatizados como merecem na seguinte carta que reproduzimos na *Revista Espírita* do mês de agosto de 1861.

Paris, 21 de julho de 1861

Senhor:

Pode-se estar em desacordo sobre alguns pontos e em perfeito acordo sobre outros. Acabo de ler à página 213 do último número de vossa revista as reflexões sobre a fraude em questões de experiências espirituais (ou espíritas) às quais sou feliz de me associar com todo o meu empenho. Nesse momento toda dissidência em matéria de teorias e doutrinas desaparece por encanto.

Não sou talvez tão severo como o senhor a respeito dos médiuns que, de uma forma digna e conveniente, aceitam uma remuneração como indenização do tempo consagrado às experiências, muitas vezes longas e fatigantes. Mas sou, tanto quanto o senhor – e não se poderia ser mais –, a respeito dos que, em semelhante caso, suprem pelo embuste e pela fraude a ausência ou insuficiência de resultados prometidos e esperados. (Ver n.º 311.)

Misturar o verdadeiro e o falso, quando se trata de fenômenos obtidos pela intervenção dos espíritos, é simplesmente uma infâmia, e haveria obliteração do senso moral do médium que acreditasse poder fazê-lo sem escrúpulo. E, como fizestes perfeitamente observar, é lançar o descrédito sobre o assunto no espírito dos indecisos, desde que a fraude seja reconhecida. Acrescentarei que é comprometer da maneira mais deplorável os homens honrados que prestam aos médiuns o apoio desinteressado de seus conhecimentos e de suas luzes, e que se tornam fiadores da sua boa-fé, patrocinando-os de alguma forma. Isso é cometer para com eles uma verdadeira prevaricação.

Todo o médium que fosse surpreendido em manobras fraudulentas, que fosse apanhado, para me servir de uma expressão um pouco trivial, com a mão na botija, mereceria ser posto de lado por todos os espiritualistas ou espíritas do mundo, para os quais constitui um dever rigoroso desmascará-lo e execrá-lo.

Se vos convier, senhor, inserir essas poucas linhas na vossa revista, elas estão à vossa disposição.

Aceitai, etc. – MATHIEU.

318. Os fenômenos espíritas não são igualmente fáceis de imitar. Há alguns que desafiam evidentemente toda a habilidade da prestidigitação: tais são particularmente o movimento de objetos sem contatos, a suspensão dos corpos pesados no espaço, os golpes desferidos de diferentes lados, as aparições, etc., salvo o emprego de truques e do compadrio. Por isso dizemos que em tal caso é necessário observar atentamente as circunstâncias e sobretudo levar em conta o caráter e a posição das pessoas, bem como o objetivo e o interesse que elas pudessem ter em enganar. Esse o melhor de todos os controles, porque é de tais circunstâncias que decorrem todos os motivos de suspeitas. Pensamos pois que é necessário em princípio desconfiar de quem quer que faça desses fenômenos um espetáculo ou objeto de curiosidade e divertimento, ou que pretenda produzi-los à vontade, da maneira exigida, segundo já explicamos. Nunca repetiríamos demais que as inteligências ocultas que se manifestam têm as suas suscetibilidades e querem nos provar que têm o seu livre-arbítrio, não se submetendo aos nossos caprichos (n.º 38).

Basta-nos assinalar alguns subterfúgios empregados ou que se podem empregar em certos casos para premunir contra a fraude os observadores de boa-fé. Quanto às pessoas que se obstinam em julgar sem aprofundar a observação, seria tempo perdido procurar dissuadi-las.

319. Um dos fenômenos comuns é o dos golpes interiores produzidos na própria substância da madeira, acompanhados ou não de movimentos da mesa ou de outros objetos empregados. Esse efeito é um dos mais fáceis de imitar, seja pelo contato dos pés, seja provocando pequenos estalidos no móvel. Mas há uma pequena manobra especial que é útil prevenir. Basta colocar as mãos espalmadas sobre a mesa e aproximá-las, para que as unhas dos polegares de apoiem fortemente uma na outra. Então, por um movimento muscular inteiramente imperceptível, provoca-se um atrito que produz um ruído seco, bastante semelhante aos da tiptologia interior. Esse ruído repercute na madeira e produz uma completa ilusão. Nada mais fácil do que fazer ouvir tantos golpes quantos sejam pedidos, um toque de tambor, etc., responder a certas perguntas por um sim ou por um não, por números ou mesmo por indicação de letras do alfabeto.

Uma vez prevenida é muito fácil reconhecer a fraude. Ela não é possível se as mãos estiverem distanciadas uma da outra e se se estiver assegurado de que nenhum outro contato pode produzir o ruído. Os golpes reais apresentam, aliás, isto de característico: mudam de lugar e de timbre à vontade, o que não pode acontecer quando produzidos pelas causas que assinalamos ou outras semelhantes. Assim é que saltam da mesa para se produzirem em outro móvel que ninguém toca, nas paredes, no forro, etc., respondendo enfim a questões não previstas. (Ver n.º 41.)

320. A escrita direta é ainda mais fácil de imitar. Sem falar dos agentes químicos bem conhecidos que fazem aparecer a escrita em dado tempo numa folha em branco, o que se pode evitar com as precauções mais vulgares, poderia acontecer que por uma hábil escamoteação se substituísse um papel por outro. Poderia dar-se também que o interessado na fraude soubesse desviar a atenção dos outros enquanto escrevesse rapidamente algumas palavras. Disseram-nos ainda que viram uma pessoa escrever assim com um pedacinho de ponta de lápis escondido na unha.

321. O fenômeno do transporte também se presta à prestidigitação. Pode-se facilmente ser enganado por um escamoteador mais ou menos destro, mesmo que não seja profissional. No tópico especial que publicamos no n.º 96, os Espiritos determinaram por si mesmos as condições excepcionais em que ele se pode produzir, sendo lícito concluir-se que a obtenção *facultativa* e *fácil* pode pelo menos ser considerada suspeita. A escrita direta está no mesmo caso.

322. No capítulo sobre *Médiuns Especiais* mencionamos, de acordo com os Espíritos, as aptidões mediúnicas comuns e as que são raras. É conveniente desconfiar dos médiuns que pretendem possuir estas últimas muito facilmente ou ambicionam dispor de múltiplas faculdades, pretensão muito raramente justificada.

323. As manifestações inteligentes são, segundo as circunstâncias, as que oferecem maior garantia, mas nem por isso estão ao abrigo da imitação, pelo menos no que respeita às comunicações banais e vulgares. Acredita-se haver mais segurança nos médiuns mecânicos, não somente no tocante à independência das ideias mas também aos embustes. É por essa razão que certas pessoas preferem os intermediários materiais. Não obstante, trata-se de um engano. A fraude se infiltra por toda parte. Sabemos que com habilidade se pode dirigir à vontade uma cesta ou uma prancheta para escrever, dando-lhes todas as aparências de movimentos espontâneos. O que afasta todas as dúvidas são pensamentos expressos pelo médium, seja ele mecânico, intuitivo, auditivo, falante ou vidente. Há comunicações que de tal maneira extravasam das ideias, dos conhecimentos e mesmo do alcance intelectual do médium, que seria necessário abusar estranhamente das hipóteses para as atribuirmos a ele. Reconhecemos ao charlatanismo uma grande habilidade e fecundos recursos, mas não lhe reconhecemos ainda o dom de transmitir saber ao ignorante nem espírito a quem não o possui.

Em resumo, repetimos, a melhor garantia está na moralidade reconhecida dos médiuns e na ausência de todas as causas de interesse material ou de amor-próprio que pudessem estimular-lhes o exercício das faculdades mediúnicas, porque essas mesmas causas podem levá-los a simular aquelas que não possuem.[6]

---

[6] Essas precauções de Kardec, que revelam a sua isenção de ânimo e a sua atitude científica no trato dos fenômenos, têm sido interpretadas de maneira negativa pelos adversários do Espiritismo. As pessoas sensatas e os cientistas legítimos (livres de prevenções e preconceitos) reconhecem nessas precauções a prova mais evidente da seriedade das suas pesquisas, como o fizeram Richet, Geley, Zöllner e outros no passado, e como o fazem agora os parapsicólogos citados nas notas desta edição. (N. do T.)

CAPÍTULO XXIX

REUNIÕES E SOCIEDADES

REUNIÕES EM GERAL – SOCIEDADES PROPRIAMENTE DITAS – ASSUNTOS DE ESTUDOS – RIVALIDADES ENTRE AS SOCIEDADES

REUNIÕES EM GERAL

324. As reuniões espíritas podem oferecer grandes vantagens, pois permitem o esclarecimento pela permuta de pensamentos, pelas perguntas e observações feitas por qualquer um, de que todos podem aproveitar-se. Mas, para se obterem resultados desejáveis, requerem condições especiais que vamos examinar, porque seria errôneo tratá-las como as das sociedades comuns. Aliás, constituindo-se as reuniões em verdadeiros *todos coletivos*, o que a elas concerne é uma consequência natural das instruções individuais dadas anteriormente. Devem elas tomar as mesmas precauções e preservar-se das mesmas dificuldades referentes aos indivíduos. Foi por isso que deixamos este capítulo para o final.

As reuniões espíritas diferem muito quanto às suas características, segundo os seus propósitos. E por isso mesmo a sua constituição deve também diferir. Segundo sua natureza elas podem ser *frívolas, experimentais ou instrutivas.*

325. As reuniões *frívolas* constituem-se de pessoas que só se interessam pelo aspecto de passatempo que elas podem oferecer através das manifestações de Espíritos levianos, que gostam de se divertir nessas espécies de reunião, pois nelas gozam de inteira liberdade. São nessas reuniões que se costumam pedir as coisas mais banais, que se pedem aos Espíritos a predição do futuro, que se experimentam a sua perspicácia para adivinhar a idade das pessoas, o que elas trazem nos bolsos, revelar pequenos segredos e mil outras coisas dessa importância.

Essas reuniões são inconsequentes, mas, como os Espíritos levianos são às vezes bastante inteligentes, e em geral bem-humorados e joviais, acontecem frequentemente coisas bastante curiosas, de que o observador pode tirar proveito. Aquele que só tivesse presenciado essas sessões e julgasse o mundo dos Espíritos segundo essas amostras teria dele uma ideia muito falsa, como a de alguém que julgasse toda a população de uma grande cidade pela de alguns dos seus bairros. O simples bom senso nos diz que os Espíritos elevados não podem comparecer a reuniões dessa espécie, em que as pessoas presentes são tão inconsequentes como as entidades manifestantes. Quem quiser se ocupar de coisas fúteis deve naturalmente evocar Espíritos levianos, como numa reunião social chamariam comediantes para se divertirem. Mas haveria profanação em convidar pessoas de nomes veneráveis, misturando assim o sagrado com o profano.

326. As *reuniões experimentais* têm mais particularmente por finalidade a produção de manifestações físicas. Para muitas pessoas representam um espetáculo mais curioso do que instrutivo. Os incrédulos saem delas mais espantados do que convencidos, quando não tenham visto outra coisa, e se voltam inteiramente para a procura de possíveis artifícios, porquanto, nada entendendo do que viram, supõem naturalmente a existência de truques. Acontece inteiramente o contrário com os que estudaram o assunto. Estes compreendem de antemão a possibilidade das ocorrências, e os fatos positivos determinam assim a consolidação de suas convicções. Por outro lado, se houvesse truques, eles estariam em condições de descobri-los.

Apesar disso, essas espécies de experimentação têm uma utilidade que ninguém poderia negar, pois foram elas que levaram à descoberta das leis que regem o mundo invisível, e para muitas pessoas são ainda um poderoso motivo de convicção. Mas sustentamos que elas não são suficientes para iniciar alguém na Ciência espírita, pois o simples fato de ver um mecanismo engenhoso não pode dar o conhecimento da mecânica para quem não esteja informado das suas leis. Contudo, se essas experiências fossem dirigidas com método e prudência, poderiam obter-se resultados bem melhores. Voltaremos logo a tratar deste assunto.

327. As *reuniões instrutivas* têm características inteiramente diversas, e, como é nelas que podemos obter o verdadeiro ensinamento, insistiremos particularmente nas condições em que devem realizar-se.

A primeira de todas é a de manterem a seriedade em toda a acepção do termo. É necessário que todos estejam convencidos de que os Espíritos a que desejam dirigir-se pertencem a uma natureza especial; que o sublime, não podendo se misturar ao banal, nem o bem com o mal, se desejamos obter bons resultados, é necessário nos dirigirmos aos Espíritos bons. Devemos, como condição expressa, estar em situação favorável para que eles queiram atender-nos. Ora, os Espíritos superiores não comparecem às reuniões de homens levianos e superficiais, como não compareceriam quando estavam encarnados.

Uma sociedade não é verdadeiramente séria se não se ocupar de assuntos úteis, com exclusão de todos os outros. Se ela deseja obter fenômenos extraordinários por curiosidade ou passatempo, os Espíritos que os produzem poderão comparecer, mas os outros se afastarão. Numa palavra, conforme o caráter da reunião, ela sempre encontrará Espíritos dispostos a atender às suas tendências. Uma reunião séria afasta-se da sua finalidade se troca o ensinamento pelo divertimento. As manifestações físicas têm a sua utilidade, como já dissemos. Aqueles que desejam ver devem participar de reuniões experimentais, e os que desejam compreender devem dirigir-se a reuniões de estudos. É assim que uns e outros poderão completar a sua instrução espírita, como no estudo da medicina uns vão aos cursos e outros à clínica.

328. A instrução espírita não compreende somente o ensino moral dado pelos Espíritos, mas também o estudo dos fatos. Abrange a teoria dos fenômenos, a pesquisa das causas, e como consequência a constatação do que é possível e do que não é, ou seja: a observação de tudo quanto possa fazer que a ciência se desenvolva. Seria errôneo acreditar que os fatos estejam limitados aos fenômenos extraordinários; que os que tocam principalmente os sentidos sejam os únicos dignos de atenção. Encontram-se a cada passo fatos importantes nas comunicações inteligentes, que as pessoas reunidas para o estudo não poderiam negligenciar. Esses fatos, que seria impossível enumerar, surgem de numerosas circunstâncias fortuitas. Embora menos gritantes, não são de menor interesse para o observador que neles encontra a confirmação de um princípio conhecido ou a revelação de um novo princípio, que o leva a penetrar mais fundo nos mistérios do mundo invisível. Nisso há também filosofia.

329. As reuniões de estudo são ainda de grande utilidade para os médiuns de manifestações inteligentes, sobretudo para os que desejam seriamente aperfeiçoar-se e por isso mesmo não comparecem a elas com a tola presunção da infalibilidade. Uma das grandes dificuldades da prática mediúnica, como já dissemos, encontra-se na obsessão e na fascinação. Eles poderiam, pois, iludir-se de muito boa-fé quanto ao mérito das comunicações obtidas. Compreende-se que os Espíritos enganadores encontram caminho aberto quando lidam com a pessoa ignorante do assunto. É por isso que procuram afastar o médium de todo o controle, chegando mesmo, quando necessário, a fazê-lo tomar aversão a quem quer que possa esclarecê-lo. Graças ao isolamento e à fascinação, podem facilmente levá-lo a aceitar tudo o que quiserem.

Nunca repetiríamos demasiado: aí está não somente uma dificuldade, mas um perigo. Sim, podemos dizê-lo, um verdadeiro perigo. O único meio de escapar a ele é submeter-se o médium ao controle de pessoas desinteressadas e bondosas que, julgando as comunicações com frieza e imparcialidade, possam abrir-lhe os olhos e levá-lo a perceber o que não pode ver por si mesmo. Ora, todo médium que teme esse julgamento já se encontra no caminho da obsessão. Aquele que pensa que a luz só foi feita para ele já está completamente subjugado. Se leva a mal as observações e as repele, irritando-se com elas, não há dúvida quanto à natureza má do Espírito que o assiste.

Já dissemos que um médium pode carecer dos conhecimentos necessários para compreender os erros, que pode se deixar enganar pelas palavras bonitas e pela linguagem pretensiosa, deixando-se seduzir pelos sofismas, tudo isso na maior boa-fé. Eis por que, na falta de suas próprias luzes, deve modestamente recorrer às luzes dos outros, segundo os ditados populares de que quatro olhos veem melhor do que dois e de que ninguém é um bom juiz em causa própria. É desse ponto de vista que as reuniões são de grande utilidade para o médium, se ele for bastante sensato para ouvir os conselhos, porque nelas se encontram pessoas mais esclarecidas do que ele, capazes de perceber os matizes, frequentemente muito delicados, pelos quais o Espírito revela a sua inferioridade.

Todo médium que sinceramente não queira se transformar em instrumento da mentira deve procurar produzir nas reuniões sérias, levando para elas o que tiver obtido em particular. Deve aceitar com reconhecimento, e até mesmo solicitar o exame crítico das comunicações. Se estiver assediado por Espíritos enganadores, será esse o meio mais seguro de se livrar deles, provando-lhes que não o podem enganar. Aliás, o médium que se irrita com a crítica, tanto menos razão tem para isso quanto o seu amor-próprio não estiver envolvido no assunto, pois, se o que escreve não é dele, ao ler a má comunicação a sua responsabilidade é semelhante à de quem lesse os versos de um mau poeta.

Insistimos nesse ponto porque, se é ele um tropeço para os médiuns, também o é para as reuniões, que não devem confiar levianamente em todos os intérpretes dos Espíritos. O concurso de qualquer médium obsedado ou fascinado lhes seria mais prejudicial do que útil. Elas não devem aceitá-lo. Julgamos já haver desenvolvido o suficiente para mostrar-lhes que não podem enganar-se quanto às características da obsessão, se o médium não for capaz de reconhecê-las por si mesmo. Uma das mais evidentes é sem dúvida a pretensão de estar sozinho com a razão, contra todos os demais. Os médiuns obsedados que não querem reconhecer a sua situação assemelham-se a esses doentes que se iludem quanto à saúde, perdendo-se por não se submeterem ao regime necessário.

330. O que uma reunião séria deve se propor como objetivo é livrar-se dos Espíritos mentirosos. Ela estaria em erro ao considerar-se livre deles tão somente pela sua finalidade e pela qualidade dos seus médiuns. Só o conseguirá quando houver criado para si mesma as condições favoráveis.

Para bem compreender o que se passa nestas circunstâncias, remetemos o leitor ao que dissemos atrás, no n.º 231, sobre a *influência do meio*. É necessário representar cada indivíduo como cercado por um certo número de companheiros invisíveis que se identificam com o seu caráter, os seus gostos e as suas tendências. Assim, toda pessoa que entra numa reunião leva consigo os Espíritos que lhe são simpáticos. Segundo o seu número e a sua natureza, esses companheiros podem exercer sobre a reunião e sobre as comunicações uma influência boa ou má. Uma reunião perfeita seria aquela em que todos os membros, animados do mesmo amor pelo bem, só levassem consigo Espíritos bons. Na falta da perfeição, a melhor reunião será aquela em que o bem supere o mal. Tudo isso é muito lógico para que seja necessário insistir.

331. Uma reunião é um ser coletivo cujas qualidades e propriedades são a soma de todas as dos seus membros, formando uma espécie de feixe. Ora, esse feixe será tanto mais forte quanto mais homogêneo. Se ficou bem compreendido o que foi dito no n.º 282, pergunta 5, sobre a maneira por que os Espíritos são avisados quando os chamamos, será fácil entender o poder de associação de pensamento dos assistentes. Se o Espírito for de qualquer maneira atingido pelo pensamento, como nós somos pela voz, vinte pessoas unidas numa mesma intenção terão necessariamente mais força que uma só. Mas, para que todos os pensamentos concorram para o mesmo fim, é necessário que vibrem em uníssono, que se confundam por assim dizer em um só, o que não pode se dar sem concentração.

Por outro lado, o Espírito, chegando a um meio que lhe é inteiramente simpático, sente-se mais à vontade. Só encontrando amigos, comparece de boa vontade e mais disposto a responder. Quem quer que tenha seguido com alguma atenção as manifestações espíritas inteligentes pode certamente se convencer desta verdade. Se os pensamentos forem divergentes, provocam um entrechoque de ideias desagradável para o Espírito e portanto prejudicial à manifestação. Acontece o mesmo com um homem que deve falar numa reunião. Se sentir que todos os pensamentos lhe são simpáticos e favoráveis, a impressão que recebe age sobre as suas ideias e lhe dá maior vivacidade. A unanimidade dessa influência exerce sobre ele uma espécie de ação magnética que decuplica os recursos, enquanto a indiferença ou a hostilidade o perturbam e paralisam. É assim que os atores sentem-se eletrizados pelos aplausos. Ora, sendo os Espíritos bem mais impressionáveis que os homens, devem sofrer muito mais a influência do meio.

Toda reunião espírita deve pois procurar a maior homogeneidade possível. Falamos, bem entendido, das que desejam chegar a resultados sérios e verdadeiramente úteis. Se simplesmente se quer obter quaisquer comunicações, não se importando com a qualidade, é evidente que todas essas precauções não são necessárias. Mas então não se deve lamentar a qualidade do produto.

332. A concentração e a comunhão de pensamentos sendo as condições necessárias de toda reunião séria, compreende-se que o grande número de assistentes é uma das causas mais contrárias à homogeneidade. Não há, é certo, nenhum limite absoluto para esse número. Compreende-se que cem pessoas, suficientemente concentradas e atentas, estarão em melhores condições do que dez pessoas distraídas e barulhentas. Mas é também evidente que, quanto maior o número, mais dificilmente se preenchem essas condições. É aliás um fato provado pela experiência que os pequenos círculos íntimos são sempre mais favoráveis às boas comunicações, e isso pelos motivos que expusemos.

333. Outra exigência não menos necessária é a da regularidade das sessões. Em todas sempre encontramos Espíritos que poderíamos chamar de *frequentadores habituais,* mas não nos referimos a esses Espíritos que estão por toda parte e em tudo se intrometem. Falamos dos Espíritos protetores ou dos que são mais frequentemente evocados. Não se pense que esses Espíritos nada mais tenham a fazer do que nos dar atenção. Eles têm as suas ocupações e podem às vezes encontrar-se em condições desfavoráveis à evocação. Quando as reuniões se realizam em dias e horas fixos, eles se colocam à disposição nesses momentos e raramente faltam. Há mesmo os que levam a pontualidade ao excesso. Ofendem-se com o atraso de um quarto de hora, e se foram eles que marcaram uma reunião será inútil iniciá-la alguns minutos antes.

Mas acentuemos que, embora os Espíritos prefiram a regularidade, os verdadeiramente superiores não são tão meticulosos. A exigência de rigorosa pontualidade é sinal de inferioridade, como tudo o que é pueril. Mesmo fora das horas marcadas eles podem comparecer, e na verdade comparecem espontaneamente quando a finalidade é útil. Nada, entretanto, é mais prejudicial à recepção de boas comunicações do que evocá-los a torto e a direito, por simples capricho ou sem um motivo sério. Como não estão sujeitos aos nossos caprichos, poderiam não nos atender. E é sobretudo nessas ocasiões que outros podem tomar-lhes o lugar e o nome.

SOCIEDADES PROPRIAMENTE DITAS

334. Tudo o que dissemos sobre as reuniões em geral aplica-se naturalmente às sociedades regularmente constituídas. Estas entretanto têm de lutar contra algumas dificuldades especiais decorrentes dos próprios liames entre os seus membros. Dos numerosos pedidos que temos recebido, de informações sobre a sua constituição, resumimos a seguir algumas de nossas explicações.

O Espiritismo, que apenas acaba de nascer, é apreciado de maneiras diversas e muito pouco compreendido na sua essência por grande número de adeptos, para oferecer condições suficientes de união geral entre os seus membros para se formar uma associação. Não poderão existir estas condições a não ser entre os que compreendem o seu objetivo moral e procuram integrar-se nele. Entre os que só o veem através dos fatos mais ou menos curiosos, nenhum elemento sério de ligação poderia existir. Colocando os fatos acima dos princípios, uma simples divergência na maneira de considerá-los provocaria a divisão. Já não se daria o mesmo no tocante aos primeiros, porque sobre a questão moral não podem existir duas maneiras de ver. Também é fato que, por onde quer que se encontrem, uma confiança mútua sempre os liga. A benevolência recíproca, reinando entre eles, afasta todo constrangimento e retraimento originados da suscetibilidade, do orgulho que se irrita com a menor contradição, do egoísmo que só se interessa por si. Uma sociedade em que esses sentimentos dominassem, onde os seus membros se reunissem com o fim de se instruírem e não com a esperança de ver apenas novidades, ou para fazer prevalecer a sua opinião, seria não somente viável, mas também indissolúvel. A dificuldade de reunir ainda numerosos elementos dessa maneira homogênea leva-nos a dizer que, no interesse dos estudos e para o bem da própria causa, as reuniões espíritas devem multiplicar-se mais pela constituição de pequenos grupos do que de grandes associações. Esses grupos, correspondendo-se entre si, visitando-se, permutando suas observações, podem desde logo formar um núcleo da grande família espírita que um dia reunirá todas as opiniões, unindo os homens no mesmo sentimento de fraternidade caracterizado pela caridade cristã.

335. Já vimos como é importante a uniformidade de sentimentos para obtenção de bons resultados. Essa uniformidade é naturalmente mais difícil de se obter quando o número de pessoas é maior. Nas pequenas reuniões, onde todos se conhecem melhor, tem-se mais segurança na introdução de elementos novos. O silêncio e a concentração tornam-se mais fáceis e tudo se passa como em família. As grandes assembleias não permitem a intimidade pela variedade de elementos de que se compõem. Exigem locais especiais, recursos pecuniários e um aparelhamento administrativo que os pequenos grupos dispensam. A divergência de caracteres, de ideias, de opiniões se revela melhor, oferecendo aos Espíritos perturbadores mais facilidade para semear a discórdia. Quanto mais numerosa a reunião, mais difícil de se contentar a todos. Cada um quereria que os trabalhos fossem dirigidos a seu gosto, que fossem tratados de preferência os assuntos que mais lhe interessam, e alguns julgariam que o título de sócio lhes daria o direito de impor os seus pontos de vista. Daí surgiriam protestos, causas de mal-estar que levam cedo ou tarde à desunião e depois à dissolução, sorte de todas as sociedades de qualquer finalidade. Os pequenos grupos não estão sujeitos a essas dificuldades. A queda de uma grande sociedade pareceria um insucesso para a causa espírita, e seus inimigos não deixariam de explorá-la. A dissolução de um pequeno grupo passa despercebida, e, se um se dispersa, vinte outros se formam a seguir. Ora, vinte grupos de quinze a vinte pessoas obterão mais e farão mais para a divulgação do que uma assembleia de trezentas a quatrocentas pessoas.

Dir-se-á por certo que os membros de uma sociedade, agindo como dissemos, não seriam verdadeiros espíritas, desde que o primeiro dever que a doutrina impõe é o da caridade e da benevolência. Isso é perfeitamente justo. E por isso os que assim pensam são espíritas mais de nome que de fato. Não pertencem à terceira categoria. (Ver n.º 28.) Mas quem diria que podem mesmo ser chamados de espíritas? Aqui se apresenta uma consideração de certa gravidade.

336. Não nos esqueçamos de que o Espiritismo tem inimigos interessados em impedir-lhe o desenvolvimento e que veem com despeito os seus sucessos. Os mais perigosos não são os que o atacam abertamente, mas os que agem na sombra, os que o acariciam com uma das mãos e o apunhalam com a outra. Esses seres malfazejos se infiltram por toda a parte onde possam fazer mal. Sabendo que a união é uma força, tratam de destruí-la, semeando a discórdia. Quem poderá então dizer que os que provocam perturbação nas reuniões não sejam agentes provocadores, interessados na desordem? Seguramente não são verdadeiros nem bons espíritas, pois não podem fazer o bem e sim muito mal. Compreende-se que tenham muito mais facilidade de se infiltrar nas reuniões numerosas do que nos pequenos grupos, em que todos se conhecem. Graças a manobras escusas, que passam despercebidas, semeiam a dúvida, a desconfiança e a inimizade. Sob a aparência de interesse pela causa criticam tudo, formam grupinhos que logo rompem a harmonia do conjunto. É o que eles querem. Tratando com essas pessoas é inútil apelar aos sentimentos de caridade e fraternidade; seria como falar a surdos voluntários, porque o seu objetivo é precisamente o de destruir esses sentimentos, que são o maior obstáculo às suas manobras. Essa situação, prejudicial a todas as sociedades, o é ainda mais às sociedades espíritas, pois se não levar a uma ruptura provocará preocupações incompatíveis com o recolhimento exigido pelos trabalhos.

337. Se a reunião encaminhar-se mal – poderão perguntar –, os homens sensatos e bem-intencionados não terão o direito de crítica e deverão deixar que o mal se efetue sem nada dizer, aprovando-o pelo silêncio? Não há dúvida de que esse direito lhes assiste, constitui-se mesmo num dever, mas se a intenção for realmente boa eles farão a sua advertência de maneira conveniente e benévola, abertamente, e não com subterfúgios. Se não forem ouvidos, se retirarão. Porque não se conceberia que quem não estivesse de segunda intenção se obstinasse a permanecer numa sociedade de cuja orientação discordasse.

Pode-se pois estabelecer em princípio que todo aquele que numa reunião espírita provoca desordem ou desunião, ostensivamente ou por meios escusos, é um agente provocador ou pelo menos um mau espírita de que se deve desembaraçar o quanto antes. Entretanto os próprios compromissos que ligam os membros de uma sociedade criam obstáculos para isso. Eis por que é conveniente evitar as formas de compromissos indissolúveis: os homens de bem sempre se ligam de maneira conveniente; os mal-intencionados sempre o fazem de maneira excessiva.

338. Além das pessoas notoriamente malévolas que se infiltram nas reuniões há as que, por temperamento, levam a perturbação onde comparecem. Dessa maneira, nunca será demasiado o cuidado na admissão de novos elementos. Os mais prejudiciais, nesse caso, não são os ignorantes da matéria, nem mesmo os descrentes. A convicção só se adquire através da experiência, e há pessoas de boa-fé que querem se esclarecer. Aqueles contra os quais particularmente se devem acautelar são as pessoas dotadas de ideias preconcebidas, os incrédulos sistemáticos que duvidam de tudo, mesmo da evidência, os orgulhosos que pretendem ter o privilégio da verdade e procuram impor sempre a sua opinião olhando com desdém os que não pensam como eles. Não vos enganeis com o seu pretenso desejo de esclarecimento. Encontrareis vários que se sentiriam aborrecidos se fossem obrigados a concordar que estavam errados. Guardai-vos sobretudo desses oradores insípidos que sempre querem falar por último e dos que só se comprazem na contradição. Uns e outros fazem perder tempo sem proveito, nem mesmo para eles. Os Espíritos não gostam de palavreados inúteis.

339. Diante da necessidade de evitar toda a causa de perturbação e distração, uma sociedade espírita que se organiza deve pôr toda sua atenção nas medidas destinadas a evitar os fatores de desordem e os motivos de prejuízos, facilitando os meios de afastá-los. As pequenas reuniões necessitam de um regulamento disciplinar bem simples para ordem das sessões. As sociedades regularmente constituídas exigem uma organização mais completa. A melhor será a de sistema menos complicado. Umas e outras poderão tirar o que lhes for aplicado, que creiam lhes ser útil, do regulamento da Sociedade Parisiense de Estudos Espíritas que damos logo adiante.

340. As sociedades, pequenas ou grandes, e todas as reuniões, seja qual for a sua importância, têm ainda de lutar contra outra dificuldade. Os fatores de perturbação não se encontram somente entre os seus membros, mas também no mundo invisível. Assim como há Espíritos protetores para as instituições, as cidades e os povos, os Espíritos malfeitores também se ligam aos grupos e aos indivíduos. Ligam-se primeiro aos mais fracos, aos mais acessíveis, procurando transformá-los em seus instrumentos, e pouco a pouco vão envolvendo a todos, porque sua alegria maligna é tanto maior quanto maior o número dos que tenham subjugado. Todas as vezes, pois, que num grupo uma pessoa tenha caído na armadilha, é necessário dizer que se tem um inimigo no campo, um lobo no redil, e que se deve ter cautela porque o mais provável é que aumentem as suas tentativas. Se não se desencorajar esse elemento por uma resistência enérgica, a obsessão se torna um mal contagioso que se manifestará entre os médiuns pela perturbação da mediunidade e entre os demais pela hostilidade recíproca, a perversão do senso moral e a destruição da harmonia. Como o mais poderoso antídoto desse veneno é a caridade, é ela que eles procuram abafar. Não se deve pois esperar que o mal se torne incurável para lhe aplicar o remédio. Nem mesmo se devem esperar os primeiros sintomas, pois é necessário sobretudo preveni-los. Para isso há dois meios eficazes, quando bem aplicados: a *prece feita de coração* e o *estudo atento dos menores sintomas que revelem a presença de Espíritos mistificadores.* A primeira atrai os Espíritos bons, que só assistem zelosamente aos que sabem secundá-los pela confiança em Deus; o outro prova aos maus que se puseram em relação com pessoas esclarecidas e bastante sensatas para não se deixarem enganar. Se um dos membros do grupo cair sob a influência da obsessão, todos os esforços devem tender, desde os primeiros sinais, a lhe abrir os olhos, antes que o mal se agrave, a fim de levá-lo à compreensão de que foi enganado e ao desejo de ajudar os que o procuram livrar.

341. A influência do meio decorre da natureza dos Espíritos e da maneira por que agem sobre os seres vivos. Dessa influência cada qual pode deduzir por si mesmo as condições mais favoráveis para uma sociedade que aspire a atrair a simpatia dos Espíritos bons, obtendo boas comunicações e afastando as más. Essas condições dependem inteiramente das disposições morais dos assistentes. Podemos resumi-las nos seguintes pontos:

- Perfeita comunhão de ideias e sentimentos.
- Benevolência recíproca entre todos os membros.
- Renúncia de todo sentimento contrário à verdadeira caridade cristã.
- Desejo unísssono de se instruir e de melhorar pelo ensinamento dos Espíritos bons e aproveitamento de seus conselhos. Quem estiver convencido de que os Espíritos superiores se manifestam com o fim de nos fazer progredir, e não para nos agradar, compreenderá que eles devem se afastar dos que se limitam a admirar o seu estilo, sem tirar nenhum fruto das suas palavras, e só são atraídos às sessões pelo maior ou menor interesse que elas oferecem, de acordo com seus gostos particulares.
- Exclusão de tudo o que nas comunicações solicitadas aos Espíritos só tenha por objetivo a curiosidade.
- Concentração e silêncio respeitoso durante as conversações com os Espíritos.
- Associação de todos os assistentes pelo pensamento no apelo aos Espíritos evocados.

•Concurso de todos os médiuns, com renúncia de qualquer sentimento de orgulho, de amor-próprio e de supremacia, com o desejo único de se tornarem úteis.

Essas condições serão tão difíceis de preencher que não se encontrem quem possa satisfazê-las? Não pensamos assim. Esperamos, pelo contrário, que as reuniões verdadeiramente sérias, como as já existentes em diferentes lugares, se multipliquem, e não hesitamos em dizer que a elas o Espiritismo deverá a sua mais ampla divulgação. Unindo os homens honestos e conscienciosos, elas imporão silêncio à crítica, e quanto mais pura forem as suas intenções mais serão respeitadas, até mesmo pelos seus adversários. *Quando a zombaria ataca* o *bem, deixa de provocar* o *riso e torna-se desprezível.* Entre as reuniões dessa espécie é que se estabelecerão laços de real simpatia, uma solidariedade mútua, pela própria força das circunstâncias, contribuindo para o progresso geral.

342. Seria um erro supor que as reuniões especialmente dedicadas às manifestações físicas estejam excluídas desse concerto fraterno e da exigência de qualquer seriedade. Se elas não requerem condições tão rigorosas, nem por isso poderiam ser realizadas e assistidas impunemente com leviandade. Seria engano pensar que o concurso dos assistentes seja nulo nessas sessões. A prova do contrário está no fato de que frequentemente as manifestações desse gênero, mesmo quando produzidas por médiuns bem-dotados, não se realizam em determinados ambientes. As influências contrárias agem também sobre elas e é claro que decorrem das divergências ou hostilidade dos sentimentos dos assistentes, que neutralizam os esforços dos Espíritos.

As manifestações físicas têm grande utilidade. Abrem um vasto campo ao observador, pois é uma ordem inteiramente nova de fenômenos estranhos que se desenrola aos seus olhos e cujas consequências são incalculáveis. Uma reunião pode portanto ocupar-se dessas manifestações com finalidades bastante sérias, mas não poderia atingir o seu objetivo, seja como estudo ou como prova para formar convicção, se não se colocasse em condições favoráveis. A primeira delas é não a crença dos assistentes, mas o seu desejo de esclarecer-se, sem segundas intenções, sem a ideia preconcebida de rejeitar a própria evidência. A segunda é a redução do número de assistentes para evitar a heterogeneidade. Se as manifestações físicas são em geral produzidas por Espíritos pouco adiantados, nem por isso a sua finalidade é menos providencial. Os Espíritos bons as favorecem todas as vezes que elas possam atingir resultados proveitosos.

343. A evocação de parentes e amigos, ou de certas personagens célebres, com o fim de comparar as suas opiniões de além-túmulo com as que tinham em vida, é frequentemente dificultada quando a conversação cai no campo das banalidades e futilidades. Muitas pessoas pensam que *O Livro dos Espíritos* esgotou a série de questões de moral e filosofia. Isso é um engano, e por isso mesmo pode ser útil a indicação da fonte de que se podem tirar novos temas de estudo, por assim dizer, ilimitados.

344. Se a evocação de homens ilustres, dos Espíritos superiores, é bastante útil pelos ensinamentos que eles podem trazer, a dos Espíritos vulgares não o é menos, embora não possam eles resolver problemas de grande alcance. Pela sua própria inferioridade, eles mesmos se retratam e, quanto menor a distância que os separa de nós, mais podemos comparar a nossa própria situação com a deles, sem contar ainda que nos oferecem frequentemente aspectos característicos que são do mais alto interesse, como explicamos no n.º 281, ao tratar da *utilidade das evocações vulgares*. É essa portanto uma inesgotável fonte de observações, ainda mesmo que evoquemos as criaturas que na vida presente nos ofereçam alguma particularidade no tocante ao seu gênero de morte, à idade, às suas boas ou más qualidades, à sua posição feliz ou desgraçada na Terra e aos seus hábitos, estado mental, etc.

Com os Espíritos elevados, o campo de estudos se amplia. Além das questões psicológicas, que têm o seu limite, podemos propor-lhes uma infinidade de questões morais sobre todas as situações da vida, a melhor conduta que se pode ter nesta ou naquela circunstância, sobre nossos deveres recíprocos, etc. O valor da instrução que se recebe sobre qualquer desses assuntos, moral, histórico, filosófico ou científico, depende inteiramente do estado do Espírito que se interroga. Caberá a nós o julgamento.

345. Além das evocações propriamente ditas, as comunicações espontâneas oferecem uma infinidade de temas para estudos. Nesses casos temos apenas de esperar que os próprios Espíritos coloquem as questões. Podemos às vezes apelar a um Espírito determinado. Ordinariamente, porém, costuma-se esperar os que desejam apresentar-se e que frequentemente o fazem de maneira imprevista. Essas comunicações podem proporcionar uma infinidade de questões para estudos. Devem ser comentadas cuidadosamente para que sejam analisadas todas as ideias que apresentam, verificando-se então se elas trazem um cunho de veracidade. Esse exame feito com severidade é a melhor garantia contra a intromissão de Espíritos mistificadores. Por isso mesmo, para a instrução de todos, pode se dar conhecimento das comunicações obtidas também fora da reunião. Temos assim, como se vê, uma fonte inestancável de elementos altamente valiosos e instrutivos.

346. As atividades de cada sessão podem orientar-se da seguinte maneira:

1º – Leitura das comunicações espíritas obtidas na última sessão, passadas a limpo.

2º – Assuntos diversos: correspondência, leitura das comunicações obtidas fora das sessões, relato de fatos que interessam ao Espiritismo.

3º – Matéria de estudo: ditados espontâneos, questões diversas e problemas morais a serem propostos aos Espíritos, evocações.

4º – Análise: exame crítico e analítico das diversas comunicações, discussão sobre os diversos problemas da ciência espírita.

347. Os grupos em formação às vezes ficam embaraçados pela falta de médiuns. Os médiuns são certamente elementos essenciais das reuniões espíritas, mas não são propriamente indispensáveis e seria errôneo supor que na sua falta nada se tenha que fazer. Não há dúvida de que numa reunião com o fim de fazer experimentações não possam faltar os médiuns, como não poderiam faltar músicos num concerto. Mas quando se visa ao estudo sério existem muitos problemas úteis e proveitosos que podem ser tratados pelos membros da reunião. Aliás, os grupos que contam com médiuns podem acidentalmente perdê-los, e seria de lamentar se acreditassem não ter mais o que fazer. Os próprios Espíritos podem, em certos períodos, deixá-los nessa situação a fim de ensiná-los a passar sem eles. Diremos mais, que isso é mesmo necessário para o aproveitamento dos ensinos então recebidos, permitindo ao grupo dedicar um certo tempo a meditá-los. As sociedades científicas nem sempre dispõem dos instrumentos necessários de observação, mas nem por isso se embaraçam e ficam sem ter do que tratar. Na falta de poetas e de oradores, as sociedades literárias leem e comentam as obras de autores antigos e modernos. As sociedades religiosas promovem meditações sobre as Escrituras. As sociedades espíritas devem fazer a mesma coisa e conseguirão grande proveito para o seu adiantamento ao promoverem conferências em que seja lido e comentado tudo o que possa ter relação com o Espiritismo, a favor ou contra. Dessa discussão, a que cada um dá a contribuição das suas próprias reflexões, saem os esclarecimentos que passam despercebidos numa leitura individual. Ao lado das obras especiais, os jornais também contribuem com fatos, notícias, reportagens, relatos de virtudes ou de vícios que levantam graves problemas morais suscetíveis de serem resolvidos pelo Espiritismo. Esse é também um meio de se provar que ele se liga a todos os aspectos da vida social. Sustentamos que uma sociedade espírita que organizasse o seu trabalho nesse sentido, armando-se para isso dos materiais necessários, não encontraria muito tempo para se entregar às comunicações diretas dos Espíritos. É por isso que chamamos a atenção dos grupos realmente sérios para esse ponto, dos grupos que desejam mais ardentemente instruir-se do que procurar um meio de fazer passar o tempo. (Ver n.º 207 no capítulo *Formação dos Médiuns*.)

RIVALIDADES ENTRE AS SOCIEDADES

348. As reuniões que tratam exclusivamente de comunicações inteligentes e as que se entregam ao estudo das manifestações físicas têm, cada qual, a sua própria missão. Nem umas nem outras concordariam com o verdadeiro espírito do Espiritismo se quisessem olhar-se com rivalidade. Aquela que atirasse a primeira pedra já provaria, simplesmente por isso, estar dominada por más influências. Todas devem concorrer, embora por vias diferentes, ao objetivo comum que é a pesquisa e a divulgação da verdade. Seu antagonismo, que seria apenas um efeito da excitação do orgulho, forneceria armas aos detratores, só podendo assim prejudicar a causa que elas pretendem defender.

349. Estas últimas reflexões se aplicam igualmente a todos os grupos que possam divergir sobre alguns pontos da doutrina. Como dissemos no capítulo sobre *Contradições,* essas divergências têm por motivo, na maioria das vezes, questões acessórias ou até mesmo simples palavras. Seria pueril, portanto, cindirem o grupo, formando outro à parte, por não pensarem exatamente da mesma maneira. Haveria ainda coisa pior se os diversos grupos ou sociedades de uma mesma cidade se olhassem reciprocamente com inveja. Compreende-se a inveja entre pessoas que disputam entre si e podem causar-se prejuízos materiais. Mas, quando não há especulação, a inveja ou o ciúme nada mais são do que mesquinha rivalidade provocada pelo amor-próprio. Como não pode haver, de maneira alguma, uma sociedade que possa reunir todos os adeptos, as que realmente desejam propagar a verdade, que têm um objetivo exclusivamente moral, devem ver com prazer o aparecimento de novos grupos e, se houver concorrência entre eles, deve ser apenas uma emulação no campo do bem. Aquelas que pretendessem estar na posse exclusiva da verdade deveriam prová-lo tomando por divisa: *amor* e *caridade,* porque essa é a divisa de todo verdadeiro espírita. Querem elas se vangloriar da superioridade dos Espíritos que as assistem? Que o provem pela superioridade dos ensinos que recebem e pela prática dos mesmos. É esse um critério infalível para se distinguir as que estão no melhor caminho.

Alguns Espíritos, mais presunçosos do que lógicos, tentam às vezes impor sistemas estranhos e impraticáveis, sob o prestígio de nomes veneráveis com os quais se enfeitam. O bom senso logo faz justiça a essas utopias, mas enquanto se espera elas podem semear a dúvida e a incerteza entre os adeptos. Essa é frequentemente uma causa de perturbação momentânea. Além dos meios que indicamos para avaliar esses sistemas, há outro critério que pode dar a medida exata do seu valor: é o número de partidários que eles recrutam. Diz a própria razão que o sistema mais aceito pelas massas deve estar mais próximo da verdade que aquele repelido pela maioria, que vê as suas fileiras desfalecerem. Tende assim por certo que os Espíritos que repelem o exame de seus ensinos é porque compreendem a fraqueza dos mesmos.

350. Se o Espiritismo deve, como foi anunciado, realizar a transformação da humanidade, só poderá fazê-lo pelo melhoramento das massas, o qual só se dará gradualmente, pouco a pouco, pelo melhoramento dos indivíduos. Que importa crer na existência dos Espíritos, se essa crença não tornar melhor, mais bondoso e mais indulgente para os seus semelhantes, mais humilde e mais paciente na adversidade aquele que a adotou? De que serve ao avarento ser espírita se continuar sempre avarento; ao orgulhoso, se continuar sempre cheio de si; ao invejoso, se permanecer sempre ciumento? Todos os homens poderiam crer nas manifestações, como vemos, e a humanidade continuar estacionária. Mas não são esses os desígnios de Deus. É com um fim providencial que devem agir todas as sociedades espíritas sérias, agrupando em seu redor todas as que têm os mesmos sentimentos. Então haverá união entre elas, simpatia e fraternidade, e nunca um vão e pueril antagonismo provocado pelo amor-próprio, mais de palavras que de razões. Então elas serão fortes e poderosas, porque apoiadas numa base inabalável: o bem para todos. Então elas serão respeitadas e imporão silêncio às tolas zombarias, porque falarão em nome da moral evangélica respeitada por todos.

Essa é a via pela qual nos temos esforçado para levar o Espiritismo. A bandeira que arvoramos bem alto é a do *Espiritismo cristão e humanitário,* em torno da qual somos felizes de ver desde já tantos homens se juntarem em todos os pontos da Terra, porque compreendem que está nela a âncora de salvação, a salvaguarda da ordem pública, o signo de uma nova era para a humanidade. Convidamos todas as sociedades espíritas a participarem desta grande obra. Que de um extremo do mundo ao outro elas se estendam a mão fraterna e assim apanharão o mal nas malhas de uma rede inextricável.

CAPÍTULO XXX

REGULAMENTO

DA SOCIEDADE PARISIENSE DE ESTUDOS ESPÍRITAS – FUNDADA A 1º DE ABRIL DE 1858 – AUTORIZADA POR DECRETO DO SR. PREFEITO DE POLÍCIA NA DATA DE 13 DE ABRIL DE 1858, SEGUNDO COMUNICAÇÃO DO EXMO. SR. MINISTRO DO INTERIOR E DA SEGURANÇA GERAL

Nota – *Embora este regulamento tenha resultado da experiência, não o damos como um modelo obrigatório, mas unicamente para facilitar às sociedades em formação, que poderão tomar por normas as disposições que considerem úteis e aplicáveis às circunstâncias que lhes sejam próprias. Não obstante já se apresente simplificada, a sua estrutura poderá ser ainda mais reduzida, mas de pequenos grupos particulares que só necessitam de estabelecer medidas de ordem interna, de preservação e de regularidade dos seus trabalhos.*

Oferecemo-lo também como informação às pessoas que queiram estabelecer relações com a Sociedade Parisiense, seja como seus correspondentes ou para a integrarem como membros.

CAPÍTULO 1º
FINS E CONSTITUIÇÃO DA SOCIEDADE

Artigo 1 – A Sociedade tem por fim o estudo de todos os fenômenos relativos às manifestações espíritas e sua aplicação às ciências morais, físicas, históricas e psicológicas. As questões de política, de controvérsia religiosa e de economia social lhe são interditas. Ela toma por nome: Sociedade Parisiense de Estudos Espíritas.

Artigo 2 – A Sociedade compõe-se de membros titulares, de sócios livres e membros correspondentes. Pode conferir o título de membro honorário a pessoas residentes na França ou no exterior, que por sua posição ou seus trabalhos possam prestar-lhe serviços importantes. Os membros honorários são anualmente sujeitos a uma reeleição.

Artigo 3 – A Sociedade só admite pessoas que simpatizam com os seus princípios e o objetivo de seus trabalhos, aquelas que já estiverem iniciadas nos princípios fundamentais da ciência espírita ou estiverem seriamente animadas do desejo de nela se instruírem. Em consequência ela exclui todos os que possam trazer motivos de perturbação às suas reuniões, seja por uma atitude de hostilidade e oposição sistemática, seja por qualquer outra causa, fazendo-a assim perder tempo em discussões inúteis. Todos os membros se obrigam reciprocamente à benevolência e bom tratamento, devendo em todas as circunstâncias colocar o bem geral acima das questões pessoais e do amor-próprio.

Artigo 4 – Para ser admitido como sócio livre é necessário solicitar por escrito ao Presidente, apoiado pela assinatura de dois membros titulares, que se tornam responsáveis pelas intenções do postulante. O pedido deve relatar sumariamente: 1) se o postulante já possui conhecimento de Espiritismo; 2) quais as suas convicções sobre os pontos fundamentais da ciência espírita; 3) o compromisso de se conformar em tudo com este regulamento. O pedido será submetido à comissão, que proporá, se for o caso, a admissão, o adiamento ou a sua rejeição. O adiamento é de rigor para todo candidato que ainda não possua nenhum conhecimento da ciência espírita e não simpatize com os princípios da Sociedade. Os sócios livres têm o direito de assistir a todas as sessões, de participar dos trabalhos e das discussões de estudo, mas em caso algum terão voto deliberativo no que concerne às questões administrativas da Sociedade. Os sócios livres só o serão pelo ano da sua admissão, devendo a sua permanência na Sociedade ser ratificada ao fim desse primeiro ano.

Artigo 5 – Para ser membro titular é necessário ter sido sócio livre pelo menos durante um ano, ter assistido a mais de metade das sessões e haver dado, durante esse tempo, provas notórias de seus conhecimentos e de suas convicções em relação ao Espiritismo, de sua adesão aos princípios da Sociedade e de sua vontade de agir em todas as circunstâncias, no tocante aos seus colegas, segundo os princípios da caridade e da moral espírita. Os sócios livres que durante seis meses tiverem assistido às sessões da Sociedade poderão ser admitidos como membros titulares, se além disso cumprirem com as demais condições. A admissão será proposta *ex officio* pela comissão, com assentimento do associado, se for apoiada por três membros titulares. Em seguida será, se for o caso, submetida ao pronunciamento da Sociedade em votação secreta, após um relatório verbal da comissão. Somente os membros titulares têm o direito ao voto deliberativo e gozam da faculdade concedida pelo artigo 25.

Artigo 6 – A Sociedade limitará, se julgar conveniente, o número dos sócios livres e dos membros titulares.

Artigo 7 – Os membros correspondentes são os que, não residindo em Paris, mantenham relações com a Sociedade, fornecendo-lhe documentos úteis para os seus estudos. Podem ser nomeados com a apresentação apenas de um membro titulado.

CAPÍTULO 2º
DA ADMINISTRAÇÃO

Artigo 8 – A Sociedade será administrada por um diretor-presidente assistido pelos membros de uma diretoria e de uma comissão.

Artigo 9 – A diretoria se constituirá de: presidente, vice-presidente, secretário-geral, dois secretários assistentes e um tesoureiro. Poderão ser nomeados um ou mais presidentes honorários. Na falta do presidente e do vice-presidente, as sessões poderão ser presididas por um dos membros da comissão.

Artigo 10 – O diretor-presidente deverá dedicar todas as suas atenções aos interesses da Sociedade e da ciência espírita. Cabe-lhe a direção-geral e a superintendência da administração, bem como a conservação dos arquivos. O presidente é nomeado por três anos, e os demais membros da diretoria por um ano, sendo indefinidamente reelegíveis.

Artigo 11 – A comissão se compõe dos membros da diretoria e de mais cinco titulares, escolhidos de preferência entre os que tenham prestado concurso ativo aos trabalhos da Sociedade, prestado serviços à causa do Espiritismo ou revelado seu espírito benevolente e conciliador. Esses cinco membros são, como os da diretoria, nomeados por um ano e reelegíveis. A comissão é presidida de direito pelo diretor-presidente ou, na sua falta, pelo vice-presidente ou por aquele de seus membros designado para esse fim. A comissão é encarregada do exame prévio de todas as questões administrativas e outras ligadas à Sociedade; do controle das receitas e despesas da Sociedade e das contas do tesoureiro; de autorizar as despesas ordinárias e todas as medidas que julgar necessárias. Deve ainda examinar as matérias de estudo propostas pelos diversos membros, formulá-las ela mesma, a seu turno, e fixar a ordem das sessões de acordo com o presidente. O presidente pode sempre opor-se ao exame de certos assuntos e sua colocação na ordem do dia, salvo quando se recorrer à diretoria, que decidirá. A comissão se reúne regularmente antes da abertura das sessões para o exame dos assuntos em pauta, e também em qualquer outro momento que julgar conveniente. Os membros da diretoria e da comissão que estiverem ausentes durante três meses consecutivos, sem terem apresentado justificativa, serão considerados como tendo renunciado às suas funções, e será providenciada a sua substituição.

Artigo 12 – As decisões, sejam da Sociedade ou da comissão, serão tomadas por maioria absoluta dos membros presentes; em caso de empate, o voto do presidente decidirá. A comissão pode deliberar com a presença de quatro de seus membros. A votação secreta poderá ser feita se for pedida por cinco membros.

Artigo 13 – Cada três meses, seis membros escolhidos entre os titulares ou os sócios livres são designados para cumprir as funções de comissários. Os comissários são encarregados de velar pela ordem e a boa realização das sessões, de verificar o direito de participação de qualquer pessoa estranha que se apresente para assisti-las. Para esse fim, os membros designados se entenderão, de maneira a que um deles esteja presente no início das sessões.

Artigo 14 – O ano social começa em 1.º de abril. As designações para a diretoria e a comissão serão feitas na primeira sessão do mês de maio. Os membros em exercício continuarão em suas funções até essa época.

Artigo 15 – Para prover às despesas da Sociedade, será cobrada uma cota anual de 24 francos dos titulares e de 20 francos dos sócios livres. Os membros titulares pagarão também uma joia de 10 francos quando de sua admissão. A cota é paga integralmente para o ano em curso. Os membros admitidos no correr do ano só pagarão, nesse primeiro ano, os trimestres que faltarem, compreendido o da admissão. Quando marido e mulher forem aceitos como sócios livres ou titulares, só lhes será exigida uma cota e meia para os dois. Cada seis meses, a 1.º de abril e a 1.º de outubro, o tesoureiro prestará contas, à comissão, do emprego e da situação dos fundos. As despesas correntes com aluguéis e outras obrigatórias, havendo sido pagas, se houver saldo a Sociedade determinará o seu emprego.

Artigo 16 – Será conferido a todos os membros admitidos, sócios livres ou titulares, um cartão de associado com especificação do seu título. Esse cartão fica depositado com o tesoureiro, com o qual o novo membro poderá retirá-lo pagando a sua cota de admissão. O novo membro não pode assistir às sessões antes de retirar o seu cartão. A falta de retirada, um mês após a sua admissão, fará que ele seja considerado demissionário. Será igualmente considerado demissionário todo membro que não houver pago a sua cota anual no primeiro mês de renovação do ano social, desde que não tenha atendido ao aviso enviado pelo tesoureiro.

CAPÍTULO 3º
DAS SESSÕES

Artigo 17 – As sessões da Sociedade realizam-se às sextas-feiras, às oito horas da noite, salvo modificação que for determinada. As sessões são particulares ou gerais, e jamais serão públicas. Toda pessoa que fizer parte da Sociedade, com qualquer título, deve assinar em cada sessão lista de presença.

Artigo 18 – O silêncio e a concentração são rigorosamente exigidos durante as sessões e particularmente durante os estudos. Ninguém pode usar da palavra sem permissão do presidente. Todas as questões dirigidas aos Espíritos serão feitas por intermédio do presidente, que pode recusar-se a fazê-las de acordo com as circunstâncias. São rigorosamente proibidas todas as perguntas fúteis, de interesse pessoal ou de simples curiosidade, ou feitas com o fim de submeter os Espíritos à prova, assim como todas aquelas que não tiverem um fim de utilidade geral, do ponto de vista dos estudos. São igualmente proibidas todas as discussões que se desviem do objetivo em causa.

Artigo 19 – Todo membro tem o direito de pedir que seja chamado à ordem aquele que se afaste das conveniências durante a discussão ou que perturbe as sessões de qualquer maneira. O pedido será posto a votos imediatamente e, uma vez aprovado, será inscrito na ata. Três advertências no espaço de um ano acarretam a eliminação do membro, qualquer que seja o seu título.

Artigo 20 – Nenhuma comunicação espírita obtida fora da Sociedade pode ser lida sem ter sido submetida ao presidente ou à comissão, que podem aprovar ou não a sua leitura. Uma cópia de cada comunicação procedente de fora, cuja leitura foi autorizada, deve permanecer nos arquivos. Todas as comunicações obtidas durante as sessões pertencem à Sociedade. Os médiuns que as receberam podem tirar cópia.

Artigo 21 – As sessões particulares são reservadas aos membros da Sociedade e se realizarão na primeira, na segunda e, se for possível, na quinta sexta-feira de cada mês. A sociedade reserva para as sessões particulares todas as questões concernentes à sua administração, bem como as matérias de estudo que reclamem maior tranquilidade e concentração, ou que ela julgue conveniente aprofundar antes de tratá-las na presença de pessoas estranhas.

Têm o direito de assistir às sessões particulares, além dos membros titulares e dos sócios livres, os membros correspondentes de passagem por Paris e os médiuns que prestem o seu concurso à Sociedade. Nenhuma pessoa estranha será admitida a sessões particulares, salvo os casos excepcionais e com o assentimento prévio do presidente.

Artigo 22 – As sessões gerais serão realizadas nas segundas, quartas e sextas-feiras de cada mês. Nas sessões gerais, a Sociedade autoriza a admissão de ouvintes estranhos que podem assisti-las temporariamente, sem delas fazerem parte. Essa autorização pode ser suspensa quando ela julgar conveniente. Ninguém pode assistir às sessões como ouvinte sem ser apresentado ao presidente por um membro da Sociedade, que se torna fiador de seu interesse em não causar perturbação nem interrupção dos trabalhos.

A Sociedade só admite como ouvintes as pessoas que desejam tornar-se membros ou que se interessem pelos trabalhos e já estejam suficientemente iniciadas na ciência espírita para compreender o que se passa. Deve ser recusada a admissão, de maneira absoluta, a quem só tiver por motivo a curiosidade ou cujas opiniões forem hostis. É interdita a palavra ao ouvinte, salvo em casos excepcionais, a critério do presidente. Aquele que perturbar a ordem de qualquer maneira ou manifestar má vontade para com os trabalhos da Sociedade pode ser convidado a se retirar, e em todos os casos será anotado o fato na lista de admissão, sendo-lhe impedida a entrada no futuro.

O número de ouvintes deverá limitar-se aos lugares disponíveis, e os que possam assistir às sessões deverão inscrever-se previamente, fazendo mencionar a indicação de quem os recomendou. Em consequência, todo o pedido de entrada na sessão deverá ser feito vários dias antes ao presidente, único autorizado a conceder os cartões de admissão até o final da lista. Os cartões servem apenas para o dia indicado e para as pessoas designadas.

Não pode ser concedida permissão ao mesmo ouvinte para mais de duas sessões, salvo com autorização do presidente e para os casos excepcionais. Nenhum membro pode apresentar mais de duas pessoas de cada vez. Não serão limitadas as permissões concedidas pelo presidente. Os ouvintes não podem ser admitidos após a abertura da sessão.

CAPÍTULO 4º
DISPOSIÇÕES DIVERSAS

Artigo 23 – Todos os membros da Sociedade lhe devem o seu concurso. Em consequência, têm o dever de recolher no seu respectivo círculo de observações os casos antigos ou recentes que possam ter ligação com o Espiritismo, e os comunicar. Ao mesmo tempo deverão informar-se, quanto possível, da notoriedade desses casos. Têm igualmente o dever de anotar todas as publicações que possam ter uma relação mais ou menos direta com o objetivo de seus trabalhos.

Artigo 24 – A Sociedade fará a crítica das diversas obras publicadas sobre o Espiritismo, quando julgar conveniente. Para isso encarregará um dos seus membros, sócio livre ou titular, de emitir um parecer que será impresso, quando houver espaço, na Revista Espírita.

Artigo 25 – A Sociedade instalará uma biblioteca especial constituída por obras que forem oferecidas e das que ela adquirir. Os membros titulares poderão consultar na sede da Sociedade essa biblioteca e os arquivos, nos dias e horas fixados para esse fim.

Artigo 26 – A Sociedade, considerando que a sua responsabilidade pode ser moralmente comprometida por publicações particulares feitas pelos seus membros, determina que ninguém poderá usar, em nenhum escrito, o título de membro da Sociedade sem estar autorizado para isso e sem haver dado a ela conhecimento prévio do texto. A comissão será encarregada de fazer um relatório a respeito. Se a Sociedade considerar o escrito incompatível com os seus princípios, o autor, após haver sido ouvido, será convidado a modificá-lo ou renunciar à sua publicação, ou não publicá-lo com o título de membro da Sociedade. Se não quiser submeter-se à decisão poderá ser eliminado.

Qualquer escrito publicado por um membro da Sociedade sob o anonimato, sem nenhuma indicação pela qual se possa reconhecer o autor, entra na categoria das publicações ordinárias cuja apreciação a Sociedade se reserva o direito de fazer. Entretanto, sem querer impedir a livre manifestação das opiniões pessoais, a Sociedade convida seus membros que tenham a intenção de fazer publicações dessa espécie a previamente lhe pedirem o parecer oficioso, no interesse da ciência.

Artigo 27 – A Sociedade, querendo manter no seu seio a unidade dos princípios e o espírito de benevolência recíproca, poderá eliminar todo membro que se transforme em causa de perturbação ou que se manifestar em hostilidade aberta contra ela por meio de escritos comprometedores para a doutrina, de opiniões subversivas ou por um procedimento que ela não possa aprovar. A eliminação não será feita, entretanto, senão depois de uma advertência sem efeito e após ouvir o membro inculpado, se este quiser explicar-se. A decisão será tomada em escrutínio secreto, por maioria de três quartos dos membros presentes.

Artigo 28 – Todo membro que se retire voluntariamente no correr do ano não pode reclamar a devolução das diferenças de seu pagamento de cota; essas diferenças serão reembolsadas no caso de eliminação feita pela Sociedade.

Artigo 29 – Este regulamento poderá ser modificado se necessário. As propostas de modificação só poderão ser feitas por intermédio do presidente, ao qual serão transmitidas no caso de serem aceitas pela comissão. A sociedade, sem modificar o seu regulamento nos pontos essenciais, pode adotar todas as medidas complementares que achar convenientes.[1]

[1] Este regulamento, como se vê, é um modelo de prudência, prescrevendo as medidas necessárias à preservação da Sociedade (a primeira instituição espírita do mundo) sem quebrar os princípios democráticos indispensáveis à verdadeira caracterização das entidades espíritas. Todas as suas prescrições objetivam acima de tudo a defesa do Espiritismo, sem incorrer nas medidas personalistas, nas restrições do espírito de grupo ou de continuismo administrativo. Ainda hoje e por muito tempo este regulamento pode servir de modelo, e com muito proveito, à elaboração dos estatutos de instituições doutrinárias realmente integradas nos princípios espíritas. (N. do T.)

CAPÍTULO XXXI

DISSERTAÇÕES ESPÍRITAS

Reunimos neste capítulo algumas comunicações espontâneas que podem completar e conformar os princípios expendidos nesta obra. Poderíamos inserir um número muito maior, mas nos limitamos àquelas que mais particularmente se referem ao futuro do Espiritismo, aos médiuns e às reuniões. Damo-las ao mesmo tempo como instruções e como modelos do gênero de comunicações realmente sérias. Encerramos o capítulo com algumas comunicações apócrifas, seguidas de observações apropriadas a fazê-las reconhecer.

SOBRE O ESPIRITISMO

I

Tende confiança na bondade de Deus e sede bastante esclarecidos para compreender que ele vos prepara um novo destino. Não vos será possível, é verdade, desfrutá-lo nesta existência. Mas não seríeis felizes se, mesmo não revivendo neste globo, pudésseis apreciar do alto a obra que começastes e que se desenvolverá sob os vossos olhos? Revesti-vos de uma fé sólida, sem vacilações, para enfrentar os obstáculos que parecem dever levantar-se contra o edifício cujos fundamentos lançastes.

As bases em que ele se apoia são firmes: o Cristo colocou a sua primeira pedra. Coragem, pois, arquitetos do divino Mestre! Trabalhai, construí, e Deus complementará a vossa obra. Mas lembrai-vos que o Cristo não considera seus discípulos os que só têm a caridade nos lábios. Não basta crer; é necessário sobretudo dar o exemplo da bondade, da benevolência e do desinteresse. Sem isso a vossa fé será estéril para vós.

SANTO AGOSTINHO

II

O Cristo mesmo é quem preside os trabalhos de toda natureza que estão em vias de realização, para vos abrir a era de renovação e aperfeiçoamento que vos foi predita pelos vossos guias espirituais.

Se, com efeito, lançardes os olhos, além das manifestações espíritas, sobre os acontecimentos contemporâneos, reconhecereis sem qualquer dificuldade os sinais precursores que vos provam, de maneira indubitável, que os tempos são chegados.

Estabelecem-se as comunicações entre todos os povos; as barreiras materiais são derrubadas, os obstáculos morais que impedem a sua união e os preconceitos políticos e religiosos desaparecerão rapidamente. Assim o reino da fraternidade se estabelecerá de maneira sólida e durável. Observai desde já que os próprios soberanos, impelidos por mão invisível, tomam, coisa inacreditável para vós, a iniciativa das reformas. As reformas que partem de cima, de maneira espontânea, são mais rápidas e duráveis que as que procedem de baixo, arrancadas pela força.

Apesar dos prejuízos de criação e de educação, malgrado o culto da tradição, eu já havia pressentido a época atual. Por isso sou feliz, e mais feliz ainda de poder vir aqui e vos dizer: Irmãos, coragem! Trabalhai por vós e para o futuro dos vossos; trabalhai sobretudo para vos melhorardes pessoalmente e podereis desfrutar, na vossa próxima existência, de uma felicidade tão difícil de imaginar agora quanto a mim de vô-la fazer compreender.

CHATEAUBRIAND

III

Penso que o Espiritismo é um estudo inteiramente filosófico das causas ocultas, dos movimentos interiores da alma, pouco ou nada esclarecidos até hoje. Explica mais ainda do que desvenda novos horizontes. A reencarnação e as provas que suportais antes de chegar ao alvo supremo não são mais apenas revelações, mas confirmações plenas da verdade. Sou tocado pelas verdades que por esse *meio* são trazidas à luz. Digo *meio* com intenção, pois a meu ver o Espiritismo é uma alavanca que derruba as barreiras da incompreensão.

A preocupação com as questões morais está sendo despertada por toda parte. Discute-se a política que desperta o interesse geral; discutem-se os interesses particulares; despertam paixões o ataque ou a defesa de personalidades; os sistemas conquistam partidários e detratores; mas as verdades morais, que são o alimento da alma, o pão da vida, permanecem na poeira acumulada pelos séculos. Todas as formas de aperfeiçoamento parecem úteis aos olhos do povo, menos as da alma. Sua educação, sua elevação parecem quimeras que servem apenas para ocupar os lazeres dos padres, dos poetas, das mulheres, seja como simples moda ou a título de ensinamento.

Se o Espiritismo ressuscita o Espiritualismo, dará à sociedade o impulso que despertará em uns a dignidade interior, em outros a resignação e em todos a necessidade de elevar-se para o Ser Supremo, olvidado e desconhecido pelas suas ingratas criaturas.

J. J. ROUSSEAU

IV

Se Deus envia os Espíritos para instruir os homens, é com o fim de os esclarecer sobre os seus deveres, de lhes mostrar a rota pela qual podem abreviar suas provas, apressando assim o seu adiantamento. Da mesma maneira que o fruto amadurece, o homem chega à perfeição. Mas ao lado dos Espíritos bons, que velam pelo vosso bem, há também os Espíritos imperfeitos, que desejam o vosso mal. Enquanto uns vos impelem para a frente, outros vos puxam para trás. É em distingui-los que deveis pôr toda a vossa atenção. O meio é fácil: tratai simplesmente de compreender que tudo o que vem de um Espírito bom não pode prejudicar a ninguém, e que tudo o que for mau só pode vir de um Espírito mau.

Se não ouvirdes os sábios conselhos dos Espíritos que vos querem bem, se vos ofenderdes com as verdades que eles vos disserem, é evidente que estais aceitando as influências dos Espíritos maus. Só o orgulho pode vos impedir que vejais o que sois realmente. Mas, se não o podeis ver por vós mesmos, outros veem por vós, de maneira que sois censurados pelos homens que riem de vós por trás. E pelos Espíritos.

UM ESPÍRITO FAMILIAR

V

Vossa doutrina é bela e santa. Seu primeiro marco está plantado e solidamente plantado. Agora só tendes que marchar. O caminho está aberto, grande e majestoso. Bem-aventurado é aquele que chegar ao porto. Quanto mais prosélitos fizer, mais lhe será contado. Mas para isso é necessário não abraçar a doutrina com frieza, é preciso fazê-lo com ardor, e esse ardor será multiplicado porque Deus está sempre convosco quando praticais o bem. Todos os que conduzirdes serão ovelhas que voltaram ao aprisco, pobres ovelhas que se haviam transviado! Acreditai que o mais cético, o mais ateu, o mais incrédulo, enfim, tem sempre um pequeno recanto no coração que desejaria poder ocultar a si próprio. Pois bem: é esse cantinho que se deve procurar, que se deve encontrar, porque esse é o lado vulnerável que se tem de atacar. É uma pequena brecha deixada aberta e expressamente por Deus, para facultar à sua criatura o meio de retornar a ele.

SÃO BENEDITO

VI

Não vos arreceeis de certos obstáculos, de certas controvérsias. Não atormenteis a ninguém com qualquer teimosia. A persuasão só chegará aos incrédulos pelo vosso desinteresse, pela vossa tolerância e pela vossa caridade para com todos, sem exceção.

Guardai-vos sobretudo de violentar a opinião, mesmo por simples palavras ou através de demonstrações públicas. Quanto mais modestos, mais conseguireis a apreciação dos outros. Que nenhum móvel pessoal vos leve a agir e encontrareis nas vossas consciências uma força de atração que só o bem proporciona.

Os Espíritos, por ordem de Deus, trabalham para o progresso de todos, sem exceção. Vós, espíritas, fazei o mesmo.

SÃO LUÍS

VII

Qual a instituição humana ou mesmo divina que não teve de vencer obstáculos e cismas, contra os quais teve de lutar? Se tivésseis apenas uma existência triste e preguiçosa, ninguém vos atacaria, sabendo que sucumbiríeis de um momento para outro. Mas, como a vossa vitalidade é forte e ativa, como a árvore espírita tem fortes raízes, supondo que pode viver longo tempo, tentam cortá-la a machadadas. Que fazem esses invejosos? Cortarão quando muito alguns ramos, que renascerão com nova seiva e serão mais fortes do que nunca.

CHANNING

VIII

Quero falar-vos sobre a firmeza que deveis ter nos trabalhos espíritas. A respeito desse assunto já vos foi feita uma citação que vos aconselho a estudar de todo coração, aplicando-a a vós mesmos, pois como São Paulo sereis perseguidos, não em carne e osso, mas em espírito. Os fariseus e os incrédulos de hoje vos hão de escarnecer e injuriar, mas nada deveis temer, pois trata-se de uma prova que vos fortificará se a souberdes entregar a Deus, pois assim vereis os vossos esforços mais tarde coroados de sucesso. Será esse para vós um grande triunfo à luz da eternidade, enquanto neste mundo já será uma consolação para todos os que perderam parentes e amigos. Saber que eles são felizes e que podem comunicar-se convosco é uma felicidade. Marchai avante, portanto, cumprindo a missão que Deus vos dá. Ela vos será contada no dia em que comparecerdes ante o Todo-Poderoso.

CHANNING

IX

Sou eu que venho, o teu salvador e o teu juiz. Venho como outrora entre os filhos transviados de Israel. Venho trazer a verdade e dissipar as trevas. Ouvi-me. O Espiritismo, como outrora a minha palavra, deve lembrar aos materialistas que acima deles reina a verdade imutável: o Deus bom, o Deus Poderoso que faz germinar as plantas e levanta as ondas. Revelei a divina doutrina. Como um ceifeiro liguei em feixes o bem esparso pela humanidade e disse: vinde a mim, vós todos que sofreis!

Mas os homens ingratos se desviaram do caminho reto e largo que conduz ao reino de meu Pai e se perderam nos ásperos atalhos da impiedade. Meu Pai não quer aniquilar a raça humana. Quer, não mais através dos profetas, não mais por meio dos apóstolos, mas que vos ajudeis uns aos outros, mortos e vivos, ou seja, mortos segundo a carne, porque a morte não existe; que vos socorrais mutuamente e que a voz dos que não mais existem se faça ouvir ainda para clamar: orai e crede! Porque a morte é a ressurreição, e a vida a prova escolhida, durante a qual as vossas virtudes cultivadas devem crescer e se desenvolver como o cedro.

Crede nas vozes que vos respondem: são as próprias almas daqueles que evocais. Só raramente me comunico. Meus amigos, os que assistiram à minha vida e à morte, são os intérpretes divinos dos desígnios de meu Pai.

Homens fracos, que acreditais no engano de vossas inteligências obscuras, não apagueis a chama que a clemência divina colocou em vossas mãos para clarear o caminho e vos levar, filhos extraviados, ao regaço de vosso Pai.

Eu vos digo, em verdade, crede na diversidade, na *multiplicidade* dos Espíritos. Estou bastante tocado de compaixão pelas vossas misérias, pela vossa imensa fraqueza, para não estender a mão protetora aos infelizes transviados que, vendo o céu, caem no abismo do erro. Crede, amai, compreendei as verdades que vos são reveladas. Não mistureis o joio com o bom trigo, os sistemas com as verdades.

Espíritas! Amai-vos, eis o primeiro ensinamento; instruí-vos, eis o segundo. Todas as verdades se encontram no Cristianismo. Os erros que nele se enraizaram são de origem humana. E eis que do além-túmulo, que julgais vazio, as vozes clamam: Irmãos!

Nada perece, Jesus Cristo é o vencedor do mal, sede os vencedores da impiedade.

Observação – *Esta comunicação, obtida por um dos melhores médiuns da Sociedade Espírita de Paris, foi assinada por um nome que o respeito só nos permitiria reproduzir com absoluta reserva, tão grande seria a insigne graça de sua autenticidade, e porque já muito se abusou desse nome em comunicações evidentemente apócrifas. Esse nome é o de Jesus de Nazaré. Não duvidamos absolutamente de que ele possa manifestar-se. Mas, se os Espíritos verdadeiramente superiores só o fazem em circunstâncias excepcionais, a razão nos impede de aceitar que o Espírito puro por excelência responda a qualquer apelo. Haveria pelo menos profanação em lhe atribuirmos uma linguagem indigna dele.*

É por essas considerações que temos sempre evitado publicar tudo o que traz o seu nome. Acreditamos que nunca seríamos demasiado cuidadosos no tocante a publicações dessa espécie, que só têm autenticidade para o amor-próprio dos interessados e cujo menor inconveniente é o de fornecer armas aos adversários do Espiritismo.

Como temos dito, quanto mais elevados são os Espíritos, mais desconfiança se deve ter da assinatura dos seus nomes. Seria necessária uma grande dose de orgulho para alguém se vangloriar de ter o privilégio de suas comunicações, julgando-se digno de conversar com ele como se fosse com os seus iguais. Na comunicação acima constatamos apenas a incontestável superioridade da linguagem e dos pensamentos, deixando a cada um o cuidado de apreciar se aquele de quem ela traz o nome a rejeitaria ou não.[1]

X
SOBRE OS MÉDIUNS

Todos os homens são médiuns. Todos têm um Espírito que os dirige para o bem, quando eles sabem escutá-lo. Quer alguns se comuniquem diretamente com ele, graças a uma mediunidade especial, quer outros só o escutem pela voz interna do coração

[1] Esta comunicação aparece, um pouco modificada, no cap. VI de *O Evangelho segundo o Espiritismo*, com a assinatura de Espírito da Verdade, datada de Paris, 1861. Sabendo-se que Kardec não tomava decisões dessa importância por seu próprio arbítrio, e que poderia ter deixado de incluir ali essa comunicação, é evidente que a assinatura primitiva deve ter sido corrigida pelo próprio Espírito comunicante, como sempre acontece quando a imaginação do médium interfere nos ditados. No caso, o conteúdo da mensagem é realmente de valor. Note-se o cuidado seguido por Kardec e por ele recomendado, mas até hoje pouco seguido, no tocante às comunicações assinadas por nomes venerados. É conveniente ler e reler as suas considerações acima. (N. do T.)

e da mente, isso pouco importa, pois é sempre o mesmo Espírito familiar que os acompanha. Chamai-o Espírito, razão, inteligência, será sempre uma voz que responde à vossa alma, dizendo-vos boas palavras. Acontece, porém, que nem sempre as compreendeis. Nem todos sabem agir de acordo com os conselhos da razão, não dessa razão que se arrasta e se enreda mais do que avança, dessa razão que se perde no emaranhado dos interesses materiais e grosseiros, mas da razão que eleva o homem acima de si mesmo, que o transporta para regiões desconhecidas, flama sagrada que inspira o artista e o poeta, ideia divina que eleva o filósofo, impulso que arrebata os indivíduos e os povos, razão que o vulgo não pode compreender mas que eleva o homem e o aproxima de Deus, mais do que nenhuma outra criatura. Entendimento que o conduz do conhecido ao desconhecido e o faz realizar os atos mais sublimes. Ouvi pois essa voz interior, esse bom gênio que vos fala sem cessar, e chegareis progressivamente a ouvir o vosso anjo da guarda que vos estende a mão do alto do céu. Repito, a voz interior que fala ao coração é a dos Espíritos bons. E é desse ponto de vista que todos os homens são médiuns.

CHANNING

XI

O dom da mediunidade é tão antigo quanto o mundo. Os profetas eram médiuns. Os mistérios de Elêusis foram fundados sobre a mediunidade. Os caldeus e os assírios possuíam médiuns. Sócrates era dirigido por um Espírito que lhe inspirava os admiráveis princípios de sua filosofia. Ele ouvia a sua voz. Todos os povos tiveram seus médiuns. E as inspirações de Joana D'Arc nada mais eram que a voz dos Espíritos benfeitores que a dirigiam. Esse dom que hoje tanto se expande havia se tornado mais raro nos tempos medievais, mas jamais desapareceu.

Swedenborg e seus adeptos constituíram uma numerosa escola. A França dos últimos séculos, irônica e voltada para uma filosofia que, desejando destruir os abusos da intolerância religiosa, asfixiava no ridículo tudo quanto era ideal; a França devia afastar o Espiritismo, que não cessava de progredir no Norte. Deus permitira essa luta das ideias positivas contra as ideias espiritualistas porque o fanatismo se transformara na arma destas últimas. Hoje, que os progressos da Indústria e das Ciências desenvolveram a arte de bem viver, de tal maneira que as tendências materiais se tornaram dominantes, Deus quer que os espíritos sejam reconduzidos aos interesses da alma. Ele quer que o aperfeiçoamento do homem moral se transforme naquilo que deve ser, isto é, na finalidade e no alvo da vida. O Espírito humano segue sua marcha necessária, semelhante à graduação por que passam todas as coisas no Universo visível e invisível. Todo progresso chega na sua hora: a da elevação moral chegou para a humanidade. Ela não se cumprirá ainda nos vossos dias, mas agradecei ao Senhor por assistirdes a essa alvorada bendita.

PIERRE JOUTY (pai do médium)

XII

Deus me encarregou de sua missão, que devo cumprir junto aos crentes favorecidos pelo mediunato.[2] Quanto mais graças eles recebem do Alto, mais perigos enfrentam, e esses perigos são tanto maiores quanto provierem dos próprios favores que Deus lhes concede. As faculdades de que gozam os médiuns lhes atraem os elogios dos homens, os cumprimentos e as adulações: eis o seu tropeço. Esses mesmos médiuns, que deviam sempre lembrar-se de sua incapacidade anterior, a esquecem. Fazem ainda mais: aquilo que só devem a Deus, atribuem ao seu próprio mérito.

Que acontece com isso? Os Espíritos bons os abandonam, e eles se tornam joguete dos maus, não dispondo mais de bússola para se guiarem. Quanto mais se tornam capazes, mais são levados a se atribuírem um mérito que não lhes pertence, até que Deus os castigue, retirando-lhes uma faculdade que já então só lhes poderia ser fatal.

Nunca seria demais lembrar-vos de pedir assistência ao vosso anjo da guarda, para que ele vos ajude a estar sempre vigilantes contra o vosso mais cruel inimigo, que é o orgulho; lembrai-vos bem, vós que tendes a felicidade de ser intérpretes entre os Espíritos e os homens, de que, sem o amparo do nosso divino Mestre, seríeis punidos ainda mais severamente, porque fostes mais favorecidos.

Espero que esta comunicação produza os seus frutos e desejo que ela possa ajudar os médiuns a se manterem vigilantes contra o escolho em que poderiam quebrar-se. Esse escolho, como já vos disse, é o orgulho.

JOANA D'ARC

---

[2] Mediunato é termo criado pelos Espíritos e quer dizer: missão mediúnica. (N. do T.)

XIII

Quando quiserdes receber as comunicações dos Espíritos bons, preparai-vos para essa graça através da concentração, das intenções puras e do desejo de praticar o bem em favor do progresso geral; lembrai-vos de que o egoísmo sempre retarda a evolução; lembrai-vos de que, se Deus permite a alguns de vós receber o sopro de seus filhos que, por sua conduta, souberam merecer a ventura de compreender sua infinita bondade, é porque deseja, atendendo às nossas solicitações e tendo em conta as vossas boas intenções, conceder-vos os meios de avançar nesse caminho. Assim, pois, médiuns, aproveitai essa faculdade que Deus vos concedeu. Tende fé na mansuetude de nosso Mestre. Ponde a caridade sempre em ação. Não deixeis jamais de praticar essa virtude sublime, bem como a tolerância. Que vossas ações estejam sempre em harmonia com a vossa consciência. É esse um meio certo de centuplicar vossa felicidade nesta vida passageira e de vos preparar uma existência mil vezes mais suave.

Que o médium que não se sinta com forças de perseverar no ensino espírita se abstenha, pois, não tornando proveitosa a luz que o esclareceu, será mais culpado e terá de expiar a sua cegueira.

PASCAL

XIV

Hoje vos falarei do desinteresse, que deve ser uma das qualidades essenciais dos médiuns, tanto quanto a modéstia e a abnegação. Deus lhes deu essa faculdade para que eles ajudem a propagar a verdade, mas não para fazerem dela um comércio. Por estes não entendo somente os que desejassem explorá-la, como o fariam com uma faculdade comum os que se fizessem médiuns como outros se fazem dançarinos ou cantores, mas todos os que pretendessem utilizar a mediunidade com fins interesseiros de qualquer espécie.

Seria racional supor que os Espíritos bons, e mais ainda os Espíritos superiores que condenam a cupidez, consentissem em participar de espetáculos e se pusessem à disposição de um empresário de manifestações espíritas, como comparsas? Não é mais racional supor que os Espíritos bons possam favorecer as intenções do orgulho e da ambição. Deus lhes permite comunicar-se com os homens para tirá-los do lamaçal terreno, e não para servirem de instrumento às paixões mundanas. Não pode, pois, ver com prazer os que desviam do seu verdadeiro fim o dom que lhes concedeu. Eu vos asseguro que eles serão punidos por isso, mesmo neste mundo, pelas mais amargas decepções.

DELPHINE DE GIRARDIN

XV

Todos os médiuns são incontestavelmente chamados a servir à causa do Espiritismo na medida de suas faculdades. Mas são poucos os que não se deixam levar pelo amor-próprio. É essa uma pedra de toque que raramente falha. Entre cem médiuns apenas se encontra um, se possível, que não se tenha julgado, por humilde que seja a sua condição, nos primeiros tempos de sua mediunidade, destinado a obter resultados superiores e predestinado a grandes missões. Os que sucumbem a essa vaidosa ambição, e o número é grande, tornam-se presa inevitável de Espíritos obsessores, que não tardam a subjugá-los, excitando-lhes o orgulho e apanhando-os pelo seu lado fraco. Quanto mais eles desejam elevar-se, mais ridícula é a sua queda, quando não for até mesmo desastrosa para eles.

As grandes missões são confiadas aos homens excepcionais, e Deus mesmo os colocam, sem que eles o procurem, no meio e na posição em que o seu concurso possa ser eficaz. Nunca será demais recomendar aos médiuns inexperientes que desconfiem daquilo que certos Espíritos poderão dizer-lhes, quanto ao pretenso papel que eles são chamados a exercer. Porque, se o tomarem a sério, só recolherão decepções neste mundo e um severo castigo no outro.

Que se convençam, portanto, os médiuns de que podem prestar grandes serviços na esfera modesta e obscura em que se acham, ajudando a converter os incrédulos ou dando consolações aos aflitos. Se eles tiverem de sair da obscuridade, serão conduzidos por mão invisível, que lhes preparará o caminho colocando-os em evidência, por assim dizer, malgrado eles mesmos. Que se lembrem destas palavras: quem quiser se elevar será rebaixado, e quem se rebaixar será elevado.

O ESPÍRITO DA VERDADE

SOBRE AS SOCIEDADES ESPÍRITAS

Observação – Entre as comunicações seguintes, algumas foram dadas na Sociedade Parisiense de Estudos Espíritas ou endereçadas a ela. Outras, transmitidas por diversos médiuns, contêm conselhos gerais sobre os grupos, sua organização e as dificuldades que podem enfrentar.

XVI

Por que não iniciais as vossas sessões por uma invocação geral, uma espécie de prece que pudesse dispor-vos à concentração? Porque é bom saberdes que sem recolhimento só tereis comunicações levianas. Os Espíritos bons só comparecem onde são chamados com fervor e sinceridade. Eis o que ainda não se compreendeu devidamente. Compete a vós, portanto, dar o exemplo, a vós que, se o quiserdes, podereis tornar-vos uma das colunas do novo edifício. Observamos os vossos trabalhos com satisfação e vos ajudamos, mas com a condição de também nos ajudardes, mostrando-vos à altura da missão que fostes chamados a cumprir. Formai um feixe e sereis fortes. Os Espíritos maus não prevalecerão contra vós.

Deus ama os simples de espírito, o que não quer dizer os tolos, mas os que sabem renunciar a si mesmos e procurá-lo sem orgulho. Podeis tornar-vos um farol para a humanidade. Aprendei a distinguir o joio do trigo. Semeai apenas o trigo e evitai espalhar o joio, porque este impedirá que o trigo germine e sereis responsáveis por todo o mal que decorrer disso. Assim, sereis responsáveis pelas doutrinas errôneas que divulgardes. Lembrai-vos de que um dia o mundo pode voltar os olhos sobre vós. Esforçai-vos para que nada possa empanar o brilho das boas coisas que sairão do vosso esforço. É por isso que vos recomendamos pedir a Deus que vos assista.

SANTO AGOSTINHO

Solicitado a ditar uma fórmula de invocação geral, Santo Agostinho respondeu:

Sabeis que não existe nenhuma fórmula absoluta. Deus é bastante grande para dar mais importância às palavras do que ao pensamento? Não acrediteis que seja suficiente pronunciar algumas palavras para afastar os Espíritos maus. Guardai-vos sobretudo de usar uma dessas fórmulas banais que são recitadas por desencargo de consciência. Sua eficácia está na sinceridade do sentimento e sobretudo na unanimidade da intenção, pois aqueles que não se associarem de coração não serão beneficiados nem poderão beneficiar os outros. Escrevei-a vós mesmos e submetei-a, se o quiserdes, a mim, que vos ajudarei.

Observação – *A fórmula seguinte de invocação geral foi redigida com o concurso do Espírito, que a completou em vários pontos:*

Suplicamos a Deus todo-poderoso que nos envie os Espíritos bons para nos assistirem, que afaste de nós os que pudessem nos induzir em erro. Dai-nos a luz necessária para distinguir a verdade da impostura.

Afastai também os Espíritos malfazejos que pudessem lançar a desunião em nosso meio suscitando a inveja, o orgulho e o ciúme. Se alguns tentarem introduzir-se em nosso recinto, em nome de Deus determinamos que se retirem.

Espíritos bons, que presidis aos nossos trabalhos, vinde instruir-nos e tornar-nos dóceis aos vossos conselhos. Fazei que todo sentimento pessoal desapareça em nós, ante o pensamento do bem geral.

Pedimos especialmente ao nosso protetor particular dar-nos hoje o seu concurso.

XVII

Meus amigos, deixai-me vos dar um conselho, porque estais marchando sobre um terreno novo e, se seguirdes o caminho que vos indicamos, não vos perdereis. Disseram-vos uma verdade que desejamos lembrar: que o Espiritismo é uma moral e não deve sair dos limites da filosofia se não quiser cair no campo da curiosidade. Deixai de lado as questões científicas. A missão dos Espíritos não é a de resolvê-las, poupando-vos o trabalho das pesquisas. Tratai antes de vos melhorardes, pois é assim que realmente avançareis.

SÃO LUÍS

XVIII

Zombaram das mesas girantes, mas jamais zombarão da filosofia, da sabedoria e da caridade que brilham nas comunicações sérias. Foram elas o vestíbulo da ciência. Ao passar por elas devemos deixar os preconceitos como se deixa uma capa. Eu vos pediria demasiado para fazer de vossas reuniões um centro de trabalho sério. Que se façam demonstrações físicas onde quiserem; que por aí se observe; *que por aí se ouça, mas que entre vós se compreenda e se ame.* O que julgais ser aos olhos dos Espíritos superiores, quando fazeis girar ou levantar-se uma mesa? Simples colegiais. O sábio passaria o seu tempo a repetir o abecê da ciência? Entretanto, ao ver-vos interessados nas comunicações sérias, eles vos consideram como homens sérios em busca da verdade.

Perguntamos a São Luís se ele queria com isso condenar as manifestações físicas, e ele respondeu:

Eu não poderia condenar as manifestações, desde que, se elas ocorrem, é com a permissão de Deus e com uma finalidade útil. Ao dizer que elas representaram o vestíbulo da ciência assinalei o seu verdadeiro lugar e a sua utilidade. Não censuro senão os que as produzem por divertimento e curiosidade, sem delas tirar o ensinamento consequente. Elas estão para a filosofia espírita como a gramática para a literatura. Aquele que chegou a determinado grau numa ciência não perde mais tempo em reestudar suas partes elementares.

XIX

Meus amigos e crentes fiéis, sou sempre feliz de poder vos guiar na senda do bem. É uma doce missão que Deus me concede e à qual me dedico, porque ser útil já é em si mesmo uma recompensa. Que o Espírito de caridade vos una, tanto a caridade que dá como a que ama. Sede pacientes com as injúrias dos vossos detratores, sede firmes no bem e sobretudo humildes perante Deus. O que eleva é somente a humildade: ela é a única grandeza que Deus reconhece. Somente assim os Espíritos bons vos atenderão; do contrário, os do mal se apoderarão da vossa alma. Bendizei o nome do Criador e vos engrandecereis aos olhos dos homens, ao mesmo tempo que aos de Deus.

SÃO LUÍS

XX

A união faz a força; uni-vos para serdes fortes. O Espiritismo germinou, lançou raízes profundas e vai estender sobre a Terra a sua ramagem benfazeja. É necessário que vos torneis invulneráveis aos dardos envenenados da calúnia e da negra falange dos Espíritos ignorantes, egoístas e hipócritas. Para chegar a isso, uma indulgência e uma benevolência recíprocas devem presidir às vossas relações; vossos defeitos devem passar despercebidos e vossas qualidades, somente elas, devem ser observadas. A chama da amizade pura deve unir, iluminar e aquecer os vossos corações. Assim podereis resistir aos ataques impotentes do mal, como o rochedo inabalável resiste às vagas furiosas.

VICENTE DE PAULO

XXI

Meus amigos, quereis formar um grupo espírita e eu vos aprovo, pois os Espíritos não podem ver com satisfação os médiuns que se conservam isolados. Deus não lhes concedeu essa faculdade sublime para eles somente, mas para o benefício geral. Na relação com os outros eles têm mil ocasiões de se esclarecerem quanto ao mérito das comunicações que recebem, enquanto sozinhos estão mais sujeitos ao domínio dos Espíritos mentirosos, encantados de verem o médium sem controle. Eis o que vos deixo, e, se não estiverdes dominados pelo orgulho, compreendereis e aproveitareis. Eis agora para os outros.

Sabeis realmente o que é uma reunião espírita? Não, porque no vosso zelo pensais que o melhor a fazer é reunir o maior número de pessoas, a fim de as convencer. Desenganai-vos disso. Quanto menos pessoas, mais obtereis. É sobretudo pela ascendência moral que encaminhareis os incrédulos, muito mais que pelos fenômenos. Se apenas os atrairdes por meio de fenômenos, eles irão vê-los por curiosidade e encontrareis curiosos que não acreditarão e rirão dos vossos esforços; se entre vós só existirem pessoas dignas, talvez não creiam imediatamente, mas vos respeitarão, e o respeito inspira sempre confiança. Estais convencidos de que o Espiritismo deve produzir uma reforma moral. Que o vosso grupo seja o primeiro a dar exemplo das virtudes cristãs, porque neste tempo de egoísmo é nas sociedades espíritas que a verdadeira caridade deve encontrar refúgio.[3] Assim deve ser, meus amigos, um grupo de verdadeiros espíritas. De outra vez vos darei outros conselhos.

FÉNELON

XXII

Perguntastes se a multiplicidade dos grupos numa mesma localidade não poderia provocar rivalidades prejudiciais para a doutrina. A isso responderei que, se estiverem imbuídos dos verdadeiros princípios dessa doutrina, verão irmãos em todos os espíritas, e não rivais. Os que vissem outras reuniões com ciúmes provariam estar com segunda intenção, por interesse ou amor-próprio, não sendo guiados pelo amor da verdade. Garanto-vos que se pessoas

---

[3] Conhecemos um senhor que foi aceito num emprego de confiança, numa firma importante, por ser espírita sincero. Entenderam que esse fato era uma garantia da sua condição moral. (Nota de Kardec.) – A importância da conduta moral do espírita decorre da importância do exemplo individual no meio social. O fato anotado por Kardec ainda hoje se repete, graças aos exemplos de abnegação de muitos adeptos realmente devotados à prática do bem. Esses exemplos engrandecem a doutrina e facilitam assim a sua divulgação, a sua influência na transformação do mundo. (N. do T.)

assim estivessem entre vós provocariam logo a perturbação e a desunião. O verdadeiro Espiritismo tem por divisa *benevolência e caridade.* Dele se exclui toda rivalidade que não seja a do bem que se pode fazer. Todos os grupos que inscreverem essa divisa em sua bandeira poderão dar-se as mãos como bons vizinhos, que não são menos amigos por não morarem na mesma casa. Os que pretendessem ter por guia os melhores Espíritos deveriam prová-lo mostrando melhores sentimentos. Que haja luta, pois, entre eles, mas uma luta de grandeza de alma, de abnegação, de bondade e humildade. Aquele que atirasse uma pedra no outro provaria estar influenciado por Espíritos maus. A natureza dos sentimentos que dois homens manifestem um pelo outro é a pedra de toque pela qual podemos conhecer a natureza dos Espíritos que os assistem.

FÉNELON

XXIII

O silêncio e a concentração são as condições essenciais para todas as comunicações sérias. Jamais obtereis essas comunicações quando a atração para as vossas reuniões for apenas a curiosidade. Fazei, pois, que os curiosos vão se divertir em outro lugar, porque a sua distração seria a causa de perturbações.

Não deveis tolerar nenhuma conversação quando os Espíritos estão sendo interpelados. Às vezes aparecem comunicações que exigem réplicas sérias de vossa parte e respostas não menos graves dos Espíritos evocados, que se sentem, notai bem, aborrecidos com os cochichos de certos assistentes. Daí nada se obter de maneira completa nem realmente séria. O médium que escreve experimenta, ele também, distrações bastante nocivas ao seu trabalho.

SÃO LUÍS

XXIV

Falarei da necessidade de observardes a maior regularidade na realização das vossas sessões, evitando toda confusão e divergência de ideias. A divergência favorece a intromissão dos maus Espíritos em lugar dos bons, e quando isso acontece quase sempre são eles que respondem às perguntas formuladas. De outra parte, numa reunião composta de elementos diversos e desconhecidos entre si, como se poderiam evitar as ideias contraditórias, a distração ou pior ainda: uma vaga e brincalhona indiferença?

Esse meio, eu o desejaria encontrar, pelo contrário, eficiente e seguro. Talvez se encontre na concentração dos fluidos em torno dos médiuns. Eles somente, mas sobretudo os que são estimados, retêm os Espíritos bons na reunião, mas a sua influência consegue apenas dissipar a perturbação dos Espíritos levianos. O trabalho de exame das comunicações é excelente. Nunca seria demais aprofundar o estudo das perguntas e sobretudo das respostas. O erro é fácil mesmo para os Espíritos animados das melhores intenções. A lentidão da escrita, durante a qual o Espírito se desvia do assunto, que se esgota tão logo o concebeu, a instabilidade e indiferença por certas formas convencionais, todas essas razões e muitas outras vos tornam um dever só confiar de maneira limitada, e sempre sujeita ao exame, mesmo quando se trate das comunicações autênticas.

GEORGES (Espírito familiar)

XXV

Com que fim, na maioria das vezes, pedis comunicações dos Espíritos? Para obter belos trechos que mostrais aos vossos conhecidos como amostras do nosso talento e conservais preciosamente nos álbuns, sem lhes dar acolhida no vosso coração? Pensais que ficamos lisonjeados de comparecer às reuniões como a um concurso, disputando eloquência para que possais dizer que a sessão foi muito interessante? O que acontece quando recebeis uma comunicação admirável? Julgais que buscamos os vossos aplausos? Pois estais enganados: já não gostamos mais de vos distrair de uma maneira ou de outra. De vossa parte é ainda a curiosidade que vos impele e procurais dissimulá-la em vão. A nossa finalidade é vos tornar melhores.

Quando verificamos que as nossas palavras não produzem efeito e que tudo se reduz, de vossa parte, a uma aprovação estéril, vamos procurar outras almas que sejam mais dóceis. Deixamos então que venham substituir-nos os Espíritos que só gostam de falar e que nunca faltam. Admirai-vos de deixarmos que tomem o nosso nome. Que vos importa isso, desde que para vós tanto faz como tanto fez?

Sabei, entretanto, que não permitiríamos isso com aqueles que realmente nos interessam, quer dizer, aqueles que não nos fazem perder tempo. Esses são os nossos preferidos e os preservamos da mentira. Não vos queixeis senão de vós mesmos se sois frequentemente enganados. Para nós o homem sério não é aquele que evita o riso, mas aquele cujo coração é tocado pelas nossas palavras, que as medita e as põe em prática. (Ver n.º 268, perguntas 19 e 20.)

MASSILLON

XXVI

O Espiritismo deveria ser em si mesmo uma defesa contra o espírito de discórdia e dissensão. Mas esse espírito vem desde todos os tempos brandindo a sua tocha sobre as criaturas, porque tem inveja da felicidade dos que buscam a paz e a união. Espíritas! Ele pode penetrar nas vossas assembleias e não duvideis de que procurará semear nelas a inimizade, mas será impotente contra aqueles que forem animados pela verdadeira caridade. Ponde-vos portanto em guarda e vigiai sem cessar a porta do vosso coração, bem como a das vossas reuniões, para não deixar o inimigo entrar.

Se os vossos esforços forem impotentes para os que vos rodeiam, dependerá sempre de vós não lhes permitir o acesso à vossa alma. Se as dissensões agitam o vosso meio, só podem ser provocadas por Espíritos maus, pois os que se elevaram ao mais alto grau do sentimento do dever e à compreensão do verdadeiro Espiritismo sabem portar-se com urbanidade, mostrando-se mais pacientes, mais dignos e mais compreensivos. Os Espíritos bons podem às vezes permitir essas lutas para que os bons e os maus sentimentos tenham ocasião de se revelar, a fim de separarem o trigo do joio. Eles ficarão sempre ao lado dos que tiverem mais humildade e verdadeira caridade.

VICENTE DE PAULO

XXVII

Repeli impiedosamente todos esses Espíritos que se querem fazer conselheiros exclusivos, pregando a divisão e o isolamento. São quase sempre Espíritos vaidosos e medíocres, que procuram impor-se aos homens fracos e crédulos, prodigalizando-lhes louvores exagerados a fim de fasciná-los e mantê-los sob o seu domínio. São geralmente Espíritos famintos de poder. Tiranos políticos ou particulares quando vivos, querem ainda tiranizar outras vítimas após a morte. Desconfiai em geral das comunicações que revelam um caráter místico e estranho ou que prescrevem cerimônias e práticas bizarras. Há sempre, nesses casos, legítimo motivo de suspeita.

De outro lado, lembrai-vos de que quando uma verdade deve ser revelada à humanidade ela é comunicada, por assim dizer, instantaneamente, a todos os grupos sérios, que possuem médiuns sérios, e não a este ou àquele em particular, com exclusão dos demais.

Ninguém pode ser médium perfeito se estiver obsedado, e a obsessão é evidente quando um médium só recebe comunicações de determinado Espírito, por mais alto que este procure se colocar a si mesmo. Em consequência, todo médium, todo grupo que se acreditam privilegiados por comunicações que só eles podem receber, e que, por outro lado, estão submetidos a práticas de natureza supersticiosa, encontram-se inegavelmente sob uma obsessão bem caracterizada, sobretudo quando o Espírito dominador se vangloria de um nome que todos, Espíritos e encarnados, devem honrar e respeitar, e não deixar que o profanem a qualquer propósito.

É incontestável que, submetendo ao crivo da razão e da lógica todas as informações e comunicações dos Espíritos, será fácil repelir o absurdo e o erro. Um médium pode estar fascinado, um grupo enganado, mas o controle severo de outros grupos, o conhecimento adquirido e a alta autoridade moral dos dirigentes, junto às comunicações dos principais médiuns que recebem, com lógica e autenticidade reconhecidas, de Espíritos esclarecidos, farão rapidamente justiça a esses ditados mentirosos e astuciosos, provenientes de uma turba de Espíritos mentirosos e malévolos.

ERASTO (discípulo de São Paulo)

Observação *– Um dos caracteres distintivos desses Espíritos que querem impor-se, fazendo aceitar suas ideias bizarras e sistemáticas, é a pretensão, como se fossem eles os únicos a saberem, a ter razão, contra todo mundo. Sua tática é a de evitar a discussão. Quando se veem combatidos de maneira vitoriosa pelos argumentos irresistíveis da lógica, recusam-se desdenhosamente a responder e determinam aos seus médiuns que se afastem dos Centros onde suas ideias não são aceitas. Esse isolamento é o que há de mais fatal para os médiuns, porque sofrem sem defesa o jugo desses Espíritos obsessores, que os levam como cegos, frequentemente, pelos caminhos mais perigosos.*

XXVIII

Os falsos profetas não existem apenas entre os encarnados. Encontram-se também, em número muito grande, entre os Espíritos orgulhosos que sob as falsas aparências de amor e caridade semeiam a desunião e retardam a obra de emancipação da humanidade, ao lançarem entre as criaturas seus sistemas absurdos, que fazem os médiuns aceitar. Para melhor fascinar os que eles querem enganar, para dar mais peso às suas teorias, eles se enfeitam sem escrúpulos de nomes que os homens pronunciam com respeito, como os de santos justamente venerados, os nomes de Jesus, de Maria e do próprio Deus.

São eles os que semeiam os fermentos da discórdia entre os grupos, que os impelem a isolar-se uns dos outros e a se olharem enciumados. Bastaria isso para os desmascarar, pois agindo assim eles mesmos dão o mais formal desmentido ao que dizem ser. Cegos, portanto, são os homens que se deixam apanhar em armadilha tão grosseira.

Mas há muitos outros meios de os reconhecer. Os Espíritos da ordem a que eles dizem pertencer devem ser não só muito bons, mas também eminentemente lógicos e racionais. Pois bem, passai os seus sistemas pela peneira da razão e do bom senso, e vereis o que deles restará. Concordai, pois, comigo que toda vez que um Espírito indica, como remédio para os males da humanidade, ou como meio de se atingir a sua transformação, medidas utópicas e impraticáveis, pueris e ridículas; quando formula sistemas contraditórios com as mais vulgares noções da Ciência, não pode ser mais do que um Espírito ignorante e mentiroso.

Por outro lado, lembrai-vos de que, se a verdade nem sempre é apreciada pelos indivíduos, sempre o é pelo bom senso das massas, e esse é também um critério. Se dois princípios se contradizem, tereis a medida de seu valor intrínseco vendo qual deles encontrará mais ressonância e simpatia. Seria lógico, com efeito, admitir que uma doutrina cujo número de partidários esteja diminuindo fosse mais verdadeira que a outra cujo número aumenta? Deus, querendo que a verdade atinja a todos, não a confina num círculo restrito: faz que ela apareça em diferentes pontos, a fim de que por toda parte a luz brilhe ao lado das trevas.

ERASTO

Observação – *A melhor garantia de que um princípio é a expressão da verdade está no fato de ser ensinado por diferentes Espíritos, através de médiuns estranhos uns aos outros, em diferentes lugares e, além disso, confirmado pela razão e sancionado pela adesão do maior número. Só a verdade pode dar raízes a uma doutrina. Um sistema errôneo pode muito bem conseguir alguns adeptos, mas como lhe falta a primeira condição de vitalidade terá apenas uma existência efêmera. Eis por que não há motivo para inquietações: ele se mata pelos seus próprios erros e cairá inevitavelmente diante da poderosa arma da lógica.*

COMUNICAÇÕES APÓCRIFAS

Há muitas vezes comunicações de tal maneira absurdas, embora assinadas por nomes os mais respeitáveis, que o mais vulgar bom senso demonstra a sua falsidade. Mas há aquelas em que o erro é disfarçado pela mistura com princípios certos, iludindo e impedindo às vezes que se faça a distinção à primeira vista. Mas elas não resistem a um exame sério. Daremos algumas a seguir, como exemplo.

XXIX

A criação perpétua e incessante dos mundos é para Deus como uma espécie de gozo perpétuo, porque ele vê continuamente seus raios se tornarem cada dia mais luminosos em felicidade. Não há número para Deus, como não há tempo. Eis por que centenas ou milhões não são nem mais nem menos para ele. É um pai, cuja felicidade se forma da felicidade coletiva de seus filhos. A cada segundo da criação, ele vê uma nova felicidade vir se fundir na felicidade geral. Não há parada nem suspensão nesse movimento perpétuo, nessa grande felicidade incessante que fecunda a terra e o céu. Não conhecemos do mundo mais do que uma pequena fração, e tendes irmãos que vivem em latitudes que o homem ainda não conseguiu atingir.

Que significam esses calores terríveis e esses frios mortais que paralisam os esforços dos mais audaciosos? Acreditais simplesmente haver chegado aos limites do vosso mundo, quando não mais podeis avançar com os vossos precários recursos? Podeis então medir com precisão o vosso planeta? Não acrediteis nisso. Há no vosso planeta mais regiões desconhecidas do que as conhecidas. Mas, como é inútil propagar ainda mais as vossas más instituições, todas as vossas leis imperfeitas, ações e modos de vida, há um limite que vos detém aqui ou ali e que vos deterá até que possais transportar as boas sementes que o vosso livre-arbítrio produzir. Oh, não, vós não conheceis o mundo que chamais Terra. Vereis na vossa existência um grande começo de provas desta comunicação. Eis que a hora vai soar, em que haverá uma outra descoberta além da última que foi feita; vereis que vai se alargar o círculo da vossa Terra conhecida, e, quando toda a imprensa cantar essa hosana em todas as línguas, vós, pobres crianças que amais a Deus e procurais o seu caminho, o sabereis antes mesmo que aqueles que darão o seu nome à nova terra.

VICENTE DE PAULO

Observação – *Do ponto de vista do estilo, esta comunicação não suporta a crítica. As incorreções, os pleonasmos, os torneios viciosos saltam aos olhos de quem quer que seja um pouco letrado.*

Mas isso não provaria nada contra o nome com que está assinada, entendendo-se que essas imperfeições poderiam provir da insuficiência do médium, como já demonstramos. O que pertenceria ao Espírito seria a ideia. Ora, quando ele diz que há no nosso planeta mais regiões desconhecidas do que conhecidas, que um novo continente vai ser descoberto, isso é, para um Espírito que se diz superior, dar prova da mais profunda ignorância. Não há dúvida de que se podem descobrir, além das regiões geladas, alguns recantos de terra ainda desconhecidos, mas dizer que essas terras são povoadas, e que Deus as ocultou aos homens a fim de que eles não levassem para elas as suas más instituições, é ter demasiada confiança na cegueira daqueles que recebem semelhantes absurdos.

XXX

Meus filhos, nosso mundo material e o mundo espiritual, que tão pouco ainda se conhece, são como dois pratos de uma balança perpétua. Até aqui as nossas religiões, as nossas leis, os nossos costumes e as nossas paixões fizeram de tal maneira pender o prato do mal, para elevar o do bem, que temos visto o mal reinar soberano sobre a Terra. Através dos séculos é sempre a mesma lamentação que sai da boca do homem, e a conclusão fatal é a injustiça de Deus. Há mesmo os que vão até a negação da existência de Deus. Vedes tudo aqui e nada lá; vedes o supérfluo que fere a necessidade, o ouro que brilha junto à lama, todos os contrastes, os mais chocantes, que deveriam provar a vossa dupla natureza. De onde vem isso? De quem a falta? Eis o que é necessário procurar com tranquilidade e com imparcialidade. Quando se deseja sinceramente encontrar um bom remédio, a gente o encontra. Pois bem! Malgrado essa dominação do mal sobre o bem, pelas vossas próprias faltas, por que não vedes o resto seguir direito a linha traçada por Deus? Vedes as estações se desarranjarem? O calor e o frio se chocarem inconsideradamente? A luz do sol esquecer-se de clarear a Terra? A Terra esquecer no seu seio a semente que o homem ali depositou? Vedes cessarem os mil milagres perpétuos que se produzem aos nossos olhos, desde a germinação da erva até o nascimento da criança, homem futuro?

Mas, se tudo vai bem do lado de Deus, tudo vai mal do lado do homem. Qual o remédio para isso? É bem simples: aproximar-se de Deus. Amarem-se, unirem-se, entenderem-se e seguirem tranquilamente a estrada, cujas marcas se percebem com os olhos da fé e da consciência.

VICENTE DE PAULO

Observação – *Esta comunicação foi recebida no mesmo círculo da anterior. Mas que diferença! Não só pelas ideias, mas também quanto ao estilo. Tudo nela é justo, profundo, sensato, e certamente São Vicente de Paulo não a renegaria. Eis por que, sem temor, podemos atribuí-la a ele.*

XXXI

Avante, filhos, cerrai as vossas fileiras! Quer dizer: que vossa união faça a vossa força. Vós que trabalhais na fundação do grande edifício, velai e trabalhai sempre para consolidar a sua base e poder então elevá-lo alto, bem alto! O progresso é imenso por todo o nosso globo. Uma quantidade inumerável de prosélitos se enfileiram sob a nossa bandeira. Muitos céticos e mesmo os mais incrédulos também se aproximam. Avante, filhos, marchai de coração erguido, cheios de fé. A rota que seguis é bela, não esmoreçais. Segui sempre em linha reta, servindo de guias aos que vêm atrás. Eles serão felizes, muito felizes!

Marchai, filhos! Não precisais da força das baionetas para sustentar a vossa causa, precisais apenas da fé. A convicção, a fraternidade e a união, eis as vossas armas. Com elas sois fortes, mais poderosos do que todos os potentados do mundo reunidos, não obstante seus exércitos, suas frotas, seus canhões e suas metralhas!

Vós que combateis pela liberdade dos povos e pela regeneração da grande família humana, avançai, filhos; coragem e perseverança, que Deus vos ajudará. Boa noite e até à vista.

NAPOLEÃO

Observação – *Napoleão era, em vida, um homem grave e sério como poucos. Todos conhecem o seu estilo breve e conciso. Teria degenerado após a morte, tornando-se verboso e burlesco? Esta comunicação pode ser de algum soldado que se chamava Napoleão.*

XXXII

Não, não se pode trocar de religião quando não se tem uma que possa, ao mesmo tempo, satisfazer o senso comum e a inteligência que se tem, e que possa sobretudo dar ao homem consolações presentes. Não, não se troca de religião, tomba-se da inépcia e da dominação na sabedoria e na liberdade. Vamos, vamos, nosso pequeno exército! Vamos e não temam as balas inimigas; as que hão de matá-los não foram ainda feitas, se vocês estiverem sempre, no fundo do coração, no caminho de Deus, isto é, se vocês quiserem sempre combater pacífica e vitoriosamente pelo conforto e pela liberdade.

SÃO VICENTE DE PAULO

Observação – *Quem reconhecerá São Vicente de Paulo nesta linguagem, nestes pensamentos descosidos e desprovidos do sentido? O que significam estas palavras: "Não, não se troca de religião, tomba-se da inépcia e da dominação na sabedoria e na liberdade"? Com suas balas que ainda não foram feitas, suspeitamos muito de que este espírito é o mesmo que assinou acima Napoleão.*

XXXIII

Filhos da minha fé, cristãos da minha doutrina esquecida sob as ondas interesseiras da filosofia dos materialistas, segui-me pelo caminho da Judeia, segui a paixão de minha vida, contemplai agora os inimigos, vede os meus sofrimentos, os meus tormentos e o meu sangue derramado pela minha fé.

Filhos espiritualistas da minha nova doutrina, estais prontos a suportar, a enfrentar as ondas da adversidade, os sarcasmos de vossos inimigos. A fé avança sem cessar seguindo a vossa estrela, que vos levará ao caminho da felicidade eterna, como a estrela conduziu pela fé os magos do Oriente à manjedoura. Sejam quais forem as vossas adversidades, sejam quais forem as vossas penas e as lágrimas que derramardes nessa esfera de exílio, tende coragem, persuadi-vos de que a alegria que vos inundará no mundo dos Espíritos estará muito acima dos tormentos da vossa existência passageira.

O vale de lágrimas é um vale que deve desaparecer para dar lugar à brilhante morada da alegria, da fraternidade e da união, à qual, por vossa obediência à santa revelação, chegareis. A vida, meus caros irmãos, nesta esfera terrestre, inteiramente preparatória, não pode durar mais que o tempo necessário para se viver bem preparado para essa vida que não poderá jamais passar. Amai-vos, amai-vos como eu vos amei, irmãos! Eu vos abençoo; no céu vos espero.

JESUS

Destas brilhantes e luminosas regiões em que o pensamento humano mal pode chegar, o eco de vossas palavras e das minhas veio tocar o meu coração.

Oh! De que alegria me sinto inundado em vos vendo, vós, os continuadores da minha doutrina. Não, nada se aproxima do testemunho dos vossos bons pensamentos! Vós vedes, filhos, a ideia regeneradora lançada por mim outrora no mundo, perseguida, retida um momento sob a pressão dos tiranos, como vai agora, sem obstáculos, esclarecendo os caminhos da humanidade, tão longo tempo mergulhada nas trevas.

Todo sacrifício grande e desinteressado, meus filhos, cedo ou tarde produz os seus frutos. Meu martírio vo-lo provou; meu sangue derramado por minha doutrina salvará a humanidade e apagará as faltas dos grandes culpados!

Sede benditos, vós que hoje tomais lugar na família regenerada! Ide; coragem, filhos!

JESUS

Observação – *Não há nada de mau, sem dúvida, nessas duas comunicações. Mas o Cristo teve algum dia essa linguagem pretensiosa, enfática e empolada? Compare esta com a que inserimos atrás, assinada com o mesmo nome, e se verá de que lado está o cunho de autenticidade.*

Todas essas comunicações foram obtidas no mesmo círculo. Observa-se no estilo um ar familiar, torneios de frases semelhantes, as mesmas expressões frequentemente repetidas, por exemplo: ide, ide, filhos, etc., de onde se pode concluir ser o mesmo Espírito que ditou a todas elas sob nomes diferentes. Nesse círculo, que é entretanto muito consciencioso, mas um tanto crédulo demais, não se faziam evocações nem perguntas; tudo se esperava das comunicações espontâneas, e vemos que isso não é uma garantia de identidade. Com perguntas um tanto exigentes e dispostas com lógica, facilmente teriam colocado esse Espírito no seu lugar. Mas ele sabia que nada tinha a temer, desde que nada lhe perguntavam, aceitando sem controle e de olhos fechados tudo o que ele dizia. (Ver n.º 269).

XXXIV

Que bela é a Natureza! Como a Providência é prudente em sua previdência! Mas a vossa cegueira e as vossas paixões humanas vos impedem de adquirir paciência na prudência e na bondade de Deus. Vós vos lamentais pela menor contrariedade, pelo menor atraso nas vossas previsões. Sabei, então, vacilantes impacientes, que nada ocorre sem um motivo previsto, sempre determinado em benefício de todos. A razão desses atrasos é a necessidade de reduzir a nada, homens de respeito hipócritas, as vossas previsões de anos maus para as vossas colheitas.

Deus inspira aos homens a preocupação do futuro para os levar à previdência. E vede como são grandes os recursos para resolver os vossos temores, propositalmente suscitados, e que no mais ocultam intenções ávidas, mais que a de aprovisionar com prudência, inspirada num sentimento de humanidade em favor dos pequenos. Vede as relações de nações para nações que daí resultarão, vede quantas transações deverão realizar-se, quantos recursos virão concorrer para remediar os vossos temores! Porque, vós o sabeis, tudo se encadeia, grandes e pequenos terão trabalho.

Então, não vedes desde logo nesse movimento uma fonte de certo bem-estar para a classe mais trabalhadora dos Estados, classe realmente interessante, que vós, os onipotentes da Terra, considerais como gente que podeis talhar à vontade, criada para as vossas satisfações?

Pois bem, o que acontece depois de todo esse vaivém de um extremo ao outro? Acontece que, uma vez bem providos, muitas vezes o tempo muda. O sol, obedecendo os desígnios de seu Criador, amadureceu em alguns dias as vossas colheitas. Deus pôs a abundância onde a vossa cobiça pensava na escassez. E, malgrado vosso, os pequenos poderão viver; sem suspeitardes, fostes a contragosto a causa de uma era de abundância.

Entretanto acontece – Deus às vezes o permite – que os maus consigam êxito em seus projetos cúpidos. Mas então é um ensinamento que Deus quer dar a todos. É a previdência humana que Ele quer estimular. É a ordem infinita que reina na Natureza e que os homens devem imitar para enfrentar os acontecimentos com coragem, para suportá-los com resignação.

Quanto aos que se aproveitam calculadamente dos desastres, crede que serão punidos. Deus quer que todos os seus seres vivam. O homem não deve jogar com a necessidade nem traficar com o supérfluo. Justo nos seus benefícios, grande na sua clemência, demasiado bom ante a nossa ingratidão, Deus, nos seus desígnios, é impenetrável.

BOSSUET, ALFREDO DE MARIGNAC

Observação – *Esta comunicação não contém seguramente nada de mau. Contém mesmo ideias filosóficas profundas e conselhos muito prudentes, que poderiam enganar, quanto à identidade,* *pessoas pouco versadas em literatura. O médium que a recebeu, submetendo-a ao exame da Sociedade Espírita de Paris, viu que esta se levantou numa só voz para declarar que ela não podia ser de Bossuet. São Luís, consultado a respeito, respondeu:*

Esta comunicação, em si mesma, é boa, mas não acrediteis que foi Bossuet quem a ditou. Um Espírito a escreveu, talvez um pouco sob a sua inspiração, e pôs por baixo o nome do grande bispo para que mais facilmente ela fosse aceita, mas pela linguagem deveis reconhecer a substituição. É do Espírito que colocou o seu nome após o de Bossuet.

Esse Espírito, interrogado sobre o motivo que o levou a agir dessa maneira, declarou:

Eu tinha desejo de escrever alguma coisa a fim de me fazer lembrar pelos homens. Vendo que era fraco, quis juntar-lhe o prestígio de um grande nome.

Mas não pensaste que podiam reconhecer que não era de Bossuet?

Quem sabe o que pode acontecer ao certo? Vós podereis enganar-vos. Outros menos esclarecidos a teriam aceito.

Com efeito, a facilidade com que certas pessoas aceitam tudo o que vem do mundo invisível sob a cobertura de um grande nome é o que encoraja os Espíritos mistificadores. Devemos aplicar toda a nossa atenção em desfazer as tramas desses Espíritos, mas só o podemos fazer com a ajuda da experiência, adquirida através de um estudo sério. Por isso repetimos sem cessar: estudai antes de praticar, pois é esse o único meio de não terdes de adquirir a experiência à vossa própria custa.[4]

[4] O destaque é nosso. Quisemos chamar a atenção dos leitores e estudiosos atuais da doutrina, que tanto se propaga entre nós, para essa condição básica e tão esquecida da prática espírita: o estudo persistente, metódico e portanto sério da obra de Kardec. Ninguém, até hoje, investigou com tanta paciência e segurança, pesquisou com tanto rigor os fenômenos espíritas, em todos os seus aspectos, como o mestre e codificador da Doutrina Espírita. Os exemplos que ele nos oferece neste capítulo devem ser apreciados, com atenção e vontade de aprender, por todos os estudiosos. Desses exemplos o nosso meio espírita, as nossas publicações, desde simples folhetos até revistas e livros, estão infelizmente repletos. Um pouco mais de estudo de *O Livro dos Médiuns,* como vemos, teria evitado que tantas mistificações evidentes, destinadas a ridicularizar o Espiritismo aos olhos das pessoas sensatas, tivessem sido e continuem a ser aceitas com a maior leviandade entre nós. (N. do T.)

CAPÍTULO XXXII

VOCABULÁRIO ESPÍRITA

Agênere (do grego: *a,* privativo, e *géiné, géinomai* – gerar, não gerado). Variedade de aparição tangível. Estado de certos Espíritos que podem revestir momentaneamente as formas de uma pessoa viva, a ponto de produzir completa ilusão.

Batedor: qualidade de certos Espíritos. Os Espíritos batedores são os que revelam a sua presença por pancadas e ruídos de diferentes espécies.

Erraticidade: situação dos Espíritos errantes, quer dizer, não encarnados, durante os intervalos de suas existências corporais.

Espírito: no sentido especial da Doutrina Espírita: os Espíritos são os seres inteligentes da criação que povoam o universo além do mundo material e constituem o mundo invisível. Não são os seres de uma criação especial, mas as próprias almas dos que viveram na Terra ou em outras esferas, tendo deixado seu envoltório corporal. *(O mundo invisível está além do material não só em sentido espacial, mas também qualitativo, interpenetrando-o.)* (N. do T.)

Espírita: que tem relação com o Espiritismo, partidário do Espiritismo, aquele que crê nas manifestações dos Espíritos: um bom, um mau espírita, a doutrina espírita.

Espiritismo: doutrina fundada sobre a crença na existência dos Espíritos e das suas manifestações.

Espiritista: essa palavra, empregada desde o início para designar os adeptos do Espiritismo, não foi consagrada pelo uso. Prevaleceu a palavra espírita.

Espiritualismo: diz-se em sentido oposto a materialismo (Academia). Crença na existência da alma espiritual e imaterial. O espiritualismo é o fundamento de todas as religiões.

Espiritualista: que se relaciona com o espiritualismo, partidário do espiritualismo. Quem quer que creia não existir em nós apenas matéria é espiritualista, o que absolutamente não implica a crença nas manifestações dos Espíritos. Todo espírita é necessariamente espiritualista, mas pode-se ser espiritualista sem ser espírita. O materialista não é uma nem outra coisa. Diz-se: *a filosofia espiritualista; uma obra escrita com ideias espiritualistas; as manifestações espíritas são produzidas pela ação dos Espíritos sobre a matéria;*

a moral espírita decorre do ensino dos Espíritos. Há espiritualistas que ironizam as crenças espíritas. Nesses exemplos, a substituição da palavra espiritualista pela palavra espírita produziria evidente confusão.

Estereótito (do grego *stéreos,* sólido): qualidade das aparições tangíveis.

Medianímica: qualidade da faculdade dos médiuns. Faculdade medianímica. – *Qualificativo da capacidade própria que permite aos médiuns o exercício da função de intermediários entre os Espíritos e os homens.* (N. do T.)

Medianimidade: faculdade dos médiuns. Sinônimo de *mediunidade.* Essas duas palavras são muitas vezes empregadas indiferentemente. Se se quiser fazer uma distinção pode-se dizer que *mediunidade* tem um sentido mais geral e *medianimidade* um sentido mais restrito: *ele tem o dom da mediunidade, a medianimidade mecânica.*

Médium (do latim *médium,* meio, intermediário): pessoa que pode servir de medianeira entre os Espíritos e os homens.

Mediunato: missão providencial dos médiuns. Essa palavra foi criada pelos Espíritos. (Ver capítulo 31, comunicação XII.)

Mediunidade: ver medianimidade.

Perispírito (do *grego péri,* ao redor): envoltório semimaterial do Espírito. Entre os encarnados serve de liame ou intermediário entre o Espírito e a matéria. Entre os Espíritos errantes constitui o corpo fluídico do Espírito.

Pneumatografia (do *grego pneuma,* ar, sopro, vento, espírito, e *graphô,* escreve): escrita direta dos Espíritos sem *o* recurso da mão do médium.

Pneumatofonia (do grego *pneuma* e *phoné,* som ou voz). Voz dos Espíritos, comunicação oral dos Espíritos sem ser por meio da voz do médium.

Psicografia: escrita dos Espíritos pela mão do médium.

Psicofonia: comunicação dos Espíritos pela voz de um médium falante.

Reencarnação: volta do Espírito à vida corpórea, pluralidade das existências.

Sematologia (do grego *semá,* signo, e *logos,* discurso): linguagem dos sinais. Comunicação dos Espíritos por meio de movimentos dos corpos inertes.

Tiptólogo (do grego *tiptô,* bato): qualidade dos médiuns aptos a comunicações pela tiptologia. Médium tiptólogo.

Tiptologia: *linguagem dos sinais por meio de pancadas, modo de comunicação dos Espíritos.* Tiptologia alfabética (*batidas na madeira, na parede ou em qualquer outro lugar, seguindo um código telegráfico ou convencionado na ocasião, pelas quais o Espírito estabelece conversação com as pessoas. (N. do T.)).*

NOTA EXPLICATIVA

Hoje creem e sua fé é inabalável, porque assentada na evidência e na demonstração, e porque satisfaz à razão [...]. Tal é a fé dos espíritas, e a prova de sua força é que se esforçam por se tornarem melhores, domarem suas inclinações más e porem em prática as máximas do Cristo, olhando todos os homens como irmãos, sem acepção de raças, de castas, nem de seitas, perdoando aos seus inimigos, retribuindo o mal com o bem, a exemplo do divino modelo. (KARDEC, Allan. Revista Espírita de 1868. FEB, 2005, p. 28, janeiro de 1868.)

A investigação rigorosamente racional e científica de fatos que revelavam a comunicação dos homens com os Espíritos, realizada por Allan Kardec, resultou na estruturação da Doutrina Espírita, sistematizada sob os aspectos científico, filosófico e religioso.

A partir de 1854 até seu falecimento, em 1869, seu trabalho foi constituído de cinco obras básicas: O Livro dos Espíritos (1857), O Livro dos Médiuns (1861), O Evangelho segundo o Espiritismo (1864), O Céu e o Inferno (1865), A Gênese (1868), além da obra O Que É o Espiritismo (1859), de uma série de opúsculos e 136 edições da Revista Espírita (de janeiro de 1858 a abril de 1869). Após sua morte, foi editado o livro Obras Póstumas (1890).

O estudo meticuloso e isento dessas obras permite-nos extrair conclusões básicas: a) todos os seres humanos são Espíritos imortais criados por Deus em igualdade de condições, sujeitos às mesmas leis naturais de progresso que levam todos, gradativamente, à perfeição; b) o progresso ocorre através de sucessivas experiências, em inúmeras reencarnações, vivenciando necessariamente todos os segmentos sociais, única forma de o Espírito acumular o aprendizado necessário ao seu desenvolvimento; c) no período entre as reencarnações o Espírito permanece no Mundo Espiritual, podendo comunicar-se com os homens; d) o progresso obedece às leis morais ensinadas e vivenciadas por Jesus, nosso guia e modelo, referência para todos os homens que desejam desenvolver-se de forma consciente e voluntária.

Em diversos pontos de sua obra, o Codificador se refere aos Espíritos encarnados em tribos incultas e selvagens, então existentes em algumas regiões do Planeta, e que, em contato com outros polos de civilização, vinham sofrendo inúmeras transformações, muitas com evidente benefício para os seus membros, decorrentes do progresso geral ao qual estão sujeitas todas as etnias, independentemente da coloração de sua pele.

Na época de Allan Kardec, as ideias frenológicas de Gall, e as da fisiognomonia de Lavater, eram aceitas por eminentes homens de Ciência, assim como provocou enorme agitação nos meios de comunicação, e junto à intelectualidade e à população em geral, a publicação, em 1859 – dois anos depois do lançamento de *O Livro dos Espíritos* –, do livro sobre a *A origem das Espécies,* de Charles Darwin, com as naturais incorreções e incompreensões que toda ciência nova apresenta. Ademais, a crença de que os traços da fisionomia revelam o caráter da pessoa é muito antiga, pretendendo-se haver aparentes relações entre o físico e o aspecto moral.

O Codificador não concordava com diversos aspectos apresentados por essas assim chamadas ciências. Desse modo, procurou avaliar as conclusões desses eminentes pesquisadores à luz da revelação dos Espíritos, trazendo ao debate o elemento espiritual como fator decisivo no equacionamento das questões da diversidade e desigualdade humanas.

Allan Kardec encontrou, nos princípios da Doutrina Espírita, explicações que apontam para leis sábias e supremas, razão pela qual afirmou que o Espiritismo permite "resolver os milhares de problemas históricos, arqueológicos, antropológicos, teológicos, psicológicos, morais, sociais, etc." *(Revista Espírita,* 1862, p. 401). De fato, as leis universais do amor, da caridade, da imortalidade da alma, da reencarnação, da evolução constituem novos parâmetros para a compreensão do desenvolvimento dos grupos humanos nas diversas regiões do Orbe.

Essa compreensão das Leis Divinas permite a Allan Kardec afirmar que:

> *O corpo deriva do corpo, mas o Espírito não procede do Espírito. Entre os descendentes das raças apenas há consanguinidade (O Livro dos Espíritos, item 207).*

> *[...] o Espiritismo, restituindo ao Espírito o seu verdadeiro papel na Criação, constatando a superioridade da inteligência sobre a matéria, faz com que desapareçam, naturalmente, todas as distinções estabelecidas entre os homens, conforme as vantagens corporais e mundanas, sobre as quais só o orgulho fundou as castas e os estúpidos preconceitos de cor (Revista Espírita, 1861, p. 432).*

Os privilégios de raças têm sua origem na abstração que os homens geralmente fazem do princípio espiritual, para considerar apenas o ser material exterior. Da força ou da fraqueza constitucional de uns, de uma diferença de cor em outros, do nascimento na opulência ou na miséria, da filiação consanguínea nobre ou plebeia, concluíram por uma superioridade ou uma inferioridade natural. Foi sobre este dado que estabeleceram suas leis sociais e os privilégios de raças. Deste ponto de vista circunscrito, são consequentes consigo mesmos, porquanto, não considerando senão a vida material, certas classes parecem pertencer, e realmente pertencem, a raças diferentes. Mas, se se tomar seu ponto de vista do ser espiritual, do ser essencial e progressivo, numa palavra, do Espírito, preexistente e sobrevivente a tudo, cujo corpo não passa de um invólucro temporário, variando, como a roupa, de forma e de cor; se, além disso, do estudo dos seres espirituais ressalta a prova de que esses seres são de natureza e de origem idênticas, que seu destino é o mesmo, que todos partem do mesmo ponto e tendem para o mesmo objetivo; que a vida corporal não passa de um incidente, uma das fases da vida do Espírito, necessária ao seu adiantamento intelectual e moral; que, em vista desse avanço, o Espírito pode sucessivamente revestir envoltórios diversos, nascer em posições diferentes, chega-se à consequência capital da igualdade de natureza e, a partir daí, à igualdade dos direitos sociais de todas as criaturas humanas e à abolição dos privilégios de raças. Eis o que ensina o Espiritismo. Vós que negais a existência do Espírito para considerar apenas o homem corporal, a perpetuidade do ser inteligente para só encarar a vida presente, repudiais o único princípio sobre o qual é fundada, com razão, a igualdade de direitos que reclamais para vós mesmos e para os vossos semelhantes (Revista Espírita, 1867, p. 231).

Com a reencarnação, desaparecem os preconceitos de raças e de castas, pois o mesmo Espírito pode tornar a nascer rico ou pobre, capitalista ou proletário, chefe ou subordinado, livre ou escravo, homem ou mulher. De todos os argumentos invocados contra a injustiça da servidão e da escravidão, contra a sujeição da mulher à lei do mais forte, nenhum há que prime, em lógica, ao fato material da reencarnação. Se, pois, a reencarnação funda numa lei da Natureza o princípio da fraternidade universal, também funda na mesma lei o da igualdade dos direitos sociais e, por conseguinte, o da liberdade (A Gênese, cap. I, item 36. Vide também Revista Espírita, 1867, p. 373).

Na época, Allan Kardec sabia apenas o que vários autores contavam a respeito dos selvagens africanos, sempre reduzidos ao embrutecimento quase total, quando não escravizados impiedosamente.

É baseado nesses informes "científicos" da época que o Codificador repete, com outras palavras, o que os pesquisadores europeus descreviam quando de volta das viagens que faziam à África negra. Todavia, é peremptório ao abordar a questão do preconceito racial:

> *Nós trabalhamos para dar a fé aos que em nada creem; para espalhar uma crença que os torna melhores uns para os outros, que lhes ensina a perdoar aos inimigos, a se olharem como irmãos, sem distinção de raça, casta, seita, cor, opinião política ou religiosa; numa palavra, uma crença que faz nascer o verdadeiro sentimento de caridade, de fraternidade e deveres sociais (KARDEC, Allan. Revista Espírita de 1863, 1.ª ed. FEB, 2005, janeiro de 1863).*
>
> *O homem de bem é bom, humano e benevolente para com todos, sem distinção de raças, nem de crenças, porque em todos os homens vê irmãos seus (O Evangelho segundo o Espiritismo, Cap. XVII, item 3).*

É importante compreender, também, que os textos publicados por Allan Kardec na *Revista Espírita* tinham por finalidade submeter à avaliação geral as comunicações recebidas dos Espíritos, bem como aferir a correspondência desses ensinos com teorias e sistemas de pensamento vigentes à época. Em Nota ao Capítulo XI, item 43, do livro *A Gênese*, o Codificador explica essa metodologia:

> *Quando, na Revista Espírita de janeiro de 1862, publicamos um artigo sobre a "interpretação da doutrina dos anjos decaídos", apresentamos essa teoria como simples hipótese, sem outra autoridade afora a de uma opinião pessoal controversível, porque nos faltavam então elementos bastantes para uma afirmação peremptória. Expusemo-la a título de ensaio, tendo em vista provocar o exame da questão, decididos, porém, a abandoná-la ou modificá-la, se fosse preciso. Presentemente,*

essa teoria já passou pela prova do controle universal. Não só foi bem-aceita pela maioria dos espíritas, como a mais racional e a mais concorde com a soberana justiça de Deus, mas também foi confirmada pela generalidade das instruções que os Espíritos deram sobre o assunto. O mesmo se verificou com a que concerne à origem da raça adâmica (A Gênese, Cap. XI, item 43, Nota).

Por fim, urge reconhecer que o escopo principal da Doutrina Espírita reside no aperfeiçoamento moral do ser humano, motivo pelo qual as indagações e perquirições científicas e/ou filosóficas ocupam posição secundária, conquanto importantes, haja vista o seu caráter provisório decorrente do progresso e do aperfeiçoamento geral. Nesse sentido, é justa a advertência do Codificador:

> *É verdade que esta e outras questões se afastam do ponto de vista moral, que é a meta essencial do Espiritismo. Eis por que seria um equívoco fazê-las objeto de preocupações constantes. Sabemos, aliás, no que respeita ao princípio das coisas, que os Espíritos, por não saberem tudo, só dizem o que sabem ou o que pensam saber. Mas, como há pessoas que poderiam tirar da divergência desses sistemas uma indução contra a unidade do Espiritismo, precisamente porque são formulados pelos Espíritos, é útil poder comparar as razões pró e contra, no interesse da própria doutrina, e apoiar no assentimento da maioria o julgamento que se pode fazer do valor de certas comunicações (Revista Espírita, 1862, p. 38).*

Feitas essas considerações, é lícito concluir que na Doutrina Espírita vigora o mais absoluto respeito à diversidade humana, cabendo ao Espírita o dever de cooperar para o progresso da Humanidade, exercendo a caridade no seu sentido mais abrangente *("benevolência para com todos, indulgência para as imperfeições dos outros e perdão das ofensas")*, tal como a entendia Jesus, nosso Guia e Modelo, sem preconceitos de nenhuma espécie: de cor, etnia, sexo, crença ou condição econômica, social ou moral.

A Editora